THE SPEED OF TRUST

スピード・オブ・トラスト

ピードを上げ、コストを下げ、
響力を最大化する

スティーブン・M・R・コヴィー
レベッカ・R・メリル

キングベアー出版

FREE PRESS
A Division of Simon & Schustr, Inc.
1230 Avenue of the Americas
New York, NT 10020

『スピード・オブ・トラスト』を推薦する著名な人々

『スピード・オブ・トラスト』はまさに時代が求める書だ。法規制をはじめビジネスを監視する目が厳しさ増している今日、基礎を見つめ直すことが求められている。そして、信頼は無形の資産であり、あらゆる組織や企業の長期的な持続可能性を実現できるものである。スティーブン・M・R・コヴィーの新著のお陰で、組織の信頼という財産の強化を将来に向けて進めることができる。

— ウィリアム・G・パレット デロイト・トゥーシュ・トーマツ最高経営責任者、
米国デロイト＆トウシュ会計事務所シニア・パートナー

信頼は我々ジェットブルーの成功の核心に他ならない。信頼はわが社の成長のスピードにとって鍵となる。仕事であれ人生であれ、信頼こそすべてを変えるものであることを、『スピード・オブ・トラスト』ほど説得力をもって説いている本は他に見当たらない。高い信頼があれば、成功の質も速度も向上し、コストが低下するのだ。

— デビッド・ニールマン ジェットブルー航空創業者・最高経営責任者

スティーブン・M・R・コヴィーがついにやってくれた。新時代におけるリーダーシップの課題、信頼を育て活用する能力に、彼は明確に照準を合わせている。これぞまさに意欲溢れるリーダーの「必読書」だ。

— ダグラス・R・コナント キャンベル・スープ社長兼最高経営責任者

信頼に関するコヴィー氏の洞察は、リーダーシップの発揮について考えている者すべてにとって実に啓発的である。言うまでもないが、自分自身の信頼がなければ組織の信頼もあり得ない。そして、組織の信頼がなければ何も達成できないのだ。

— マイケル・H・ジョーダン EDS 会長兼最高経営責任者

組織に信頼関係が存在しないと、活力が徐々に奪われ、疑念が生じて後でとやかく言う風潮がはびこり、チームワークが完全に破壊されて権力争いが激化する。そうすると、最終的に士気が下がり、パフォーマンス基準が低下することになる。スティーブン・M・R・コヴィーのこの本は、今忘れられがちな、組織にとって本当に重要なものをリーダーに思い出させてくれる。

— コー・ブーン・フィー　シンガポール開発銀行頭取、元シンガポール航空会長

私生活でもビジネスでも、関係は重要である。だが、信頼に基づいた関係でなければ、何の意味もない。信頼はブランドに欠かせない基本的な要素であり、永続的関係を実現する接着剤の役目を果たす。スティーブン・M・R・コヴィーは『スピード・オブ・トラスト』において、信頼とは何か、そして信頼を確立し、維持するにはどうしたらよいかという本質を見事に描き出している。ビジネス界にとって、また社会全体にとって計り知れない貢献と言える。

— ホルスト・H・シュルツ ウエスト・ペース・ホテル・グループ社長兼最高経営責任者、
ザ・リッツ・カールトン・ホテル・カンパニー初代社長兼最高経営責任者

『スピード・オブ・トラスト』は貴重な教訓を含んでいる。それは、確かな信頼レベルを持つ組織のみが真のコミットメントに支えられた文化を構築でき、強制的なコンプライアンスに基づく甘い考えの渦に巻き込まれずにすむということだ。コヴィー氏は、あなたや私のような普通の人間が途轍もない事をやってのけるための明確なロードマップを力強く示してくれている。

— ピート・ボードロー スバロ社長兼最高経営責任者、
元ハード・ロック・カフェ・インターナショナル社長兼最高経営責任者

『スピード・オブ・トラスト』は、企業のリーダーに限らず、すべての人の必読書だ。コヴィー氏は信頼というものを、もっとも正確に定義している。この本から得るものは計り知れない。

— ジョン・M・ハンツマン　インターナショナル創業者・会長

この本は目を見張る出来だ。ひとたび読めば"信頼メガネ"ですべてが見通せるようになり、仕事上や私生活で信頼がなぜそれ程までに大切なのかを理解することができる。スティーブン・M・R・コヴィーの書いたこの本は、企業のリーダーにとどまらず、仕事の同僚や友人、家族などとの関係を改善したいと思っている人すべてが読むに値する。彼はこの本の中で、信頼は目に見える測定可能なものであるばかりか、何よりも重要なこととして、案外簡単に築くことができることを実証している。

— グレゴリー・K・エリクセン アーネスト・アンド・ヤング戦略的成長市場担当グローバル副会長

私は80年代に、スティーブン・M・R・コヴィーの父親から言われたものだ。企業と組織の成功を生み出すもっとも重要なリーダーシップ資質は信頼である、と。彼の説はまったく正しかった。お陰で我がトロ社はこの20年間、成功を享受できたのだから。そして今、息子のスティーブンがその根拠を明らかにしてくれた。組織がそのリーダーを信頼し、全員が信頼感を身につけると、人は相乗的かつ積極的に活動でき、その結果、最高の結果がずっと短期間に実現されるのだ。

— ケン・メルローズ 元トロカンパニー会長兼最高経営責任者

大丈夫、スティーブンの主張は間違いない。これは本当に素晴らしい本だ。あなたが関係する人たちの中でこの本を読む人が増えれば、あなた自身における変化が周囲へと及び、あなたの人生はより良いものになるだろう。

— ブレイク・M・ローニー ニュースキン会長

『スピード・オブ・トラスト』は、信頼というものを我々の直接的関係にスピードをもたらすものととらえていることは明らかだ。信頼は結果に最終的影響を及ぼし、信頼が高まるとスピードが増しコストが低下する。つまり、デルで我々が経験したこのことを、コヴィー氏が明確に実証してくれた。この原則は、顧客、ビジネス・パートナー、チームメンバーなどとの仕事上の関係だけでなく、個人的な関係にも当てはまる。そのことがこの洞察に富んだ本をなお一層価値あるものにしている。

— ケビン・ロリンズ 元デル社長兼最高経営責任者

スティーブン・M・R・コヴィーからこの本を受け取り、意見を聞かせてほしいと言われたとき、「時間がない」と私は咄嗟に思った。ところが序文に目を通し、最初の数章を読み終わる頃には、もう止められなくなっていた。その内容はまさしく、今日のビジネス・リーダーたちが必要とするものである。この本は倫理的行動や誠実というものをとことん突き詰め、有能なリーダーや組織にとって「信頼」がもっとも肝要な要素であると分析している。人格と能力によって信頼を築く方法、また「信頼される」リーダーや組織は行動の質や速度が高く、コストが低い理由を、著者は洞察力をもって明快に論じている。時間をやり繰りしてでも読むべき一冊だ。

— ノーラン・D・アーチボルド ブラック＆デッカー会長兼最高経営責任者

これは私が待ちに待った本である。信頼こそがまさしく利益と成功と繁栄を生み出すものである、という主張が明確に展開されているからだ。グローバル化という大きな潮流に立ち向かう米国やその他の国々にとって、信頼の価値を熟知することがまさに大きな力となるのはなぜか、その理由をスティーブン・M・R・コヴィーは確かな証拠と説得力ある実例でもって解き明かしてくれている。あなたもこの本を読んでほしい。そして「高信頼」リーダーになってほしい。あなたの心、あなたの会社、あなたの利害関係者、そしてあなたの正味資産があなたに大いに感謝することだろう。

— パトリシア・アバディーン『Megatrends 2010: The Rise of Conscious Capitalism』著者

信頼はすべてを変える一つのものであるという主張を、コヴィー氏は見事に展開している。スピードが成功の条件であり、信頼がスピードを生むことを教えてくれる。リーダーたちの実に多くが信頼の持つ力に気づいていない今日、この本は必読の書と言える。

— マーカス・バッキンガム『さあ、才能（じぶん）に目覚めよう—あなたの5つの強みを見出し、活かす』（日本経済新聞社）著者

我々が今日享受している生活水準は協調によって支えられている。信頼は接着剤に他ならない。信頼の「何たるか」、そして、その「築き方」を教えてくれる本がようやく登場した。あらゆるレベルのリーダーの必読書である。

— ラム・チャラン『経営は「実行」－明日から結果を出す鉄則』（日本経済新聞社）共著者

スティーブン・M・R・コヴィーは、信頼をこの新しいグローバル経済に不可欠なリーダーシップ能力と位置づけ、我々の社会において、また世界的にこの肝要な資質を確立し、発展させ、提供し、回復する術を説いている。『スピード・オブ・トラスト』は万人の読むべき一冊と言える。

— ケン・ブランチャード『1分間マネジャー－何を示し、どう褒め、どう叱るか！』(ダイヤモンド社)
および『The Secret』共著者

『スピード・オブ・トラスト』は、昔ながらの英知をまさに的確な時期に再認識させてくれる書だ。信頼はビジネスで成功するための必須条件であるというスティーブンの主張は、まったく頷けるものだ。ビジネス界においてかくも重要なものがどうしてないがしろにされてきたのか、理解に苦しむ。リーダーたるものの必読書である。

— ジム・レーヤー『The Power of Full Engagement』共著者、
ヒューマン・パフォーマンス・インスティチュート最高経営責任者

「この父にしてこの子あり」とはよく言ったもの。まさに名著だ。コヴィー氏におめでとうと言いたい。

— マイケル・ガーバー E-ミス・ワールドワイド創業者、会長

信頼をテーマとするスティーブン・M・R・コヴィーのこの本は、類まれな一冊だ。彼は信頼というものをかつて類を見ない方法で定義し、読む者が深く掘り下げて理解することを可能にしてくれている。祝意を表する次第である。

— ステッドマン・グラハム 執筆者、講演家、企業家

信頼がなければ忠誠はあり得ない。そして、忠誠がなければ真の成長は不可能である。信頼はパフォーマンスを促す測定可能な手段であり、信頼が高まるとコストが下がり、スピードが上昇するという、『スピード・オブ・トラスト』の中でのコヴィー氏の主張は実に見事だ。この新しい経済において、信頼関係を築きたいと願うすべてのリーダーたちにとって、本当に貴重な教訓と言える。

— フレッド・ライクヘルド『顧客ロイヤリティのマネジメント』(ダイヤモンド社)
および『顧客ロイヤリティを知る「究極の質問」』(ランダムハウス講談社) 著者

仕事でも私生活でも、あらゆる関係でもっとも重要な要素は信頼と信頼感である。この本は、それを獲得し、築き上げ、維持し、生活のすべての側面に信頼を組み込む方法を教えてくれる、本当に素晴らしい一冊だ。

— ブライアン・トレイシー『The Way to Wealth』著者

変化の激しい今日の世界で成功を約束してくれるもの、それは、ともに五文字から成る「Trust（信頼）」と「Covey（コヴィー）」だ。『スピード・オブ・トラスト』は私の新たなリーダーシップ・バイブルになった。

— パット・クローチェ ベストセラー書『I Feel Great and You Will Too!』著者、フィラデルフィア・セブンティシクサーズの元オーナー

『スピード・オブ・トラスト』は、今日の社会であまりにも長い間無視されてきた、信頼の原則にスポットを当てている。これは我々の生活のあらゆる側面に影響するものだ。職場や組織、個人の関係における信頼の築き方だけでなく、そうした環境で信頼が失われた場合の修復の仕方までコヴィー氏は教えてくれている。信頼という要素が、スピードアップとコスト削減を通じて市場や企業の最終損益に直接影響することを実証している。斬新な内容をきわめて簡潔かつ体系的に整理している『スピード・オブ・トラスト』は、読む人すべてに役立つことだろう。

— ハイラム・W・スミス『もっとも大切なこと』（キングベアー出版）著者／フランクリン・コヴィーの共同創設者

コヴィー氏のこの本は、21世紀における組織の成否を左右する唯一の最重要要素である「信頼」に照準を合わせている。大胆さと想像力、先見性に富み、経験的で分析的な影響力に裏打ちされたその中身は実に強烈だ。支援団体からグローバル企業に至るまで、責任あるポジションにある人すべての必読の書である。

— ウォーレン・ベニス 著名な経営学者、『リーダーになる』（新潮社）著者

この待望の書は、仕事でも人生でも信頼の強化が結果を改善し、コスト削減とスピードアップをもたらす実践的例を提供している。まさに珠玉の一冊である。

— スペンサー・ジョンソン医学博士　『チーズはどこへ消えた？』（扶桑社）著者
『1分間マネジャー－何を示し、どう褒め、どう叱るか！』（ダイヤモンド社）共著者

かつてスティーブン・コヴィーの著書が世界を変えた。このエキサイティングな本の値段を賭けて私は誓う。彼の息子であるスティーブン・M・R・コヴィーも同じ位の、いやそれ以上のインパクトをもたらすだろう、と。『スピード・オブ・トラスト』は、その奇抜で強烈なタイトルからして驚くべき書である。なぜこのような本がこれまでなかったのか、不思議でならない。「人々が真に信頼し合うとき、スピードが生まれる」という題辞から最後の１ページまで、これはよく味わい、実践する価値のある本と言える。この本は「根幹に迫っている」と、父親のスティーブンが序文に記している。その言葉に私もまったく同感である。

— トム・ピーターズ『Re-imagine!』の著書、『エクセレント・カンパニー』（英治出版）共著者

あなたはなぜ、この本の宣伝文を読んでおられるのだろうか。答えは簡単だ。あなたは我々を「信頼」してくれているからだろう。ノーブランドの、余りにも変化の激しい世界において、信頼はあらゆるものの推進力になる。だから、信頼してほしい。これは価値ある本である。息子のコヴィー氏がただならぬ本を書いたのだ。

— セス・ゴーディン『Small Is the New Big』および『パーミションマーケティング——ブランドからパーミションへ』（翔泳社）の著書

消費者は、泥沼のような腐敗にまみれた政治機関に対して不信を強める一方で、そうした機関が取り組むはずの社会問題に乗じている。『スピード・オブ・トラスト』は、人々がブランドや企業、政治家にますます求めるようになるであろう透明性ある世界へと至る道筋を示してくれている。

— フェイス・ポップコーン 未来派マーケティング専門家、『ポップコーンリポート』（扶桑社）著者

マーケティングはあらゆる面において、収益性の高い会社とは、一般消費者の信頼を獲得した企業であるという現実を指摘している。信頼の重要性は計り知れない。スティーブン・M・R・コヴィーはこの事実をさらに一歩進め、信頼の価値だけでなく、それを獲得する方法まで提示してくれている。『スピード・オブ・トラスト』はハウツーものの極め付きと言える。

— ジェイ・コンラッド・レヴィンソン
ゲリラ・マーケティング創設者、『ゲリラ・マーケティング』シリーズ著書—

優れたリーダーは、自分がどこを目指しているか分かっている。その部下たちは、それが正しい方向であると信頼している。信頼なくして何ができよう。

— ジャック・トラウト『無敵のマーケティング 最強の戦略』（阪急コミュニケーションズ）著者／『ポジショニング』（電通）共著者

コヴィー氏は、ともすれば忘れられがちな民主資本主義の根幹とも言うべき「信頼」に見事にスポットを当てている。人は空気を意識しないのと同様、この貴重な無形物を余りにも当然視しすぎている。コヴィー氏が説いているように、それは結局、我々の競争力を危険にさらすことになるのだ。

— スティーヴ・フォーブス フォーブス社長兼最高経営責任者

私生活でも仕事上でも信頼関係の構築ということに関して、この本には人生を変える力がある。コヴィー氏は、あらゆる出会いにおいて即座に信頼を育て、抱かせる術を教えてくれている。それが人生で持続的な真の成功を手にするための土台となるのだ。実に興味深く、有益な一冊と言えよう。

— ラリー・キング

『スピード・オブ・トラスト』は勇気と力を与えてくれ、すぐに威力を発揮する。その意味で、まさに現代が求める書と言える。誠実を高める努力をし、信頼利子を獲得することにより、企業は強さを増し、人生は豊かになるというその意義深いメッセージは、世界中のあらゆる階層の人々に恩恵をもたらすはずだ。

— ロザベス・モス・カンター ハーバード・ビジネススクール教授、ベストセラー書『Confidence How Winning Streaks and Losing Streaks Begin and End』著者

「信頼」が絶滅危惧種リストに載ろうかという今、『スピード・オブ・トラスト』が登場した。スティーブン・M・R・コヴィーは、人と人の関係、ビジネス、スポーツ、政治そして人生に本物の信頼を生み出すべく、洞察や指針、禁止事項や処方箋を提示している。これを人々が読めば、その流れは止まるだろう。「コヴィー」という名は卓越性の代名詞になっている。この本が伝統をつなぎ止めてくれる。

— ジョン・R・ウッデン UCLAバスケットボール部名誉コーチ、『My Personal Best』および『育てる技術－元祖プロコーチが教える』（ディスカバー・トゥエンティワン）著者

『スピード・オブ・トラスト』は素晴らしい本だ。読みやすく実践的で、その応用対象は広範囲に及ぶ。重要なことをより速く効果的に、より少ない努力で行なう必要のある人にはお奨めの一冊と言える。

— クレイトン・M・クリステンセン ハーバード・ビジネス・スクール経営管理学教授

陳腐な言い方かもしれないが、この混乱の時代に国家、企業、家族、さらには自分自身をリードしようと願う人間にとって、『スピード・オブ・トラスト』はまさに必読の書だ。私は陸軍病院や医療センターで、また経営者や全国医師会会長としてコヴィー原則を長年学び、実践してきたが、スティーブン・M・R・コヴィーほど見事にリーダーシップの本質を抜き出すことはできなかった。対立、不信そして失望の世界にあってリーダーたることを望む者すべてにとって、この本は貴重な一冊と言える。

— チャールズ・H・ロードマンII医学博士 米国空軍中将（退役）/米国空軍軍医総監（退役）

スティーブン・M・R・コヴィーが信頼の重要性について優れた本を書いてくれた。我々の校長たちにとって、この本は大いに参考になるだろう。校長が教師たちの信頼を得、その教師が学生たちの信頼を得るためのヒントがあるからだ。この本はまさに必読の書と言える。

— ペドロ・ガルシア教育学博士 メトロポリタン・ナッシュビル公立学校ディレクター

スティーブン・M・R・コヴィーは信頼という概念をその核心まで突き詰め、信頼のギャップの広がりを説得力ある確かなデータでもって証明してみせたのみならず、もっと重要なこととして、壊れた信頼を修復する方法も提示してくれた。信頼関係がスピードと積極性を生み出すことは私も日々経験するところであり、スティーブンの唱える行動原則に従えば、どんなに難しい決断でも迅速かつ安心して行なうことが可能になる。この本は、あなたの人生とあなたの組織を変える途方もない力を秘めている。

— デーブ・ゲイラー博士 フロリダ州シャーロット郡教育長

『スピード・オブ・トラスト』は、コヴィー家で受け継がれている素晴らしい言葉で信頼の力を際立たせ、徹底的に理解させてくれる。ビジネス界やスポーツ界で大成功している人は、卓越したレベルの信頼や理解を示す。コヴィー氏は『スピード・オブ・トラスト』によって、我々の関係、そして我々の将来の成功にそれがいかに重要かを実証してくれた。

— ピート・キャロル 全米チャンピオン南カリフォルニア大学（USC）トロージャンズ監督

時の試練に耐え得るような関係は、永続的信頼という土台の上に築かれる。この原則を我々の人生における重要な人たちにどう適用したらよいか、コヴィー氏はその術を身につけるための青写真を示してくれている。

— ジョン・グレイ博士『ベスト・パートナーになるために－男は火星（マース）から、女は金星（ヴィーナス）からやってきた』（三笠書房）著者

『スピード・オブ・トラスト』においてスティーブン・M・R・コヴィーは、信頼というものに対する認識を根底から覆すような方法で信頼性と生産性の関連性を巧みに解き明かしている。

— アンソニー・ロビンズ『小さな自分で満足するな』および『一瞬で自分を変える法』（三笠書房）著者

『スピード・オブ・トラスト』は、信頼こそが結果をもたらす最短の近道であることを見事に説いている。すぐに結果を出したいという人なら、きっと私と同様にこの本を気に入ることだろう。

— ロバート・G・アレン「ニューヨーク・タイムズ」ベストセラー書『ロバート・アレン実践億万長者入門』（フォレスト出版）および『Cracking the Millionaire Code Your Key to Enlightened Wealth』著者

「フラット化」の進む世界にあって、信頼は学習や関係そして結果を大幅に強化する「虎の巻」と言えよう。信頼は一つの能力であるというコヴィー氏の画期的な洞察は、革命的であると同時に極めて実践的でもある。企業の最高経営責任者や最高教育責任者たちは『スピード・オブ・トラスト』を、組織およびリーダーの有効性を高める上で頼りになる、そしてすぐに実施可能な戦略、あるいは指針として受け入れることだろう。

— エリオット・メイジ　ラーニング・コンソシアム最高経営責任者

私は信頼の重要性を知っている。体と体をロープで縛り合ってクレバスだらけの氷原を横断するときは、まさに究極の信頼関係が必要とされる。山では、私の命は仲間たちの手の中にあり、彼らの命は私の手の中にある。こうした関係は大きな信頼があってはじめて成り立つものであり、人生も同じだ。スティーブンの本には、信頼を生み出し、維持するための策がいっぱい詰め込まれている。まさに必読書だ。

— エリック・ヴァイエンマイヤー 盲人として史上初のエヴェレスト登頂を成し遂げたアメリカ人登山家、
『全盲のクライマー、エヴェレストに立つ』（文藝春秋）著者

信頼というものは、その場の状況や文化によって身にまとったり脱ぎ捨てたりする衣装ではない。あらゆる国の政治、ビジネス、家族、教育のリーダーたちは、この稀代の名著に詰まった中心概念を内面化する必要がある。スティーブンは、我々を接合して相乗効果を生む接着剤を発見した。それを受け入れれば、我々は末永く繁栄するだろう。受け入れなければ、我々は過去の存在になる。

— デニス・ウェイトリー『The Seeds of Greatness』著者

信頼は、素晴らしい人材、プロセスそして環境を結び付ける接着剤であり、そこに長期的な成功が保証されることになる。この重要な要素が欠けていたら、他のものすべてがばらばらになってしまう。『スピード・オブ・トラスト』は、他の書がかすめただけで終わってしまった的を見事射抜いてみせた。スティーブン・M・R・コヴィーは、我々の人生のあらゆる面で終生の信頼関係を構築、修正、追及するための思考のプロセスと体系を示してくれている。さあ、信頼を取り戻そう！

— リタ・ベイリー QVF パートナーズ最高経営責任者、『Destination Profit』共著者、
サウスウエスト航空プログラム「ユニバシティー・フォー・ピープル」の元ディレクター

信頼されているとき、私は幸せな気持ちになる。あなたもきっとそうだろう。信頼を得られるか否かは我々の行動次第であること、そして我々は信頼に値するよう自分の行動を意識的に変えられることをコヴィー氏は見事に教えてくれている。このこと一つを理解すれば、あなたの人生は変わるのだ。『7つの習慣』以降、コヴィー家から生まれた最高の書と言える。

— リチャード・カールソン

本書に寄せて ― スティーブン・R・コヴィー

第I章 一つのものがすべてを変える ――― 1

信頼は私たちの私生活および仕事の推移や結果にどう影響するか。
そして、それを変えるにはどうしたらよいか。

1―1 信頼ほど即効性に優れるものはない ――― 3

1―2 信頼は自分で何とかできるものである！ ――― 39

第II章 第一の波 ― 自分自身の信頼 ――― 63

信頼性の原則 「倫理」を超えよう。個人の信頼性がすべての信頼
基礎となるのはなぜか。そして、信頼性はどうやって築くべきか。

2-1 信頼性の四つの核 65
2-2 第一の核―誠実さ あなたは一貫性のある人間か？ 86
2-3 第二の核―意図 あなたの思惑は？ 108
2-4 第三の核―力量 あなたは適応しているか？ 137
2-5 第四の核―結果 あなたは実績を上げているか？ 164

第Ⅲ章 第二の波―人間関係の信頼 191
行動の原則 自分の行動が作り出した問題をどうやって克服するか。

3-1 信頼されるリーダーの一三の行動 194
3-2 行動その一：率直に話す 208
3-3 行動その二：他者を尊重する 220
3-4 行動その三：透明性を高める 231
3-5 行動その四：間違いを正す 240
3-6 行動その五：忠誠心を示す 251
3-7 行動その六：結果を出す 262

3-8 行動その七：より上を目指す — 270
3-9 行動その八：現実を直視する — 282
3-10 行動その九：期待を明確にする — 292
3-11 行動その一〇：アカウンタビリティを果たす — 305
3-12 行動その一一：まずは耳を傾ける — 315
3-13 行動その一二：コミットメントし続ける — 326
3-14 行動その一三：他者を信頼する — 336
3-15 行動計画を策定する — 348

第Ⅳ章 第三、第四、そして第五の波 ― 利害関係者の信頼 — 351

スピードを上げ、コストを下げ、組織の影響力を最大化するにはどうしたらよいか。

4-1 第三の波 ― 組織の信頼　一致の原則 — 354
4-2 第四の波 ― 市場の信頼　評判の原則 — 391
4-3 第五の波 ― 社会の信頼　貢献の原則 — 406

第V章　信頼を呼び起こす ―― 429

「賢い信頼」を提供し、失った信頼を回復し、飛躍的に高めてさまざまな効果を得るにはどうすべきか。信頼を提供しないほうがリスクが大きいのはなぜか。

5-1　「賢い信頼」を与える ―― 431

5-2　失われた信頼を回復する ―― 450

5-3　信頼性向 ―― 477

本書に寄せて

父親が自分の息子を「自慢」し、それでもなお信頼を失わないようにするにはどうしたらよいだろう。特に信頼をテーマとする本に関して。

次のことを考えてみてほしい。私の会社、コヴィー・リーダーシップ・センターのCEOを息子のスティーブンに任せてからわずか三年足らずで会社の売り上げはほぼ倍増し、利益は一、二〇〇％以上も跳ね上がった。その期間に会社は四〇カ国への進出を果たした。また、彼がフランクリン・クエスト社との合併を推進してフランクリン・コヴィー社を組織した当時、二四〇万ドルだった株主の利益は一億六,〇〇〇万ドルへと急騰した。

こうした業績は息子の指揮下でどのように達成されたのだろうか。一言で言うなら、「信頼」である。息子は自分の人格と能力によって信頼されたのだ。また、彼も他の人たちに信頼を提供した。信頼され、信頼することによる相乗効果が、我々がかつて経験したことのない水準の業績を可能にしたのだ。そうした移行過程の中に身を置いていた人たちは、その変化を自分のキャリアで何よりも胸躍る最高の経験と感じていた。

私がこの本を気に入っている三つの理由

この本は名著になると私は信じているが、それには三つの理由がある。第一は、本質に迫っていることだ。第二は、深遠かつ包括的でありながら実践的な内容を備えているからだ。第三は、希望を抱かせてくれる点だ。これから一つひとつ順番に説明していこう。

第一は、「本質に迫っている」ことだ。ヘンリー・デイヴィッド・ソローは、「悪の葉っぱに斧を向ける人は千人いても、根っこに斧を向ける者はひとりしかいない」と言っている。本質に迫ることの重要性は、他の事柄を見ても明らかだ。例えば、病気をただ治療することと予防に努めること、あるいは法律を施行することと犯罪を防止することの効果を比べてみてほしい。この本では、あなたはそれをビジネスの中に見出すことになる。そこで注目するのは「順守」ではない。倫理的人格、包み隠しのない動機、優れた結果を持続的に生み出す素晴らしい能力の習得を通じた最適化なのである。

皮肉なことに、世界での私の経験から言えば、米国企業改革法の順守（またはそれに匹敵するもの）が、信頼などのいわゆるソフトウェアへの注目に水を差す結果になっている。ＣＦＯや監査人が、人材開発者や戦略志向の人事担当者を主役の座から追い払ってしまった。また、倫理討論、倫理カリキュラム、倫理研修、倫理綱領などなど、今日は倫理がやたら脚光を浴びている。この本は、倫理は基本的に重要で必要なものではあるが、それだけでは絶対に十分ではないことを教えてくれる。いわゆるソフトウェアは客観的で測定可能であり、人間関係、組織、市場そして社会における他のすべてのものに影響を及ぼすと説いている。金銭的成功は市場での成功によって得られ、市場での成功は職場での成功によって得られる。そのすべての核心が信頼なのである。

この本は私の著書のみならず、私がかつて読んだ「信頼」をテーマとするあらゆる著作をはるかに超えるものである。リーダーシップにおける倫理的行動、単なる「コンプライアンス」の先を見ている。人の心の真の「意図」と思惑の中へと、さらには一貫した世間の信頼に値するような「能力」の中へと深く分け入っている。信頼というものを相互の信用、忠誠、倫理的行動など、どう定義しようと、あるいはエンパワーメントやチームワークや相乗効果といった信頼がもたらす成果に接しているか否かに関わらず、信頼は究極の根幹であり、私たちの影響力の源なのだ。

あなたはこの本を読み進むにつれ、社会生態学者のような考え方を身につけ、あらゆるものの関係と、それらが最終的には信頼に根差していることを知るだろう。それによって大局的な見方が身につき、低信頼文化を高信頼文化へと導く連続したプロセスが見えてくるはずである。

第二に、この本は深遠かつ包括的でありながら実践的な信頼のモデルを示してくれる。それはあなたを、インサイド・アウトという考え方を通じて「信頼の五つの波」へと導く。池に小石を投げ入れたときのように、自分自身から他者との関係へと広がり、さらに社会を含むすべての利害関係者との関係にまで及んでいく。個人であれ、一対一の人間関係であれ、はたまた家族、企業、学校、病院、政府部門、軍隊、非営利組織であれ、原則が普遍的に当てはまることを強力で実践的な例でもって実証している。

第三に、この本は希望を感じさせてくれる。各章を順に読んでいくと、どんな状況であろうとも、また信頼がいかに希薄だろうと、信頼を確立または回復し、関係を再構築する強力な触媒の役目を果たすことができ、しかもそれは大した時間を要しないという確信が強まっていくはずだ。不快で有害で高くつく停滞した状況を好転させた、スティーブン自身や他者の体験談を読んでいるうちに、あなたはお墨付きと力をもらったような気分になることだろう。自分にはそれができ、かつそれを望んでいると信じることだ。そして、それを持続可能な方法でやることだ。

グローバル経済で鍵となる要因

透明性がさらに増す相互依存のグローバル時代へと急速に進む中、信頼はかつてない程キャリアに不可欠なものになっている。そして私が世界中のビジネス・リーダーたちと行なった対話からも、「市場対応スピード」が今や究極的な競争手段になっている。

低い信頼は、その原因が非倫理的行動にあれ、倫理的ながら能力に欠ける行動にあれ、摩擦を引き起こすものだ（善意でさえ判断の誤りを埋め合わせることはできないからだ）。また、人生において、また家族を含む組織において最大のコストとなる。さらには、隠された思惑、権力争い、人間関係における葛藤、部門間の対立、Ｗｉｎ－Ｌｏｓｅの考え方、防御的で保身的なコミュニケーションなどを生み出す。そして、これらはいずれも信頼がもたらすスピードを低下させるのだ。低い信頼は決定、コミュニケーション、関係など、何もかも遅らせてしまうのである。

それに対して、高い信頼はスピードをもたらす。そして、スティーブンが指摘するように、信頼構築の最大の鍵は「結果」である。結果はブランド・ロイヤリティを生み出す。結果は成功の文化を活気づけ、助長する。一貫して結果を出すことにより、顧客のリピート注文が増えるのみならず、他の人たちへの推薦が継続的になされる。つまり、顧客が主要なプロモーター、販売スタッフになってくれるのだ。さらに、結果は合理主義的な経営者や社員の信頼を勝ち取る。一貫した結果はまた、仕入先を重要な戦略的パートナーとして傘下に取り入れる。これは、この新しい国際的な知識労働主体のグローバル経済では必要不可欠なことである。

信頼は、地下にあって地表のすべての井戸に水を供給する巨大な帯水層に似ている。ビジネスや人生では、これらの井戸は、イノベーション、補完し合うチーム、協調、エンパワーメント、シックスシグマなどの総合的品質管理、ブランド・ロイヤリティなどの戦略的イニシアチブなどの表現で呼ばれる。これらの井戸がそれ自体、人間の関わり合い、商行為、取引などの河川や小川に水を供給する。家族関係、部門間の関係、仕入先や顧客との日々の関係などのあらゆる関係、すなわち持続的貢献をするためのあらゆる活動に生活の質をもたらし、それらを支えるのである。

最後に一言

この本は、今日の世界が一体化に向かっている状況において実にタイムリーな問題に対して、読みやすく評価の可能な実際的手法で切り込んでいる。単なるエピソードや個人的体験だけに頼らず、実証的調査に立脚することによって、「スピード・オブ・トラスト」を組織や人間関係に関する重要な評価指標すべての計算に組み込むことの可能性を実証している。測定評価がこの本の迫真性、実用性、信憑性を高めていると言える。

スティーブンが本書において、テーマを深く掘り下げ、私の考えをさらに突き詰め、重要な新しい知識や洞察を加えているのを見て、私は大きな誇りと感謝の念を抱くと同時に、羨ましくも思う次第である。人生における最重要なテーマである「信頼」に関して我が息子、スティーブンは、模範的な実践者として、また熱心かつ有能な思想的リーダーとして新たな頂に達したと私は信じる。

あなたが本書から何かをつかんでくれることを望んで止まない。私がそうであったように。

スティーブン・R・コヴィー

I

一つのもの が すべてを変える

The One Thing That Changes Everything

世界中のすべての人、人間関係、チーム、家族、組織、国家、経済、文明に共通するものが一つある。それがないと、どんなに強力な政府も、どんなに成功している企業も、どんなに繁栄している経済も、どんなに影響力のあるリーダーシップも、どんなに素晴らしい友情も、どんなに強靭な人格も、どんなに深い愛情も壊れてしまう。

逆に、それを育て活用すれば、人生のいろいろな面で類まれな成功と繁栄を築き上げることも夢ではない。なのに今の時代、それはほとんど理解されず、おざなりにされている。

それは何か。「信頼」である。

信頼は一日二四時間、週七日間、一年三六五日、私たちに影響を及ぼしている。人間関係、コミュニケーション、仕事のプロジェクト、事業など、私たちが行なうあらゆる活動の質に働きかけ、それを高めてくれる。私たちの人生において、私生活でも仕事の面でも、目の前の瞬間瞬間を変質させ、未来の軌道と結果を変えてくれる。

信頼というのはやや主観的で実体のない特質であり、持とうとして持てるものではないと世間では思われているが、決してそうではない。むしろ、実際的かつ具体的で実用的な財産なのだ。その即効性は恐らく、あなたの想像を超えるだろう。

企業の不祥事、テロの脅威、社内の権力争い、人間関係の崩壊などが、さまざまな方面で信頼を低下させている昨今、信頼を築き、育て、与え、回復する能力は、私たち個人や人間関係における幸福のみならず、新しいグローバル経済のリーダーに求められる主要な能力であると私は考える。

また、どんな状況であれ、信頼ほど即効性が期待できるものはないと断言できる。そして、世間の思い込みに反し、信頼は自分で何とかできるものなのだ。信頼を構築することは、実際可能なのである。

1-1 信頼ほど即効性に優れるものはない

人々が真に信頼し合うとき、スピードが生まれる。

——エドワード・マーシャル

人は迅速でなければ、死んでいるに等しい。

——ジャック・ウェルチ

私はあの数年前の出来事を、決して忘れないだろう。ニューヨーク市のある大手投資銀行で仕事をしたときのことだ。長い会議が終わった頃には、我々は疲れ果てていた。その会議では、社内に信頼に関する重大問題があることが明らかになった。この問題のためにいろいろな面でスピードが遅く、業務に支障をきたしていた。経営幹部がこっそり私にこうささやいた。「こんな会議、意味ないな。時間の無駄だよ。マイクは当てにならないし、エレンもそうだ。あの連中は、誰一人信頼できない」

それに対して私はこう言った。「じゃあ、信頼を高める努力をしてはどうですか?」

彼は私のほうを見て、真面目な顔でこう答えた。「スティーブン、君は分かってないね。信頼というのは持とうとして持てるものではないのだよ。この会社には信頼関係がないのさ。信頼を築くなんて無理だよ」

こうした考え方には、私は真っ向から反対である。私は実際、自分の私生活からしても、また過去二〇年間に及ぶビジネスマンとしての自分のキャリアからしても、信頼を高めるためにできることはたくさんあると確信している。私たちは、自分が思うよりもずっと短期間で信頼を高めることができる。それが私たちの生活の質と達成できる成果の両方に、とてつもなく大きな影響をもたらすのだ。


信頼を思い通りにできる人は、必要とするあらゆる事実や数字、裏付け証拠、支持を得られるが、思い通りにできない人は何一つうまく行かないものだ。

——ナイル・フィッツジェラルド(元ユニリーバ会長)

◇信頼はすべての人に関係する

私は「信頼がもたらすスピード」をテーマに世界各地で講演しているが、その先々で耳にするのは次のような不満と落胆の言葉だ。

- 職場の権力争いに耐えられない。自分は同僚に足を引っ張られているように思う。誰もが我こそはという感じで、そのためなら何でもしそうだ。
- 本当に痛い目にあったことがある。相手をどのように信頼したら、真の関係を築けるのだろうか。
- 自分が今働いている所は、官僚的な手続きに縛られて組織が硬直しているから、何をするにも時間がかかる。鉛筆一本買うのにも承認が必要なほどだ。
- 子供は大きくなるにつれ、親の言うことを聞かなくなる。どうしたらよいだろうか。
- 職場でどんなにがんばっても認めてもらえないような気がする。
- 私は愚かなことに、自分にとってとても大切な人の信頼を裏切ってしまった。すぐにでもあの時点に戻りたいところだが、それは無理な話だ。一度壊れた関係を再構築することは可能だろうか。
- 職場では言葉に十分に気をつけなければならない。思っていることを口にしようものなら、出世コースから外されるか、首もあり得る。
- 私の上司は、私たちがすることに一から十まで口を出す。我々はまったく信頼されてないようだ。

●不祥事や腐敗、倫理違反が蔓延している今日の世の中、自分は誰かに足をすくわれたような気がする。何を信頼すべきか、誰を信頼したらいいのか分からなくなってしまった。

あなたがこのような状況にいたら、どうするだろうか。信頼がないために仕事の能率が低下したり、ひどい場合は権力争いや官僚的体質に陥ったりしているとしたら、ビジネスにはよくあることだと諦めるか。それとも、それに立ち向かったり、それを元に戻したりすることができるだろうか。

私は断言する。何らかの手を打つことは可能である、と。事実、信頼を築き、育て、与え、回復する方法を身につけると、現在のみならず未来の人生の軌道を変えることができるのだ。

手法や技術もさることながら、信頼の強化こそがこの一〇年の課題である。

――トム・ピーターズ（作家）

◇信頼とは何か？

では、信頼とは何だろう。難解な定義を示すよりも、かつてゼネラル・エレクトリック社のＣＥＯだったジャック・ウェルチの言葉を引用したいと思う。「実感してみて分かるもの」、彼はそう言っている。

要するに、信頼とは「信じる」ということだ。信頼の逆は不信、すなわち「疑念」である。人を信頼するということは、その人、つまりはその人の誠実さ、その人の能力を信じることに他ならない。逆に人を信頼しないということは、その人、つまりはその人の誠実さ、思惑、能力、実績に疑問を抱くということである。実に単純なことなのだ。人は皆、信頼を土台にして築かれた関係と、そうでない関係の違いを実感した経験をしている。その違いはわずかどころか劇的であることを、そうした経験は明確に物語っている。

ここで、あなたと強い信頼関係で結ばれている誰か（上司、同僚、顧客、配偶者、親、兄弟、子供、友人など）を思い浮かべてみてほしい。それはどんな関係だろう。どのような感じがするだろうか。コミュニケーションはうまくいっているか。どれくらい迅速に物事を成し遂げているだろうか。その関係を楽しいと感じるだろうか。

次に、信頼関係があまりない人のことを考えてみよう。この人もやはり、職場の人間や家族の一員かもしれない。それはどんな関係か。どのような感じがするだろう。コミュニケーションはどうか。淀みなくスムーズにしているだろうか。それとも誤解されることが多く、いつも恐れたり、避けようとしたりしているだろうか。協力して物事を素早く成し遂げられるか、それとも合意して実行に移るまでに時間と労力がかかりすぎるか。あなたはその関係を楽しんでいるだろうか、それとも退屈で煩わしく、面倒なものだと感じるだろうか。

高い信頼関係と低い信頼関係の違いは明白だ。コミュニケーションを例にとってみよう。高い信頼関係においては、間違ったことを言ったとしても理解してもらえる。それに対して低い信頼関係では、どんなに慎重に言葉を選んでも誤解される可能性が高い。

あなたの私生活や仕事上の重要な関係において信頼関係を高めることができるとしたら、それによってどんな違いが生まれるか想像できるだろうか。

> 信頼なしに成功することはできない。信頼という言葉は、あなたが追求できる、成功に資するものをほとんどすべて表わしている。結婚であれ、友情であれ、社会的な付き合いであれ、信頼なしに機能する人間関係が果たしてあるだろうか。ビジネス、とりわけ一般大衆を相手にするビジネスにも、長い目で見れば同じことが言える。
>
> ――ジム・バーク（元ジョンソン・エンド・ジョンソン会長兼ＣＥＯ）

◈厳しい試練

私自身これまで信頼を高める経験を何度かしてきたが、その中でも特に顕著だったのは、数年前、フランクリン・クエスト社とコヴィー・リーダーシップ・センターの合併によってフランクリン・コヴィー社を設立したときのことだった。合併や買収に関与したことのある人ならお分かりだと思うが、こうしたことは決して容易ではない。合併で誕生した新会社には、優秀な社員、優れたコンテンツ、優良顧客、生産的なツールといった素晴らしい強みがあった。だが、二つの文化の融合は途方もなく困難だった。

私は教育研修部門の事業部長として、会社のコンサルタントたちの三分の一ほどに当部門の戦略を説明するため、ワシントンＤ.Ｃ.に赴いた。ところが、私が明るい将来の展望を期待して臨んだ会議は、胃が痛くなるようなものとなった。

その数週間前、新ＣＥＯが会社のコンサルタント全員による会議を予定していた。前途有望な合併の前に大きな問題や摩擦が立ちふさがり、彼は苛立っていたからだ（それは我々も皆同じだった）。彼が考えた会議の方針は、出席者の懸念をもれなく聞き出すため、リーダーである我々は聞き役に徹し、反論しないというものだった。四時間の予定で始まった会議は、不満続出で一〇時間にも及んだ。内容の変更や訂正や提示、足りない情報の提供、問題の他の側面についての協議はもとより、そこに伴うジレンマを示すことさえ誰も許されなかったため、彼らの発言で正しいものはごくわずかだった。彼らの認識の大半は誤解や歪曲を伴い、中にはあからさまな間違いもあった。思い込みや疑念、非難や不満が並べ立てられた。一言も発言できないこうしたやり方に、我々リーダーはしぶしぶ同意していた。

結局、このような会議は十数回開催された。いずれも針のむしろに座らされているような気分で、私はリーダーたる者の宿命ととらえるしかなかった。ウォール街で働いた経験のあった私は、企業合併の難しさを承知していたものの、このケースを成功へと導くことはできると考えていたのだ。

問題は、私の思い込みが過ぎたことだった。私は、自分の評判と信頼性は既に知ってもらっているとばかり思い、合併した新会社に対して信頼を築くのを怠っていたのだ。その結果、社員たちの半分は私を信頼してくれたが、残りの半分は違った。そして、コヴィー派とフランクリン派に二分されていた。私を知り、私と仕事を共にしたことのあるコヴィー側の社員たちは基本的に私の意思決定を、常に客観的な外部基準と照らし合わせた、会社のためを思った真摯な行為と見てくれた。決してコヴィー側の思惑を押し付けようとしているのではなく、時には体を張ってそれを防いでくれている、とも思ってくれた。それに対して私のことを知らず、仕事を一緒にしたこともなく、私を信頼していなかった社員たちは、私の決定をことごとく逆に解釈した。

一例を紹介すると、私の会社のあるリーダーシップ開発プログラムをサンダンス・リゾートという会員制のリゾート施設で開催することに疑問が投げかけられたことがあった。サンダンスは運営上やや難しい面があり、会場を別の場所に移すべきだという意見が一部にあったのだ。だが、講師を務めるプログラム・ディレクターはサンダンスにこだわった。この地はクライアントに人気があり、そこで開催したプログラムは他の場所より、売上が平均四〇％近くも上回ることがデータに表われていたからだった。私はこう言った。「採算面で優れ、プログラム・ディレクターもそこで続けることを強く推薦しているため、実施方法を改善した上でサンダンスでの開催を続行したいと思います」この決定は社員たちの理解を得られる、と私は思った。

だが、私に不信感を持つ人たちは首を縦に振らなかった。むしろ、コヴィー流のやり方を強引に押し付けようとしている、と彼らの目には映った。中には、私が何らかのリベートを受け取っているのでは、と勘ぐる者さえいた。私が、サンダンス子供劇場の諮問委員（これは無報酬である）への就任を要請されていたためである。私の動機に疑念を抱いた人間は少なくなかった。信頼関係が不十分だったことにより、「何か思惑があるに違いない」という印象を与えたのである。

> **人の動機に疑惑の目が向けられた途端、その人の行動すべてが歪めて見られる。**
>
> ――マハトマ・ガンジー

また、こんなこともあった。コヴィー側の人間で、リーダーとして抜群の才能を持つロンを、私は別のポジションに移すことに決めた。彼もまた我々の多くと同様、合併に伴う権力争いに巻き込まれ、両陣営対立の火種になっていたからだ。次のマネージャーがコヴィー側とかフランクリン側とかと見られることのないよう、ロンの後任は社外から補充することにした。

私はこれを発表したとき、新しい人材を導入しようという私の試みは歓迎されると思った。ところが、私を信頼していない社員たちは、後任のマネージャーを外部から連れて来るという部分には誰も耳を貸さず、ロンが会社に残ることだけを取り上げて、彼を辞職させるように求めてきたのである。

私としては両陣営を意思決定に参加させたつもりだったが、何度となく私の行動は曲解され、動機は疑いの目で見られた。お察しのとおり、私の実績を知らない者たちは、私が経営サイドにいる理由は唯一、スティーブン・R・コヴィーの息子だからであると考えていた。つまり、私自身に対する信頼性は皆無だったのである。

こうした事情により、私は意思決定に時間をかけざるを得なかった。一つひとつの決定をそれぞれの文化がどう解釈するか、予想する必要があり、負担やリスクにも気を配らなければならなかった。私の主義ではなかったが、それまでは無縁だった政治的駆け引きもするようになった。

それまでの経緯を通して振り返ってみた私は、困難な問題に正面からぶつからなければ、現状がそのまま続くか、場合によっては悪化する恐れもあることに気づいた。私がどんな決定をしても、後からとやかく言われ、駆け引きの材料に使われるのだ。何かを成し遂げようとしても、遅々として進まないだろう。官僚的体質や権力争い、参加放棄がますます強まりつつあった。これでは莫大な時間と労力と資金の浪費であり、そのツケは計り知れなかった。

このような惨憺《さんたん》たる状況の中、これ以上失うものはないと私は思った。そのような状況の中、あの日ワシントンD.C.で開かれたコンサルタントたちとの会議に臨んだ私は、次のようなことを述べた。

「皆さん、本日の会議のテーマは戦略です。皆さんがこのテーマでよろしければ、それで行きたいと思います。ただし、皆さんが本当に気になるのは合併問題でしょう。そちらについて話したいなら、それでも結構です。皆さんが頭を痛めている問題について話しましょう。誰がとどまり、誰が去るか。誰がどんな意思決定を行うか。今採用されている判断基準はどのようなものか。なぜもっと情報が入って来ないのか。意思決定を行う人間が信頼されていないとどうなるか。私に意思決定を委ねないとしたらどうなるか」

彼らが私をどう評価するかということを含め、このような厄介な問題を私が最初に取り上げようとしたことに彼らは驚いた。それと同時に、私の真の思惑は何なのかと多くの者たちが思いをめぐらしていた。だが、私が何も隠し事をしていないことに彼らはすぐ気づいた。私は包み隠さず、率直に話していた。腹を割って話そうとしていることが彼らに伝わったのだ。会議が進むにつれ、私は何か魂胆があって動いているのではないことを彼らは理解してくれた。会社のためになることを誠実に実行しようとしているのだ、と。

一時間の予定だった戦略会議は、彼らの懸念について一日がかりで話し合う結果となった。どの建物を使用するか。どちらの給与制度を採用するか。誰の販売モデルを使うか。スティーブンには本当にこれらの意思決定を行なう能力があるか。スティーブンの実績はどんなものか。何を判断基準にしているか。これらが困難な問題であることを、私は率直に認めた。意思決定の背後にある考え方と根拠、過去または進行中の決定プロセスを包み隠さず明らかにした。共有できるデータをすべて開示し、それができないものについては、その理由を説明した。彼らの懸念に耳を傾け、理解しようと努めた。彼らの提案をもとに、いくつかの改善項目を約束した。

会議が終わる頃には、自分の中に希望と興奮が蘇えるのが感じられた。私がそれまでの数カ月間に築いた以上の信頼をたった一日で確立した、とある出席者は私に話した。率直なコミュニケーションの価値に気づいたこと、何よりもそれが出発点となったことに私は気づいた。と同時に、私が最後まで実行できるかどうかが本当に試されることになるとも思った。しかし、少なくとも、社員たちは低い信頼のレンズで歪められることなく、新たな目で私の行動を眺めることができるようになったのだ。

この会議の噂が広まり、それから数カ月もしないうちに、私は他のコンサルタントたちと会って同じことを繰り返し、同じ成果を得ることができた。他のグループや部署とも同様のことを行なった。そして、我々は非常に短い期間で、事業部門全体に対して信頼を確立することに成功した。私の事業部門に関する限り、こうして信頼が劇的に増したことによって状況は一変した。効率アップ、コスト削減、業績の向上があらゆる分野で実現したのである。

私は後にフランクリン・コヴィー社を離れて自分の会社を設立し、この本を執筆することとなったが、彼らが合併の嵐をくぐり抜け、現在は非常に順調にやっていると報告できることをうれしく思う。自分自身に関しては、こうした経験をしたお陰で、多くの信頼を得て順調にやっていた合併前に比べ、信頼というものに対する私の理解ははるかに深まった。

まず、自分があまりにも多くの思い込みをしていたことを知らされた。私は社員たちの信頼を得ているつもりでいたが、そうではなかった。彼らは私自身およびコヴィー・リーダーシップ・センターの実績を知っているとばかり思っていたが、これも間違いだった。内々の会合では厄介な問題を取り上げ、客観的な業務基準に従って意思決定を行っていたので、それが現場の社員まで伝わっていると決め込んでいたが、そうではなかった。駆け引きについても、自分はまだまだ甘いと痛感させられたし、実際、私は間違いを犯した。ただし、間違いだと非難されていたことは、間違いではなかった。私がしでかした最大の間違いは、信頼を築き、高めることに積極的でなかったことだ。その結果、私は低い信頼が生み出す結果を、人間関係と客観的な最終損益の両面において自ら体験する羽目になったのである。

さらに、信頼にはまさにすべてを変える力があることも学んだ。信頼、それも人格と能力に基づく本物の信頼がひとたび構築されれば、大概のことはうまく治まるのである。

◈信頼の危機

グローバル社会が出現している今日、私たちが信頼の危機に直面していることは容易に理解できるだろう。最近の新聞から拾った見出しをいくつか紹介しよう。

- 「社員の新モットー：誰も信じるな」
- 「信頼再構築が求められる企業」
- 「互いに信頼を裏切る」
- 「ニューヨーク証券取引所のトレーダー二〇人を起訴」
- 「倫理強化による信頼再構築が必要」
- 「信頼関係の低下で人間関係が崩壊」
- 「今の世の中、あなたは誰を信じますか」

ニュースの見出しは、「信頼低下の蔓延」という否定し難い現実の姿を映し出している。この現象は今日のグローバル社会、市場、組織、人間関係、個人の生活に充満している。また、疑念と不信感を生み、それが定着し、大きな代償を伴う下向きの循環をもたらしているのだ。

今日の社会全体を眺めてみてほしい。政府、メディア、企業、病院、教会、政党など、ほとんどの社会的機関に対する信頼は一世代前に比べて大きく低下し、記録的な低水準にあえぐケースが数多く見られる。例えば米国では、二〇〇五年ハリス世論調査によると、メディアを信頼していると答えた人の割合はわずか二二％で、その他では政党が八％、政府が二七％、大企業が一二％だった。

それ以上に顕著なのは、人間関係における信頼の喪失だろう。英国の社会学者、デイヴィッド・ハルパンが最近実施した調査では、アメリカ人で他者を信頼するのはたった三四％だった。この数字は中南米では二三％、アフリカでは一八％とさらに下がる。ハルパンの調査はまた、四〇年前の英国では、他者を信頼できるという人が人口の六〇％を占めていたが、今日ではそれが二九％まで減少していることを示している。

この調査で好ましいデータを敢えて探すとしたら、スカンジナビア人（デンマーク、スウェーデン、ノルウェー）の六八％、オランダ人の六〇％が他者を信頼できると答えている点であり、高い信頼を持つ社会もいくつかあることが分かる。また、メキシコはわずか三一％ではあるが、一九八三年の一九％から改善が見られる。この事実は、社会的信頼の構築が不可能ではないことを示唆している。

スポーツ・チームのメンバーであれ、職場や家族の一員であれ、信頼関係の存在しないところに問題が発生する。

——ジョー・パテルノ（ペンシルベニア州立大学フットボール部ヘッドコーチ）

組織レベルでは、社内の信頼関係も急激に弱体化している。調査結果は次の通りである。

- 経営陣を信頼しているのは社員のわずか五一％。
- リーダーの行動に誠実さを感じるのは、社員の三六％。
- 暴露されたら社会的信頼に背くことになる非合法または非倫理的な行為を過去一年間に目撃した社員は七六％。

個人の人間関係における信頼はどうだろうか。個々の人間関係によって当然差はあるが、信頼が多くの人々にとって大きな問題になっている（上司や同僚、家庭では配偶者や子供などとの極めて重要な関係で、こうした状況が頻繁に見られる）。

社員が会社を辞める第一の原因は、上司との関係の悪さにあること、夫婦の二組に一組が離婚している事実を考えてほしい。

人間関係はどんな種類のものであれ、信頼の上に築かれ、信頼によって支えられる。そして、信頼がなくなれば関係は崩壊する可能性がある。信頼なくして大切な関係が存在し得るか、考えてみていただきたい。実際、低い信頼は「悪い関係」とまさに同義である。

個人レベルでの信頼はどうだろう。大学院の入試でカンニングしたことを認めている学生がどれくらいいるかご存知だろうか。

- 文科系学生 ― 四三％
- 教育学部学生 ― 五二％

- 医学部学生――六三％
- 法学部学生――六三％
- 経営学部学生――七五％

あなたが何かの手術を受ける際、学生時代にカンニング歴のある医師に当たる確率が五〇％を超えると知ったら、どういう気分だろうか。また、あなたがどこかの会社に就職しようというとき、その経営者に誠実さを軽視した経歴がある可能性が七五％だとしたらどうだろう。

最近、何人かの弁護士にこのデータを見せたところ、彼らは自分たちが最悪でないことを知って胸をなで下ろしていた。そして、彼らは私を非難した。なぜなら、私のようなＭＢＡ取得者の七六％が自分の利益に影響する経費を過少申告しているからだ。さらに、倫理の遵守度合いを測定する試験で、刑務所に入っている囚人がＭＢＡ学生に劣らぬ高得点を記録することを指摘しても、過少申告に効果はなかった。信頼の危機は本当に深刻なのだ。

社会、組織、人間関係はさておき、自分自身の信頼にはよりいっそう基本的で強力な側面が存在する。私たちは目標を設定したり、新年の誓いを立てたりして、自分と何か約束しておきながら、それを達成できないことがよくある。その結果、自分で自分を信頼できないと思い始める。自分を信頼できなければ、他者を信頼することなどどうしてできるだろう。こうした個人における一貫性の欠如から、他者に対する疑念が生まれることがよくある。私の父がよく言うのだが、人は自分を判断するときは自分の意図を基準にし、他者を判断するときはその人の行動を基準にするという。だから、詳しいことは後で述べるが、できるだけ手っ取り早く信頼を回復したければ、どんなに些細なことでもいいから自分自身と他者に対して約束をし、それをきちんと守るのが一つの方法なのだ。

私たちはまさに信頼の危機に直面している。それは、社会、制度、組織、人間関係、個人というあらゆるレベルで私たちに影響し、しかもその影響は永続的なものである。信頼を裏切られたり企業のスキャンダルを聞かされたりしても、その都度かなりの信頼を回復できる人がいるにしても、回復の速度は低下する傾向にある。他にも何かあるのでは、と私たちは疑うようになる。そして、他者に対する疑念がどんどん強まっていく。一部の人々の行動を多数の人々に投影するようになり、その大きなツケを私たちは今払わされているのだ。

> こうした高いレベルの、深く根付いた出来事［スキャンダル］が一つひとつ暴露されるたびに、米国国民の信頼は少しずつ低下して行く。そこから立ち直るのは容易なことではない。
>
> ——ロバート・エッカート（マテル社CEO）

◈信頼の経済的側面

皮肉な人はこう主張するかもしれない。「だから何なのだ。信頼なんて、なければなくても構わないもの。所詮、社会的美徳であって、仕事の意欲につながるようなものではないだろう。信頼が経済的利益に直結すると、はっきり証明できるのか」こうした反論に対して、私はこの本の中できっぱりとお答えするつもりだ。ビジネスにおける信頼の重要性を明確に実証することによって。

ここで簡単な公式を紹介しよう。信頼というものを、定量化の困難な漠然とした要素から、具体的で定量化可能な不可欠な要素へと移し変えるものだ。この式の根底には、ある重要な考え方がある。それは、信頼の量は常に、スピードとコストという二つの結果として表われるということである。信頼が減ると、スピードが低下し、コストが上昇する。

実に単純であり、誰にでも分かることだ。では、具体例をいくつか見てみよう。

九・一一テロの直後、米国では空の安全に対する信頼が大幅に低下した。攻撃を企てている過激なテロリストたちがいること、乗客の安全を保証するシステムはそれを防止できるほど強力でないことに私たちは気づいた。

九・一一の前は、私は近くの空港を利用する際、そこに出発時刻の三〇分前に着くようにしていた。セキュリティ・チェックにさほど時間がかからなかったからだ。ところが事件後は、空の安全と信頼を高めるねらいから、より厳重な手続きと検査システムが導入された。こうした手続きは期待した効果を上げつつも、私が飛行機での移動に要する時間と費用は以前よりも増えてしまった。今では、国内便で一時間半前、国際便に至っては二、三時間前に空港に行くようにしている。セキュリティ・チェックにそれだけ時間がかかるのだ。また、飛行機のチケットを買うたびに、新設された九・一一安全税を支払っている。つまり、信頼が減少した結果、スピードが低下し、コストが上昇したわけである。

信頼⬇＝スピード⬇　コスト⬆

逆に信頼が増えると、スピードが上昇し、コストが低下する。

信頼⬆＝スピード⬆　コスト⬇

不信のつけは大きい。

——ラルフ・ウォルドー・エマーソン

別の例を見てみよう。米国企業改革法は、エンロン、ワールドコム、その他の大企業の不正経理による破綻を受けて米国で成立した。この法律は公開市場における信頼の改善、または少なくともその維持に効果を発揮しているようではあるが、その陰で莫大な代償が支払われていることも確かだ。企業改革法の適用を受ける企業のＣＥＯやＣＦＯ、財務担当者などに、この法規に準拠するのにどれ程の時間とコストが余計にかかるか尋ねてみるとよい。両方とも莫大な量である。実際、最近の調査では、一つの項目を実施するだけで三五〇億ドルの費用がかかると推定されており、これは米国証券取引委員会（ＳＥＣ）の当初見積もりの二八倍に相当する。コンプライアンス法規で信頼の欠如を補おうというわけだが、それが低効率かつ高価な代償を強いているのだ。要するに、信頼が減少するとスピードが低下し、コストが上昇するわけである。

大きな法律を破っても、自由は手に入らない。無秩序さえ出現しない。小さな法律ができるだけだ。

——G・K・チェスタトン（英国の作家）

それに対し、信頼が増えるとスピードが上昇し、コストが低下する。バークシャー・ハサウェイ社のCEOで、世界で最も信頼できる経営者の一人と定評のあるウォーレン・バフェットの例について考えてみよう。彼は最近、大規模な買収をした。ウォルマート社から物流会社マクレーン社（時価総額二三〇億ドル）を買い取ったのだ。バークシャー・ハサウェイとウォルマートはともに株式を公開しているため、市場および規制に基づくあらゆる種類の精査を受ける。これほど大規模の合併になると通常、調査の完了までに数カ月かかる上に、各種データを会計士や監査人、弁護士に照合・確認してもらうのに数百万ドルかかる。ところがこのケースでは、両社の経営は高い信頼に基づいて運営されているので、二時間の会議一回きりで合意に到達した。そして、一カ月もしないうちに買収は完了してしまった。

バフェットは、二〇〇四年度のアニュアル・レポートに添えるマネジメント・レターにこう記した。

「我々はデュー・デリジェンス（その取引が適正であるか、価値があるかを事前に調査すること）をまったく行ないませんでした。ウォルマート側の言うことに間違いはないと我々は確信していたからです。そして、実際にそのとおりでした」

どうだろう。期間は半年やそれ以上どころか一カ月足らず、通常は何百万ドルもかかるデュー・デリジェンスの費用がゼロなのだ。まさに高い信頼、高スピード、低コストではないか。

世界は急速に変化している。大が小を倒す時代は終わった。速いものが遅いものを制すのだ。

――ルパート・マードック（ニュース・コーポレーション会長兼CEO）

もう一人の伝説的経営者、サウスウエスト航空の会長であり、かつてCEOだったハーブ・ケレハーの例を見てみよう。ロバート・K・クーパーとアイマン・サワフの著書、『ビジネスマンEQ―あらゆる目標達成のために』で紹介しているエピソードは注目に値する。サウスウエスト航空のメンテナンス業務（七億ドル相当）を一手に引き受ける会社で当時、業務執行副社長をしていたゲーリー・バロンが、ある日社内の廊下を歩きながら、大々的な組織再編案をまとめた三ページの提言書をケレハーに提出した。ケレハーはその場で提言書に目を通した。そして、彼が一つ質問すると、バロンは自分も同じ懸念を抱いており、既に手を打っていると答えた。すると、ケレハーは「結構だ。進めてくれ」と言った。この会話に要した時間はわずか四分ほどだった。

ケレハーはリーダーとして信頼されているだけでなく、他者にも信頼を示した。彼はバロンの人格や能力を信頼していたのだ。そして、バロンは自分の策を理解しているとケレハーは信じていたので、会社は信じ難いスピードで動くことができた。

スケールはずっと小さくなるが、もう一つ例を紹介しよう。ある男（ここではジムと呼ぼう）がニューヨーク市で店を構え、近くの会社に出入りする人たち相手にドーナツやコーヒーを販売した。朝食時や昼食時にはいつも長蛇の列ができた。彼はある日、待ち切れずに他の店に行ってしまう客が多いことに気づいた。また、彼一人で切り盛りしていたため、お客にお釣りを渡すのに手間取り、それでドーナツやコーヒーの売り上げが伸びないのでは、と考えた。

そこでジムは、一ドル札と硬貨を入れた小さなかごを店の片隅に置き、そこから客に自分で釣銭を取ってもらう方式に思い切って切り替えた。勘定を間違える客や、こっそり余分に持って行く客がいると思いきや、結果は逆だった。大部分の客は極めて正直で、チップを普段より多めに置いていく客もいたほどだった。また、お釣りを渡す手間がかからないので、客の回転率は二倍に跳ね上がった。さらに、信頼されていることに気を良くした客が常連になった。ジムはこうして他者を信頼することによって、コストをかけずに売り上げ倍増を実現したのである。

やはり、信頼が減るとスピードが低下し、コストが上昇する。そして、信頼が増えるとスピードが上がり、コストが減少するのだ。

信頼や誠実などの卓越した価値は、売り上げや利益、繁栄に直結する。

——パトリシア・アバディーン（『メガトレンド二〇一〇』の著者）

最近、私がある所でこの考えを教えていたとき、いつも数字とにらめっこしている、ある会社のＣＦＯが私のところにやって来て、こう言った。「この考え方は実に魅力的ですね。私はかねがね、人を信頼できたらいいなとは思っていたんですが、信頼が採算面やスピードにもたらす影響というのは一度も考えたことがありませんでした。こうしてあなたに指摘されてみると、それがいろいろな面で見られることが分かりましたよ。例えば、うちの会社の場合、完全に信頼できる仕入先が一社あるんですが、そこに関しては何もかも迅速に事が運び、関係を維持するのもほとんどコストがかからないんです。それに対して、ほとんど信頼していない別の仕入先は、何をするにも遅く、関係を続けるのにかなりの時間と努力が必要なんです。つまり、お金がかかるんですね。それも、かなりの額が」

このＣＦＯは、突然目からうろこが落ちたかのように驚いていた。彼は数字で考えるのが好きな人間だったが、こと信頼に関しては点を結んで全体像を作り上げるまでには至っていなかった。だが、ひとたびそこに気づくと、すべてが見えたのだった。信頼が組織内のあらゆる面に影響していたことに、彼は即座に気づいた。また、自分のビジネスで起きつつある現象を分析し、利益ある成長に拍車をかける手段を講じる上で、信頼、スピード、コストの関係を考えることがいかに効果的か理解した。

「あなたは上司を信頼していますか？」という単純な質問を正規の三六〇度フィードバック調査（自分のことを上司、部下、同僚などさまざまな関係者から評価してもらう調査）で社員たちに直接問いかけている一流企業がある。あれこれ尋ねるよりも、この一つの質問に回答させるだけでチームや組織のパフォーマンスを予想できることを、そうした企業は知っているのだ。

あなたは、客観的で測定可能な信頼の経済的側面をひとたび理解すると、新しいメガネをかけたような気分になるだろう。職場、家庭、あらゆる人間関係や活動など、どこを見てもその影響が表われるはずだ。高い信頼関係が人生のあらゆる面に信じ難いほどの違いを生むことに気づくだろう。

◇信頼税

信頼の経済的側面は、重大かつ実際的な影響をもたらす。私たちはさまざまな人間関係や対話の中で、低い信頼による間接税をその場その場で支払わされており、しかもそれに気づいてさえいないのだ。

私の息子のスティーブンは、三年前の夏に一六歳になり、初めて職を手にした。かき氷屋のマネージャーの仕事で、息子はとても興奮していた。

最初の二、三週間はとても順調で、初めて給料を受け取ったときは感激していた。封筒を破って開け、目を輝かせて小切手を見た。だがその時、彼の顔が急にこわばった。「パパ、これ、違っているよ」と叫んだ。息子は給料明細を私のほうに突き出し、「見てよ」と言った。「計算が全然間違っているよ」

「えっ、どういうことだい?」と私は言いながら、明細書に視線を走らせた。「ここだよ」と、彼は指さした。「僕は時給八ドルのはずなんだ。四〇時間働いたということは、三二〇ドルになるはずだよ。そうでしょ?」

明細書を見ると、確かに息子は四〇時間働いたことになっていたが、金額は二六〇ドルほどだった。

私は言った。「その通りだ、スティーブン。だけど、少し上の欄を見てごらん。その明細書だ。そこに連邦所得税って書いてあるだろう」

「えーっ?」息子は怪訝そうな顔で答えた。「税金を払ってるってこと?」

「そうさ」私は答えた。「連邦所得税だけじゃない。ごらんよ。州所得税、社会保障税、医療税…」

「でも、パパ」息子は泣き叫ばんばかりの勢いだった。「僕には医療保険なんて必要ないよ」

「確かに、お前は必要としないかもしれない。だけど、お前のお爺ちゃんは必要だろ。お前も社会人になったということさ」私はそう答えた。

税金を払うのが好きな人などいないだろう。だが、税金は社会を良くするために使われ、また、法律で定められているものでもあり、私たちは税金を納める。だが、自分が税金を払っていることに気づかなかったとしたらどうだろう。それが隠されていたら、つまり、知らないうちに天引きされていたら。しかも、それがまったく無駄な税金だとしたらどうだろうか。誰の役にも立たず、どぶに捨てるようなものだったら。

あいにく低信頼税は、「低い信頼コスト」として私たちの所得明細書に現われない。だが、隠れて見えないからといって、ないわけではない。どういうところを見るべきか、目の付け所が分かると、組織でも人間関係でも、この種の税金が至るところに存在することに気づく。定量化が可能で、極めて多額にのぼる場合が多い。


不信はビジネスを行なうコストを倍増させる。

——ジョン・ホイットニー（コロンビア・ビジネススクール教授）

あなたはこの税金を、何度も支払わされているに違いない。あなたの上司や十代の子供などと会話する際、自分の言うことすべてが、二〇％、三〇％、場合によってはもっと自動的に割り引かれているように感じる場合がそれだ。これは、私がフランクリン・コヴィーの合併で苦労した時期に身をもって体験したことでもある。ところが、よく考えてみると、そうした会話に課税してきたのは、恐らくあなた自身なのだ。信頼していない人の言うことを、あなたは割り引いて聞いているのではないだろうか。

前任者が不信をつくり出し、あなたがその後を継いだりすると、さらに相続税まで払わされる場合もある。私生活や仕事上で新たな関係を結んだり、低い信頼しかない組織文化に新しいリーダーとして加わったりするとき、自分がやっていないことで、三〇%、四〇%、五〇%、あるいはもっと高い率で課税される恐れがあるのだ。私が最近コンサルティングを行なったある経営幹部は、組織に加わったばかりなのに、その文化が自分に課税してくると嘆いていた。前のマネージャーが組織との信頼関係を派手に壊したため、その前任者の行動がすべてツケとして彼女に回って来るのだという。

ベストセラー作家のフランシス・フクヤマは、こう述べている。「…不信が社会に蔓延すると、あらゆる種類の経済活動に一種の税が課されることになる。これは、高い信頼が築かれている社会では支払う必要のない税である」この低信頼税は経済活動にとどまらず、人間関係、交流、コミュニケーション、意思決定、生活の各側面など、あらゆる活動に課されると私は考える。

◇信頼が生む配当

低い信頼によって発生する税金が現に存在し、定量化が可能であり、極めて高額にのぼると述べた。それと同様に高い信頼がもたらす「配当」も存在し、定量化でき、信じられないほど高いと私は言いたい。ウォーレン・バフェットがマクレーン買収を完成させたスピード、ゲーリー・バロンの大規模な組織再編案が承認された迅速さを思い出してほしい。さらに、ジムがドーナツとコーヒーの売り上げを倍増させたことも。私生活であれ仕事上であれ、あなた自身の人間関係が高い信頼に基づいていたら、コミュニケーションはさぞかし迅速に進むことだろう。

強い信頼関係が存在すると、人は配当を受け取る。すると、それが自分の組織や人生のあらゆる側面をものすごい勢いで向上させ、改善する。高い信頼はパンに加えるイーストみたいなもので、周囲のものを何でも膨らませる。企業における高い信頼は、コミュニケーション、協力、実行力、イノベーション、戦略、参加意欲、パートナーシップ、利害関係者との関係を著しく改善する。私生活では、家族や友人、地域社会との関係において興奮、活力、情熱、独創性、喜びを大幅に強める。この配当は、スピードの上昇や採算の改善に限らず、楽しみの増加や生活の質的向上などの形でも現われる。

◇隠れた変数

私は以前、モンタナ州で毛針釣りをするためにガイドを雇ったことがある。私が川を見渡していると、「あなたの目に映ったものを私に言ってください」と彼は言った。美しい川があり、その水面に太陽光線が反射している、というようなことを私は言った。「魚は見えますか?」と、彼が尋ねた。見えない、と私は答えた。すると、そのガイドは私に偏光サングラスを手渡し、「これをかけてください」と言った。急にすべてのものがまるで違って見えた。川に視線を向けると、水の中まで見通せることに気づいた。魚が目に飛び込んできた。それも何匹も。私の興奮は一気に高まった。私は突然、それまで気づかなかった大きな可能性を感じることができた。実際、魚たちは最初からそこにいたのだが、メガネをかけるまで私の視界から隠されていたのだ。

それと同じで、ほとんどの人の視界から信頼が隠されている。人々は、あらゆる人間関係、組織、交流、人生の瞬間に信頼の影響がくまなく及んでいることを分かっていない。ところが、「信頼メガネ」をかけて内側で起きていることをのぞくと、人生のあらゆる側面で瞬く間に有効性を高めることができるのだ。

信頼は、多くても少なくても、組織の成功の方程式における「隠れた変数」といえる。従来のビジネス方程式では、「戦略（Strategy）×実行（Execution）＝結果（Results）」となる。

S×E＝R［戦略×実行＝結果］

ところが、この方程式には隠れた変数が存在する。それが「信頼（Trust）」であり、結果を割り引く低信頼税か、はたまた結果を増やす高信頼配当かのどちらかである。

（S×E）×T＝R［（戦略×実行）×信頼＝結果］

戦略と実行は優れていても（一〇段階評価の一〇）、低い信頼によって失敗することがあり得る。逆に、高い信頼がとても強く作用して相乗効果を生み、全体が部分の総和以上になる可能性もある。次の計算式を見てほしい。

戦略×実行＝結果	課税か配当	収益
10×10＝100	－税金40％	＝60
10×10＝100	－税金10％	＝90
10×10＝100	－配当20％	＝120

優れた戦略と強力な実行力を備えている企業でも、収益は低信頼税によって大幅にダウンするか、高

信頼配当によって増えるかのどちらかである。この分野で有名なコンサルタント、ロバート・ショーはこう言っている。「ビジネスで成功を収めるには、特に必要なものが二つある。それは、勝利をもたらす競争戦略と組織の卓越した実行力だ。そして、不信はその両方の敵である」と。高い信頼がお粗末な戦略を救うとは限らないが、低い信頼はほぼ間違いなく優れた戦略を挫折させると私は考える。

ビジネスにおける信頼の重要性を裏付ける上で、この隠れた変数の影響ほど強力な根拠はないだろう。英国のウォリック・ビジネススクールが実施した調査によると、厳格な取り決めや罰則よりも信頼に基づいて管理される外注契約は、双方に高信頼配当（契約額全体の約四〇％）をもたらす可能性が高いという。また、経営コンサルティング会社、ワトソン・ワイアットによる二〇〇二年の調査では、高信頼組織では株主への配当が低信頼組織の三倍近いという結果が出ている。何と大きな違いだろう。さらに、スタンフォード大学のトニー・ブリック教授の教育調査によれば、高い信頼を得ている学校は低い信頼の学校に比べ、試験の得点が伸びる可能性が三倍を超えている。個人のレベルでは、高く信頼されている人は昇進や収入、チャンスなどに恵まれ、人間関係も充実して楽しいものになる傾向が強い。

今日の世界では、信頼という隠れた変数が非常に重要かつ強力だが、その理由としては、知識労働者が主役を担うグローバル経済が出現していることが一つ挙げられる。ニューヨーク・タイムズ紙のコラムニストであるトーマス・フリードマンが、著書『フラット化する世界』に記しているように、この新しいフラットな経済はパートナーシップと人間関係を中心に回る。そして、そのパートナーシップと人間関係が生きるも死ぬも、信頼次第である。フリードマンは次のように述べている。

こうした信頼がなければ、開かれた社会はありえない。開かれた社会のすべての開かれた部分を警官に巡回してもらうことなど、不可能だからだ。信頼がなければ、フラットな世界もありえない。信頼があって初めて、壁を打ち倒し、障壁を取り除き、国境での摩擦をなくすことができる。……フラットな世界では、信頼は必要不可欠なのである。

だからこそ、私はもう一度断言したい。顧客、ビジネス・パートナー、投資家、同僚など、あらゆる利害関係者との信頼を築き、育て、与え、回復する能力こそが、この新たなグローバル経済のリーダーに求められる主要な能力なのだ、と。

信頼が生みだす税金と配当がどんな影響を及ぼすか、組織と個人的関係の両方について整理した。次のページの表を見て、是非自問していただきたい。自分の組織は税金を支払っているか、それとも配当を受け取っているか、と。また、自分自身は「歩く税金」か、それとも「歩く配当」か、と。

また、あなたの仕事と私生活における人間関係についても考えていただきたい。自分の人間関係は、この表のどこに当てはまるか。自分の人生をできるだけ有意義なものにするには、どこを集中的に改善すればよいか、と。

税金 80% — 信頼関係が存在しない

組織	個人的関係
● 機能不全の環境と有害な文化（あからさまな対立、怠業、不平、訴訟、犯罪行為） ● 闘争的な利害関係者 ● 執拗なマイクロマネジメント ● 重複の多い階級組織 ● 処罰制度	● 機能不全の人間関係 ● 険悪な対立や冷淡で徹底した参加放棄 ● 防衛的態度および法的対抗措置（「法廷で会おうじゃないか」） ● 敵味方の選別 ● 感情的、肉体的虐待

税金 60% — 信頼関係が非常に弱い

組織	個人的関係
● 不健全な職場環境 ● 社員や利害関係者の不満 ● 派閥間の激しい権力闘争 ● 立場や意思決定擁護に時間を浪費 ● 苦痛なマイクロマネジメント、官僚主義	● 敵対的行為（怒鳴り付け、非難、中傷）と後悔の反復 ● 消極的なコミュニケーション ● 絶え間ない心配事や疑念 ● 他者のミスにつけ込む ● 真の問題の隠蔽、効果的対処の欠如

税金 40% — 信頼関係が弱い

組織	個人的関係
● すべて文書で残しておく ● 隠れた思惑が存在 ● 闘争的な利害関係者 ● 敵味方に分ける派閥 ● 社員や利害関係者の多くが不満を抱える ● システムや組織構成に潜む官僚主義	● 労力の浪費、喜びが感じられない交流 ● 相手の弱点やミスに関する証拠集め ● 他者の信頼度や約束に対する疑念 ● 隠れた思惑が存在 ● 消極的（時におざなり）な情報分散

税金 20% — 信頼にやや問題がある

組織	個人的関係
● 官僚主義的な規則や手続き ● 不必要な階級組織 ● 時間のかかる承認手続き ● システムや組織構成における調和の欠如 ● 社員や利害関係者の一部が不満を抱く	● 誤解の習慣化 ● 意図や動機に対する懸念 ● 緊張を伴う交流 ● 不安、不確実性、疑念、心配事に彩られたコミュニケーション ● 人間関係の発展よりも維持に苦労する

税金／配当なし ― 信頼関係に特に問題はない

組織	個人的関係
● 健全な職場 ● 良好なコミュニケーション ● 調和のとれたシステム、組織構成 ● 職場に権力争いがない	● 礼儀と誠意に満ちた健全なコミュニケーション ● スムーズで能率的な協働を重視 ● 相互の寛容と受け入れ ● 心配事がない

配当 20% ― 信頼関係が財産になっている

組織	個人的関係
● 職務に集中 ● 効果的な協力関係と実行 ● 社員や利害関係者との建設的提携関係 ● 有用なシステムや組織構成 ● 強力な独創性と革新性	● 協力的かつ緊密で刺激的な人間関係 ● お互いの長所を見つけ、それを活用 ● 意欲を高める前向きなコミュニケーション ● ミスが勉強とみなされ、すぐに許される ● 人間が前向きで行動が積極的

配当 40% ― 信頼関係が極めて強い

組織	個人的関係
● 強い協力関係、パートナーシップ ● コミュニケーションに苦労しない ● 社員や利害関係者全員との関係が建設的で透明 ● 調和の十分にとれたシステムや組織構成 ● 強力な革新性、参加意欲、信頼、忠誠心	● 真の喜びを生む心遣いと愛情に満ちた家族関係や友情 ● 自由で苦労を伴わないコミュニケーション ● 目的意識、独創性、興奮を特徴とする意欲的な仕事を一緒にやり遂げる ● 完全にオープンで透明な人間関係 ● 人間関係から目覚しい活力が生み出される

税金と配当――まとめ

ここで、一つやっていただきたいことがある。あなたが何か重要な仕事をしなければならないと仮定して、その状況をこの表に照らし合わせて考えてみてほしい。その仕事を六週間以内に終えるため、あなたは人材を集める必要がある。次のようなことを自問してみよう。あなたが属している文化の信頼レベルはどの程度か。自分は税金を支払っているか、それとも配当を受け取っているか。その率はどれくらいだろう。それはスピードとコスト、その仕事を効果的に遂行する自分の能力にどう影響することになるか。

また、税金や配当の率をあなたが変えられるとしたら、どうなるか考えてほしい。例えば、二〇%の税金から二〇%の配当に移行できたらどうだろうか。あなたの職務遂行能力はどう変化するだろう。

次に、あなたの個人的関係や家族関係にどんな変化が生じるか考えてほしい。信頼レベルはどの程度か。あなた自身、さらにあなたが愛する人たちの生活にどのような影響が及ぶか。税金から配当に移ることができたらどうだろう。どんな違いがもたらされるのだろうか。

◈信頼に付きまとう誤解

ところで、信頼にはいくつか誤解されている点があり、それが高信頼配当を享受する上で妨げになっている。マクレーン社の買収、再編成案に対するケレハーの承認など、この章で紹介した実例は、そうした誤解のいくつかを取り除くのにとても参考になる。

誤解の一つとして、「信頼は主観的なもの」という見方がある。あれば確かにいいが、定義や定量化、測定ができないというわけだ。あなたはもうお分かりだろうが、それは大きな間違いである。信頼は客観的なものである。現に存在するのだ。定量化でき、測定だってできる。あらゆる場合においてスピードとコストの両方に影響し、そのスピードとコストは定量化や測定が可能である。人間関係、チームや組織における信頼レベルが変化すると、時間とお金の両面、さらには質や価値がガラッと変わってくるのだ。もう一つ、信頼は効果を発揮するまでに時間がかかるというのも誤解である。信頼を回復するには時間がかかるかもしれないが、信頼の提供は、かなり短期間で行なうことができる。そして、ひとたび構築されれば、信頼は瞬く間に効果を発揮し始める。これまで示してきた例を見れば、さらにはあなた自身の人間関係の中でコミュニケーションを行ない、物事を成し遂げるスピードを考えれば、まさに「信頼がもたらすスピード」ほど速いものはないことを実感してもらえるはずである。

次に示す表は、信頼について理解し、効果的に取り組む上で障害となる誤解を、既に紹介したもの以外も含め、真実と対比させて整理したものである。

誤解	真実
信頼は主観的なものである。	信頼は客観的で現に存在し、 定量化が可能である。 スピードとコストの両方にはっきり影響する。
信頼は効果を発揮するまでに時間がかかる。	信頼がもたらすスピードほど速いものはない。
誠実さがあれば信頼は築かれる。	信頼の構築は人格（誠実を含む）と 能力がそろってはじめて可能になる。
信頼というのは持とうとして 持てるものではない。	信頼はつくり出すことも、 破壊することも可能である。
ひとたび失った信頼は取り戻せない。	信頼の回復は容易ではないが、 大概の場合可能である。
信頼は教えられるものではない。	信頼を効果的に教え、学ぶことは可能であり、 戦略上の強みとして大きな力を発揮し得る。
人を信頼するのは大きなリスクを伴う。	人を信頼しないほうがリスクは大きい。
信頼は一度に一人ずつ確立される。	一人に対して信頼を確立すると、 多くの人に同じ効果が生まれる。

誤解の中で最も注意を要するのは恐らく、私がしばらく勤めたニューヨーク市の投資銀行の経営幹部から聞いたものだろう。「信頼というのは持とうとして持てるものではないんだ。いかんともし難いのさ」という誤解だ。

信頼は自分で何とかできるものだ。私はこの二〇年間、ビジネスに携わってきた。組織の構築と運営、チームの育成、各種委員会への報告、結果の実現、数値目標の達成などを担当してきた。またその過程で、数多くの有名企業のコンサルティングも手がけた（こうした会社の多くは戦略や実行では優れていたが、所期の目標を達成できず、その理由は解明できていなかった）。家庭では夫であり、父親であり、親戚も数多い。さらにコミュニティー活動にも参加し、複雑な信頼の問題に悩んでいる個人や家族に助言をしてきた。自分のこうした経験すべてを振り返ってみても、この本の根底を貫くテーマに当てはまらないケースに遭遇したことは一度もない。信頼は自分で何とかできるものなのだ。それも、思ったよりずっと短期間で。

信頼がもたらすスピードほど速いものはない、と私はもう一度断言する。信頼関係ほど、心が満たされるものはない。人を信頼することほど、人を鼓舞するものはない。信頼の経済的側面ほど、有益なものはない。信頼の評判ほど、影響力の強いものはない。

信頼こそまさに、「一つのものがすべてを変える」のだ。とりわけグローバル化した今日の社会では、あらゆるレベルで信頼を確立し、回復し、提供することがこれまで以上に求められている。

約束しよう。あなたが私生活や職場において信頼を高める努力をすれば、あなたの人生のいろいろな面にきっと大きな違いが生まれるはずである。

I-2 信頼は自分で何とかできるものである！

職場におけるあなたの最大の責任は、信頼を築くことである。

——ロバート・エッカート（マテル社ＣＥＯ）

私の父であるスティーブン・Ｒ・コヴィーの著書、『7つの習慣　成功には原則があった！』を読んだことのある方なら、父が息子に庭の手入れを教えようとした話を覚えているかもしれない。父はその話を「クリーン・アンド・グリーン」と名付け、デレゲーション（委任）と責任の原則を子供に教える例として用いている。

実はあの話の中の息子は、何を隠そう、この私なのだ。そこで、私の言い分も聞いていただきたい。私があの経験からデレゲーションと責任について学んだことは事実だが、私は別のことも学んだ。そして、今では、そっちのほうが重要だと思っているくらいだ。しかも、それは、これまでの人生において私に計り知れない影響を与えているのだ。

私は当時七歳で、父は私に庭の手入れをさせようと思った。父は言った。「さあ、この庭が君の仕事場だ。そして、仕事は『クリーンでグリーン』だ。どういうことか、これから説明するからな」父は隣の家の庭のほうに歩いて行き、芝生を指差した。「ここの芝生はクリーンでグリーンだろう。どういうふうにしてグリーンにするかはお前次第だ。どうやってもいいけど、緑のペンキを塗るのはだめだ。スプリンクラーを使ってもいいし、バケツで水を運んでもいい。それは君の好きにしていい。芝生の色がグリーンになりさえすれば、それでいいんだよ」

さらに父は続けた。「次にクリーンということについて説明しよう」父は袋を二つ持ってきた。そして、庭の片側半分だけ紙くずや木の枝、ガラクタなどを拾い集め、違いが分かるようにした。父はもう一度私に説明した。どうでも私の好きな方法で目標を達成すればよい。大事なのは芝生がクリーンになることだ、と。

それから、父は非常に深みのあることを言った。「いいかい。この仕事を君がいったん引き受けるとなったら、パパはもうこの仕事をしないからね。この仕事は君の仕事だ。こういうのを、『デレゲーション』って言うんだ。つまり、『信用されて仕事を任される』ってことだ。パパはこの仕事を実行する君を信用する、というわけだ」父は状況報告の仕方を決めた。週に二回、一緒に庭を歩いて回り、私が父に状況を説明するというものだった。父は、私が頼めば手を貸すと約束したが、その仕事はあくまで私の仕事だとはっきり言い切った。私がボスで、仕事の出来栄えは自分で評価するのだと。

というわけで、それは私の仕事になった。それから四、五日の間、私は明らかに何もしなかった。夏の暑い盛りで、芝が枯れるのはあっという間だった。数日前にやった隣近所のバーベキューで使ったものが芝生のあちこちに残っていて、散らかし放題の状態だった。父は仕事を取り上げるか、私を叱りたいと思ったようだが、それ以上に二人で決めたことを覆したくなかった。

それで、報告の時期が来たとき、父は尋ねた。「芝生はどうだい？」

「パパ、うまくいっているよ」

「何か手伝うことはないかな？」

「うーん、全然問題ないから」

「よーし。じゃあ、約束したように一緒に庭を歩いてみよう」

二人で庭を歩いていたとき、私は突然気づいた。芝生はクリーンでもグリーンでもなかった。黄色で、無残なあり様だった。父によれば、私は唇が震え始め、ワッと泣き出し、叫んだそうだ。「でも、パパ、すっごく難しいよ」

父は言った。「何がそんなに難しいんだい？　まだ何一つやってないじゃないか」そして、しばらく黙った後、こう尋ねた。「何か手伝えることはあるかな？」

二人の約束の中に父の手助けが含まれていたことを思い出した私は、一縷の望みをかけて言った。

「手伝ってくれるの？」と。

父は尋ねた。「何をしてほしい？」

私はあたりを見回して、答えた。「あっちの生ごみ拾うの、手伝ってよ」分かった、と父は言った。

それで、私は家に入ってゴミ袋を二つ持ってきた。父は約束どおり、生ごみ拾いを手伝ってくれた。

その日から私は、責任を持って庭の管理をするようになった…そして、芝生をクリーンでグリーンに保ったのである。

この章の冒頭で述べたように、私の父はこの話を、受託（完全なデレゲーション）あるいはＷｉｎ－Ｗｉｎの協定の例として用いている。だが、当時まだ七歳だった私には難しすぎて、言葉の意味さえ理解できなかった。この経験に関して今も私の脳裏に強烈に焼き付いているのは、自分は信頼されていると感じたことだ。子供の私に、お金や地位など関係なかった。そういうものが私のやる気を引き出したわけではない。むしろ、父が私に寄せてくれた信頼だった。私はそんな父をがっかりさせたくなかったのだ。父に自分の能力と責任感を見せたかったのだ。父は私を信頼し、それが私を奮い立たせ、責任感と誠実な心を私に植え付け、それが私の人生の財産となったのである。

責任を持たせ、信頼していることを分からせること、それが人の一番の支えとなる。

――ブッカー・Ｔ・ワシントン

◈信頼はどう機能するか

私があの日父から学んだように（そして、その後もさまざまなレベルで再び学ぶことになったが）信頼は、人にやる気を起こさせ、鼓舞する最も強力な手段の一つである。人は皆、信頼されたいと思っている。信頼されれば、それに応えようとし、信頼を励みにする。状況がどうであれ、信頼を築いたり、与えたり、回復したりする能力を私たちは身につける必要がある。ただし、人を巧みに操るテクニックとしてではない。他者と関係し、共に働く最も効果的な方法として、また結果を出す最も効率的な方法としてである。

そのためにはまず、信頼というものがどのように機能するのか理解しなければならない。

私はプレゼンテーションを行なうとき、よくこんなことを尋ねる。

「あなたは誰を信頼していますか。友人ですか。それとも仕事上の知り合い、上司、夫または妻、親、子供でしょうか。また、その人を信頼する理由は何ですか」

さらに、「あなたは誰から信頼されていますか。家族でしょうか。それとも職場の人間、初対面の人、長い知り合いですか。他者に信頼感を与えるのは、あなたのどの部分でしょうか」

信頼というと、善良とか誠実、あるいは倫理感や誠実さといった具合に、人格と結び付けて考えられがちだ。確かに人格が極めて重要な基礎であることは間違いない。しかし、前の章で述べたように、信頼が人格だけで決まると考えるのは誤りである。

信頼には二つの要素が作用している。人格と能力である。人格とは、他者に対する誠実さ、動機、意図などだ。能力とは、才能、スキル、結果、実績といったものである。そして、この両方が不可欠なのだ。

倫理がますます重要視されている今日の社会では、信頼の中の人格の要素を新たなグローバル経済に参画するための条件とする見方が急速に広がりつつある。ところが、信頼のもう一つの特徴的要素である能力は無視されがちだが、こちらも劣らず重要である。誠実あるいは正直と思う人であっても、結果を出せなければ、完全に信頼することはないだろう。もちろん、その逆も言える。優れたスキルや才能を備え、実績のある人でも、正直でなければ、やはり信頼するわけにはいかない。例えば、人格面で信頼している人がいるとすれば、旅行で留守にするときなど、子供の世話をその人に頼んだりすることはあるかもしれない。だが、その人にビジネスの能力がなければ、仕事の面でその人を信頼しはしないだろう。

信頼というのは、人格の面からとらえると分かりやすいかもしれないが、能力の観点から考えることも重要である。よく考えてみれば、私たちは結果を出せる人を信頼しているはずだ。新しいカリキュラムを任されるのは、最も適任の教師だろう。有望なプロジェクトや有力顧客情報は、過去に実績のある人間に割り振られる。第一線のリーダーの目からすると、能力の要素が加わることで、信頼がより客観的で実際的になるのだ。

私は最近、ある会議で「信頼がもたらすスピード」について説明した。その後、大手製薬会社で営業部長をしているという人が私のところにやって来て、こう言った。「私が部下たちに言ってきたことが正しかったと改めて確認できて、うれしく思います。つまり、信頼を築く上で結果が不可欠であること、それと、毎月目標をクリアしていかなければならないという点です。それを達成すれば、組織、上司や同僚たち、すなわち、すべての人たちの信頼を得られるわけですよね。逆に達成できなければ、信頼と予算面での支援を失います。至って単純なことです」

繰り返すが、人格と能力の両方がそろわなければ信頼は生まれない。そのうち、人格は普遍的な要素で、状況の違いに関係なく同じものが必要である。それに対して、能力は状況に依存し、求められるものが局面ごとに変わってくる。私の妻のジェリは最近、何度か手術を受けなければならなかった。我々夫婦はとても良い関係にあり、妻は私を信頼し、私も彼女を信頼している。だが、いざ手術というときに、私にやってほしいとは彼女は言わなかった。私は医者ではないわけで、スキルや能力を持ち合わせていないからだ。彼女は大概のことで私を信頼してくれているものの、私には手術はできないことを知っているのだ。

人格と能力の両方が信頼に不可欠なことが分かると、世間の有能なリーダーやオブザーバーたちがその二つの要素をどう組み合わせているかが見えてくる。人によって表現方法は違うかもしれないが、彼らの言葉を突き詰めていくと、そこに現われるものは人格と能力のバランスなのだ。具体例を見ていこう。

- ジャック・ウェルチ（元ゼネラル・エレクトリック社ＣＥＯ）は、マネージャーのパフォーマンスは**価値観を実践する**（人格）と**結果を出す**（能力）という二つの面で評価されると述べている。

- ジェームズ・コリンズ（『ビジョナリーカンパニー2　飛躍の法則』の著者）は、第五水準の経営者は**個人としての謙虚**（人格）と**職業人としての意思の強さ**（能力）を兼ね備えると述べている。また、『ビジョナリーカンパニー　時代を超える生存の原則』では、**基本理念を維持する**（人格）と**進歩を促す**（能力）必要性を説いている。
- ウォーレン・バフェット（バークシャー・ハサウェイ社ＣＥＯ）は、社員たちに優先的に求める資質として**誠実さ**（人格）と**知性**（能力）を挙げている。
- ラム・チャラン（多数の著書を持ち、フォーチュン五〇〇社ＣＥＯのコンサルタントでもある）は、**人間のリーダー**（人格）と**ビジネスのリーダー**（能力）である必要性を力説する。
- サジュ＝ニコル・ジョニ（著名な信頼の専門家）は、**個人的信頼**（人格）と**専門的信頼**（能力）の重要性について記している。
- リーダーシップ理論は、**リーダーはどうあるべきか**（人格）、**リーダーは何を成すべきか**（能力）をテーマとする。
- パフォーマンス・モデルでは、**特質**（人格）と**コンピテンシー**（能力）を主要なアウトプットと考える。
- 倫理理論は、**正しいことをする**（人格）と**正しいことを成し遂げる**（能力）について述べる。
- 意志決定手法は、**心**（人格）と**頭**（能力）のバランスを重視する。

以上の例はほんの一部だが、いずれも成功とリーダーシップの維持に欠かせないものとして、人格と能力の両方が重要であると強調している。あなたが頭の中でこれら二つの要素を強化するのに役立つ、楽しい方法を紹介しよう。これは我が家でずっと行なわれている記憶術だ。私たち家族には大切なモットーが二つあり、それを事あるごとに思い出すようにしている。私の幼い子供たちにそれを覚えさせるために、彼らにこう言うことにした。「二つのボンゴから音が出ていると思うんだ。ボン ― ボン、ボン ― ボン！」私はボンゴを叩く格好をしながら、その二つのモットーを繰り返し唱えたものだった。

それからしばらくして、我が家にとても難しい問題が持ち上がった。家族全員が集まり、どう対処すべきか相談した。私は子供たちのそれぞれに「どうしたらいいだろう？」と質問した。

突然、六歳の息子が私のほうをチラッと見てから、居間のテーブルをボンゴに見立てて叩き始めた。息子はこんなことを言った。「パパが教えてくれたじゃないか。我が家のモットーをもう一度思い出してみようよ。この問題を解決するヒントがあるんじゃないの」そして、息子たちはテーブルを叩き始めた。

ところが、ずっと「信頼」というテーマに取り組んでいる私の頭の中では、ボンゴのリズムに合わせて別の言葉が鳴り響く。「人格 ― 能力、人格 ― 能力」ボンゴを思い浮かべると、信頼の基礎は人格だが、人格だけで決まるのではないことを思い出す。信頼は人格と能力が半々である。両方とも絶対に欠かせないのだ。家庭の居間であれ重役用会議室であれ、リーダーシップが機能しなかったケースのどれをとっても、常に人格か能力が欠けているのである。

◈信頼の五つの波

数年前、私はパートナー数人と共に、大手多国籍企業の社員何人かを相手にコンサルティングをしていた。彼らの最初の反応はこうだった。「我々はこのリーダーシップのコンテンツはとてもいいと思います。でも、我々の部署のリーダーたちがこれを理解してくれないんです。彼らこそ、研修が必要でしょう」

しばらくして、我々はそのリーダーたちに内容を提示した。彼らの反応はこうだった。「我々はあなた方のおっしゃることすべてに同感です。この手法は素晴らしいと思います。問題は我々の上司ですよ。彼らこそこれを勉強する必要があるんじゃないでしょうか」

我々がその上司たちにこれを説明すると、彼らはこう言った。「我々はこれをとても買っています。とても洞察力に富んでいて、参考になりますよ。でも、五つの部署のリーダーたちがこれを理解してくれないんです。彼らはこれを学ぶ必要がありますね」

そのリーダーたちは、部署を監督・管理する経営幹部たちが問題だと言った。経営幹部たちは、問題はCEOにあると言った。ついにCEOに到達すると、彼はこう言った。「この内容は素晴らしいが、私には権限がないから、どうすることもできない。取締役会がすべて握っているから」取締役会に持って行けば、問題はウォール街だと言ったに違いない。

私の父は、とても言葉巧みに教えてくれた。「もし相手に問題があると思ったら、そういう考え方自体が問題なんだ」と。

結局、この大企業の各階層の社員たちに教えたのだが、他のことでも同じだろうが、信頼に関する問題は、上司、部長、CEO、取締役会、夫または妻、子供、友人、知人すべてが抱えているのかもしれない。しかし、だからといって、あなたが無力だというわけではない。ただ、あなたは知らないだけなのだ。インサイド・アウト（内から外へ）の手法を習得すれば、どんな関係でも信頼レベルを変える力があなたにはあるということを。

鍵は、私の言う「信頼の五つの波」にどのように乗って行けばよいか、その方法を理解し、身につけることにある。このモデルは波紋効果になぞらえたもので、信頼の持つ相互依存的性質と、それが内から外へどう流れるかを分かりやすく説明したつもりである。信頼を確立する五つのレベル（状況）を定めた上で、次の三つの章において、信頼というものについて理解を深め、その実用性を高めるための仕組みを形作る。

それぞれの波についてこれから詳しく説明していくが、あなたが理解しやすい状況をつかんでもらう意味で、ここで「五つの波」をざっと見ておこう。

第一の波：自分自身の信頼

第一の波である「自分自身の信頼」とは、決めた目標を達成したり、約束を守ったり、言ったことを実行したりする能力に対する自信のように私たちが自分自身を信頼するとともに、他者にも信頼されるということである。要するに、自分自身にとって、また他者にとって、信頼に値する人間になるということだ。この波の根底にある主要な原則は「信頼性（credibility）」だ。この言葉は、ラテン語で「信じる」という意味を表す「credere」から来ている。この第一の波では、「信頼性の四つの核」について考える。自分自身や他者に対して信頼をしっかり確立するために、私たちの信頼性を高める方法について説明する。優れた人格と能力が最終的にもたらすものは、信頼性、判断力、そして影響力である。

第二の波：人間関係の信頼

第二の波である「人間関係の信頼」では、私たちが持っている他者に対する「信頼口座」を確立し、増やすにはどうしたらよいかがテーマとなる。この波の根底にある主要な原則は「行動の一貫性」だ。この章では、世界の信頼されるリーダーたちに共通する主要な「信頼されるリーダーの一三の行動」について述べる。これらの行動は、人間関係における信頼を支配する諸原則に基づいており、実践者に対する調査で検証されている。特に興味深いのは、この「信頼されるリーダーの一三の行動」は、家族を含むあらゆる組織内のどんな階層のどんな人でも習得して応用できるという点だ。この原則を実践することにより、関係者全員との信頼関係を生み出す能力が大幅に向上し、結果的に関係強化と結果の改善が実現するはずである。

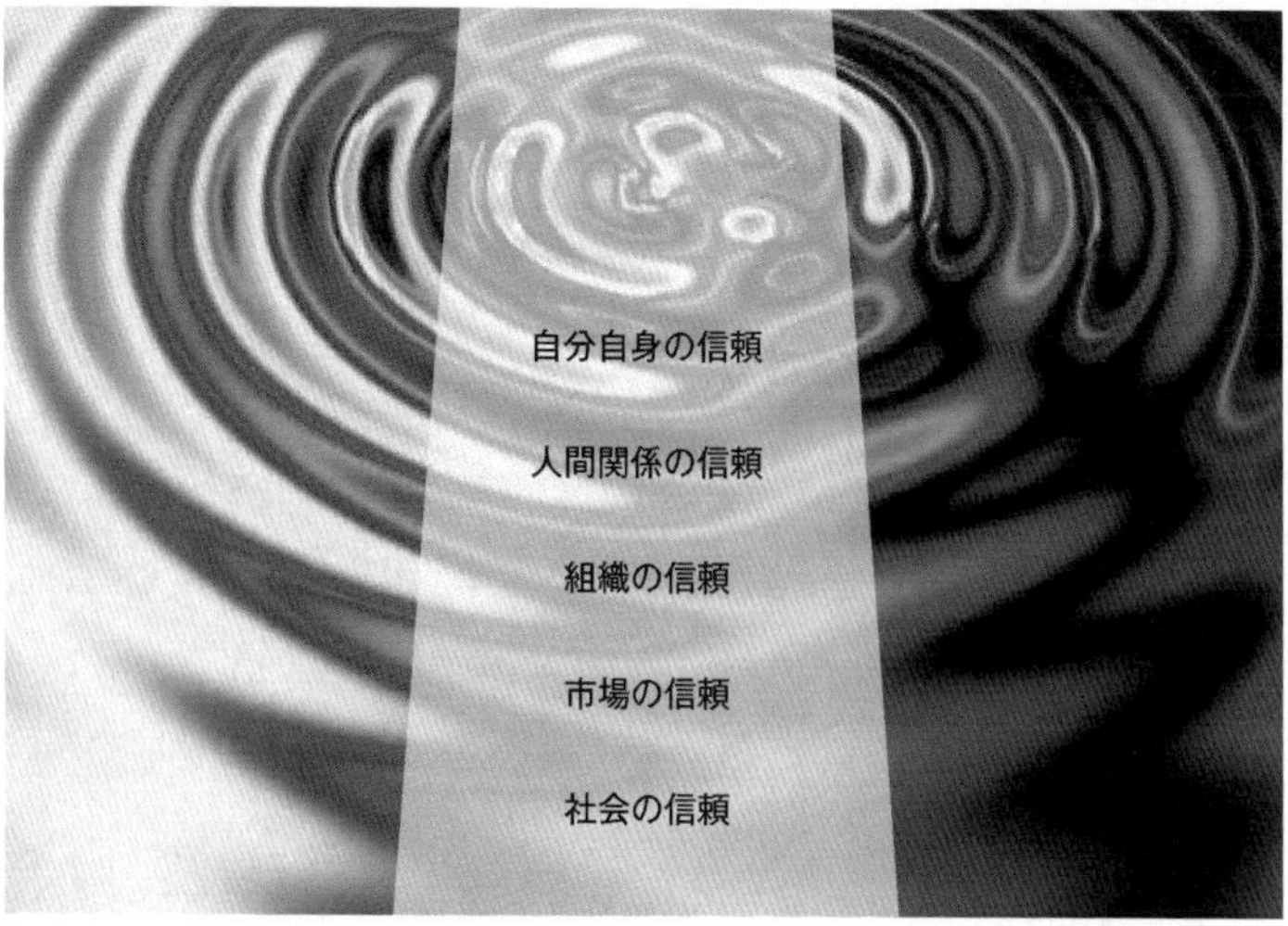

第三の波：組織の信頼

第三の波、「組織の信頼」では、企業、非営利組織、政府機関、教育機関、家族、さらには組織内のチーム、その他もっと小さな単位であれ、ありとあらゆる種類の組織においてリーダーはどうしたら信頼を得られるかがテーマとなる。人間は信頼できるが組織は信頼できないという状況で仕事をしたことがある方、あるいはシステムや構成が不信を抱かせるような組織で働いた経験がある方なら、第三の波の重要性はすぐに理解できるはずだ。この波の根底にある主要な原則は一致である。この原則を実践するリーダーは、最も注意を要しコストもかかる七種類の組織の信頼税を削減もしくは排除し、七種類の莫大な組織の信頼配当をもたらすような組織の信頼の構造、システムおよび象徴を構築できるだろう。

第四の波：市場の信頼

第四の波、「市場の信頼」は、信頼が及ぼす影響を誰でも理解しやすいレベルである。この波の根底にある原則は「評判」だ。会社のブランド、さらにはあなた個人のブランドがテーマとなるが、そこには、市場の顧客や投資家などがあなたに対して抱く信頼が反映されている。ブランドが顧客の行動やロイヤリティに強烈に影響することは周知の事実である。信頼されるブランドに対しては、顧客は購買量を増やすとともに他の客にも盛んに推薦する。また、何か疑問な点があっても好意的に解釈し、強い忠誠心を示す。個人としてのブランドや評判だけでなく、市場における組織のブランドや評判を改善する方法を紹介する。

第五の波：社会の信頼

第五の波である「社会の信頼」とは、他者や社会全体のために価値を創出することだ。この波の根底にある原則は「貢献」である。私たちは貢献や、「恩に報いる」ことによって、社会に存在する疑念や不信感、低い信頼の相続税を相殺するのだ。また、価値の創出や貢献を他者にも促す。

私たちがこれらの波を順に通り抜けていく際、それぞれの波に与える影響は、自分が担う役割や責任によって大きかったり、小さかったりする。だが、最初の二つの波に対する影響が並外れて大きいため、まずはこの二つから始めるのがよい。本書を読み進むにつれ、社会レベルの信頼（第五の波）も、元を正せば個人レベル（第一の波）の問題に行き着く可能性があることを理解してもらえるだろう。また、個人の信頼の問題が、外側の波へと進んでいくにつれてものすごい勢いで拡大することも分かってもらえるはずだ。一例を挙げるなら、エンロンの一部のリーダーたちに関する個人レベルの信頼の問題が、人間関係や組織へと波紋のように広がり、最後は市場や社会全体にまで及んだ。そして、この波及効果はさらに広がりながら強さを増し、最終的には意義深い改革（米国企業改革法）を生む大きな引き金の一つになった。その意味で、常に自分自身に関する第一の波から始めるのが望ましいのである。

本書の最後の章では、信頼感を与える方法について考える。どうしたら「賢い信頼」をすることができるだろうか。「盲目の信頼」によってだまされたりせず、また「不信」で疑念を抱くこともなく、信頼の提供がすべての人に大きな配当をもたらす、あの「スイート・スポット」を見つけるにはどうしたらよいか。また、信頼を回復し、信頼性を高めるために何をすべきか。他者を信頼することにはリスクが伴うが、信頼しないことにはさらに大きなリスクが存在する。いつ、どのように賢い信頼をすべきか見極めることができると、支点を移して信じ難いほどのテコの力を生み出すことができる。その結果、より速いスピードとより少ないコストで物事を成し遂げられるようになるのだ。いや、それ以上に重要なこととして、あなたが信頼している人たちを鼓舞し、解き放つことだろう。

◇信頼を取り戻す

「五つの波」に話を進める前に、信頼を築くだけでなく、信頼を回復することも可能であることを再確認しておきたい。信頼関係がどうにもならないほど壊れてしまったり、信頼を回復するチャンスを相手が与えてくれなかったりすることは確かにある。だが、そこまで行ってしまうのは稀で、私たちの信頼回復能力は、自分で思っているよりもずっとずっと優れていると私は確信している。

樹を植えるのに最適な時期は二〇年前である。その次に最適なのはまさに今だ。

——中国の格言

ある男（ここではトムと呼ぶ）の経験について考えてみよう。彼は長年、大手不動産開発会社に勤務し、最終的にその会社の共同経営者になった。ある時、不動産市場が崩壊し、彼の会社も分裂しかかった。内紛が後を絶たず、トムは会社を辞めた。訴訟も、それに対する反対訴訟も起こされた。トムは主要な共同経営者として、多数のビルに出資していた。信じられないことだが、数年経っても訴訟手続きの証拠の開示や精査がまだ続いていた。

ついにトムはしびれを切らし、より良い方法を模索し始めた。彼は、当時その事業を担当していた共同経営者（ここではクリスとする）に電話し、こう言った。「ちょっと話がしたいんだ。弁護士を交えないで、二人だけでね」トムとクリスは数年間、共同経営者の仲だったが、今の状況下では信頼関係が壊れていた。だが、クリスは会って話をすることに同意した。

トムは、クリスの言い分を心底理解しようと思って話しに臨み、彼はまず聞き役に徹した。その後、クリスの言ったことを正しく理解したか口頭で確認した。クリスは、自分の真意が伝わったと感じると、今度は進んでトムの話に耳を傾けた。

会話をしているうちに、二人がかつて一緒に経営にあたっていた頃に築いた信頼があっという間に蘇った。訳があって袂を分かつ格好になったが、二人を結ぶ絆はまだ残っていたのだ。そして、まさにこの日の話し合いで合意に達し、問題を解決したのだった。

お互いに相手の話に耳を傾け、以前の信頼の一部を取り戻す作業を経て、この二人の男は、たった三〇日間で実行できる解決策を考え出した。こうして、それまでの数年間の法廷闘争によって生じた憎悪、苦痛、時間と金の浪費に終止符が打たれたのである。

> 企業経営者による信頼回復はまだまだ遠い道のりだが、調査結果から一つ断言できることがある。アメリカ国民はＣＥＯが指導力を発揮し、信頼構築に向け重要な決意をし、説明責任を果たし、企業行動を通じて信頼の約束を果たすことを期待しているということだ。
>
> ――リッチ・ジャーンステッド（ゴリン・ハリス社ＣＥＯ）

もう一つの例を見てみよう。ともに元米国大統領のジョン・アダムスとトーマス・ジェファーソンの二人だ。彼らはそれぞれ、独立宣言のいわば声とペンとして、英国からのアメリカの独立にすべてを捧げた。アメリカ独立戦争とフランス革命の間の時期にパリで一緒に大使を務めた関係上、二人は極めて親密な仲になった。ただ、米国とフランス、さらにはお互いの将来に何が待ち受けているか、彼らには知る由もなかった。ジェファーソンはアダムスの息子、ジョン・クインシーにとって父親のような存在になり、アダムスの妻、アビゲイルの熱烈な崇拝を受けた。彼女はジェファーソンを、「世界で最高の人間の一人」と表現している。

　ところが、米国に戻った二人は政治信条で対立し、友情関係にもひびが入った。その後、連邦党員のアダムスが米国第二代大統領に選ばれたとき、次点だった共和党員のジェファーソンが当時の法規定に基づいて副大統領に就任した。

　アダムスは、自分が副大統領として初代大統領ジョージ・ワシントンに提供したのと同様の支援と友情をジェファーソンに期待した。ところが、ジェファーソンは忠誠心が希薄で、極めて党派心が強く、政治的野心に満ち溢れているようにアダムスの目には映った。アダムスの大統領としての任期が終わる頃には、二人の関係は憎悪と敵意に満ちていた。

　それから数年後、二人の共通の友人である医師ベンジャミン・ラッシュ（彼もまた米国独立宣言の署名者の一人だった）がアダムスに対し、ジェファーソンに和解を申し出るよう勧めた。アダムスはこの忠告を受け入れ、ジェファーソンの健康と幸せを願って新年の挨拶状を送った。友情復活の可能性に喜んだジェファーソンは、すぐに返事を書いた。彼はこう記している。「貴兄からの手紙は、私の脳裏になつかしい記憶を蘇らせました。人間にとって何よりも貴重な自治の権利の獲得という共通の大義の実現を目指し、同士として怒りを胸に苦境に立ち向かっていたあの頃へと戻った気分でした」
この後、アダムスはラッシュに手紙を送り、こう称えた。「あなたの夢が実現しました…。あなたはまさに奇跡を起こしたのです。かつて決して戦ったことのない権力者の間に平和をもたらしました」アダムスは後に、家族の集まった席でトーマス・ジェファーソンからの手紙を持って来て読み上げた。あんなにののしりを受けたのに、どうして仲直りできたのかという問いかけに、彼はこう答えている。

私はジェファーソン氏から憎まれたことはないと信じている。むしろ、彼はずっと私に好意を寄せてくれていたと思う…。あの時、彼は米国大統領の座をねらい、私はそれを阻んだ。それで、彼は私を引きずり下ろそうと、いろいろと画策した。だが、もし私がそのことで彼と喧嘩するなら、人生で出会う人全員と喧嘩しなければならなくなる。これは人間の性だ…。私は自分のすべての敵を許し、彼らがあの世で慈悲を受けられることを願う。私もジェファーソン氏も歳をとり、政界から退いた。だから、我々の間にはかつての友情が復活したのだ。

アダムスとジェファーソンは、奇しくも同じ日、アメリカ独立宣言の五〇周年にあたる一八二六年七月四日にこの世を去ったが、それまでの一四年間、豊かで満ち足りた関係を維持し、文通を続けたのだ。「この世に生ある限り、私は君の友人である」—アダムスがジェファーソンに贈った、最も忘れ難い言葉である。

◇物の見方、話し方、行動の仕方

私がこの本を書いた目的は、信頼を確立できるような物の見方、話し方、行動の仕方をあなたに身につけてもらうことにある。この三つの要素はどれ一つとして欠かすわけにはいかないものである。

前の章で紹介した、私がモンタナの川で釣りをした話を思い出していただきたい。ガイドから貸してもらったメガネをかけると、水中を泳ぐ魚まで見ることができた。この本は、あなたに「信頼メガネ」をかける方法について説明する。信頼というものに対して、これまでとはまったく異なる楽しい「見方」ができるようになると、いろいろな可能性に気づき、レベルの如何を問わず信頼配当を増やすことができるようになるのだ。

また、信頼についての「話し方」も紹介する。誰かを信頼できないとか、誰かが自分を信頼してくれないなどと思うことは誰にでもあるものだ。そんな時、その理由も対処法も分からなかったらどうするだろうか。この本は、そんなあなたが根底に潜む問題を見つけ出し、それについて説明し、相談して解決する方法を示す。

さらにもう一つ、信頼を築き、育てるような「行動の仕方」、とりわけ世界の高い信頼性を持つ人々やリーダーたちの「信頼されるリーダーの一三の行動」についても説明していく。あなたがこれらの行動について学び、それを実践する場合としない場合の影響の違いに気づくと、持続的な信頼を素早く築くにはどう行動したらよいかが分かるはずだ。

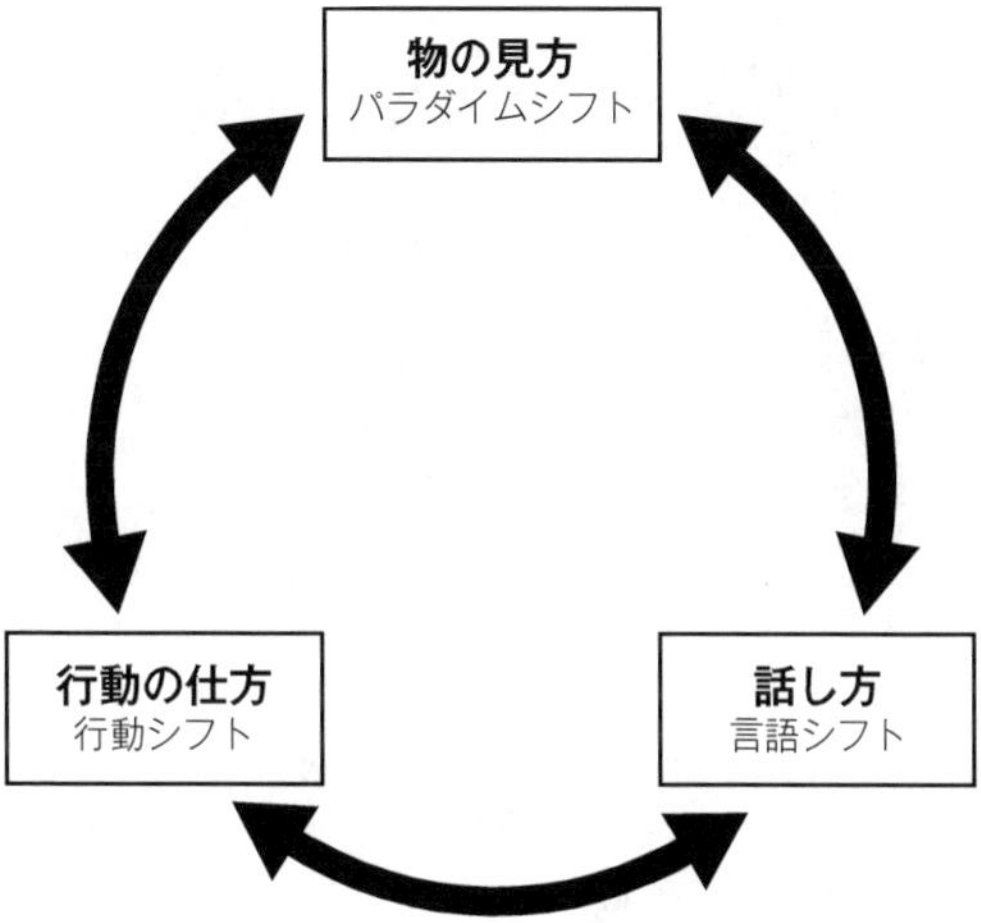

行動に関するパラダイムを変えることの重要性についてはいろいろと語られてきた。つまり、「物の見方」を変えると、行動やその結果も自動的に変わるということだ。新しい見方、すなわちパラダイム・シフトが行動と結果に途轍もない影響をもたらすということは、私も同感である。

ただ、現実的な観点からすると、話し方や行動の仕方を変えることも、物の見方や結果に計り知れない影響を及ぼす可能性があると私は確信している。例えば、誰かに奉仕するという行為はまさに、その人に対する見方を一瞬にして変えてしまうことがある。時には、それまで感じなかった愛情や思いやりの気持ちを抱かせることさえある。私はこうした現象を、「行動シフト」と呼んでいる。つまり、私たちの行動が世の中に対する私たちの見方を最終的に転換させるということだ。私はまた、「言語シフト」の威力も確信している。いろいろな事について話をする、その方法によって、私たちの物の見方や行動の仕方、さらには私たちに対する他者の見方に転換をもたらすことが可能なのだ。

これらの三つの要素は明らかに相互に依存し合う関係にあり、一つの要素を変えると、必ず三つすべてに変化が生じる。その意味から本書では、パラダイムだけでなく、信頼を確立して発展させるのに必要な言葉や行動も含めてあなたが身に付けられるように、物の見方、話し方、行動の仕方に注目していく。

◇いざ、実行へ

あらゆるレベルにおける信頼をめぐる問題のいくつか、さらに信頼の機能の仕方について理解できたところで、信頼の確立や回復、提供を可能にする実用的な手順へと話を進めて行く。本書のこの後の章を読んでいく際、忘れないでほしいことがある。それは、職場や家庭であなたがどんな役割を担っているにせよ、あなたは影響を与える人だということである。たとえあなた以外誰もいなくても、あなたがリーダーなのだ。

私はいつしかリーダーシップというものを、次のように単純に定義するようになった――「リーダーシップとは、信頼の構築を通じて結果を出すことである」つまり、信頼の確立を通じて現在の貢献と将来貢献する能力の両方を最大化することなのだ。

結果は重要だが、そのための方法も軽視できない。どうやって結果を出すか、その方法は結果そのものと同じくらい重要である。なぜなら、信頼を確立できると、次の機会に結果を出せる可能性が高まるからだ。そして、次の機会は必ずやって来る。信頼を壊すような方法で物事を成し遂げるのは、短期的には良くなるかもしれないが、結局は非生産的で、長続きはしないものだ。勇敢な探検家、アーネスト・シャクルトン卿はこう言っている。「人生は私にとって最高のゲームである。人生を些細なゲーム、軽い気持ちでやるゲーム、ルールお構いなしのゲームと考えるのは危険だ。ルールは大いに重要である。ゲームは公正にプレーしなければならず、さもなければそれはゲームとは言えない。そして、勝つこともゲームの主要な目的ではない。主要な目的は、尊敬に値する立派な勝ち方をすることである」

成功を持続させるためには、信頼は絶対に欠かせない。

――ジム・バーク（元ジョンソン・エンド・ジョンソン会長兼CEO）

最後にお願いしておくが、本書に是非真剣に取り組んでいただきたい。疑問点を徹底的に考え、弱点に正面から取り組んでほしい。私は、自分の人生における信頼のみならず、世界中の何千という人々、何百という組織の信頼についての研究を経て確信するに至った。これこそ、自明かつ普遍的で良い結果をもたらす原則に基づいた手法である、と。これらの原則をあなたの人生に応用すれば、即座に効果が現われるに違いない。あなたの力量は将来にわたって高まるだろう。より強力で持続可能な関係も構築できるはずだ。より良い結果、より多くの機会と影響力が得られ、あなたの人生はいっそう楽しいものになるだろう。信頼を築き、育て、回復し、与える方法を習得してほしい。信頼こそが、あなたの人生のあらゆる側面に劇的な影響をもたらすものであるから。

Ⅱ

第一の波 ―
自分自身の信頼

The First Wave — Self Trust

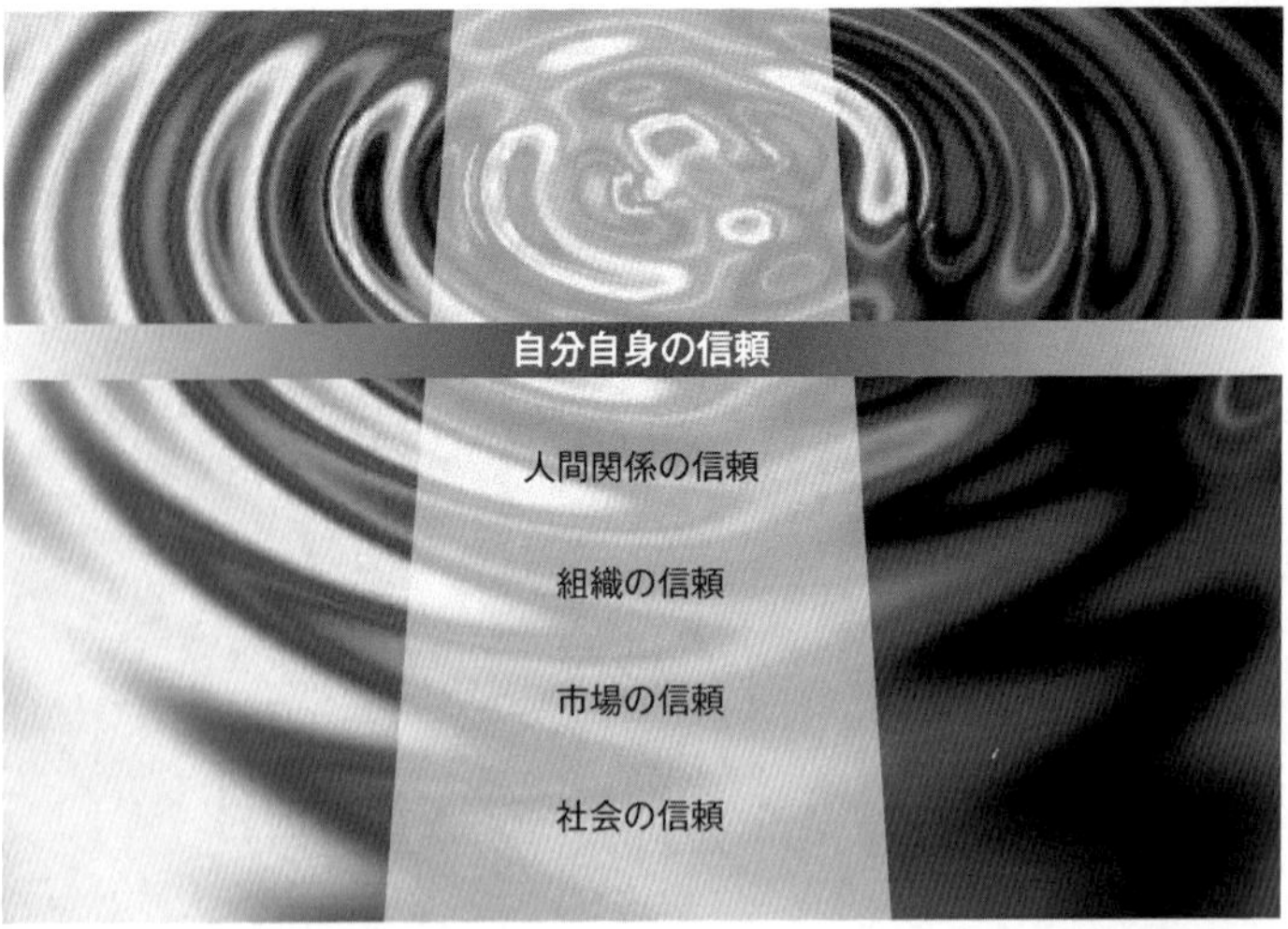

信頼性の原則

「信頼の五つの波」は、私たちの生活の中で信頼がどのように作用するかを比喩的に表現したものである。まずは個人から始まり、人間関係へと進み、さらに組織や市場との関係に及び、果てはグローバル社会全体へと広がる。そこには、他者との信頼を築くにはまず自分から始めなければならないという「インサイド・アウト」のアプローチが反映されている。

第一の波、「自分自身の信頼」では、私たちがあらゆるレベルにおいて信頼を確立し維持するための基本原則を学ぶ。この原則は信頼性、すなわち信じてもらえるかどうかということである。自分は信頼に値するか、人（自分自身を含む）から信用してもらえる人間か、と自問することになる。

幸い、自分の信頼性を高めることは可能であり、それもかなり短期間でできる。ただし、そのためには基本的な四つの要素、すなわち四つの「核」を理解する必要がある。これらの核のうち、二つは人格に関係し、残り二つは能力に関係する。信頼の効果をよりいっそう強力で実際的なものにするには、信頼にとって能力は人格に劣らず重要であること、そして、この二つはともに私たちの創造力や変革能力の範疇に含まれることに気づかなければならない。

これら四つの核を身につけると、個人としての信頼性が増す。そうすると、人生のあらゆる関係において信頼を確立し維持するための基礎が形成されるのである。

2-I 信頼性の四つの核

リーダーシップにはこれまでとは違うあり方が求められるのかもしれない。リーダーは信頼されなければならない。つまりは信頼性、有言実行が総じて求められているのである。

——アン・マルケイヒー（ゼロックス社会長兼ＣＥＯ）

あなたは今、自分が法廷にいるものと想像してほしい。あなたは検察側の専門家証人として召喚されている。検事はこれから、あなたが信頼できる証人であることを陪審員たちに説くところだ。検事はあなたの何を立証すればよいだろう。第一に、あなたが誠実な証人であるということだ。すなわち、正直で言行一致の人物であり、決して嘘は言わず、信頼に足る人物との評判を築いていることを立証する。

第二に、あなたは善意の証人であること。すなわち、誰かを欺いたり、擁護しようとしたりはせず、証言の信憑性に影響するような隠れた動機や思惑は一切持っていないことだ。

第三に、あなたの能力が抜群であること。これから証言する問題に関して専門技術、知識、スキル、能力を確実に備えていることである。

そして第四に、あなたが優れた実績を残していること。これまでの他の状況でもその能力をいかんなく発揮して結果を出しており、これからも出すと考えられる十分な根拠が存在することだ。

次に、被告側の弁護人が立ち上がり、あなたが信頼できない人物であることを陪審員たちに説く。弁護人は何を立証すればよいのだろう。無論、検事とは正反対のことである。

まず、あなたが誠意を欠く人物であると訴えるだろう。不正直だ、過去に嘘をついたことがある、言うことがころころ変わる、証言の信憑性を損なうような人格的欠点のある人物なのだと。あるいは、あなたには検事の言いなりに証言する思惑があるとも言うかもしれない。また、あなたの能力に問題があり、実は専門知識など持ち合わせておらず、ここで証言する資格はないのだと訴えるかもしれない。さらには、あなたの実績ははるか昔のものであるか不十分であり、満足のいく結果は出しておらず、事実を正確に識別できる証人ではないことを立証しようとするだろう。

私の友人の弁護士たちも言うように、ポイントは四つに絞られる。誠実さ、意図、力量そして結果である。専門家証人に限らず、一人の人間として、リーダーとして、家族として、組織としてのあなたの信頼性は、この四つにかかっている。そして、訴訟にあっては、証人の信頼性が極めて重要だ。動かぬ物的証拠がなく、評決が証人たちの証言の信憑性にかかってくるとなればなおさらだ。こうした訴訟の場合、審理にかけられるのは証人の信頼性なのだ。

　具体的な証拠よりも証言に重きがおかれる可能性が高かったある訴訟では、被告側弁護士が裁判官に対し、「異議を唱えている原告側証人が信頼できる人物であるか見極める」ために予審を開くよう判事に要請した。またエンロン裁判のさなかには、ＵＳＡトゥデイ紙に「判決はひとえに「スキリング（元ＣＥＯ）」の信頼性しだい」という見出しが躍った。そして有罪判決が出た直後の見出しは「陪審員、元エンロン役員を信頼せず」である。

　法廷に限らず人生全般においても、信頼できる人間か否かによって多くの事柄が決まるものである。例えば、ＡＩＧ（アメリカン・インターナショナル・グループ）社がジェネラル・リー社（ウォーレン・バフェットが率いるバークシャー・ハサウェイ社の子会社が所有）と行った保険取引をめぐり、二〇〇五年に米国政府の調査が入ったとき、倫理的で誠実な人物と評判の高かったウォーレン・バフェットは、取引の詳細がまだ明らかにならないうちから、「疑わしき被告人の利益とする」原則を貫いていた。ウォートン・ビジネス・スクールのある倫理学教授は、「バフェットの実績を見れば、証拠不十分で無罪にしたくなる」とコメントしていた。またあるＣＥＯはこんなことを話している。「金持ちであんまり目立つせいで、隅から隅まで調べ上げられている男がいる。彼には評判の良さだけでなく、実績もある」もちろんバフェットの疑いは晴れたが、それだけでなく、「疑いがかかった」という汚点さえつかなかった。文句のつけようのない信頼性のなせるわざである。

信頼できないという理由で、私との取引を断った人は一人もいない。

——ジョン・ハンツマン（ハンツマン社会長）

◇自分を信頼し、他者に信頼される

信頼の第一の波は、「自己信頼」である。自分自身への信頼はあなたの信頼性全てに関わってくる。自分自身にとっても、また他者にとっても信頼できる人物であるための誠実さ、意図、力量および実績を開発することであり、突き詰めれば二つの簡単な質問にどう答えるかである。

一．私は自分自身を信頼しているか？

二．私は他者から信頼される人物か？

自分自身への信頼についていえば、些細なことがきっかけになることが多い。ある時期、私は多忙を極めていた。プロジェクトを仕上げるために五ヵ月間ほど毎晩夜中の二時か三時まで起きていて、朝目覚まし時計が鳴っても（トレーニングができるように、早い時刻にセットしていた）、手を伸ばしてアラームを切って二度寝していた。あの時はかなり睡眠不足だったので、エクササイズより少しでも睡眠をとったほうがいいのだと自分に言い聞かせ、アラームを切る行為を正当化していたのだ。

しばらく経ってから、ふと考えた。「こんな早い時間にアラームをセットしているのはなぜなんだ。時計が鳴っても、起きてエクササイズするつもりはないことを自分で分かっているのに、なぜこんなことを続けているんだろう」と。アラームを毎朝切る行動は、私の自信を蝕んでいた。アラームが鳴っても自分が起きるとは思っておらず、理屈をつけて起きないことが最初から分かっていてアラームをセットしていた。自分の行動を予言し、そのとおりにしていた。アラームをセットする行為は茶番と化していたのである。

ようやく、やり方を変えることにした。アラームが鳴った時点で起きるのか起きないかを決めるのではなく、前の晩に決め、実際に起きるつもりの時刻にセットしたのだ。そのときからは、アラームを早い時刻にセットしたら睡眠時間がどんなに短くとも起床し、エクササイズをするようにした。そして、どうしても睡眠が必要なときは、アラームを遅い時刻にセットした。何時にセットするか決めるときには、自分との約束を明確にし、それを真剣に実行することにした。そうしなければ、約束を果たせない自分自身への信頼が減り続けていただろう。これは些細な例かもしれないが、自己信頼の確立という意味において、私個人にとっては非常に重要なことだった。

リサーチによると、自分で立てた目標に最後まで取り組まず、自分との約束を守っていない人は大勢いるようだ。例えば、アメリカ人のほぼ半数が新年に何らかの決意をするが、それを実行するのは八％

にすぎないという。

こんなことを何度も繰り返していると、どうなるだろう。自分との約束を守らないでいると、どんなツケがまわってくるのか。自信が切り刻まれてしまうのである。約束しても守れない自分を信頼できず、それがひいては人格の弱さとなって表れ、周囲の人々から信頼されなくなる。強さは立場や交友関係から借りてこられるかもしれない。だがそれは本当の強さではない。その人自身の強さではないことは、誰にでもお見通しだ。本人がそれに気づいていようといまいと、それが最終的な結果に影響するのである。

誰でも直感的に理解しているだろうが、自信が個人のパフォーマンスに影響することはリサーチでも実証されている。GE（ゼネラル・エレクトロニック）社のジャック・ウェルチが、常日頃「部下に自信を持たせることがリーダーの大事な役割だ」と強く感じていた理由の一つがそこにある。

自分への信頼が欠如していると、他者を信頼することもできなくなる。カトリック教会のカーディナル・ド・レ卿はこんな言葉を残している。「自分を信じない人間は、他者を絶対に信じられない」

しかし逆をいえば、自分自身に約束をしたことを果たせば、有意義な目標を立てて、それを達成すれば、自分への信頼度は高くなる。私にはできる、これからもできるのだという自信が深まり、自分をもっと信頼できるようになるのである。

自分を信じることは成功の第一の秘訣。つまり、英雄であることとの本質である。

――ラルフ・ウォルドー・エマーソン

他者に信頼されることについては、私の父が数年前にカナダの紳士洋品店で経験したことを紹介したい。その店で父の接客をしていたのは、店長と入社したての研修員だった。父は気に入ったコートがあったのだが、値段で迷っていた。代金のほかにも米国に帰国する際に関税もかかるからだ。すると店長はほがらかに「関税など心配なさることはありません」と笑みを浮かべて言った。

「何だって？」と父。

「お召しになってお帰りになればよろしいのですよ。そうすれば、税金は払わずにすみます」

「しかし、私は書類に署名しなければならない。購入して国に持ち込む物は申告しなければならないのだよ」

「申告しなければよろしいのです。着てしまえばよいのですよ。税金のことはご心配に及びません」

父はしばらく黙った後、こう言った。「はっきり言うが、私は税金のことより、君が指導しているこの新入社員のほうがよっぽど心配だ。彼は君を見ている。君から学んでいる。君が彼の辞令に署名するとき、彼はどう思うだろう。自分の上司として、果たして君を信頼するだろうか」

部下が上司を信頼しない理由は何か。ほとんどの場合、それは些細なことである。エンロンやワールドコムの倫理違反のように、組織の信頼を根こそぎにする重大な背任行為ではない。信頼性を低下させ、蝕むのは小さなことなのだ。ある時はたった一日の出来事であったり、またある時は一つの小さな不正直、それが積み重なって徐々に信頼を蝕んでいくのだ。

小さなことが重要なのだ。例えば誰かがマネージャーに話があって立ち寄ったのに、マネージャーは会議中だとアシスタントが嘘をつくときのように。社員はそういう小さな嘘をちゃんと見抜いている。

——フランク・ヴァンダースルート（メラルーカ社社長兼CEO）

ちょっとしたことでも信頼を裏切る行為が積み重なると、組織の効果性にどんな影響を及ぼすだろう。仕事に対する満足感、社員の維持、純利益に、どんな影響があるだろう。組織はどんなツケを支払うことになるだろうか。そして、物事が行われるスピードはどうなるだろう。

逆に、部下の信頼を得られる人間が上に立つとどうなるだろう。ここではウォーリー・ティムの例を紹介しよう。一九九〇年、クウェートを解放するための「砂漠の嵐作戦」が始まるの少し前のこと、ティムはテキサス州フォートフッド基地の二千名規模の機甲大隊司令官に任ぜられた。この部隊は、フォートフッド基地の中で最低といわれていた。ところが、ティムが司令官となるや、部隊は目覚しい進歩を見せ、当時の参謀長トミー・フランクス大佐から表彰されるまでになった。

ティムの部隊がサウジアラビアに派遣されると決まると、戦地に赴く兵士たちに、生死にかかわる状況において信頼できる上官の名を正直に挙げるように求めた。すると全員が、フォートフッドで最悪の部隊から最高の部隊へと引き上げた将校たちの名を挙げた。将校たちの信頼性は既に証明されていたのだ。彼らが信頼に値する上官であることは明らかだったのである。

大災害を未然に防ぐことはできない。だが常に、戦闘態勢が整い、士気が高く、どう行動すべきかわかっている組織、自らを信頼している組織、お互いの信頼関係が築かれている組織を構築することは可能だ。軍隊の訓練では、上官を信頼することを真っ先に教える。信頼がなければ、闘えないからだ。

――ピーター・ドラッカー

信頼を得ることは家庭生活においても重要である。先だって、友人の一人がその例を話してくれた。彼女の話はこうである。

何年も前、母親になったばかりの頃だけど、「あなたは我が子に信頼されていますか」というタイトルの記事を読みました。執筆者は、子供に最初から言うことを聞かせるような態度を貫くのではなく、ただ「だめ！」と繰り返す親が多いと書いていました。その結果、子供のほうは、しつこく続けていればそのうち親もいいかげんうんざりしてきて、結局は子供の言いなりになることを学ぶ。やがて大人の言う「だめ！」を子供は信頼しなくなる、という記事だった。

この執筆者は、子供の信頼を得るための効果的な方法を提案していました。例えば、「だめ！」と言っても子供が従わなかったら、すぐに抱き上げて別の場所に連れて行き、その行為から子供を引き離せばいいと。

このアドバイスは、自分の子供との付き合い方に大きくプラスになったわ。初めは時間と労力もかかるし、強い決意と辛抱が必要よ。でも、得られる効果は大きい。子供は親の言うことを信頼できるようになるから、一度言えば済むのよ。

どの家庭でも、これとは正反対のことが起こっている。親は子供に指図するものの、その指示を子供が守らなかったとき、親はきちんと最後まで対応しない。親が仕事や会話に気をとられているうちに、子供はまんまとすり抜けてしまうのだ。ティーンエイジャーともなれば、親の言うことを無視してしょっちゅう制限事項を破ろうとする。ティーンエイジャーとはそういうものだとしても、何か問題にぶつかったとき、彼らは親ではなく友人を頼る。しかし私は、親子の間に強い信頼関係が築かれていれば、親も、十代の難しい時期にある子も大きな満足が得られるはずだと思うし、子供が形成していく人格、彼らがどんな親に、どんな社員に、どんな市民に成長していくかに大きな影響を与えるはずである。

ある大手コンサルティング会社が行なった調査によれば、リーダーの行動として二番目に重要なものは、自分自身の信頼性を築くことである。また、ハーバード・ビジネススクールは入学希望者の推薦状を書く人たちに三つの項目について書くよう指示している。その一つが次の内容である。

ハーバード・ビジネススクールでは、信頼される傑出したリーダーの育成を目指しています。したがって推薦する学生の学内での行動（他者を尊重する、正直、誠実、自らの行動に対する責任など）についてコメントするようにお願いしたい。［傍点は筆者］

職場でも私生活においても、信頼関係を築くには自分が信頼されるしかない。

――ジェラルド・アーピー（アメリカン航空CEO）

信頼性というのは、自分で「何とかできる」ものだということを忘れないでほしい。自分の中から流れ出し、自分自身の人生、さらには他者の人生のあらゆる側面に影響する自分自身の信頼を高めることは、その意志があれば可能なのである。

◈あなたの信頼度は？

私が企業内セミナーを行なうときにはよく、受講者一人ひとりと一対一でプレワークを実施する。その受講者の同僚たちの写真を並べ、「信頼できる人」と「信頼できない人」という二つのグループにその場で分類してもらうというものだ。受講者がその組織に入ったばかりだったら、「この人物のことはよく知らないので、信頼できるかできないか判断できない」という第三の選択肢も用意する。

このプレワークをやっていつも驚かされるのは、誰もがそれぞれの人の写真を見て瞬時に判断を下すことだ。一枚ずつ写真を見ていくのだが、信頼しているか信頼していないか、すぐに分類できるのである。また、信頼感を持たれている人と持たれていない人は大体決まっている。

知り合いの顔を一人ひとり思い浮かべてみてほしい。その人たちの写真を、あなたはどちらに分類するだろうか。また、その理由は何だろう。

次に、もっと厳しい質問をしよう。もしあなたの写真が、あなたのことを知っている人たちに渡されたとしたら、どちらのグループに分類されるだろう。そう思う理由は何か。

この章の冒頭で述べた通り、信頼性を築く要因は四つある。だが、先に進む前に、自己診断テストにトライしてみてほしい。四つの要因それぞれについて自分がどのあたりの位置にあるのか評価できるはずだ。

予めお断りしておくが、どれも厳しい質問である。深い内省と真剣な自己評価が求められる。それでも是非取り組んで、自分に正直になって答えてほしい。そうすれば、信頼性の基本要素を理解し、自分に欠けているかもしれない部分を見極め、最大限の結果を出せる部分に努力を注げるようになるだろう。これらの質問に正直に答える行為そのものが、あなたの「自己信頼」を高めることになるのである。

診断表の各パートに示されている文章を読み、自分が最も当てはまると思う位置の数字を丸で囲んでほしい。左側の文章が自分に当てはまると思ったら「1」を、右側の文章のほうが近ければ「5」を選ぶようにする。その中間の場合は、「2」「3」「4」のいずれかとなる。

パートⅠ

「罪のない嘘」を言って自分を正当化したり、誰かのことを、あるいは何らかの状況を意図的に誤って伝えたり、得たい結果を得るために事実を曲げたりすることが時々ある。	1 2 3 4 5	私はいついかなるときも、他者とのやりとりにおいて100％正直である。
自分が思っていることと言うことが一致しない、自分の行動と価値観が一致しないことが時々ある。	1 2 3 4 5	私の言動は、心の中で考え感じていることそのものである。言行は常に一致している。
自分の価値観がいまひとつはっきりしない。反対意見が出ると自分の意見を主張しきれない。	1 2 3 4 5	自分の価値観がはっきりわかっている。勇気をもって自分の価値観を主張できる。
別の人が正しいかもしれないことを認めようとしない。あるいは、別の情報があっても、自分の考えを改めることになるかもしれないから、そのような情報の存在を認めようとしない。	1 2 3 4 5	問題点を考え直すことになっても、あるいは自分の価値観を改めざるをえないことになっても、新しい考え方を知る機会を心から受け入れる。
自分の目標や自分への約束をたてても、なかなか果たせない。	1 2 3 4 5	自分自身にも他者にも、約束したことは必ず果たしている。

パートⅠの得点合計　＿＿＿点／25点満点

パートⅡ

身近な人以外、他者のことはまったく気にかけない。自分が抱えている問題以外のことに関心を向けるのは難しい。	1 2 3 4 5	他者を心から気遣い、他者の幸福に深く配慮している。
自分のとる行動の理由を深く考えない。自分の動機を高めるために、真剣に内省したことはほとんどない。	1 2 3 4 5	自分の動機を意識し、正しい理由で正しいことができるよう、不純な動機を排除している。
他者とのやりとりの中で、たいてい自分が欲しいものを得ることだけに集中する。	1 2 3 4 5	関係者全員にとってのＷｉｎとなる解決策を積極的に探す。
ほとんどの人は私の行動を見て、私が彼らの最善の利益を優先しているとは思わないだろう。	1 2 3 4 5	他の人たちは私がやっていることを見て、私が彼らの最善の利益を優先していることがわかるはずだ。
正直言って、誰かが何かを手に入れると（資源やチャンス、信用など）、これでもう自分には回ってこないと思ってしまう。	1 2 3 4 5	資源やチャンス、信用などは、全員に行き渡ってもまだ余裕があると思える。

パートⅡの得点合計　＿＿＿点／25点満点

パートⅢ

今の仕事は自分の資質を本当に発揮しているとは思えない。	1 2 3 4 5	今の仕事は、自分の資質と自分に与えられている機会がぴったりと一致している。
仕事を効果的に行うために必要な知識やスキルを十分に習得していない。	1 2 3 4 5	自分の仕事に必要な知識やスキルを習得している。
仕事上あるいは仕事以外の分野の知識やスキルを高める時間がほとんどない。	1 2 3 4 5	仕事においても仕事以外においても、知識やスキルに絶えず磨きをかけている。
自分の長所がよく分からない。短所を改善することのほうに重点を置いている。	1 2 3 4 5	自分の長所が分かっている。長所を効果的に活用することに最も重点を置いている。
現時点で、信頼関係をどう築けばよいかよく分からない。	1 2 3 4 5	信頼関係を効果的に築き、高め、広げていくにはどうしたらよいか分かっている。それを実現するために意識的に取り組んでいる。

パートⅢの得点合計　＿＿＿点／25点満点

パートⅣ

顕著な実績を残していない。私の実績には誰も感心しない。	1 2 3 4 5	私の実績は、望む結果を出せる人間だという信頼を他社に与える。
指示されたことをやることに労力を注いでいる。	1 2 3 4 5	活動することではなく、結果を出すことに労力を注いでいる。
自分の実績について何も言わないか（自慢していると思われたくない）、逆に実績をことさら述べ立て、周囲の人をうんざりさせてしまうかのどちらかだ。	1 2 3 4 5	人々から信頼されるように、自分の実績を適切に伝えている。
やり始めたことを最後までやり通せないことがよくある。	1 2 3 4 5	何かをやり始めたら、たいてい最後までやり遂げる。
どのようにして結果を得るかは考えない。結果を得ることしか考えない。	1 2 3 4 5	常に信頼を得られる方法で結果を得ている。

パートⅣの得点合計　＿＿＿点／25点満点

総得点　＿＿＿点／100点満点

何点だっただろうか。総得点が九〇～一〇〇点の間だったら、あなた個人の信頼度は非常に高い。人格と能力の両方を兼ね備え、自分にとって大切なことを知っていて、それを日常生活でそれを実践しているはずだ。他者を気遣い、自分の能力を自覚しており、それらを効果的に活かして良い結果を生み出している。したがって、あなたには自信があり、周囲の人々はあなたを信頼している。

総得点が七〇～九〇点の人は、信頼度は多少劣る。そのギャップのせいで完全な自己信頼が持てず、または他者から完全な信頼を得られずにいる。

七〇点未満の人は、自分の信頼性に深刻な問題があると思ったほうがいい。点数が低かった分野を綿密に分析してみてほしい。この章を終えると、その分野を改善する具体的な方法にフォーカスできるようになるだろう。

◈信頼性の四つの核

診断表の各パートは、「信頼性の四つの核」のどれかに対応している。「信頼性の四つの核」は、自分を信頼し、他者に信頼される人間になるための基本要素である。法廷に立つ専門家証人の信頼性を立証する、逆に信頼性を突き崩すのに使われる要素と同じである。

これから四つの核について説明していくが、最初の二つの核は人格に関するものである、後の二つは能力に関するものである。そして、自己信頼には四つの核すべて必要なのだ。

第一の核：誠実さ

第一の核は、誠実さである。信頼とは何かと考えるとき、ほとんどの人は誠実さを思い浮かべる。そして、多くの人にとって「誠実」とは基本的に「正直」を意味する。確かに誠実さに正直は含まれる。しかしそれ以外にも多くのことが関係している。高潔であること、有言実行であること、また、裏表がないこと、自分の価値観や信念に従って行動する勇気を持つこと、などだ。誠実さを欠くことが、信頼を最も裏切る行為なのである。

第二の核：意図

第二の核は、「意図」である。意図は人が持つ動機や思惑、その結果として表れる行動である。動機が率直で、相互の利益に基づいていれば、信頼関係が育つ。要するに、自分のことだけでなく、上司や部下として関わる相手のことも心から気遣い、導き、あるいは奉仕することである。何か思惑があるのではないかと疑ったり、こちらの最善の利益を考えて行動しているとは信じられなかったりすると、その人の言動すべてに疑念を抱くことになる。

誠実さと意図は、どちらも「人格」に関わる要素である。

ビジネスや人生において、モラルを省いてよいわけがない。人間には基本的に三種類ある。成功できない人、一時的に成功する人、成功者となり成功し続ける人である。その違いは人格にある。

――ジョン・ハンツマン（ハンツマン・ケミカル社会長）

第三の核：力量

第三の核は、「力量」である。他者の信頼を得るための才能、態度、スキル、知識であり、結果を出す手段である。誠実で動機も立派なホームドクターがいるとする。しかし、職務（例えば、脳外科手術）を遂行するための訓練を受け、スキルを習得していないとしたら、彼はその分野での信頼は得られない。力量は、信頼を築き育てられるかどうか、あるいは損なわれた信頼を回復ができるかどうかにも関係する。

第四の核：結果

第四の核は、「結果」に関わるものである。過去の実績、実行力、正しいことをやり遂げるかどうかである。期待されていることを達成できなければ、信頼を失う。逆に、約束したことを果たせば、実行力のある人物、結果を出せる人物だという評判ができる。そして、その評判が広まっていく。

力量と結果は、能力に関わる要素である。

良きリーダーは必ず信頼されるものだ。したがって、いかなる文化にあっても、良きリーダーのあり方に恐らく違いはないだろう。信頼とは、自分自身に対する姿勢によって、また自分が残した実績によって築かれるものである。

——ビクター・K・フン博士（LI & FUNGグループ会長）

くどいようだが、これら四つの核は、法廷だけに限らず、どんな状況においても信頼性に不可欠な要素だ。例えば、とても誠実で善意な人がいるとする。実績も申し分ない。しかし、何かの職務に必要な力量を持っていなかったとしたら、信頼してその仕事を任せることはできない。あるいは、非常に誠実で、力量もあり、抜群の実績を残している人がいるとしよう。しかし、何らかの話し合いの中で、その人があなたのことに、あるいはあなたのWinに配慮していないように思えたら、その人を完全に信頼することはできないはずだ。この後の章で四つの核を一つひとつ取り上げていくが、このように特定の核が欠如した場合の影響にも触れるつもりである。また、一つだけあって、他の三つがない場合の影響についても考える。

あなたの周囲の人たちの多くは、あなたの信頼性が四つの要素から成っていて、その要素ごとにあなたは高く評価されたり、低く評価されたりする可能性があることに気づいていない。彼らには、あなたに信頼性があるのかないのかという、全体しか見えていないのである。

これら四つの核を理解することがとても重要だという理由の一つは、そこにある。四つの核で信頼性ができていることを理解できれば、自分自身の能力を把握し、改善するべき分野に努力を集中できるよ

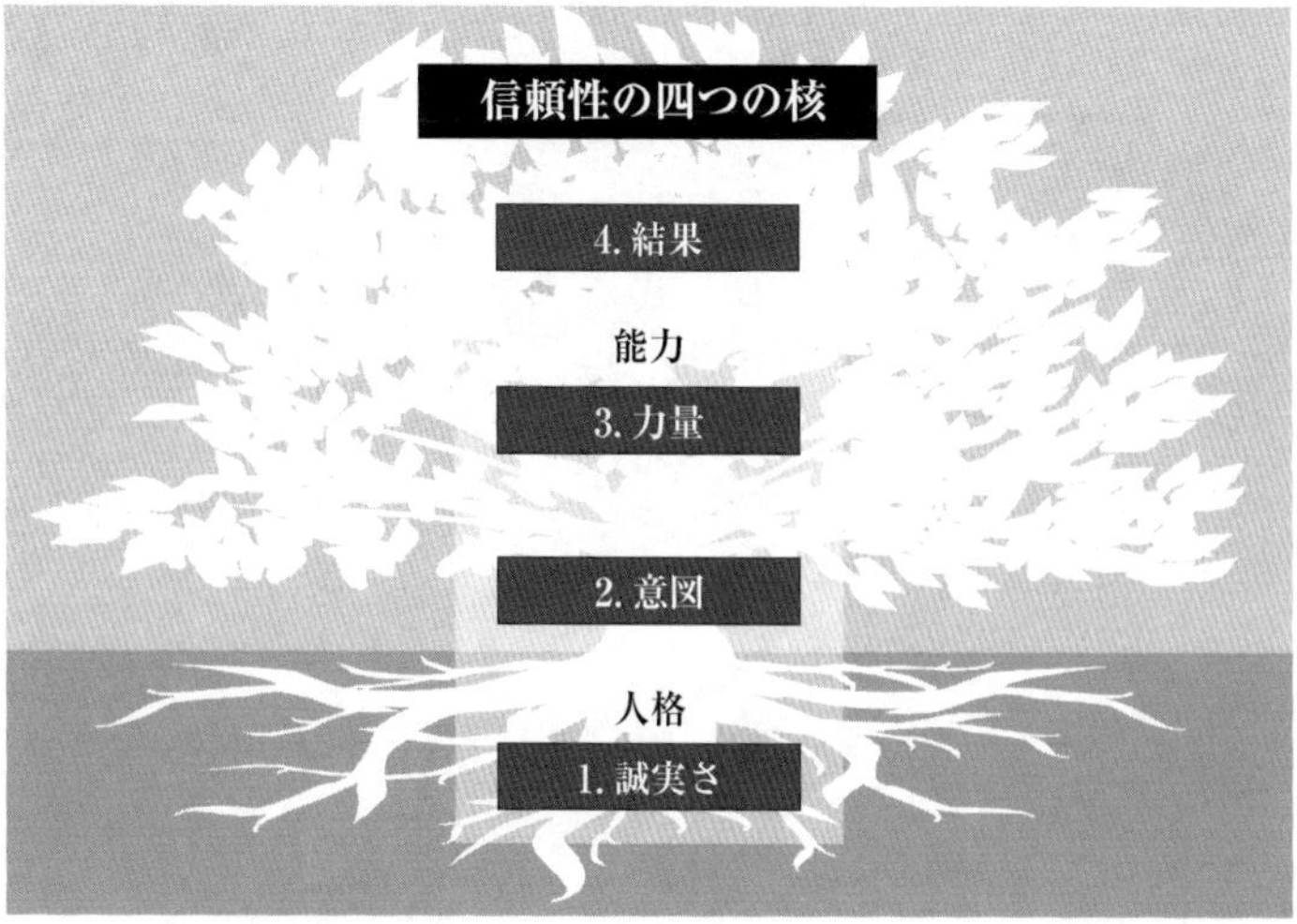

うになるのだ。信頼感を与えるようにするにはどう振舞えばよいか、あなたはその知恵を身につけるだろう。そして、詳しくは後で述べるが、他者に対する「賢い信頼」の仕方を学ぶための判断力も養われるはずだ。

> 自問してみよう…手加減せずに。自分は信頼を発散しているか、と。発散 — 難しい言葉だ。自分は信頼を漂わせているだろうか。考えてみよう…慎重に。
>
> ——トム・ピーターズ

「信頼性の四つの核」すべての重要性を十分に理解してもらうには、樹木に例えるとよいかもしれない。「誠実さ」は基本的に地面の下に埋もれている。樹木で言えば根っこの部分にあたり、そこからすべてが育っていく。「意図」になると、ある程度目に見える。地中から伸びた樹木の幹の部分だ。「力量」は樹木の枝に相当し、私たちが何かを生み出すのを可能にする。

「結果」は果実だ。具体的で測定可能な目に見える成果であり、最も見えやすく、他者に評価されやすい。

このような見方をすると、「信頼性の四つの核」すべての相互関係と、それぞれの重要性が理解できるのではないか。また、信頼性は生き物のように、育てることが可能だということも分かるだろう。一つひとつの核がなぜ重要なのか、他の三つとどういう関係にあるのかをより具体的に理解していただく意味で、この樹木の例えに沿ってそれぞれの核を見ていこう。

◈あなたの道筋

「信頼性の四つの核」について理解ができたところで七七～七八ページの診断結果をもう一度眺めながら、自分の得点についてもう一度考えてみてほしい。

あなたの強みはどこだろうか。最も改善しなければならないのはどの分野か。

あなたの現在の信頼度に関係なく、本書はあなたのお役に立てるものと私は確信している。少なくとも、信頼性や信頼というものを理解し、それらについて語り合い、その実用性を高める方法を知っていただけるだろう。数年前から「スピード・オブ・トラスト」の指導にあたっている私のパートナーの一人が最近、こんなことを言った。「私はもともと、信用されない類の人間だったわけではありません。

でも、信頼について学び、語るための表現手段を持ち、信頼を抱かせるような行動をとるだけで、私の信頼感と他者への影響力が飛躍的に向上しました」

本書をさらに読み進んでいく過程で、この「信頼性の四つの核」は、個人の信頼関係に限らず、組織の信頼関係にも応用できることを学び取ってほしい。ある大企業のマーケティング担当副社長から最近聞いた話だが、これら四つの核がその会社のマーケティング方針になるだろうとのことだった。「我々にとって、組織としての信用力が欠かせません。誠実という我が社の評判を顧客に確実に知ってもらう必要があるんです。顧客の利益に貢献したいという我々の意図、そして顧客に価値を提供する我々の力量を実証しなければなりません。さらに、顧客を失わないように、我々が生み出した成果や実績を顧客にはっきりと示すことも重要です。これらをすべて実行することによって信頼性が生まれ、その信頼性で信頼関係が確立し、長期にわたって維持することが可能になると考えます。我々のビジネスでは、長期的な信頼関係が収益力ある成長の鍵であることが既に実証されていますから」

これからの四つの章で、「信頼性の四つの核」のそれぞれについて詳しく説明していこう。「核」とはそもそも何なのか、それがなぜ信頼性や信頼に欠かせないのか、インサイド・アウトの手法を駆使しながらあらゆるレベルでそれらを改善し、信頼を増すにはどうしたらよいかについて理解を深めていただけたらと思う。あなたの努力がより大きな効果を生むよう、各章の終わりに三つの「促進手段」を紹介する。各章の内容が理解できたら、自分に最も有効と思われる改善策を一つか二つ選び出してトライしてみてほしい。

2-2

第一の核 — 誠実さ

あなたは一貫性のある人間か？

私は人を雇う際、三つの条件で判断する。第一が人間としての誠実さ、第二が知性、そして第三が行動力だ。ただし、第一の条件が欠けると、他の二つはその人を滅ぼす凶器と化す。

——ウォーレン・バフェット（バークシャー・ハサウェイ社CEO）

ローマで開催されたテニスの二〇〇五年イタリア・マスターズ・トーナメントの第三ラウンドで、プロテニスプレーヤーのアンディ・ロディックはスペインのフェルナンド・ベルダスコと対戦した。試合はロディックのマッチ・ポイントを迎えた。ベルダスコの放ったセカンド・サーブに線審がアウトの判定をすると、ロディックに対する観客の祝福が始まった。ベルダスコは試合が終わったと思い、ロディックと握手しにネットへと歩み寄った。

ところが、ロディックはこのポイントを受け入れなかった。今のはインだったと言い、クレイコートにかすかに残った跡を見るよう主審に求めた。その跡は、ボールがラインを割らず、ライン上だったことを示していた。主審は慌てて判定を覆し、ロディックの主張どおりにポイントをベルダスコに与えた。

これには誰もが驚いた。本来、プレーヤーの申告ではなく審判の判定が絶対とされる競技で、ロディックは自分に不利な申告をし、結局その試合を落とすこととなった。

ロディックはその日の試合は負けてしまったが、はるかに大きなものを得た。人々の信頼を手にしたのだ。彼が見せた誠実さは、彼にどのように信頼性をもたらしただろうか。こんな見方をしてみよう。仮に次の機会にロディックが判定に抗議したら、審判団はどのような対応をするだろうか。審判は恐らく、最大の敬意をもって対処するだろう。彼の評判が広まり、それが彼に信頼性をもたらすはずだ。また、ロディックは内心どう思っただろうか。ボールが本当はコートに入っていたことを知りながら、勝利の判定をそのまま受け入れていたら、彼はどういう気持ちになっただろう。

あの日のロディックのコート上での態度は、自分の利益を犠牲にしてでも誠実さを発揮するという意味でまさに象徴的な行動であり、私は「ロディック・チョイス」と名付けている。誠実さ、信頼性、そして他者と自分自身の両方に対する信頼には明確な関係があることが分かるだろう。

> 私に言わせれば、誠実さが根底にあって、それが一人の人間全体、人格、完全性や高潔へとつながっていく。誠実な人物とは、バランスがとれていて、完全で、高潔な人格を持つ人だと私は考える。つまり、原則を重視する人である。
>
> ――ハンク・ポールソン（ゴールドマン・サックス社会長兼ＣＥＯ）

樹木に例えるなら、誠実さは根っこである。地面の中にあって、ほとんど人の目には触れないとはいえ、木全体の栄養、強さ、安定度、成長にとって絶対に欠かせない。素晴らしい力量と優れた実績を備え、さらに善意があっても、残念ながら不正直な、あるいは無節操な行動をとってしまう人が世間にはいる。「結果は手段を正当化する」という考え方がそうさせるのだ。それは、ごまかし、詐欺、不正、強要、スキャンダルへと発展していく。エンロンやワールドコムの不祥事に見られるように、あらゆる種類の結婚関係やその他の人間関係を崩壊させる裏切り行為である。

それに対して、誠実ではあっても他の三つの核が欠けている人は、根っから正直ないい人ではあっても、所詮役立たずの人間ということになる。樹木の例えでは、いわば切り株で、ほとんど使い物にならない。口は堅いだろうが、何かの仕事を任せることはできない。正直者ではあるが、相手にされないのだ。やはり、四つの核すべてがそろわないと信頼性や信頼は生まれないのである。

◈倫理の復活に関する問題

では、誠実さとは一体何だろう。最近は、誠実が「倫理」と同一視される傾向が見られる。企業その他のスキャンダルが昨今続発しているが、この現象がもたらした効果を強いて挙げるとしたら、倫理の大切さを改めて考えさせた点だろうか。そして、今日における倫理の欠如が不信を生む原因になっていることは広く認められているところだ。

危機、腐敗、国民不信が引き金となり、自由な企業の倫理と精神を再生する草の根の運動が勢いを得、何百万という人々を引き付けている。

——パトリシア・アバディーン（『メガトレンド二〇一〇』の著者）

だが、組織における「倫理」の解決策の多くがコンプライアンス（規則の順守）を重視しているに過ぎない。コンプライアンスにおける「倫理」の定義は、「誠実さ」あるいは一体性の定義とは異なり、「ルールに従う」ことを基本的に意味する。こうした中身の薄い定義はあまり意味がない。企業の倫理研修などで、米国企業改革法その他の、ルールに基づく規制法規の順守がもっぱら取り上げられるのはそのためだ。価値観を明確にし、そうした価値観や揺るぎない原則に対する誠実さを求める姿勢は二の次にされてしまっている。

その結果、企業は複雑な方針マニュアルを膨大に抱え込むことになる。また、経費のごまかしや重大な規則違反ともなれば別だが、結果を出している社員が嘘をついたり、他者に残忍な態度をとったりする程度では大方の企業は何もとがめないのが普通だ。

ルールは人格の代わりにはなり得ない。

——アラン・グリーンスパン（元米国連邦準備制度理事会議長）

この後、第三の波、「組織の信頼」の章で詳しく述べるが、今日組織が直面している問題は結局、

「ルールに従う」ことを求めるだけのコンプライアンス、つまりはアウトサイド・イン（外から内へ）の手法では解決できない。心理学者で企業の倫理研修を手がけるクリス・バウアーは、次のように述べている。

ここで本当に問題なのは、法の執行や規制の問題ではない。むしろ、心理的な問題、すなわち基本的価値観の欠如、実行すべき適切な行動に混乱していることなのだ。規則の強化を声高に叫ぶ企業は多い。だが、自らの価値観を明確にした上で、その価値観を実践する方法を社員に指導しようという企業は少ない。

企業は信頼や誠実に目を向けるとき、つまりはコンプライアンスよりも一貫性を重視してはじめて、組織としての真の信頼性を高めることが可能になる。「誠実さにルールは必要ない」とは、作家のアルベール・カミュの言葉である。

◈誠実さとは何か？

多くの人にとっては、誠実さとは、正直であるということだろう。正直であるためには、本当のことを言うだけでなく、正しい印象を与えなければならない。本当のことを言っているのに、誤った印象を与えてしまうということもあるが、それは正直とは言えない。

些細なことの真実に軽率な人は、重要な問題で信頼されなくなる。

――アルバート・アインシュタイン

多くの経営者は、自分は正直な人間だと言うが、調査結果によると、社員から見れば彼らが正直であるとか、正直に話すとは思っていないようだ。イギリス人作家、マリア・ルイーザ・ラミーは、「私は何千という悪党を知っているが、自分で自分を悪党だと思っている人には出会ったためしがない」と言っている。彼女の言わんとすることは、映画『パイレーツ・オブ・カリビアン』の中でジャック・スパロウ船長が端的かつユーモラスに表現している。「俺は嘘つきさ。これだけは信じていい。嘘つきはいつも嘘をつく。信用できないのは正直者。正直者はとんでもないバカをしでかすことがある」

誠実であるためには、正直であること、すなわち本当のことを言い、正しい印象を与えることが絶対に必要だ。だが、それ以外にも、同じくらい重要な資質が少なくとも三つある。

一貫性：「Integrity（誠実）」という単語はラテン語から来ており、「Integrated（一体化された）」や「Integer（統合体）」と同じ語源を持つ。意図と行動が同じとき、その人は誠実である。つまり、継ぎ目がなく一つであり、外側と内側が同じということだ。私はこれを「一貫性」と言葉で呼んでいる。そして、信頼性や信頼を生み出すのは結局この一貫性であって、コンプライアンスではない。

一貫性のある人の行動は、最も根底にある価値観や信念と一致している。そういう人は言行一致である。自分がすべきと思ったことを実行に移すのだ。他者の意見やその時々の都合など、外的な力によって動かされることはない。何かに耳を傾け、反応するとしたら、それは良心の静かなる声である。

一貫性の好例はマハトマ・ガンジーだろう。彼はある時、英国下院での演説に招かれた。彼がメモを見ることなく二時間のスピーチを終えると、それまで彼を敵視していた議員たちも総立ちで拍手喝采した。この演説の後、何人かの記者が彼の秘書であるマハデーブ・デサイを取り囲んだ。ガンジーがメモなしに長い演説をやってのけ、聴衆を魅了したことが信じられなかったからだ。デサイは答えた。

> ガンジーが考えること、感じること、言うこと、そしてすることはすべて一貫しています。だから、彼にはメモなど必要ないのです。皆さんや私は、考えること、感じること、言うこと、することがすべて違うのです。だから、一貫性を保つためにメモやファイルに頼らなければなりません。

ガンジーは自分自身の内面が一貫しているのみならず、彼が大切にする原則とも一致していた。つまり根っこがあっただけでなく、彼の中に蓄積されていた、人生を支配する永遠の原則の中にまで太く逞しい根を伸ばしていたのだ。

私の人生は分けようのない一つの塊であり、私の活動はすべて互いに絡み合っている。私の人生そのものが私のメッセージなのである。

――マハトマ・ガンジー

ガンジーは、公職や正式な指導者の地位に就いたことは一度もなかった。なのに、インドさらには世界で驚くような成果を上げることができたのは、こうした原則の力を生かし、それらに完全に沿った生き方をしたからである。

自分の中の信念や原則と一貫していることを絶えず示すようにしよう。そうすると、仕事上の関係でも個人的な関係でも人々から信頼されるようになる。あなたは周囲から、強く、実直で頼り甲斐のある人、確実に良い結果を出し、信頼に応えてくれる生き方に徹している人と見られるようになるのだ。

謙虚：誠実であるためには「謙虚さ」も必要だ。経営学の巨匠、ジェームズ・コリンズは『ビジョナリーカンパニー ―時代を超える生存の法則』の執筆にあたり、良い企業から偉大な企業へと飛躍を遂げた企業を精査した結果、並外れた成功の理由を発見した。彼は二つのことに驚いたという。

一つは、その調査のデータがリーダーシップの重要性を明確に示していたことだった。コリンズは、「『良い企業』から『偉大な企業』への飛躍を達成した企業はすべて、その転換期に第五水準の指導者に率いられていた」と述べている。

もう一つは、この「第五水準」のリーダーシップの特徴だった。コリンズはこう記している。

良い企業を偉大な企業に変えるために必要なリーダーシップの型を発見したとき、われわれはおどろき、ショックすら受けた。強烈な個性をもち、マスコミで大きく取り上げられて有名になっている優秀なリーダーと比較すると、飛躍を指導したリーダーは火星から来たのではないかと思えるほどである。万事に控えめで、物静かで、内気で、恥ずかしがり屋ですらある。個人としての謙虚さと、職業人としての意思の強さという一見矛盾した組み合わせを特徴としている。パットン将軍やカエサルよりも、リンカーンやソクラテスに似ている。［強調は筆者］

では、謙虚さはリーダーシップや生活の中にどういう形で現われるだろうか。謙虚な人は、正しいということよりも、何が正しいかということに関心がある。良いアイデアを持つことよりも良いアイデアに基づいて行動することに、時代遅れの考え方を弁護することよりも新たな事実を受け入れることに、自分だけを高めることよりもチーム全体を引き上げることに、自分の貢献を認めてもらうことよりも他者の貢献を認めることに関心があるのだ。

謙虚というのは、弱いとか寡黙とか、自分を表に出さないということとは違う。原則を認識し、それを自分自身よりも優先するということだ。反対されても原則を断固として貫くことができるのである。謙虚な人は強い態度で交渉に臨むことができる。困難な交渉でも、ぐいぐいと引っ張っていく力がある。仮に親しい人と緊迫した状況になっても、しっかりと明確に自分の考えを述べることができる。ただし、横柄な態度をとったり、虚勢を張ったり、ごまかしや勝つか負けるかの力勝負をしたりということはない。組織や人間関係を支配する永遠の原則が存在することを知っていて、そうした原則に合った行動をとろうとする。何でも自分の考えだけで割り切ろうとはしないのである。

謙虚な人はまた、すべて自分の功績とは考えない。先人たちの業績に支えられていること、他者の助けがあるからこそ向上できることをはっきりと分かっている。アルコール中毒者更生会などの更生プログラムがよく指摘することだが、人生で困難な問題に対処するためには、他者の手助けなしにはできないことがいくつかあるという事実をまず受け入れる賢明さと謙虚さが必要なのだ。

謙虚の逆は横柄やうぬぼれだ。これらは、原則や他者よりも自分を優先する態度である。

勇気：誠実にはまた、困難な状況下にあっても正しいことをする勇気も欠かせない。イタリア・マスターズにおけるアンディ・ロディックの他、シェロン・ワトキンス、シンシア・クーパー、コリーン・ロウリー（それぞれエンロン、ワールドコム、ＦＢＩの勇敢な内部告発者で、タイム誌の二〇〇二年「今年の人」に選ばれた）などが発揮した類の勇気である。

周囲の人たちの勇敢な行動を目の当たりにすると、自分も自ずと勇気が湧いてくるものだ。ここで、私が最近ある女性から聞いた、勇気に関係する話を一つ紹介しよう。彼女のご主人が数年前に医学部の試験を受けた時のことだ。

> 医学部への入学は競争が熾烈で、合格するためにはかなりの得点を取らなければならず、受験生には大変なプレッシャーです。私の夫は一生懸命勉強し、初めての試験を受けに行きました。予想どおり、この医学部では無監督制度が採用されていて、教授は問題用紙を配り終えると、教室から

出て行きました。すると学生たちはすぐに、小さなカンニング・ペーパーを取り出し始めました。夫は胸がドキドキし始めたのを覚えているそうです。不正する人たちにはとても敵わないと思ったからです。その時、教室の後ろのほうに座っていた、背が高くひょろっとした学生が立ち上がり、こう言ったそうです。「私は田舎から出て来ました。妻と三人の幼い子供を抱えながら、医学部に入るために死に物狂いで勉強してきたのです。君たちがカンニングするなら、最初の人を私は学校側に通知しますよ。本気ですからね」皆、彼の言葉を信じ、多くの学生がきまり悪そうな表情を浮かべました。そして、カンニング・ペーパーは、現われたときと同じ速さで姿を消したそうです。彼が基準を打ち立てたお陰で、その学年はその後、学校史上最多の卒業生を輩出することとなりました。

その日、教室の後方で立ち上がった学生は、後に立派な医者になったという。彼のとった行動は確かに、それなりの覚悟を要する難しいものだった。誠実であるために必要な勇気を実証したと言える。永遠の原則に従う、そうした勇気が他の人たちの士気を高め、私たちすべての人生をより良いものにしてくれるのだ。何と言っても、健康や生命が危機に陥ったとき、私たちは医者の知識やスキルに頼るしかないのだから。

勇気は人間の第一の資質である。なぜなら、他のすべての資質を保証するものだからである。

——ウィンストン・チャーチル

あなたが誠実だと思う人を思い浮かべてみてほしい。彼らは、以上四つの資質を十分に発揮しているだろうか。正直なだけでなく、一貫性があって謙虚で、なおかつ勇気があるか。彼らの誠実さは、彼らの自己イメージにどう影響しているとあなたは思うか。また、彼らに対するあなたのイメージにどんな影響を与えているだろうか。あなたから見て、彼らは信用に値する人間か。あなたは彼らを信頼しているだろうか。

私たちは恐らく、これらの資質を多かれ少なかれ改善することができるのだ。それが自分自身の信頼性を高めることになり、ゆくゆくは何をするにしてもスピードを上げ、コストを下げることが可能になるのである。

◈誠実さを身につけるには

では、どうしたら誠実さは身につけられるだろうか。

まずは、自分が現在どのくらい誠実なのか考えてみる必要がある。ここで、既にやった自己診断結果をもとに以下の点について考えてみてほしい。

- 自分は他者と会話するとき、常に正直であろうとしているか?
- 自分は「言行一致」と言えるか?

- 自分の価値観をはっきり理解しているか？　それを貫き通すことに苦痛は感じないか？
- 問題の再検討や自らの価値観を見直す必要が生じるとしても、自分は新しい真実を進んで受け入れているか？
- 自分と約束したことを常に守っているか？

以上の点についてよく考え、正直に回答してほしい。また、これらの資質のそれぞれについてあなたがどう見られているか、上司、同僚、直属の部下、顧客、友人、家族たちに意見を求めるのもよいだろう。人には皆、盲点があり、自分の長所を過大評価したり、逆に過小評価したりしがちだからである。

さらに、誠実さを身につけるのに非常に有効な「促進手段」を三つ紹介したい。

一．自分との約束を守ろう

誠実さを短期間で身につけるには、自分と約束したことを果たすことができるようになるのが一番の近道だ。他者との約束を守ることの威力については、第二の波、「人間関係の信頼」の章で述べる。ただ、自分との約束も守れなければ、他者との約束を守ることなどできるはずがない。

私の家では、私の曾祖父、スティーブン・マック・コヴィーがリトル・アメリカというホテルチェーンを創設した話が代々語り継がれている。一八九〇年代、曾祖父は羊飼いの仕事をしていたが、ある冬の夜、ワイオミングのど真ん中で猛吹雪に遭った。暴風が吹き荒れる中、秒速二〇メートルを超える突風と0度以下まで下がった気温に身体が耐え切れなくなり、死を本気で覚悟した。曾祖父はうずくまりながら、自分自身と神に対して誓ったという。今夜を生き延びることができたら、感謝の印として、誰も住まない辺ぴなこの地に人々のための避難所を建設します、と。

そして曾祖父は、その夜を生き延びることができた。そして、しばらく時間はかかったものの、人里離れた地にあの夜に約束した避難所を建てたのだった。そこには今はガソリンスタンドが一軒立っているだけだが、リトル・アメリカ・ホテルは大規模に展開している。しかし、ワイオミングのリトル・アメリカの町は、今では地図にも記され、人気の高い観光スポットになった。また、稀に見るビジネス・キャリアの基礎にもなった。曾祖父は死ぬまでに、ホテル、アパート、石油事業、金融業など、いくつもの強力な地域ビジネスをつくったのだ。

今誰かが私の曾祖父と同じ状況に置かれたとしたら、「こんな人里離れた場所にホテルを建てるなんて、馬鹿げてる」と言うに違いない。私の曾祖父と神以外、誰一人その約束を知らなかった。だが、スティーブン・マック・コヴィーは自分自身と本気で約束をし、それをやり遂げた。そして、その実行力が、私を含む子孫全員に大きな影響を与えているのである。

私は、プライベートで、また仕事上でも経験を積むに連れて、自分自身との約束を守ることの大切さをますます確信するようになった。こうした約束は、私の曾祖父の場合のように大掛かりなものもあれば、ほんの些細なものもある。目覚まし時計が鳴ったら起きる、暴飲暴食をしない、どんな状況でも他者を尊重するといったことだ。自分との約束を守るたびに、その約束の大きさに関係なく、自信が膨らんでいく。自分の中に蓄えができていく。自分自身と、また他者ともっと大きな約束をしても、それを守ることができるようになるのだ。

ただし、自分との約束を守る力をつける方法を考える際、忘れないでもらいたいことがいくつかある。

第一は、約束をあまり多くしすぎないことだ。約束の大安売りは、どれも守れなくなることが目に見えている。目標、方向性、フォーカスしなければならないことなどと本当の約束を区別するようにしよう。自分自身と約束するときは、自分の誠実さがかかっていることをはっきり意識する必要がある。

第二に、自分と何かを約束したときも、他者と約束した場合と同様に大切に考えるべきだ。時間の約束（運動や読書、睡眠などに関する自分との約束）であれ、取り組む優先順位に関する約束であれ、その約束を、またあなた自身を丁重に扱わなければいけない。

第三に、衝動的な約束は禁物だ。私はかつて、これを嫌というほど思い知らされたことがある。健康について家族で話し合ったときのことだった。新年を迎えるにあたって家族で話し合った末、清涼飲料水よりも水をもっと飲むようにしようと決めた。私はその新年の誓いで頭がいっぱいになり、謙虚さなど微塵もない態度でこう強がって見せた。「僕の誓いを教えてあげるよ。今年はずっと、水以外は何も飲まないんだ。炭酸飲料もジュースも飲まないよ。本当に水だけにするからね」まあ、何とも馬鹿なことをしたもので、後々後悔する羽目になった。約束は実行したものの、大変な思いをした。私はこの経験から、約束をするときはよく考え、面子などにこだわらず、謙虚な気持ちで行なわなければならないことを学んだものである。

最後に、約束を守るのが難しくなったときは、二つの選択肢があることを覚えておこう。行動を変えて約束に合わせるか、約束した価値観のほうを変えて行動に合わせるかのどちらかだ。前者は誠実さを強化するのに対し、後者は誠実さを低下させ、将来また約束を実行することへの自信を失わせる。さらに、価値観の方向性を変えてしまうと、それがたとえごく小さなものであっても軌道に変化が起こり、結果的には目的地から大きく外れてしまうことになる。

自分自身と約束をし、それを守ることを賢い方法で行うようにしてほしい。それ以外に、自分自身の信頼を築く近道はないのだ。

二．信念を貫こう

> 価値観と原則を重視しよう。自分の信念を心得、それに従って生きることだ。
>
> ——ジョージ・フィッシャー（イーストマン・コダック社会長）

アメリカン・エキスプレス社のケネス・シュノールト会長兼ＣＥＯは、「ネクスト・チャプター（新しいアメリカン・エキスプレス社の指針）」と銘打った社員向け冊子を作成した。そこには、会社の将来の理念と、それを実現するための具体的手段の輪郭が示されている。その中から、主要な信条を一つ紹介しよう。

> 信念を持とう。価値観の中には定量化できないものもある。問題は成功にかかるコストではない。重要なのは、正しい方法で成功することだ。我々はまた、正しいこと（顧客との関係、品質、誠実

さ、チームワーク、人に対する敬意、善良な市民意識、成功意欲、個人としての責任など）を大切にする姿勢を自らの行動で一貫して証明しなければならない。

もしあなたが誠実さ、あるいは一貫性を身につけようと思うのであれば、自分が忠実に守らなければならないもの、すなわち核を持つ必要がある。自分の内側に何があるか分からなければ、インサイド・アウトのアプローチのしようがない。つまり、芯を持つこと、明確な価値観を持つことが必要なのだ。自分の信念を見極め、それを貫き通さなければならない。そうすれば、他者にも伝わるはずである。

信じるものがあっても、それを実践しなければ、それは不正直である。

——マハトマ・ガンジー

約束を守ることと信念を貫くことの両方において誠実を実践した好例は、ハンツマン・ケミカル社のジョン・ハンツマン会長だ。彼は著書、『「賢いバカ正直」になりなさい』の中でこんな話を紹介している。ハンツマンは長い交渉の末、自社の一部門の四〇％をグレート・レイクス・ケミカル社に売却することに同意した。グレート・レイクス社のエマーソン・カンペン会長兼ＣＥＯとの簡単な握手で、五、四〇〇万ドルの取引が成立したのだ。

ところが買い手のグレート・レイクスは、契約書の作成になかなか腰を上げなかった。結局、契約書を作るまでの六カ月半で原材料価格が大幅に下落したため、ハンツマンの利益は当初の三倍という空前の水準にまで膨らんだ。売却部門の四〇％の評価額は、五、四〇〇万ドルから二億五、〇〇〇万ドルへと跳ね上がった。

契約書の署名が済んでいない状態で、カンペンはハンツマンに電話をして言った。差額分を全額支払う必要はないと思うが、半分は持つのが筋だろう、と。つまり、彼は差額を半分ずつ負担することを申し出た。ところが、ハンツマンはこれを拒否した。握手して五、四〇〇万ドルで合意した以上、彼はその価格にこだわったのだ。

カンペンは言った。「でも、それじゃあ君が大損だ」

ハンツマンの返事はこうだった。「エマーソン、君は君の会社のために交渉しているんだろう。だったら私にも私の会社のために交渉をさせてほしい」

このときカンペンはハンツマンの誠実な態度にとても感銘を受けたので、ハンツマンと個人的に親しい間柄ではなかったにも関わらず、自分の葬儀で弔辞を読む二人のうちの一人をハンツマンに託したのだった。

ハンツマンにははっきりとした信念があった。彼はこの経験について、こう記している。「あのときグレート・レイクス社に、二億ドル追加して支払わせることもできただろう。だが、そうしなかったお陰で、私は自分の良心と闘ったり、過ぎたことを悔やんだりする必要がまったくなかった。自分が口にした以上、それを変えるわけにはいかなかったのだ」

ハンツマンは、自分にとって何が重要かよく分かっていた。彼の価値観は明確だったからこそ、その価値観を実践するのが難しい状況になっても、彼は苦闘する必要がなかった。そして、自分の価値観を最後まで貫き通すことによって信頼を築いたのである。

自分の価値観が明確であれば、意思決定は難しいことではない。

――ロイ・ディズニー（元ウォルト・ディズニー社副会長）

貫き通そうと思う価値観を見つけるには、何らかの方法であなたの目的あるいは価値観を明確にする作業を行うのが効果的だ。そのためには、個人であれ、また家族や組織であれ、ミッション・ステートメントやクレドを作成するのが一番だろう。自分が貫き通そうと思うものを言葉で表現し、それを実践することは、あなたが信頼性を高めて信頼されるようになるのに大いに役立つはずだ。

あなたはどんな人で、どんな価値観を持ち、何を信念としているか―それがあなたの錨であり、北極星である。そういうことは本で学べるものではない。自分自身の精神の中に見つけ出すものなのだ。

――アン・マルケイヒー（ゼロックス社会長兼CEO）

三．広い心を持とう

世の中には、心の狭そうな人や横柄な感じがする人がいるものだ。自分には知らないことなどないと思っていて、相手の話に耳を傾けない人。自分の考えが唯一正しいと思い込み、別の見方をしようとしない人。自分の知らない現実や原則が世の中に存在する可能性を認めず、見えている真実を拒絶する人などだ。相手がこのような自己中心的な人であっても、あなたはうまく付き合うことができるだろうか。彼らの信頼性をあなたはどう見るだろう。それでもあなたはその人を信頼しようとするだろうか。

心の広さは誠実さに欠かせないものだ。率直であるためには、謙虚さと勇気の両方が求められる。謙虚さは、自分がまだ知らない原則の存在を認めるためであり、勇気は、それをひとたび知ったらそれに従うためだ。歴史を振り返ってみても、科学におけるパラダイム・シフトの多くは伝統的な考え方からの転換によって生まれたものであり、そこにはこのような謙虚さと勇気が必要だった。

そうすると、誠実さを増そうと思ったら、心を広く持つよう努力するとよい。一九七〇年にエジプトの第三代大統領となり、任期途中の一九八一年に暗殺されたアンワル・サダトについて考えてみよう。彼は、反イスラエル感情が支配的な文化の中で育ち、その政府の指導者にまでなったにも関わらず、平和の追求を促す良心の声に広い心で応えた。そして、アラブ隣国の激怒をよそに、若かりし頃カイロ中央刑務所の独房で学んだ教訓を実践してみせた。それは、「自分の考え方も変えられない人間に現実を変えることはできず、進歩は望めない」というものだった。彼はイスラエルを訪問してメナヘム・ベギン首相と会談し、イスラエル国会で演説もした。その後訪米し、ベギンと当時のジミー・カーター米国大統領と三者会談を行なった。この協議からキャンプ・デービッド合意が生まれ、その功績によってベギンとサダトはともにノーベル平和賞を授与されることとなった。

数年前、私は父と一緒に故サダトの未亡人、ジェハンと昼食を共にして話を聞く機会に恵まれた。彼女が夫について語った話の中で、私の記憶に最も強烈に焼きついているのは、サダトが心を広く持ち、既に知っていることでも進んで相手の話に耳を傾けたということだ。

広い心は人々に信頼感を与え信頼を抱かせるのに対し、狭い心は疑念と不信を生むのである。

自分の心の広さを知りたければ、次のような点を自問してみるとよい。

- 自分の物の見方は正確かつ完全だと自分で思っているか？　それとも新たな視点や考え方に耳を傾け、検討することに意欲的か？
- 自分はさまざまな人（上司、直属の部下、チームのメンバー、夫／妻、子供など）の視点を真面目に考え、その影響を喜んで受けようとするか？
- 自分がまだ気づいていない原則があるかもしれないと思っているか？　新しい思考方法や習慣を身につける必要性が生じても、それに合わせた生き方をするつもりがあるか？
- 自分は学習し続けることの重要性を認め、実践しているか？

新しい考え方、可能性、成長に対して広い心を持ち続けることができれば信頼配当を生み出し、それができなければ信頼税を課され、現在だけではなく将来にわたるパフォーマンスに影響が及ぶことになるのである。

◈スピードとコストへの影響

欲は富を破壊するのに対し、信頼と誠実は繁栄を助長する。

——パトリシア・アバディーン（『メガトレンド二〇一〇』の著者）

誠実さを高めるために、「自分との約束を守る」、「信念を貫く」、「広い心を持つ」という三つが促進剤として役立つに違いない。また、あなたが何か重要なことをしようとするたびに、そのスピードを上昇させ、コストを低下させるだろう。

より偉大な誠実さ（正直、一貫性、謙虚、勇気）を身につけると、それだけ信頼性が高まり、いっそうの信頼が得られるはずだ。そうすると、人生のあらゆる側面において、信頼税が信頼配当へと変わっていくのである。

2-3

第二の核 — 意図

あなたの思惑は？

法律上は、他者の権利を侵害すると罪になる。倫理上は、侵害を意図しただけで罪になる。

—— イマニュエル・カント

ここで、私の両親の面白い体験を紹介したいと思う。二人には怒られるかもしれないが、この後私が述べることが理解しやすくなると思うからだ。

今年の冬のある日、私の父、スティーブンと、母、サンドラは、滞在していたモンタナの別荘を出て家路に着いた。その日の朝、家族でスノーモービルに興じたため、二人はくたくたに疲れていた。これでは車の運転は無理と思った父は、車に乗ると後部座席で横になってすぐに眠ってしまい、母がハンドルを握った。

二、三時間すると母も睡魔に襲われ、目を開けていられなくなった。それで、車を高速道路の脇に寄せると父を起こし、運転を代わってほしい、今度は私を眠らせてと言った。交替するため、二人は車のドアを開けて外に出た。父が運転席に滑り込むと母はそのドアを閉め、後ろの座席に乗り込もうとした。そのとき母は急に、二人が最近買ったその車は、車体を上げ下げできる特殊な機能が付いていることを思い出した。母は膝を痛めていたので、「車体を下げてくれない？　その方が乗りやすいから」と父に言って、その操作ができるようにドアを一度閉めた。

するとその瞬間、車が急発進し、母はあっけに取られた。冗談好きな父がふざけて自分を置いてきぼりにしようとしているのだなと思って母は慌てて車の後を追いかけた。ところが、車はさらにスピードアップし、母は高速道路の路肩に一人ポツンと残されてしまった。

冬の寒さの中、コートはおろか靴も脱いでいた母は、冗談にしてはひどすぎる、夫が戻ってきたらこの怒りをぶつけてやろうと思った。そして、高速道路上で一人凍えながら一〇分ほど待った頃、母はようやく気づいた。夫は自分が車に乗り込み、後ろで寝ていると思っているのでは、と。

車体を下げてほしいという母の声が、どうやら父には聞こえなかったようだ。それで、後ろのドアが閉まった音を聞いて、母が車に入ったと勘違いした。母もひどく疲れていたことを知っていたため、父は母が柔らかな枕と温かな毛布にくるまれてすぐに眠りに落ちたと思ったのだ。母はあちこち立ち寄ってはトイレを借りたり、スナック菓子を買ったりするのが好きだったので、ずっと話しかけずにいれば母は眠ったままで、家に早く着けると父は考えていた。

幸いにも、父に置き去りにされて車の後ろを追いかける母の姿を、別の車を運転する男性が目撃していた。その人はハイウェイ・パトロールに電話し、ある男が道路脇に女性を置き去りにしたと通報した。間もなくしてパトロールカーがやって来て、母を収容した。パトロール隊員は母に何があったのかと尋ねた。

「夫に置き去りにされたんです。でも、彼はそれに気づいてないと思います」と彼女は説明した。家庭内暴力の可能性があると疑った隊員は質問した。「喧嘩でもしたんですか？ご主人は何であなたを残して、走り去ったんでしょう？」

「夫はきっと、私が後部座席で眠っていると思ってるんです」

「ご主人は、自分の車の後ろの座席にあなたがいると思ってるんですか？　いないのに気づかないなんて、妙だと思いません？」

「いえ、私が眠り込んでると思ってるんでしょう」

「あなたのお名前は？」

「サンドラ・コヴィーと言います」

長い沈黙があった。「作家のスティーブン・コヴィーさんと何か関係がおありですか？　私は、あの方のセミナーを受けたことがあるのです」

「そうそう、その人ですよ。私を置き去りにしたのは」

パトロール隊員とさらに話をしているうちに、父が携帯電話を持っていることを母が思い出し、電話をしてみた。

「コヴィーさん、こちらハイウェイ・パトロールです。車を直ちに路肩に寄せてもらえますか。そして、あなたが今いる正確な位置を教えてください」

父は、ハイウェイ・パトロールが何で自分の携帯の番号を知っているのか不思議だったが、スピード違反でもしたのかと思って答えた。「分かりました。場所はアイダホフォールズあたりかだと思いますが、さっきまで眠っていたので、正確なところは分からないんですよ。一〇分か一五分ほど前まで運転していた妻に、今どの辺りか聞いてみますよ」

そう言って、父は後部座席の方に向かって叫んだ。「サンドラ！　サンドラ！　起きなさい！　ハイウェイ・パトロール隊員から電話だ。我々がいる正確な位置を知りたいらしい」

「コヴィーさん！　コヴィーさん！」パトロール隊員は電話口に向かって大声で叫んだ。「奥さんはそこにはいませんよ」

「いや、妻は後ろの席で眠ってるんですよ」父は即座に答えた。「待っててください。車を脇に止めて、起こしますから」父はそう言って車を止め、後部座席を覗き込んだ。さらに気が狂ったように毛布や枕の中を捜し始めた。だが、そこに母の姿はなかった。

「大変だ、妻がいない！」父は叫んだ。

「奥さんは私の車にいますよ」パトロール隊員が答えた。

「えっ、どうしてそっちにいるんですか？」

「ちょっと前、あなたが奥さんを道路の脇に置いて行ってしまったんですよ」

「何だって？」父は怪訝そうに言った。「妻は車に乗らなかったってことですか？　えっー、そんな馬鹿な！　まあ、あまり静かなんで、おかしいとは思ってたのですが」

パトロールカーはついに父を発見し、全員で事の経緯を確認しながら大笑いした。「子供たちに話しても信じてもらえそうもないな」そう父が言った。

「大した事じゃありませんよ。署のほうに連絡しますから、ちょっと待っててください。よくあることです」パトロール隊員は言った。

◈意図の重要性

ここであなたに一つ質問をさせていただきたい。私の両親の一件について、あなたがその一部始終を目撃していたとしたら、父の「意図」は何だと思っただろうか。

母は最初、父が置き去りにしたのは冗談だと解釈した。それはなぜか。父は冗談好きで、似たようなことをそれまでにも何度となくしていたからだ。だが、状況を呑み込んだ母は、自分が車に乗っていないことを父は気づいておらず、自分に話しかけないでいるのは、寝込んでしまった自分を起こしたくなかったためだと判断を変えた。なぜだろう。母は父の人格を知っていたからだ。ゆっくり休ませてあげようという自分への気遣いであり、あんなに寒い所でわざと自分を置き去りにしたりしないと分かっていたのである。

それに対して、ハイウェイ・パトロールに電話で通報した人は父の人格を知らず、父がわざと母を置き去りにしたと思い込んだようだ。なぜか。これは想像だが、彼は自分が過去に置き去りにされた経験があるのかもしれないし、捨て子や虐待事件が多発している今日の社会的風潮のせいで、その可能性に敏感になっていたのかもしれない。

ハイウェイ・パトロール隊員も父の人格を知らず、最初は何らかの悪意が絡んでいるととった。なぜだろう。彼は職業柄、家庭内暴力に数多く接しており、自分の経験で色付けされたレンズを通してこの出来事を見たのかもしれない。

結局、父の真意は何だろう。母を道路脇に置き去りにして凍えさせるつもりではなかったことは明らかだ。母に話かけなかったのは、ゆっくり寝かせてあげたいという優しさだったと私は思う。だが、本人が認めているように、母があちこち寄りたがることを知っていた父は、できるだけ早く家に着くために起こしたくないという気持ちもあった。

この一件は、意図について考える際に避けて通れない重要な問題をいくつか含んでいる。

- 意図は重要である。
- 意図は人格から生まれる。
- 人は自分を意図で判断するのに対し、他者は行動で判断する傾向がある。
- 人はまた、自分のパラダイムや経験を基準にして他者の意図を判断する傾向がある。
- 意図をどう見るかが信頼に大きく影響する。
- 人はよく他者の行動を判断し、その結果に基づいてその人に疑念を抱く。
- 自分の意図に対する他者の判断に対し、自分から積極的に働きかけることが重要である。

◈意図は信頼にどう影響するか？

グローバル経済フォーラムは世界規模の調査を毎年実施し、国家政府、グローバル企業、大手国内企業など各種機関に対する人々の信頼レベルを比較している。この調査が始まって以来、毎年トップの座をキープしているのはどこかお分かりだろうか。答えは、ＮＧＯだ。すなわち、医療、人権、貧困、環境などの社会問題に取り組んでいて、営利を目的としない国内または国際的な「非政府組織」である。
では、さまざまな職業に対する信頼レベル調査でいつも最下位にランクされるのはどこか、ご存知だろうか。それは政治家である。

この違いはどこから来るのだろう。ＮＧＯに対する信頼がこれほど高く、政治家に対する信頼がかくも低いのはなぜか。「信頼性の四つの核」に沿って考えてみよう。ＮＧＯと政治家はどちらも、優れた能力を備えている。実績面でもさほど差はない。誠実さに関しては、政治家のほうがやや分が悪いかもしれない（政敵やメディアは問題を誠実さに求めようとするかもしれない）。

ＮＧＯと政治家に対する見方に差がつく主な原因は、「意図」（本当の意図であれ、見せかけの意図であれ）にあると私は考える。それぞれの動機、あるいは思惑は何だろう。影響が及ぶ人々全員にとって何が最善かを、真剣に考えているのか。それとも、権力争いや党利党略、自分のエゴや私利が第一の関心事なのだろうか。

ＮＧＯの動機は、一般に高潔かつ明確であり、具体的で有益な目的や使命の達成を目指している。それに対して政治家の意図は、国民全体というよりも私利や党利の実現にあると見られがちだ。

意図は信頼に強く影響する。少し前、イランのマハムード・アフマディネジャド大統領がスピーチをした際、ＣＮＮの翻訳者が一語を間違えて翻訳した。その結果、大統領は「核技術」の開発ではなく、「核兵器」の開発について語ったと報じられることとなった。イランの核所有をめぐり、既に緊迫が高まっていた政治環境だったため、誤報したＣＮＮは即座にイランから追放された。イランのケイハン新聞編集長、ホセイン・シャリアトマダリは指摘した。「この誤った報道は、世論に核兵器を開発していると思い込ませる意図で故意に行なわれたものだ」と。

動機や意図、さらには結果に目を向け、そこに原因があるとしている点に注目してほしい。公的に謝罪して、やっとＣＮＮはイランに戻るのを許された。しかし、この事例は意図が及ぼす計り知れない影響をはっきりと示している。

冒頭で紹介した裁判の例えに戻ると、被告側は意図をもとに検察側証人に信頼性がないと立証することに主に力を注ぐだろう。この証人はどういう理由でこの証言を行なっているか。それから何を得ようとしているのか。利害の対立は存在するか。証言の依頼者から金を受け取っていないか。意図に疑念を抱かせるような根拠を被告側が示せれば、その証人の証言は信憑性が低下することになる。

被告側にとってはいっそう重要なことであり、実際それが鍵を握る。「被告がこの罪を犯すとしたら、動機は何だと考えられるか」たいていの裁判では、意図や動機が大きな決め手となる。

樹木の例えのように、意図は幹の部分に相当し、一部は地面の下に隠れていて見えないが、その他の部分は地上に現われている。人の動機や思惑もその人の心や精神の奥深くに存在するが、行動を通して、また他者とそれらを共有することによって目に見えるようになるのだ。

他の「信頼感を生む核」と同様に、意図は信頼に欠かせないものだ。誠実さ、力量、結果が揃いながら、意図が適切でないと、正直で力量や実績もあるが動機が疑わしい人ということになる。そのような人は、他者を犠牲にしてでも成功しようと考える。そして、そういう気持ちは傍目にも分かるものであり、完全に信頼するわけにはいかないと人は思うだろう。それに対し、意図は良いのに他の三つの核（誠実さ、力量、結果）が欠けていると、才能やスキル、実績が乏しく、不正直か臆病だが、思いやりはある人ということだ。やはり、「四つの核」すべてが必要なのである。

自分の意図がどうか考えるときは、次の点を自問してみるとよい。

- 自分は、意図に疑問を感じるために誰かの発言を完全に信用しないことがよくあるか？
- 自分の組織は、経営者の意図が社員の信頼を得ていないためにどんな税金を支払っているか？ スピードとコストにどう影響しているか？
- 自分たちのチームは、互いの動機に疑念を抱いているためにどんな税金を支払っているか？
- 自分自身の意図を他者に信じてもらえないために、自分はどんな税金を支払っているか？
- 自らの意図を改善し、より効果的に伝えるために、自分は何をすることができるか？

これらの点を明確にして心や頭の準備をしておくと、意図とは何か、どうしたら改善できるか考えやすくなるのだ。

◈意図とは何か？

意図について考えるときは、「動機」、「思惑」、「行動」の三つに触れないわけにはいかない。

動機：動機とは、何かをする根拠である。「ある事」を「なぜ」するのかということだ。

動機の中で最も他者の信頼を得られるのは、真の心遣いである― 他者への心遣い、目的についての心遣い、自分の行動の質に対する心遣い、社会全体に対する心遣い。考えてみてほしい。他者、仕事、原則、価値観、その他の何に対してであれ、あまり心遣いを示さない人をあなたは信頼するだろうか。

誰かが自分のことを知り、気にかけてくれていると分かれば、人は安心するものである。

―― デニス・P・レストレンジ（元アイコン・オフィス・ソリューションズ社上級副社長）

私たちが人や組織に対して信頼を寄せるのは、一つには、自分に対して心遣いを示してくれると思うからだ。私は子供の頃、何か悪いことをしては両親に叱られたものだが、そうした躾けの根底には常に愛情があったことを覚えている。私はそのお仕置きに耐えられず、よく反発した。だが、両親が私のことを愛していたからこそその行動であったことは、私の心の中でも頭の中でもかすかの疑問すらなかった。私に対する二人の愛情を信頼できることを、私は常に分かっていたのだ。

心遣いの重要性については、世界中の企業が認識しているだろう。事実、言葉や映像を使った次のような広告メッセージをあなたはどれほど目にしただろうか ―「私たちはお客様第一です」「私たちは品質を大切にします」「我々は環境に配慮しています」「私たちは地域社会を重視し、地域社会に貢献したいと考えています」企業は、こうした心遣いのイメージを伝えることで、消費者が自分たちのサービスや製品を信頼し、購入してくれることを願っているのだ。

心遣いがパフォーマンスの向上に実際どれだけの効果があるか、このテーマは最近いろいろ書物でも取り上げられ、他者に対する気遣いとパフォーマンスの間の密接な関係を明確に実証している。また、Ｙａｈｏｏ！の経営幹部であるティム・サンダースは著書、『デキる人の法則』（若林暁子訳、角川書店）の中で、心遣いの効果を非常に実際的な観点から論じている。この本で彼は、どうしたら他者への心遣いや思いやりを具体的行動に転換できるか説いている。

動機の重要性は言うまでもなく、信頼感を与え信頼を築く上で、心遣いという動機は何よりも効果的だ。ただし、あなたに真の心遣いがなかったらどうなるだろう。あなたの本当の動機が、自分の利益や蓄財、あるいは業績評価であったり、顧客や社員に対する心遣いに欠けていたりしたらどうだろう。あなたの心遣いに気づいてもらう努力をすべきだろうか。もしあなたに心遣いが本当になく、そうしたいとも思わないのであれば、それはそれで結構だ。ただし、「税金を課される」ことは覚悟するしかない。心遣いによって信頼を得て、信頼を築くことは期待できないため、何を述べるにせよ、何をするにせよ、時間とコストが余計にかかるのだ。もう結果は十分手にしたとあなたは思うかもしれないが、もっと重要なことを自問する必要がある。それは、「自分はまだ何をやり残しているか？」ということだ。

また、表面的には心遣いをしているように振舞うのは、さらに大きな覚悟が必要だ。すぐにではないにしても、いつか「当然の報い」を受けることになり、支払わなければならない税金はさらに増えることを理解しなければならない。実際、信頼税の中でも特に見せかけの動機に課されるものは極めて重税なのだ。

> 選手や部下に心遣いを示さない監督やＣＥＯはいただけないが、それ以上にひどいのは、心遣いを示すふりだけする人だ。ごまかしは必ずばれる。偽りの心遣いはすぐ見破られるのみならず、そうした行為は彼らの知性をも侮辱する。
>
> ——ジミー・ジョンソン（元ダラス・カーボーイズおよびマイアミ・ドルフィンズ監督）

思惑：「思惑」は動機から生まれる。動機をもとに、何をしようと思うか、どう進めようとするかということだ。**最も信頼を与える思惑は、お互いの利益を追求しようとすることだ。**すなわち、全員にとって最高の結果を誠実に追い求めるのである。他者のことをただ気にかけるだけではなく、他者の成功を心底願うのだ。もちろん、自分も成功を目指している以上、そのために努力するのは当然であり、望ましいことである。だが、他の人たちの成功も一緒に追求することを忘れてはならない。人間は互いに助け合って生きていくものであることを認識し、信頼と利益の両方を築くことのできるような解決策を探し求めるのだ。

私は、信頼の本質的要素をどう定義すべきか長年考えた末、ある結論に達した。それは、二人の人間がお互いに対して二つの事を嘘偽りなく言えるようだったら、真の信頼を築く基礎ができているというものだった。二つの事とは、「私はあなたに対して悪意を抱いていない」ということと、「私はあなたの最大の利益を追求する」ということだ。

――ジム・ミーハン（英国の心理学者および詩人）

相互利益という思惑の逆は、自分の利益のみを追求する思惑で、「私は成功したい。それがすべてだ」となる。そういう思惑の人は、結果を出せるかもしれない。だが、そこで考えてほしい。これは自分が手にできる最高の結果か、この結果は持続可能か、と。答えはどちらも「ノー」だろう。そういう人は、遅かれ早かれ莫大な税金を課されることになる。そういうやり方はいつか行き詰まる。信頼性や信頼という架け橋を築いているのではなく、疑念や不信という障害を作り出しているのだ。

ここで、真の相互利益という思惑が生み出した配当の顕著な例を一つ紹介しよう。これはシア・ホームズ社が経験したことだ。委託業者と下請業者がＷｉｎ－Ｌｏｓｅの激しい対立関係にある建設業界において、シア・ホームズは新たなモデルを構築することにした。さまざまな策の一つとして、下請業者の呼び方を「取引パートナー」と改めた、共同のプロジェクトについては財務データをパートナーたちに開示し、透明性を高めた。「我が社は成功を追及するが、あなた方にも同様に成功してほしい。そして、双方が手を携えて顧客の成功にも協力できたらよいと考える。そのためにはどうしたらよいか？」というのが彼らの経営の大前提となった。

こうしたやり方とこれまでの敵対的な手法の違いは歴然だった。そして、シア・ホームズが達成した結果には、ほとんどあらゆる面で莫大な信頼配当が反映されていた。住宅の建設にかかった日数やコストは削減され、品質ミスは減少し、顧客満足は向上し、顧客の紹介も増えた。シア・ホームズもパートナーたちもともに収益が増加し、顧客もいっそう満足した。つまり、全員が利益を得たのである。

このシア・ホームズの例は、相互利益の思惑が信頼に及ぼす効果をはっきり物語っている。また、思惑を相手に見せないように隠したりするのではなく、オープンにすることの威力も示している。それに対し、あなたが過去に参加した会議や行ってきた対話はどうだっただろうか。本当の希望や目的を正直に明かさず、思惑を隠したままにしているという印象を受けた経験が少なくないはずだ。そうした思惑はある程度は察知できるものであり、あなたは疑念を感じて用心深くなると同時に、不愉快な思いをしたに違いない。その結果、どれほどの税金を支払っただろう。スピードやコストにどんな影響があっただろうか。相手が動機を隠しているのではとか、意図が偽りではないかなどと心配する必要がなかったなら、全員がどれだけの配当を享受できただろう。すべての意図が明らかにされ、とりわけ主要な思惑が全員の最大の利益を追求することであったなら。

行動：「行動」というのは一般的に、動機や思惑が具現化したものだ。信頼性を生み出し、信頼されるのに何よりも効果的な行動は、他者の最大の利益のために振舞うことである。そうすると、心遣いを示す意図と相互利益を求める思惑が明確に示されるのだ。そして、ここが肝心なところだが、「私はあなたのことを気にかけている」とか、「私はあなたに成功してほしいと思っている」などと言うだけなら簡単で、それが本心であることを実際の行動でもって実証しなければならないのである。

君たちはあらゆる困難を社員たちと一緒になって乗り越えなければならない。彼らに対して自ら関心を持たなければいけない。そう私は思う。サウスウエストは常に社員とともに存在することを、私は彼らに知ってもらいたいのだ。

――ハーブ・ケレハー（サウスウエスト航空会長）

心遣いを示して信頼される行動の好例は、スターバックス社の創業者であり現会長のハワード・シュルツだろう。一九九七年、ワシントンD.C.にあるスターバックスの店舗の一つで強盗未遂事件が発生し、同社の社員三人が殺された。その知らせを受けたシュルツは、直ちに飛行機をチャーターしてワシントンに向かった。彼は丸々一週間そこに滞在し、警察の捜査に協力したり、犠牲になった社員の遺族を慰めたり、社員たちと会合を持ったりした。葬儀にも参列した。しかも彼はその後、誰も予想だにしなかった行動に出た。その店舗の将来の利益すべてを、「被害者の権利擁護と暴力追放のために活動する組織」に寄付すると発表したのだ。

ハワード・シュルツは、殺害された三名の社員とその家族に対してこのような深い心遣いや思いやりを示すことによって、何千というスターバックス社員やその家族たちにも愛情と思いやりを示したのだった。そして、社員たちはそれをしっかりと感じ取った。彼の心遣いに疑念を抱く者など一人もいなかった。「彼は犠牲者と遺族のためにここまでのことをしたんだから、自分にもしてくれるはずだ。この会社で働くことを誇りに思う」そう彼らは思ったのである。

シュルツは、「一人を罰して百人に悟らせる」というマフィアの掟を良い方向に応用し、少数の者に深い気遣いを示して社員全員に悟らせた。そして、彼の会社で働く社員たちが、自分たちの受けた心遣いを顧客に示した結果、シュルツの言う「より質の高い社員、より心遣いのできる社員」が誕生した。スターバックスが優れた文化を持ち、立派な業績を上げ、「米国で働きたい会社ベスト一〇〇」に挙げられる理由の一つが、そこにあるのだ。

ただ、こうした顕著な例は残念ながらまだ少ない。多くの組織がその行動によって伝えるメッセージは、「我が社は社員を大切にする」ではなく、「社員は消耗品であり、代わりはいくらでもいる。我が社が重視するのは利益である」なのだ。調査結果には、次のような現実が浮かび上がっている。

- 会社が社員のスキル向上に意欲的だと感じているのは、社員のわずか二九％である。
- 会社が社員を大切にしていると感じているのは、社員の四九％にすぎない。

このような組織が何かを成し遂げようというときに必要になる信頼に、またスピードやコストに、こうした会社の姿勢はどんな影響を及ぼすだろうか。

他者の最大の利益を実現しようとする行動は、心遣いの動機と相互利益の思惑から生じるのが普通だ。ところが、一つのメッセージを伝えるための目に見える行動が、実際は不誠実あるいは欺瞞の行為の場合がある。「あなたのことを本気で思っているわけではなく、心遣いを示すふりをしたいだけだ」という人が、「あなたを大切に思っている」というふうに見せかけるわけだ。実際の行動は詐欺であり、いつかはその化けの皮が剥がれることを忘れてはならない。見せかけはいつまでも続くものではなく、信頼性、そして最終的には信頼が見るも無残に崩れ去る日が来ることだろう。

◇受託者義務

ここで、「受託者」という言葉について考えてみよう。受託者とは、所有者に代わってお金や所有物を管理する法的権限を与えられる人のことだ。そして、受託者は自分に預託した人の「最大の利益」のために行動しなければならず、これを忠実義務という。受託者というまさにこの言葉は、この人がそうした行為を「託されている」ということを表わしている。これが私の言う「受託者義務」であり、他者の最大の利益のために行動するということである。

次に、労働組合主義というものについて考えてみよう。組合は現実に世界の組織に広く普及しており、必ずしも悪いものではない。組合は善良なる労働者を代表する機関であり、このことはサウスウエスト、トヨタ、サターンといった優良企業にも見られる。

ところが労働組合の大半、とりわけ米国の組合は、会社は自分たちの最大の利益のために行動していると社員たちが信頼できないことが結成の基本的な理由になっている。つまり社員は、会社がやってくれないから自分たちで組織を結成してやるしかないと思っているのだ。ということは、労働組合主義というのはそもそも、受託者義務の違反に対する対抗措置として生まれたわけで、典型な不信の産物と言えるのである。

> 優良な企業であるためには、社員との間にパートナー関係を構築することが必要だと私は考える。社員の最大の利益のために努力しなければならない。そうすれば、それがいつか会社に返ってくるのだ。
>
> ――サム・ウォルトン（ウォルマートおよびサムズ・クラブ創業者）

◈ 善意を確認する

せっかくの良い意図も、実行方法に問題があって良からぬ行動になってしまうことが時としてあることを忘れないでほしい。私の父が母を高速道路上に置き去りにした事件がまさにそれだった。父の意図は良かったが、実行の仕方がまずかったのだ。

また、人は互いに目に見える行動で相手を判断するということも覚えておく必要がある。その意味で、私たちは自分の本当の動機や思惑が正確に行動に反映されるよう、できるだけ注意を払わなければならない。

さらに、他者に対する判断にも慎重さが求められる。私の友人は車で道を走っているとき、割り込みするドライバーを見つけると、つい良からぬ動機を想像してしまうという。それに対して、彼の妻は常に他の可能性を考える。「あの人は多分、急いで病院に行くところだったんじゃないの」とか、「小さな娘さんを迎えに行く時間に遅れているんでは」とか、「飼っている犬が死んだのかも」といった具合だ。スコットランド人作家のＪ・Ｍ・バーリーは、こう言っている。「敵対者（いや、むしろすべての人と言いたい）に対して、自分の動機より卑しい動機を想像してはならない」

また、他者の行動を、自分の意図に勝手に当てはめて解釈してしまうのも禁物だ。同時に、自分も他者から同様のことをされかねないので注意する必要がある。あなたにも経験があるかもしれないが、私が数年前のフランクリン・コヴィーの合併の経験によって痛感させられたときのように、自分の行動に良からぬ動機を想像されるのは気分の良いものではない。既に述べたが、人は誰かを判断するときは、目に見えるその人の行動を基準にし、自分を判断するときは自分の意図を基準にするものなのだ。どんな状況であっても、他者の良からぬ行動に対して、その根底には善意が存在した可能性があることを意識すべきである。

他者、特に一〇代の子供や職場で厄介な同僚を行動だけで判断せず、その人およびその人の善意に対する自分の信頼を確認しようとする姿勢が必要だ。そうした行動をとると、そこに自分のより高潔な動機と心遣いの意図が現われるのである。

◈意図を改善するには

意図というのは基本的に、心の問題である。人が偽ることのできないものであり、特に長期にわたって偽り続けることは不可能だ。しかし、努力してそれを改善することはできる。

世の中には、本当に悪意を持っている人がいる。そういう人は、自分では気づかないか、気づいていても認めないかもしれないが、他者の利益よりも、原則よりも、その他のあらゆるものよりも、自分の利益、地位、財産を心の底では求めている。

その一方で、正しいことをしたいと思い、他者の幸福を心から願っているのに、つまり善意を持っていながら、そうした意図の表現方法や実行の仕方が下手な人もいる。

自分では気づいていないかもしれないが、ほとんどの人がこうした問題はある程度身に覚えがあるものだ。私たちが本当に正直であれば、自分の動機がまったく純粋とは言えないときもあることを認めなければならない。時に私たちは、思惑を胸に秘めて何かをしようとすることがある。そうすると、たとえその思惑が些細なものであっても、他者の目には隠し事をしているように見える。時に私たちは、心遣い、率直さ、思いやりを示さない行動をとってしまうことがある。私生活や仕事上でこうしたことをどの程度するかは人によって異なるが、それが税金として自分に課されていることは間違いないのだ。

そういう場合は、意図を改善することが必要である。そのための有効な「促進手段」を三つ紹介する。

一・動機を改善しよう

自分は善意、または少なくとも正当な意図を持っていると思いたがるのは人間の常である。確かに紛れもなく善意のときもあるが、理屈をつけて、つまり自分に都合のいい嘘をついて、自分の意図を自分自身や他者に正当化しようとするときもある。そこで、動機に問題があれば、それを改める必要がある。そのためには、一番深いレベルまで降りて行って自分の動機を見つめ直し、自分の行動の理由を見つけ出す必要がある。

その効果的な方法の一つが、次のような自己分析的な自問を定期的に行なうことだ。

●子供との関係について

自分の行為は真の心遣いや愛情から出たものか。自分は本当にこの子のためになることをしているか。もし自分が間違っていたら、それを認める謙虚さを持ち合わせているか。それとも、この子に自分の意志を押し付けようとしているか。

●夫／妻との関係について

自分は相手の言い分に心から耳を傾けているか。相手の考え方に対して心を開いているか。相手の気持ちを理解しているか。それとも自分の考えを説明したり押し付けたりすることだけにとらわれていないか。

●職場チームとの関係について
自分はチームのメンバー一人ひとりの貢献を適切に認めて評価しているか。チームの成功を大切に考えているか。それとも自分個人の成功を求め、自分が英雄になること、自分のアイデアを認められることに目がいっていないか。
●仕事上の取引について
自分はお互いの最大の利益を追求しているか。相手方にとっての成功を本当に理解しているか。また、自分にとっては何が成功か十分に検討し、説明することができるか。自分は互いに協力する考え方や第三の選択肢を受け入れる意志があるか。それとも、相手方の利益を省みずに自分だけの成功を望むか。

私は生まれてこの方、家族、友人、仕事、教会、地域社会など生活のあらゆるところで他者との関係を重ねるにつれ、自分の動機を時々見つめ直してみることの重要性を実感するようになった。例えば、私が通う教会で人々に話をするようになったとき、自分は人のためになること、人に感銘を与えることをしようとしているか、と自問することの大切さに気づいた。お陰で、自分の目的をいつも忘れず、いっそうの率直さと誠実さを持って話をすることができる。

動機をチェックするもう一つの方法として、「五つのなぜ」を応用するのも良いだろう。一九七〇年代にトヨタ生産方式によって広まった、簡単な問題解決手法だ。トヨタの考え方は、最後の問題から始め、「なぜ」を順番に考えながら最初の問題へと遡り、根本原因にたどり着くというものであった。真の意図を発見する上で、この方式は自分自身についても他者についても非常に役立つ。

例えば、あなたは職場で十分評価してもらえず、現状に不満を抱いているとしよう。それを解決するために上司と話し合うとき、以下の「五つのなぜ」を前もって頭の中で考えておくと、面談の内容や結果がかなり違ってくるはずだ。

一．なぜ自分は十分評価されていないと感じているのか ― せっかく良い仕事をしても、周囲の人間が見てくれていないと感じるからである。

二．彼らが自分の仕事ぶりを見てくれないと感じるのはなぜか ― 彼らは「期待の新星」しか眼中にないように見えるからである。

三．彼らが「期待の新星」しか眼中にないと思うのはなぜか ― 先週、その期待の新星であるサラが昇進したが、本当は私のはずだったからである。

四．サラが私を押しのけて昇進したと思うのはなぜか ― 分からない。上司と話し合いたいのはその点についてである。

五．この件で上司と話したいと思うのはなぜか ― 自分の元々の意図は、サラの昇進について自分の思いを吐き出し、抗議することだった。だが、自分が本当に知りたいのは、将来の昇進機会にもっと評価してもらえるよう会社への貢献を高めるにはどうしたらよいかということである。

このように「五つのなぜ」を考えると、真の意図に到達するか、かなりそれに近づく。本当の「なぜ」が見えたら、その意図に満足するか、それともそれを変えるべきか判断することができる。その基準は簡単だ。もし自分の意図が、心遣い、貢献、相互利益の追求、他者の最大の利益を実現するための行動といった原則に沿ったものであれば、信頼配当を手にすることになろう。そうでなければ、税金を支払うことになるのだ。

それでは、自分の意図を改善する必要を感じている方のために、アイデアを二つ三つ紹介しよう。

第一は、あなたが求める結果を生むような原則を見つけているか確認することだ。

第二に、こうした深い内面的な変化を生み出し、それを追求するとなると、独力では無理があることを認識する必要がある。模範となる人物を探したり、愛情豊かな人の伝記を読んだりするとよいだろう。また、文学に触れて気分を高揚させる思いやり溢れる思想を学び、精神的なダイエットをするという手もある。思いやりのある人の助けを求めたり、瞑想や祈りによって何かをつかんだりするのもよいだろう。意図を改めるとなると、他の手助けが基礎にあっても、少なくとも自分自身の良心の助けが絶えず必要だろう。その深い内面の声に耳を傾け、それに対応することによって、より高い動機、心からの意図へと至ることができるのだ。

第三に、あなたが目標とする人と同じように行動してみよう。行動は動機や思惑の結果ではあるが、同時に意図を改善するための重要な手段にもなるのだ。例えば、あなたは今現在、他者に対してもっと思いやりのある人になりたいと思うなら、そういう気持ちで行動することだ。思いやりのある振舞いを心掛け、思いやり深いことをするようにしよう。こうなりたいという願いを持って行動する過程で、人はより良い自分に生まれ変われるのである。

二、自分の意図を宣言しよう

私は最近、ある人から質問を受けた。自分の会社の強みや実績を顧客に宣伝したいのだが、横柄や自慢ととられてそっぽを向かれないようにするにはどうしたらよいかというのだ。私はこう答えた。「あなたの意図を宣言することです。何のために強みや実績を伝えようとしているのか、顧客に分かってもらうのです。自分たちの評価を上げるためではなく、顧客に貢献できる能力と実績を備えていることを信頼してもらうためだということを示すのです」

意図を宣言し、思惑や動機を包み隠さず伝えることは、行動が他者から誤解されている場合、特に有効だ。また、新しい関係で信頼を築く手段としても役立つ。

キャンベル・スープ社のダグ・コナントCEOが最近、私にこんな話をしてくれた。彼は新しい同僚やビジネス・パートナーと仕事をすることになったとき、最初の一時間で自分の経営方針を説明して、彼らが先を読めるようにするという。自分の思惑は彼らの信頼を得ることであり、自分が有言実行を実践する姿を見て、自分を信頼してほしいと彼らに明確に告げるのだ。また、自分の意図を宣言すると、信頼が築かれるだけでなく、自分の発言に対する責任感が増すという。

意図を宣言すると、どうして信頼が増すのだろう。それは主として、そうすることで相手に「行動が伝わる」からだ。意図を相手に知らせておけば、相手が自分の行動を見たときにその意図に気づき、理解し、評価できるわけである。こうした反応は、新車を購入した途端、あちこちで同じ型の車が日に飛び込んでくるようになるのとよく似ている。同じ車が突然増えたわけではなく、その人の意識が強められたのである。

ただし、意図を宣言する際に気をつけなければならないことが一つある。それは、正直で偽りのない意図でなければならないということだ。それができないと裏表があると受け取られ、かえって信頼を失う結果になる。あなたの意図はあなたの利益だけに貢献するのではない、ということも認識する必要がある。自分の意図を宣言する方法を考えることがそのまま、意図の改善に役立つはずである。

三、「豊かさ」を選択しよう

「豊かさ」とは、全員にとって十分な量があるということだ。その逆は「欠乏」で、一人分しかなく、誰かがそれを得れば、他の人は手にすることができない状態である。競技スポーツや相対評価などは、この欠乏が現に存在するかもしれない。しかし、愛、成功、活力、結果、信頼といった人生の重要な要素の大半については、豊かさが現実であるばかりか、豊かであることがさらなる増加を促進し、生み出している。

かつてニューヨーク大学の経済学教授だったポール・ゼイン・ピルツァーによれば、経済錬金術は欠乏ではなく豊かさの原則から導き出され、技術革新によって私たちは伝統的経済のゼロ・サム・ゲームから解放され、新たな際限なき豊かさの世界に入ったという。

ここで是非理解してほしいのは、「豊かさ」は選択するものということだ。経済の状態の如何に関わらず、豊かさは私たちの選ぶことのできる一つの選択肢である、と私は確信している。決して裕福な人々だけの特権ではないのだ。裕福であっても心がひどく貧しい人や、経済的に恵まれていなくても豊かな心を持っている人はいるのである。

人の一生は、自分が貯め込むものよりも、他者に与えるもので測られる。

――ウェイン・ダイアー博士（『THE POWER OF INTENTION』の著者）

ジョン・ハンツマン（ハンツマン・ケミカル社ＣＥＯ）が、多額の費用負担を承知の上で口頭での合意事項を守ったという話は既に前の章で紹介した。ハンツマンは、世界で最も豊かで博愛精神に溢れた人の一人と言える。彼はまた、世界でも有数な資産家でもある（二〇〇五年「フォーブス四〇〇」で一九八位）。だが興味深いことに、彼は貧しかった頃、豊かであろうと、つまり、他者と多くを分かち合おうと決意した。彼が成功を収めた理由の一つは恐らく、豊かさを選べる経済的根拠は何もなかったときでも、豊かであろうと決め、そして行動したことだった。現在、ハンツマン・ケミカル社の経営を引き継いだ彼の息子、ピーター・ハンツマンはこう言っている。「父はお金が入ると寄付してしまうので、我々の目標は、父がお金を寄付するのを上回る速度でお金を稼ぐことだけです」

豊かさというのは一つの考え方であり、現在および将来における自分の在り方である。豊かさはまた、意図を改善する基本的要素でもあり、それにより他者に対して信頼性を高めることができる。

では、豊かさを生み出すにはどうしたらよいだろう。この章で紹介した他の促進手段と同様、まずは自分の現在の考え方を分析してみるとよい。以下の点を自問してみよう。

- 自分は交渉の最中に、お互いの利益になるような解決策を本当に考え出せると信じているか。それとも、心の底では、相手が利益を手にしたら自分は損をするしかないと思っているか。
- 会議でいろいろな案について検討しているとき、全員の功績が十分評価されると自分は信じているか。それとも、一人がそれを独占し、しかもそれが自分であったらと思っているか。
- もし誰かを愛した場合、変わらぬ愛をずっと与えられると自分は信じているか。それとも、与えられる愛は減ってしまうと思っているか。
- 物の見方は人それぞれであり、自分の見方が正しいとは限らないということを認められるか。
- 自分の経済状態に関わらず、他者と分かち合い、他者に利益をもたらすことができると信じているか。

このような自問をしてみると、自分が今、豊かさの考え方をしているか、それとも欠乏の考え方なのか見極めることができる。欠乏の考え方をどの程度しているかに気づくことが豊かさの考え方を生み出す第一歩となるのだ。

やはり、模範となる人物がいると効果的だ。そうした優れた人物の中には、豊かさを自然と手に入れるように見える人がいる。マザー・テレサは、恵まれない人たちの支援に一生を捧げた。企業家であるテッド・ターナーはある時、自分の純資産の三分の一に当たる一〇億ドルを国連の慈善活動に寄付することを約束するとともに、他の資産家たちにも寄付を呼びかけた。また身近な地域社会でも、多くの学校の先生たちがスキル、熱意や生徒への信頼を通じて子供たちの指導にあたっている。さらに、福祉センター、青少年スポーツ大会、高齢者向けイベントなどの立ち上げや運営に時間と労力を提供するボランティアの人たちもいる。

こうした人物の中には、子供時代にどんな辛く不当な扱いを受けた経験があろうと、生まれ変わって自分や他者の人生に豊かさを生み出すことは可能だということをはっきり示してくれている人たちがいる。例えば、アメリカの有名司会者であるオプラ・ウィンフリーだ。ミシシッピの片田舎で祖父母によって育てられた彼女は、子供の頃に親戚の人に虐待された。彼女は自分の置かれた環境を構築し直し、克服する決心をした。彼女はこう述べている。

> 私は自分のことを、スラム街で育った貧しく恵まれない女の子がたまたま成功したとは思っていません。幼い頃から自分の人生は自分で切り開くものと考え、何が何でも成功してやると思っていたのです。

オプラはメディアでのキャリアを、週給わずか一〇〇ドルの仕事からスタートした。そして今では、自分自身と他者のために豊かさを生み出し、最も裕福で、最も影響力があり、最も寛容な人の一人にまで成長した。彼女の寛容さは、彼女自ら組織する慈善事業「エンジェル・ネットワーク」や南アフリカでの個人的活動など、枚挙にいとまのないほどの運動や慈善活動を支援している実績が証明している。

こうした模範的な人物、洞察力に富んだ思想的指導者や実践者たちは、信頼性を損ねかねないような根深く個人的な人格上の問題にも必ず対処の仕方があることを気づかさせてくれる。そして、忘れないでほしい。信頼性は信頼の前提条件だということを。

人は自分の誠実さを高めることができる。人は自分の意図を改善することができる。しかも、自分が思うよりも短期間でそれを実現できるのだ。

2-4 第三の核―力量

あなたは適応しているか？

有能な「人たち」は我々を鼓舞する。

――サーマヴェーダ（ヒンズー教の聖なる教義）

能力の一つ目の要素は力量だ。具体的には、優れたパフォーマンスを生み出すための才能、スキル、知識、生産能力などである。

樹木の例えに戻ると、この力量は成果や結果を生み出す幹の部分に相当する。前述した専門家証人の例でも、力量は絶対に必要なものだ。専門分野に何の能力も持たない専門家の証言には、誰も耳を傾けないだろう。

私の父は数年前、ある国で空軍の将官たちを相手にプレゼンテーションを行なったことがある。パイロットたちにお互いの力量を評価し合う三六〇度フィードバックをしてもらった後、父は将官の一人にこのフィードバックの有効性について尋ねた。父としては、彼らがそろって昇格できるように互いに甘い評価をする「持ちつ持たれつ」の状態をどうやって防いだか知りたかったのだ。その将官は予想外の質問に驚きながらも、彼はこんなふうに答えた。「我々は四方を敵に囲まれており、一国家としての存続がまさに我々のスキルにかかっていることはお分かりと思います。この部隊の人間の力量をいい加減に評価するなんて、誰が考えるでしょう」

この話からもお分かりのように、信頼性を生み出す上で力量は不可欠であり、それは個人でも組織でも変わらない。力量は他者に信頼を抱かせる。目の前の仕事に必要な能力であれば、なおさらである。力量はまた、やるべきことをやれるという自信も与えてくれる。

楽器の演奏が上手だったり、スポーツや演劇、あるいは何らかの学問に秀でていたりする子供と、特に何の能力も磨いてこなかった子供の違いについて考えてみよう。子供が持つ自信や規律にどんな違いがあるだろうか。磨いてきた能力はもとより、その他の生きて行く上で必要なことも習得する能力についてはどうだろう。大人になって何かの仕事に就いたとき、雇い主はその人にどの程度の信頼を寄せるだろうか。たとえその仕事では、その人が既に身につけている才能やスキルが必要ないとしても、雇い主はその人の過去の実績からして、スキルを身につけようとする意欲と能力を買うだろう。子供がより高度な教育、家族、キャリア、貢献へと進むにつれ、彼の力量、そしてその力量を習得しようとする意欲は信頼の構築に大いに役立ち、生涯を通じて計り知れない好影響を与え続けるだろう。

有能な人は信頼性があり、他者から信頼される。極めて単純なことだ。誠実で善意を持ち、十分な実績もあるという、力量以外の三つの核を備えている人がいたとする。しかし、知識労働者が中心となる変化の激しい経済社会では特に、最新の力量を備えることができず、適応していなかったら、信頼されることはないだろう。むしろ税金を課され、信頼配当は得られないはずだ。

　他の三つの核を持ちながら力量がない人は、正直で思いやりがあり、昇格に値する結果を生み出しているが、新たな職務を処理できる能力は持ち合わせていないということだ。これはまさに、人は自身の無能レベルまで昇進してとどまるというピーターの法則の作用である。現在の地位に到達させてくれたスキルにいつまでも頼り、新しいスキルの習得・発展・開発を怠ると、新しい状況で成功するのに必要なものを備えることはできない。ホームドクターに脳の手術を頼むようなもので、この種の医師は家庭医学には長けていても、脳の手術に必要なスキルは持ち合わせていないのだ。

　逆に、力量は十分にあっても、誠実さや意図、実績は欠いているということもあり得る。例えば、素晴らしい潜在能力がありながら、それを結果に結び付けられず、宝の持ち腐れになってしまうようなケースだ。あるいは、優れた知性やスキルを無意味な目標のために用いたり、卑劣な手段で目標を達成したりするといったこともあるだろう。人格を伴わない力量は、不正行為やごまかしに悪用される恐れがある。それでは信頼されるどころか、信頼を失うことになる。

　やはり、四つの核すべてがそろわなければならないのだ。そして、技術革新やグローバル化がかつてない速さで進んでいる今日の経済においては、力量は特に重要である。最新の知識や技術の寿命はこれまでよりずっと短く、前日まで非常に有能で、素晴らしい実績を誇っていた人が、翌日には優秀とは言えなくなってしまうこともあるのだ。

知識やスキルを磨かなければ、資産と同様に減価する — それも、驚くほどの速さで。

——デービッド・マイスター（ビジネス書の著者およびコンサルタント）

個人にとっても、また組織にとっても大事な点は、今日の世界で信用を維持するためには、常に自分の能力に磨きをかけていかなければならないということだ。私の同僚の一人は、絶えず変化する世界に適応し続け、かつ新たな貢献をするためには、三年ごとに「自己改革」してスキルと知識を大幅に向上させることが肝要だと話す。この三年ごとの改革は、組織にとっても重要かもしれない。アメリカン・エキスプレス社の「ネクスト・チャプター」に謳われているように、「改革は持続の鍵である」新たな競争相手が突如として出現し、それまで有効だった戦略が技術進歩によって一夜にして時代遅れになってしまう今日のグローバル経済ほど、絶えず能力に磨きをかけることが大きな意味を持つ時代はないだろう。

第三の核、「力量」について考えるためには、以下の点を自問してみるとよい。

- 信頼性を増し、他者に信頼されるのに有効な力量として、自分はどんなものを備えているか。
- 自分に対する信頼に影響する力量の習得をに関して、自分はどんな経験をしてきたか、または、してこなかったか。
- 技術革新やグローバル化といった要素は、自分が現在持つ力量の適合性にどう影響しているか。
- 自分が現在持っている力量を向上することや、新しい能力を習得することを自分はどう考え、どんな手法で取り組んでいるか。

この章ではまず、「専門的能力」と呼ばれるものについて考える。すなわち、仕事や状況、あるいは目の前の任務に特有のスキルだ。そして最後の部分で、信頼を築き、育て、与え、回復する力量に焦点をあてる。この能力はどんな状況でも欠かせないもので、「信頼力」と私は名付けている。

T－A－S－K－S

「T－A－S－K－S」は、力量の各要素について考える一つの方法で、次の単語の頭文字を並べたものである。

才能（Talent）
態度（Attitude）
スキル（Skill）
知識（Knowledge）
スタイル（Style）

「才能」とは、人の天賦の才や長所である。「態度」とはパラダイム、すなわち物の見方や人間としてのあり方を意味する。「スキル」とは技能、つまり上手にできるということだ。「知識」は学習、洞察、理解、認識を表わす。「スタイル」とは、独自のアプローチ方法や個性である。

これらはすべて力量の一部であり、結果を生み出す手段となる。能力をこれらの構成要素に分けて考えると、その一つひとつを、また相互の関係をより徹底的に調べることができる。

以下の問いについて考えてみてほしい。

才能：自分特有の長所や才能は何か。自分の才能をできるだけ活かすにはどうしたらよいか。どうしたら自分の才能をより効果的に最大化できるか。自分が持っていながら発揮し切れていない才能は何か。

真の幸福を実現するには、自分の能力と才能を存分に活用する必要がある。

――ジョン・ガードナー（『EXCELLENCE AND SELF－RENEWAL』の著者）

「才能」は、人に生まれながらに備わっているものだ。私の同僚のバリーは演説の才能がある。大概の人は演説するのは苦痛だと思うが、彼はむしろ力が湧いてきて、生き生きとしてくる。人と交流したり、学習を楽しいものにしたり、人や考えを結び付けたりする天賦の才を持っているのだ。彼にとってスキルや知識も大切だが、彼の能力と情熱の根底にあるのは才能である。

才能について考えるときは、自分にはまだ気づいていない才能があるかもしれないことを認識する必要がある。私たちは恐らく、自分の才能についてあまり真剣に考えることはないだろう。仕事上の雇い主やその他の人に自分の才能を見つけてもらっているという面もあるかもしれない。自分の才能を深く内省的に見つめることによって、それまで思いもしなかった素晴らしいキャリアが見つかることがあるのだ。

ここで、才能に関係する有名な例え話を紹介しよう。ある男が旅に出るにあたり、自分の財産の管理を召使たちに託す。彼は召使いの一人に五タラント（貨幣単位）、二人目の召使に二タラント、残る一人に一タラントそれぞれ与える。主人の留守中、五タラント与えられた召使いと二タラント与えられた召使いはそれを元手に取引し、二倍に増やした。一方、一タラントだけ与えられた召使いは、失ってしまうのを恐れて地中に埋めた。旅から戻り、召使いたちから報告を受けた男は、お金を増やした二人の召使いを褒め、自分の指示を忠実に実行したので、もっと多くのことを任せようと言った。三番目の召使いが、心配だったからお金を埋めたと言うと、男は彼を叱りつけ、「役立たずの召使い」と決め付けた。そして、その一タラントを取り上げて五タラントを一〇タラントに増やした召使いに与え、役立たずの召使いを追い出してしまった。

この例え話は、与えられた才能を育てること、またそれによって他者に信頼感を与え、信頼されることの大切さをはっきりと教えてくれる。人の最大の業績や貢献は結局、その人の才能から湧き出るのである。

態度：仕事に対する自分の態度はどうか。人生や学習については、自分自身、自分の力量、貢献できる機会ではどうか。より良い結果をもたらすような、より生産的な態度やパラダイムを持っているだろうか。

態度と言えば、KPMG社のCEOだったユージーン・オケリーが選択した、人生最後の一〇〇日間の壮絶な生き方について考えてみよう。オケリーは五三歳のとき、脳腫瘍という診断を受け、余命三カ月と宣告された。彼の著書、『Chasing Daylight: How My Forthcoming Death Transformed My Life』に綴られているとおり、目前に迫った死と彼が向き合った様はまさに勇気と創造的思考の物語である。彼はこう記している。

私は幸運だった。まだ三カ月生きられると言われた。二〇〇五年五月の最後の週、私に下された判決は神からの贈り物となった。私は二つのことを自問した。人生の最後というのは最悪のときでなければならないのか。そして、それを前向きな経験、いや、人生の最良のときに変えることはできるのだろうか。前者は「ノー」、後者は「イエス」だ。それが、これらの問いに対する私の答えだ。まだ精神的に（概ね）しっかりしていて、肉体的にも（ある程度）元気な状態で、愛する人たちに取り囲まれながら私は最期を迎えることができた。先ほども言ったように、それは神の恵みである。

オケリーは二〇〇五年九月一〇日にこの世を去ったが、その前に彼は個人的関係を「美しく解消」し、彼の言う「完ぺきな瞬間」、「完ぺきな日々」を心行くまで経験することができた。

次のそれぞれの態度が、あなたの人生の個人的楽しみや仕事を遂行する能力にどんな変化をもたらすか考えてみてほしい。

■あーあ、また仕事か。
□仕事に行けてうれしい。自分の才能やスキルを発揮して貢献し、価値を高められるから。
■自分が猛烈に働くのは、週末に遊ぶためだ。退職後の気ままな生活が待ち遠しい。
□自分の生活はバランスがとれていて、仕事、休養、豊かな人間関係すべてを大切にしている。生涯このようなバランスを保っていきたい。
■パートナーが私の要求に応えてくれない。
□パートナーの幸福と満足感のために自分は何ができるだろうか。
■子供たちが一日も早く親の手を離れることを願っている。
□自分は子供たちと楽しい毎日を送っている。生涯変わることのない大切な関係が築かれつつあるからだ。

これらの態度は、あなた自身の人生にだけでなく、あなたの子供たちの人生に長期にわたって及ぼす影響のことも考えてほしい。もし子供たちが前者のようなネガティブな発言を絶えず聞かされて育ったらどうなるだろう。逆に後者のような言葉をいつも耳にしていたら、彼らの人生はどう変わるだろうか。

特に注意しなければならない態度の一つが、特権意識だ。「とうとうマネージャーになった。後は他の者たちが仕事するのをただ眺めていればいいんだ」という考え方だ。こういう態度は信頼性をあっという間に低下させ、信頼を崩壊させてしまう。楽をしているマネージャーは、能力の面ですぐに部下に追い越される。そうすると、マネージャーの存在感はどんどん薄れていくものだ。アップルとピクサー両社のＣＥＯを兼ねるスティーブ・ジョブズは、Ｂクラスのマネージャーは Ｃクラスの部下を雇い、Ｃクラスのマネージャーは Ｄクラスの部下を雇うと言っている。

忘れないでいただきたい。（こうした特権意識に胡坐をかかない）Ａクラスのマネージャーは特Ａクラスの部下を雇い、その結果、能力、信頼性、信頼、実績が全体的に向上するのだ。自分より有能な人材を常に周囲におくというリーダーシップ哲学は、多くの優れた経営者たちの信奉を集めている。これを実践するためには絶大な自己信頼、すなわち高い誠実さ、前向きな意図、継続的に改善していく姿勢を持ち合わせていることが前提となるが、その効果のほどは桁違いである。

スキル：自分には今どんなスキルがあるか。将来どんなスキルを習得する必要があるか。自分はスキルの継続的向上にどの程度努力しているか。

プロゴルファーのタイガー・ウッズはプロに転向して間もない一九九七年、十二打という記録的な差をつけてマスターズ・トーナメントを制し、世界最高のゴルファーと称賛されたにも関わらず、スイングの改善に取り組む決意をした。その結果、彼は一年半もスランプにあえぐことになってしまった。タイガーは、なぜそこまでしてスイングを改良しようとしたのだろう。改善すればより良いプレーをより長く続けられる、と彼は考えたからだった。彼はこう言っている。

> スイングに問題があったとしてもやって行けないわけではない。でも、タイミングのずれたスイングでトーナメントを思うように戦えるだろうか。そんな状態で長く続けられるだろうか。私の当時のスイングでは、こうした疑問に対する答えは「ノー」だった。だから、私はそれを変えようと思った。

スランプを脱したタイガーは、四大タイトルを同時に保持する、いわゆる「タイガー・スラム」を成し遂げた。伝説のゴルファー、ボビー・ジョーンズによってかつて一度だけ達成されたゴルフ界の偉業である。

ところが信じ難いことに、タイガーはこのときスイングの再度改造を決意する。彼はこう告白している。

> 要するに、最高のプレーをもっと高い確率でできるようになりたいということだ。だから、変えるのだ。もっと安定して、もっと高いレベルのプレーをいつもできるようにしたかった。より優れたゴルファーを目差して、私は常にリスクを冒してきた。私がここまで来られたのも、一つはそうした考え方によるものだ。

タイガーの二度目の大掛かりなスイング改良についてはまだ判断が下されていないが、彼の行動が継続的改善の好例であることは間違いない。ゴルフ・ダイジェスト誌はタイガーの飽くなき改善意欲を、

「タイガーの信条：進歩するが故に私は存在する」というタイトルで報じた。また、タイム誌は次のように称えた。

ウッズの特に凄い点は、日本企業で言われる「ｋａｉｚｅｎ（改善）」、すなわち継続的改善を追求する意欲だろう。トヨタのエンジニアたちは、完ぺきと思われる組立てラインを分解してさらに検討を加える。欠陥を見つけて修理し、再びそのシステムを追求する。それが「ｋａｉｚｅｎ」だ。タイガーはまさにそれである。

タイガー・ウッズは、今日のフラットなグローバル経済での成功に欠かせない態度と動機を実践していると言える。絶えず自分のスキルを改善していないと、瞬く間に適応できなくなってしまうのだ。そして、適応していなければ、信頼感を与えることもできない。信頼感がなければ信頼は維持されない。そうすると、スピードもコストも大幅に悪化するのだ。

スキルに関して一つ注意すべき点として、作家のジェームズ・コリンズの言う「能力の罠」がある。人は、自分があまり才能や熱意を持っていないことに長けることがあるという意味だ。私の父はよく言っている。「持って生まれた才能に合ったスキルを身につけている人もいれば、そうでない人もいる」と。自分の身につけているスキルで自分を縛ったり、決め付けたりするのは良くない。つまり、才能の井戸のほうがスキルよりも深いのである。

知識：自分の専門分野の知識は現在どのレベルか。常に最新知識を得るためにどんな努力をしているか。他にどのような知識を身につけようとしているか。

> 自分はまだ学習の途上にある。すべてを知り尽くしているわけではなく、これからもないことをわきまえる…。それが優秀なリーダーの大切な証である。
>
> ――アン・マルケイヒー（ゼロックス社会長兼ＣＥＯ）

大規模な研修プログラムへの投資を検討していたある会社のＣＥＯが、それに伴うリスクに関して言った言葉を私は決して忘れないだろう。誰かが彼に尋ねた。「研修を受けさせた社員たち全員に辞められてしまったらどうなるでしょうか?」と。彼はこう答えた。「研修をしなくて全社員が会社にとどまったら、果たしてどうだろう?」

世界の情報量が二年から二年半単位で倍増している今日のグローバル経済では、知識を増やすことが不可欠なことは言うまでもない。個人として、また組織として学習速度をアップさせるには、学んだことを後で誰かに教えるつもりで学習するとよい。ピーター・ドラッカーが指摘しているように、「知識労働者もサービス労働者も、自分が教えることで学習効果が最大化される」のだ。社員たちが学んだことを組織内の誰かに教えられるような機会や仕組みをリーダーが構築すると、個人や組織の学習や知識の広がりがとても活発になる。メンタリングやコーチングなどの研修プロセスはこうした学習を促す効果がある。そうした効果を体験した人たちにとっては、自分が学んだことを他者に教えることが新たなパラダイムになるだろう。

このことを示す例として、ロンドンに住む無名の女性、マリオン・Ｄ・ハンクスの体験談を紹介しよう。彼女は、著名な博物学者であるルイス・アゴッシー博士の講義に出席した後、自分は学習する機会に恵まれなくて困っていると博士にこぼした。これを聞いた博士は、どんな仕事をしているのかと彼女に尋ねた。妹が営む下宿屋を手伝って、ジャガイモの皮をむいたり、玉ねぎを切り刻んだりしていると彼女は答えた。

博士は尋ねた。「それは地味ですが面白そうじゃないですか。その間、あなたはどんな場所に座っているんですか？」

「台所の階段の一番下の段ですけど」

「足をどこに置いていますか？」

「化粧レンガの上です」

「化粧レンガって何ですか？」

「知りません」

「そこに座るようになってどれくらい経つんですか？」

「かれこれ一五年です」

アゴッシー博士は言った。「マリオンさん、私の名刺を差し上げます。化粧レンガがどんなものか、分かったら手紙で私に教えてもらえませんか？」

彼女は博士の言葉を真面目に受け取り、その言葉を辞書で調べた。さらに百科事典を読み、化粧レンガとは陶化カオリンと含水ケイ酸アルミニウムでできているということを突き止めた。だが、その成分がどのようなものが分からず、さらに調べた。博物館に行ったり、地質学を学んだりした。レンガ工場に行き、約一二〇種類以上のレンガやタイルについて勉強した。それから、化粧レンガとタイルをテーマに三六ページの論文を書き上げ、それをアゴッシー博士に送った。

博士は、その論文の出版を許可してもらえれば二五〇ドル支払う、と返事を書いた。それから博士は尋ねた。「そのレンガの下には何がありました?」

「アリがいました」

「じゃあ、今度はそのアリについて教えてください」

彼女はそれからアリについて詳しく調べ、三六ページにまとめてアゴッシー博士に送った。博士はそれを本にして出版した。彼女はその収益で、かねてから行ってみたいと思っていた所へ旅行することができた。

この体験談の中で、彼女はこう尋ねている。

> 皆さんは今この話を聞いて、私たちは皆、陶化カオリンと含水ケイ酸アルミニウムに足を乗せて座り、その下にはアリが這っていると強く思うでしょうか。チェスタトン卿はこう言っています。
> 「つまらないものなど一つとして存在しない。存在するのは無関心な人間だけだ」

スタイル:問題や機会に取り組んだり、他者と関わり合ったりする際の自分の現在のスタイルはどの程度効果的か。自分の手法は、必要なことの達成に役立っているか、それとも邪魔しているか。どうしたら物事のやり方を改善できるだろうか。

リーダーと一口で言っても、その種類やスタイル、資質は実に多様だ。もの静かなリーダーもいれば、隣町まで声が聞こえそうなリーダーもいる。弁の立つ人もいれば、判断力に優れる人、勇気のある人もいる。

――ジョン・ガードナー（『EXCELLENCE AND SELF－RENEWAL』の著者）

一九九〇年代末のＩＴバブルの最中、アイビレッジ社の創設者の一人であるキャンディス・カーペンター会長兼ＣＥＯは、「ラディカル・メンタリング」という手法を導入した。これは、若手社員を対象としたとても厳しく強引なやり方の教育訓練法だった。当時のファースト・カンパニー誌の記事によると、カーペンターは自分と共同経営者のナンシー・エヴァンスのことを、「若手リーダーにブートキャンプを行なう鬼軍曹」とよく表現していたという。

カーペンターとエヴァンスは、数カ月ごとに有望な新人を選んではしごいている。ランチ会食や個人面談はもとより、深夜に電話で指導することもあるようだ。特筆すべきは、彼女たちが社員たちにフィードバックを行なっている点だろう ― 直接的で執拗で、残酷なほど正直ではないか。「甘やかしたら人間は成長しない」が二人の口癖だ。

その正反対と思えるリーダーシップ手法で知られるのは、ホール・フーズ社の創業者、ジョン・マッケイＣＥＯだ（同社は総売上高と既存店売上高の両方の伸び率で、米国最大手の食品小売会社ウォルマートを四年連続で上回った)。

ファースト・カンパニー誌によれば、マッケイは短パンにハイキング用ブーツ姿で仕事をする。営業会議の最後には毎回、出席者たちに順に「感謝」と「称賛」の言葉を述べて締めくくる。また、社員全員の給料を張り出して公表する。さらに、新入社員の採用決定も含め意思決定は多数決で、それを覆すことは滅多にないという。


ジョン・マッケイは権限を委譲しているというよりも、自分の会社に関してまるで自信がないように見えることすらある。一四〇名のレジ係を一つのチームとして機能させるにはどうしたらよいかと尋ねると、学生から良い質問を受けた教授のような表情を浮かべ、こう答える。

「そいつはどうも問題のようですね。そんな大所帯のチームとなると、経営の基本原則を混乱させかねないですから。でも正直言って、彼らがその問題をどうやって解決したか、私はまったく関知していません。それはもう私の仕事ではないんです。彼らに電話して、聞いてください。彼らが解決策を見つけたことは間違いないですから。それがどんなものか、私も知りたいですよ」


キャンディス・カーペンターとジョン・マッケイは明らかにまったく異なる「スタイル」を採っているが、二人とも実に効果的に信頼性と信頼を作り出してきた。

効果的なスタイルにもいろいろな種類があることは確かである。要は、仕事に最も有効なスタイルを選ぶことだ。障害となり不信を生むようなスタイルでは、問題を抱える羽目になる。例えば数年前、一部では「チェーンソー・アル」と呼ばれ、自らは「上等なスーツを着たランボー」と名乗っていたアル・ダンラップが「焼き畑方式」（組織をフラット化し、社員の半分を解雇する）という手法でウォール街の注目を集めた。ウォール街ではしばらく英雄視されたが、社員たちからすればヒーローでもなんでもなかった。信頼関係を犠牲にしてでも目先の利益を追求するという彼のスタイルは、長期的持続の可能性と士気までも破壊したのだった。

◇「T―A―S―K―S」を仕事（TASKS）に合わせる

最終的に目指すのは、ここまで見てきた「T―A―S―K―S」を発展させ、目の前の仕事に合わせることだ。すなわち、自分が持って生まれた才能、態度、スキル、知識、スタイルと、金を稼ぎ、貢献し、結果を出す機会をできるだけ調和させる必要がある。

ギャラップ社が大規模組織で働く社員を対象に調査したところ、自分の長所が毎日の仕事に活かされていると感じているのは二〇%にすぎなかった。つまり、社員の八割は自分の職務にやや違和感があるということだ。

ジェームズ・コリンズは著書、『ビジョナリーカンパニー』の中で、「適切な人をバスに乗せる」ことと、「適切な人を適切な座席に座らせる」ことが企業の成功に不可欠と説いている。リーダーとしては、自分の組織に有能な人材を抱え込むことだけに目が行きがちだが、各人の能力とその人に課す仕事が見合うようにすることも忘れてはならないのだ。

組織はますます、ピーターの法則がもたらす影響を認識するようになっている。優れた企業は、昇進した社員が成功に必要な信頼性を確立できるようにと、コンピテンシー・モデル、教育研修、メンタリング、コーチングなどの活動を通じて「T－A－S－K－S」の習得を支援している。

個人レベルで問題な点は、多くの人が継続的改善に熱心でないことだ。そういう人は、例えば会社で一〇年か一五年働いたとしてもそれだけの経験はなく、実際はわずか一年分の経験を一〇回か一五回繰り返しているにすぎない。それでは、グローバル経済の変化に対応しているとは言い難い。となれば、より大きな信頼と機会を生み出すような信頼感を与えることもできない。能力は陳腐化し、会社や市場の発展について行けなくなるのだ。

過去の成功に胡坐をかいて、新しいグローバル経済のニーズや課題への対応を怠る企業も同じことだ。継続的改善、場合によっては大改革を実行していない企業は適合性を失い、時代遅れになる危険性がある。そうした企業は、偉大な歴史家、アーノルド・トインビーが残した「成功ほど長続きしないものはない」という言葉を実証することになる。つまり、過去の市場で成功したことをそのまま続けたところで、今日のグローバル経済では通用しないのである。

変化を嫌っていると、適合性を失ってますます苦しむ羽目になる。

――エリック・シンセキ大将（米国陸軍幕僚長司令官）

継続的な学習、成長、自己改革に投資する企業は状況が異なる。デル社のマイケル・デルやケビン・ロリンズが成し遂げた成功について考えてみよう。二人は世界有数の会社のリーダーとして、大規模な三六〇度フィードバック・プロセスを実施している。そして、どんなに困難な状況に陥ろうとも、フィードバックに注意を払いながら自己改革を成し遂げたことが彼らの成功の大きな要因であった。ビジネスウィーク誌の二〇〇三年の記事によれば、デルとロリンズが受け取った個人的フィードバックは彼らにとって期待外れのものだったという。

デル（三八歳）は人間味がなく、ロリンズ（五〇歳）は独裁的で敵対的、というのが部下たちの印象だった。会社の経営陣に強い忠誠心を抱く社員はほとんどいないばかりか、不満も広がりつつあった。この調査は、会社史上最も大規模の解雇が実施された夏の後に行われたせいか、チャンスがあれば会社を辞めたいと思っている社員が全体の半数にのぼることが判明した。

彼らのように大成功を遂げたリーダーは得てして、このような否定的なフィードバックを無視しがちだが、二人は違った。直ちに対応策を講じたのだ。デルはトップ・マネージャーたちと会い、リーダーとしての自分の至らなさを反省し、経営チームとの関係をもっと密にすると約束した。デルが自己批判している様子はビデオテープに録画されて、マネージャー全員に見せられた。二人とも改善に向けて真剣に努力したのだ。デルは自分のデスクにオモチャのブルドーザーを飾った。それを見て、他者の意向を無視した強引なやり方を慎もうという考えだった。一方、ロリンズは「おさるのジョージ（幼児向け絵本『ひとまねこざる』の主人公である好奇心旺盛な小猿〕」の人形を買った。意思決定の前に他者の意見に耳を傾けることを忘れないようにしようとしたのだ。

二〇〇五年になると、デル社はフォーチュン誌により、「米国で最も賞賛される企業」の第一位、また「世界で最も賞賛される企業」の第三位にランクされた。ビジネスウィーク誌の記事はさらに続く。

> デル成功の秘訣は何か。その根底にあるのは、必要な変革が一国一城の主にとって苦痛を伴うものであったとしても、現状にとどまることは許されないという彼の信念だ。成功が達成されたとき、賞賛の言葉を浴びせられるのは最初の五秒間だけで、その後の五時間は、もっとうまくやれたことはなかったかと事後分析が行なわれる。マイケル・デルはこう言っている。「喜ぶのは一瞬にしろ。それが済んだらまた前進あるのみ」

継続的改善の態度や習慣は、変化に適応して成功する企業と、今日のグローバル経済において途中で挫折する企業とを隔てる大きな要因の一つである。

> 自己満足に陥っている企業は死んだも同然である。今日成功するためには、絶えず再考し、再活性化し、対応し、改革する機敏さと意欲がなければならない。
>
> ——ビル・ゲイツ（マイクロソフト社会長）

◇能力を高めるには

私はクライアントたちと接する中で、能力を向上させて信頼性を強化するための素晴らしい促進手段をいくつか発見したが、その中で特に効果的なものをここで三つ紹介する。

一・自分の強み（および目的）で勝負しよう

才能であれ態度であれ、スキルや知識、あるいはスタイルであれ、まずあなたの強みを知ってから、その強みを開発し、活用する方法を紹介しよう。

ピーター・ドラッカーは経営者たちに、「機会に餌を与え、問題を餓死させる」ことを勧めている。私はこれをもじって、「強みに餌を与え、弱みを餓死させる」ようにと言いたい。といっても、弱みを無視してしまうわけではない。他者と効果的に協働することで自分の弱みを目立たなくするのだ。つまり、他者の強みで自分の弱みをカバーしてもらい、自分の強みで他者の弱みをカバーしてあげるわけだ。これはまさに、全員をバスの適切な座席に座らせるということに他ならない。

自分の強みで勝負した人の著名な例は、偉大なバスケットボール選手、マイケル・ジョーダンだ。彼はある時、大きな成功を手にしたバスケットボールを引退し、野球に転向する決心をした。彼はずっと大好きだった野球でも、高いレベルでプレーできることを証明したいと思っていた。ところが、野球選手になったジョーダンは、世界の「超一流」から「二流」に成り下がってしまった。それで、ジョーダンは再びバスケットに戻ることにした。彼は復帰してから、それまでに手にしていた三つのタイトルにさらに三つを加えたのだった。彼は再び自分の強みで勝負したのだ。その結果、彼の選手経歴はいっそう輝きを増したばかりか、彼はバスケットボールのみならずスポーツ界全体に類まれな貢献をし、高い評価を得たのである。

ビジネスの例を挙げるなら、かつて私の下で働いていた営業担当者がそうだ。彼はセールスの腕が抜群で、クライアントの受けも良く、まさにセールス界のマイケル・ジョーダンだった。本当に超一流と言っても過言ではなかった。ところが彼は、セールスよりもゼネラルマネージャーのポストを希望していた。そして、ある時ついに、やらせてほしいと言ってきた（前に勤めていた二つの会社で同じことを試み、失敗していたのだが）。彼のゼネラルマネージャーとしての能力は、野球選手としてのマイケル・ジョーダンのように二流だったので、今まで通り得意なセールスでやったらどうかと私は答えた。だが、彼は首を縦に振らなかった。自分の強みで勝負しなければ、自分自身にも、また組織にも損失となる。彼はまさにその好例だった。

ここまで自分の持っている強みで勝負することの重要性について述べてきたが、自分の強みを上回るものがあることを知っておく必要がある。それは目的の強みだ。恐らく、良心に突き動かされるときや、達成せざるを得ないと思う目的が存在するようなケースだろう。また、「T－A－S－K－S」の強みをまだ十分身につけていないためのこともある。

二、適応力を持ち続けよう

これまでは、四年で取得する学位が世間の評価を得てきたが、今日の経済で成功するためには四〇年の学位が必要だろう。つまり、生涯にわたって学習を続けることが求められているのだ。四年制大学の学位を取れば、読み書きや考え方、推論する力などは身につくかもしれないが、これらは継続的学習のための土台にすぎない。

私の知人の一人に、毎朝早起きして二時間読書する習慣を何年も続けている驚くべき男がいる。それは、組織行動と能力開発、人間の行動、管理、リーダーシップについてできるだけ深く学ぶためだという。そして、彼はそれを達成した。彼がどんどん力をつけていくのが私には分かった。彼はより大きな責任を与えられるたびに、それに合わせて自分の能力を高めていった。これは私の言う「逆ピーターの法則」が働いているケースだ。

マイケル・デルとケビン・ロリンズの話に戻ると、二人がフィードバックを無視しようと思えば簡単にできただろうし、むしろそれが当然だったのかもしれない。何と言っても、彼らは既にリーダーとして大きな成功を収めていたからだ。ところが二人は無視するどころか、飽くなき改善への意欲を強めた。その結果、既に大きかった彼らの信頼感がいっそう膨らんだだけではなく、信頼が広がり、結果が向上したのである。

私はいつも自分の無知に突き動かされて学習や仕事をしている。

――ハーヴェイ・ゴルブ（キャンベル・スープ社会長、元アメリカン・エキスプレス社ＣＥＯ）

三、自分の進む方向を見極めよう

私は最近、企業戦略およびマーケティングの専門家であるジャック・トラウトと話をしたとき、リーダーシップの鍵は何だと思うか、と彼に尋ねてみた。彼の簡潔かつ明解な回答は今も私の頭に焼き付いている。「人は結局、目指す方向がはっきりしている人について行くのです」

先頭に立って人を導こうとしているのに、振り返ってみると誰もついて来ていなかったら、何とも惨めなことだ。

――フランクリン・Ｄ・ルーズベルト

父は何年か前、五〇歳で大学教授の仕事を辞め、研修やコンサルティングを提供する会社を設立したが、私はその時のことを今でも覚えている。父の友人の多くはこの決断を正気の沙汰ではないと思い、考え直すよう忠告した。父は大学教授として十分な収入も得ていた上に、仕事にはやり甲斐があり、コンサルティングだったらいつでも副業としてやれたからだ。だが、父には自分の進む方向がはっきり見えていた。それは大学で教えることとは種類の異なる貢献であり、自分の組織を持つことによってはじめて可能になると父は考えていたため、思い切って行動に移した。そして、他の何人かが父と行動を共にした。そして最終的に彼らはコヴィー・リーダーシップ・センター（フランクリン・コヴィー社の前身）を一緒に設立し、規模でも影響力の点でも世界有数のリーダーシップ育成支援会社に育て上げた。

自分の進むべき方向を知り、そこにたどり着く力量を備えることも、能力を実証する一つの方法と言える。そして、その能力と人格が結びつくと、強制されなくても自らの意志でついて行きたくなるような、信頼性のあるリーダーを生み出すのだ。

導かれる側の人間は、自分がどこに連れて行かれるのか知りたいものだ。

——クリストファー・ガルビン（モトローラ社会長兼ＣＥＯ）

◈信頼力

前述のとおり、人格は普遍的であるのに対し、能力、あるいは少なくともその大部分は状況に依存する。つまり能力は、状況によって求められるものが変わるのだ。

ただし、どんな状況にも共通して欠かせない能力もあり、その最たるものが私の言う「信頼力」だ。この信頼力こそがこの本のテーマである。要するに、信頼を築き、育て、与え、回復するということだ。はっきり言って、状況が変われば専門的な能力はその人の信頼力に比例して膨大な税金を課され、ひどい場合は適応できなくなることさえある。だからこそ、信頼力は個人の成功に欠かせないばかりか、新しいグローバル経済においてリーダーシップを発揮する上で不可欠な資質と言えるのだ。

信頼にとっての専門的能力の大切さもさることながら、この章であなたに一番理解していただきたいことは、信頼力の重要性である。この能力をしっかり把握するためには、もう一度「T－A－S－K－S」（才能／態度／スキル／知識／スタイル）と照らし合わせてみることだ。そして、どの分野に力を注いだら自分の信頼力が最も向上するか見極めてほしい。具体的には、以下の点について自問してみるとよい。

- 信頼力に関しては、自分はどの程度才能に恵まれているか。誠実や善意などは自分の性に合っているか。自ずと相互利益を追求しているか。どんな行動が人に信頼を抱かせるか知っていて、それを実行しているか。
- 信頼力に関して自分はどんな態度をとっているか。信頼の必要性を認識し、尊重しているか。問題に取り組んだり、物事を成し遂げようとしたりする際、信頼を築くような方法で行なっているか。
- 自分は信頼を構築するスキルを備えているか。他者との関わりにおいて信頼を築くことを実践しているか。
- 自分は信頼を築き・育て・与え・回復するためのどんな知識と考え方を持っているか。
- 自分の行動や他者との関わり合いのスタイルは、信頼を生み出すようなものか。自分のスタイルは他者に信頼を与えているか。

私が考える限り、あなたの信頼力を改善するための「促進手段」で何よりも効果的なのは、あなた自身がこの本の中身にどっぷり漬かることである。インサイド・アウトの手法で信頼を築き、発展させ、提供し、回復するやり方を身につけると、驚くほどの信頼感と自信をあなたは実感できるはずだ。そして、あなたの人生のあらゆる側面で素晴らしい結果が生まれることだろう。

2-5

第四の核 — 結果　あなたは実績を上げているか？

社員がその能力を発揮しない限り、信頼の文化を築くことはできない。

——クレイグ・ウェザーアップ（ペプシコ社元ＣＥＯ）

一九九四年一二月、私はコヴィー・リーダーシップ・センターの社長兼ＣＥＯへの就任を要請された。着任して最初の週、私は銀行と難しい協議を行なった。良かった点は、我が社は、その成長ぶりから明らかなように、顧客価値を巧みに創出したことだった。悪かったのは、利益やキャッシュの不足が示すように、我々はまだ独自のビジネス・モデルを見つけるに至っていなかった点だ。

素晴らしい知的資本、優秀な人材たち、驚異的な成長にも関わらず、会社はひどい苦境に陥った。キャッシュフローは一一年連続でマイナスだった。債務は膨れ上がり、融資は限度額に達していた。負債自己資本比率は二二三対一だった。要するに我々は身の丈に合わない経営をしていたわけで、銀行の信用と信頼は皆無に等しかった。銀行は個人保証を取り消すよう我々に要求するとともに、支援を打ち切るかどうか決定する段階にあった。

我々および我が社のクライアントにとって幸いなことに、銀行は支援を打ち切らなかった。

この協議から二年半と経たないうちに、我々は持続可能なビジネス・モデルを確立できたことで、会社の価値を二四〇万ドルから一億六、〇〇〇千万ドルにまで引き上げることができた。また、利益は一、二〇〇%増加し、売上債権回転日数は八七日から四八日に、負債自己資本比率は二三対一から二対一以下にそれぞれ減少した。それまでの高成長に、高利益という特徴も加わったのである。

この経験を通して特に興味深かったのは、このような変化の結果が我々と銀行との関係に次々と好影響を及ぼしていったことだ。我々がこの二年半で、販売利益の拡大やキャッシュの増加など、約束どおりの結果を出して期待に応えていくと、我々に対する彼らの信頼が増していったのだ。銀行は我が社を優良取引先と見るようになり、融資限度枠を大幅に引き上げた。それも一度や二度ではなかった。彼らは我々との取引の拡大を望んだのである。

彼らを、もっと信頼を提供したいという気持ちにさせたものは何だろう。そう、結果なのだ。

◇結果が物を言う！

結果が重要なのだ。結果があなたの信頼性にとって重要なのだ。他者と信頼関係を築き、維持する能力に欠かせないのである。ジャック・ウェルチの言葉を借りれば、結果を出すということは、「成績証明書」を相手に提示するようなものだ。それはあなたに影響力をもたらす。あなたは「結果を出す人」、「仕事のできる人」と見なされるようになる。結果を出していなければ、同様の影響力を持つことは絶対不可能なのだ。

樹木の例えで言えば、結果は果実だ。すなわち、根や幹や枝の最終目的あるいは産物であり、目に見え測定可能なものである。他の三つの核はありながら結果がなければ、果実のならない木のようなものだ。他の核がどんなに強力でも、信頼性を生み出しはしない。そして、樹木が本来作り出すはずのものを作り出さないのであれば、信頼されることはないだろう。

既に紹介した法廷の話を思い出してほしい。専門家証人の信憑性を立証するというものだ。証人に隠された思惑はなく、数多くの信用証明書を持つ正直な人と見られたとしても、実績すなわち結果の着実な積み重ねがなかったらどうだろう。信頼性が疑問視され、その証言の信憑性は大幅に揺らいでしまうだろう。

要するに、結果が伴っていないと信頼されないということだ。テキサスに伝わる古い諺、「All hat, no cattle（金持ちに見せかけること）」や、カリフォルニアのレーシング用語、「All show and no go」はどちらも、「見せ掛けだけで役に立たない」という意味だが、まさにそういう感じになってしまうのである。何も成し遂げなければ、人から信頼されることはない。そして、どこにも逃げ道はない。結果を出すか、それとも結果を出さないかのどちらかなのだ。弁解したいことや、もっともな理由があるのかもしれないが、結局のところ、結果がなければ、信頼性も、また信頼も存在しないのだ。実に単純明快であり、かつ残酷なことなのである。

逆に、結果は出しているものの、他の三つの核のどれかが欠けていたらどうだろう。例えば、誠実さを欠いたり、他者に「損失」をもたらしたりするような方法で結果を達成する場合だが、これでは実をつけ続けるのは不可能だし、味も香りも良い果実は期待できない。外観はおいしそうに見えても、中身は腐っていて、信頼性や信頼を長期にわたって生み出すことはない。結果が人格の根っこから切り離されていたのでは、良質な果実を継続的に収穫することは絶対にできないのだ。

こうした状況は今日の組織に深刻な問題をもたらす。結果は出すが、会社の理念に背くような人にはどんな対処法があるだろうか。ゼネラル・エレクトロニック社の手法は、「結果を出す」ことと「価値観を実践する」ことの組み合わせによって、四つのタイプに分類している。結果を出し、かつ価値観も実践するという第一のタイプに属す人間への対処法は実にはっきりしている。そういう人間は社内に残し、昇格させるべきだという。結果を出さず、価値観も実践しないという第二のタイプもやはり明快だ。解雇するしかないという。

だが、残る二つのタイプへの対処は難しい。価値観は実践するが、結果はあまり出さないタイプは、トレーニングやコーチングをしたり、別のポストに移したりする手がある。そして、改善が見られなければ解雇もやむを得ない。最も対処が難しいのは、結果を出すという点では優れていながら、価値観の実践に関しては問題があるタイプだ。そういう人間は皆が期待する結果を達成するものの、組織の理念をあからさまに無視するようなやり方をする。GEによれば、このタイプに属する社員は、会社の価値観に基づいて結果を出す術を身につける必要があり、それができなければ、思い切って解雇するしかないという。価値観を実践しない社員を雇い続けるのは無理があるばかりか、組織に損害を与え、信頼性と信頼を壊すからだという。

ジャック・ウェルチはこう言っている。

価値観と行動を明快にすることは、裏付けがあってはじめて可能になる。価値観を本当に重視したければ、企業はそれを実践する者には報い、そうでない者には「罰」を与えなければならない。嘘ではない。それが成功の近道なのだ。仕事のできるマネージャーに対し、価値観の無視を理由に解雇を言い渡し、しかも、それをストレートに発表する度に、組織は信じられないほどうまく反応した。一〇年間に及ぶ年次調査の結果では、我が社ではますます価値観が大切にされているというのが社員たちの回答だった。それが彼らの価値観を実践する意識をさらに高めたのだ。そして、社員満足度は向上し、会社の実績にも現れた。

結果が数多くの欠点をカバーすることは疑いない。例えば、あなたの成績がトップであれば、経費報告書の提出が遅れても上司はうるさく言わないだろう。基準が一本化されていない企業では、こうしたケースがよく見かけられるが、皮肉な結末に至ることもある。もっとも、長い目で見れば、たとえ結果がトップであったとしても、誠実さの欠如まで帳消しにはならないだろう。

その逆に、誠実さの強みもまた、結果の欠如を埋め合わせることはない。やはり個人であれ組織であれ、信頼感を与えるためには四つの核が「すべて」不可欠であり、それが信頼を築く土台となるのだ。

この四つ目の核について考えるときは、以下の点を自問してみるとよい。

- 自分は今、どんな結果を出しているか。それらの結果は自分個人の信頼性を高めているか、それとも低下させているか。
- 自分がもし誰かを雇うとしたら、その人の実績や目下の成績が自分の意思決定にどの程度影響するだろうか。
- 自分自身の実績はどの水準にあるか。それ見た誰かが私を雇う可能性はどれくらいあるだろうか。
- 望ましい結果を見極め、その実現に向けて効果的に行動することに、自分はどの程度長けているか。自分の仕事ぶりは信頼や信頼感を抱かせるだろうか。

◇結果 — 過去、現在、そして将来

短い期間だったが、私はある上場企業の経営幹部としてウォール街で働いたことがある。私はその経験から、人は主に三つの尺度で結果を評価すると確信するに至った。一つは過去のパフォーマンスで、実績、評判、過去に行なったこと、既に達成した結果などがこれにあたる。二つ目は現在のパフォーマンスで、今現在どれくらい能力を発揮できているかということだ。最後三つ目は予想のパフォーマンスで、将来どんな働きをすると周囲が思うかである。

外部の組織がある企業を評価する際は、これら三つの要素がはっきりと関係してくる。彼らは過去の収益（過去のパフォーマンス）を見る。それにある数を乗じて価値を算出することもある。また、リアルタイムの最新データや結果（現在のパフォーマンス）を調べ、それにある数を乗じて価値を計算する場合もある。さらに、予想される結果（将来のパフォーマンス）を取り、それを現在価値に割り戻したりもする（ウォール街では実際のところ、これが行なわれている）。会社の価値を考える際は、過去・現在・未来という結果の三つの要素すべてが重要である。

この三つの要素は、私たち個人にも無関係ではない。人の信頼性は、自分の過去と現在の結果だけでなく、将来どの程度の結果を生み出す能力があると周囲が思うか、その信頼度にも依存するのだ。

以前、私の部下の中に、正直で素晴らしい意図を持ち、極めて才能豊かな人物がいた。ところが、彼はどう見ても結果を出せそうになかった。我々が属していたチームは、ローテーション方式で指示を遂

行していた。大きなチャンスが到来し、彼が担当する順番だったが、私は彼に任せる気になれなかった。チームの他のメンバーも全員同じ意見で、彼がまだ結果を出していないことがその理由だった。我々は彼の過去の実績をもとに彼の将来のパフォーマンスを推定したわけで、彼にチームの成否を託すわけにはいかないと判断したのだ。彼はせっかく才能がありながら徐々に適応できなくなり、やがて会社を辞めてしまった。

それに対し、常に結果を出すという評判の人や会社の場合は話がまったく違ってくる。ずっと以前の宅配業界について考えてみよう。この業界は当時、信頼性はかなりあったが一〇〇%ではなかった。そんな中、「翌日配達」をキャッチフレーズに登場したのがフェデックスだ。フェデックスにはこのキャッチフレーズをスローガンで終わらせず、それを裏付けるサービスがあった。彼らは能力を発揮し、着実に結果を出したのだ。創業者のフレデリック・スミスは、「我々は物資の輸送を販売していると思っていたが、実際は安心を売っていたのだ」と述べている。彼らはそのパフォーマンス故に、信頼性、信頼、そしてビジネスを手にした。今日、人々はこう思っているのである。「フェデックスは必ず時間通りに配達してくれたから、これからもそうだろう」

ハートフォード社に代表するような多くの企業は、自らの実績をともに信頼を築き、新たなビジネスを開拓しようとしている。「半世紀を超えるサービス提供の歴史」とか「創業一九二五年」といった謳い文句にも、実績を伝えて信頼感を抱かせようという意図が込められている。ところが、近年における経済のグローバル化に伴って、ジェットブルー航空のような比較的新しい企業が素晴らしい実績を短期間で確立してしまうという現象が見られるのはとても興味深い。二〇〇〇年創業のジェットブルーは顧客サービスに定評があり、航空業界全体が急激に落ち込んだ九・一一直後も黒字だった数少ない米国航空会社の一つであった。また、一九九九年に設立されたグーグル社は、ウォール・ストリート・ジャーナル誌の二〇〇六年度企業評価調査でブランド力が米国第三位にランクされた。こうした実例は、結果を出すことにより、予想以上の速さで信頼を確立できることを証明している。

　ジェットブルーのライバル会社の一つ、コンチネンタル航空の経験は、もう一つ別の教訓を示している。それは、結果を出すことにより、予想以上の速さで信頼を回復できるということだ。一九九一年の破産宣告後、パフォーマンスの大幅な改善に成功したコンチネンタル航空は、最高の定時運航率と最低の荷物紛失率を誇る航空会社として知られるようになった。顧客サービスも優れ、調査会社Ｊ・Ｄ・パワー社から与えられた賞の数は他社を上回る。また二〇〇五年には、フォーチュン誌の「最も賞賛されるグローバル・エアライン」にも選ばれた。要するに、信頼の回復であれ、最初の信頼の構築であれ、皮肉屋たちを黙らせるのは結果なのだ。

　結果が信頼に及ぼす影響は、人生のあらゆる側面で見られる。私の友人は、数日間の旅行に出かけている間、留守を自分の一〇代の娘とその友だちに任せるつもりだった。まったく不安は感じないと彼は言ったが、任せる相手がまだ一〇代だった頃の息子だったら、そんなことは思いもしなかっただろうと打ち明けた。なぜだろう。息子も娘同様、良い子だった。だが、娘には大人としての自覚と責任感の実績があったが、息子にはそれがなかった。私の友人は、それぞれの子に対する信頼度、そして実際に示した信頼の違いは、子供たちの過去のパフォーマンスをもとに将来の結果を推定したものだったのである。

◇「どんな結果」を「どんな方法」で得るか

結果を考える際、常に自問すべき重要な点が二つある。それは、「どんな結果」を自分は得ようとしているかと、「どんな方法」で結果を得ようとしているかだ。大概の人は「どんな結果」のほうしか考えない。「どんな方法」に対する答えに大きな問題が潜んでいるかもしれないことを知らないのだ。例えば、あなたは自分のチームに目標を達成させたものの、その過程でメンバー間にＷｉｎ－Ｌｏｓｅの敵対的競争を起こし、彼らが燃え尽き症候群になるほど無理強いして働かせた上に、手柄を独り占めしたとしよう。あなたが次に目標の達成を求めたとき、彼らはどんな態度をとるだろう。すんなりと結果を出せるだろうか、それとも困難になるだろうか。

それに対して、同じように目標を達成させるが、チーム内に豊かさと協力の精神を築く方法で行なったとする。また、誰一人燃え尽きることなく、功績を全員で分かち合えるよう、メンバー間の協力関係にも気を配ったとしよう。次に同じような状況になったとき、彼らの態度はどうだろう。あなたは同様に素晴らしい結果を手にし、しかも今回は前よりも三割も速く、かつ容易にできるのではないだろうか。

だからこそ、「どんな方法で結果を得ようとしているか」と自問しなければならないのだ。この「方法」は、将来の結果にとって巨大な障害物になるものもあれば、潤滑油になるものもある。もしあなたが部下たちと信頼を築いていれば、あなたが手柄を独り占めしないで相互利益を追求し、責任をなすりつけたりしないと彼らが分かっていたら、次の機会に結果を出すのがずっと楽になるはずだ。彼らはあなたと協働し、あなたに情報を提供し、あなたをサポートしたいと思うだろう。なぜなら、あなたは彼らに信頼感を与えているからだ。彼らは、あなたが全員の利益になる方法で結果の実現を目指すはずだと信じているのである。

だからこそ、直前の章で触れた信頼力がとても重要なのだ。また、私がリーダーシップというものを、「信頼の構築を通じて結果を出すこと」と定義するのもそのためである。結果を出すことに関して、「どんな方法」は「どんな結果」に寸分劣らず大切であると私は確信している。そして、それが、個人、人間関係、チーム、組織、社会というあらゆるレベルに当てはまるのである。

この変化の急な経済の下、持続的に結果を出そうとビジネス・モデルの変革、コスト構造の削減、人員整理を迫られた企業を私は数多く目にしてきた。そして、その過程で一部の企業は、解雇した人間だけでなく、会社にとどまって解雇された人たちの行く末を見た社員たちの信頼も失うという、莫大な税金を背負ってきた。

その一方で、逆に信頼を築いてきた卓越した企業もある。私がかつて助言を行なった会社の例を紹介しよう。その会社は市場に適応し、成長力を維持するため、苦痛を覚悟の上で徹底的な改革を断行する必要があった。さまざまな経費削減に努めたものの、赤字から脱却するためには大規模なリストラが避けられなかった。会社側は、社員に実情を率直に説明して誠実に対応した。解雇しなければならない者に対して手厚い解雇手当や再就職支援などの気遣いを示した結果、彼らのみならず、会社にとどまる者たちの信頼も高まった。同じリストラでも、すべての社員に心遣いと思いやりを示そうという会社側の信念が全員に伝わったのである。

忘れないでいただきたい。「結果」は必ずしもお金で測れるとは限らないのだ。しかし、何を分析するにしても、信頼の税金や配当を無視すると結果を歪めることになる。大事なのは目先の取引ではない。将来いっそう大きな結果を達成できるような取引を通じて信頼性や信頼を築くことこそが、何よりも大切なのである。

◈何をもって「結果」とするか

私はかつてウォール街で働いていた頃、「結果」とは最終損益であり、結果と信頼性は必ずしも結び付かないという残酷な現実を学んだ。高い業績を安定的に出している企業であっても、それが四半期の一回でも途絶えると、しかもわずかな額であっても、それまでの結果が帳消しにされてしまうことがあるのだ。将来の予測がつかないと見られると、状況はさらに悪化していく。

だが、ウォール街を離れた私は、「結果」を時には別な見方をしてみるのも面白いことに気づいた。ロバート・S・キャプランとデビッド・P・ノートンは共著書、『バランスト・スコアカード ― 新しい経営指標による企業変革』（吉川武男訳、生産性出版）の中で、利害関係者は多様であり、財務成績の持続可能性を測る指標もさまざま存在すると指摘している。その際に忘れてはならないのは、先ほど述べた信頼の税金や配当だ。その効果や悪影響を考慮しないで何かを行なえば、その結果を正確に把握できないからである。

もう一つ考慮すべきことは、結果というものをどう定義するかだ。何でも適切に行なえる人、つまり誠実さ、良い意図、力量を備え、何でも原則に則った方法でやれる人であっても、事業に失敗したり、夫／妻に逃げられたり、子供が非行に走ったり、津波やハリケーンに襲われて財産を家もろとも失ったりすることがないとは言えない。人の力がどうしても及ばないこともあるわけで、「結果」を自分が考えていたものとは違うふうにとらえなければならない時がある。例えば、こんな具合だ。

確かに自分の会社は今苦境に立たされている。だが、自分は何を発見しつつあるか。どんな強みを身につけつつあるだろうか。将来に向けてどんな力量を高める必要があるか。

確かに自分は結婚に失敗した。だが、その結果はどうか。何を学んだだろう。自分は最善を尽くしたか。誠実に対応してきたか。その結果、人間的に成長し、逞しくなっただろうか。自分の行動は子供たちの手本になっているか。

今度の災害で、確かに自分は家も事業もすべて失ってしまった。だがその結果、何か新しい機会を得ただろうか。自分の才能や能力を活かして成果を生み出す、もっと良い方法はないか。人と協力して立ち直ることを可能にするような有効な強みが自分には何かあるか。

思うような結果が得られていないと感じるときでも、好ましく、しかも長期的にもっと重要と思われる結果を自分で認識し、定義し、評価すると、自分自身の信頼や自信を高める上で大いに効果がある。

私は以前、フラッグ・フットボール（アメリカンフットボールの危険な要素を排除して考案されたスポーツ）のリトルリーグを九年間指導した。そのとき気づいたのだが、親やコーチたちが勝利だけを追求すると子供たちに決して良い影響はもたらさない。特にその年代ではもっと重要な結果が他にあるはずだ、と私は思ったので、教えていた子供たちと一緒に六つの目標を考えた。

一．一生懸命プレーする。
二．プレーすることを楽しむ。
三．フェアに戦う。
四．チームワークを大切にする。
五．プレーする中で何かを学び取る。
六．勝利を目指す。

このリストで、「勝利」が最後の項目に挙げられていることにお気づきだろう。たとえ試合には負けても、良い結果、賞賛すべきことはたくさんあったのだ。そして、そうした結果は認めてあげる価値のあるものだった。あの子たちの一生の財産になるのだから。

逆に、すべて望みどおりのように見えて、実際はそうでない夫婦や家族もある。利益を出し順調なようだが、実情は違うビジネスや企業もある。全教科「A」を取りながら、本当の意味の教育は何も受けていない学生もいる。自分自身のことでも、また他者のことでも、結果の定義や評価をうわべだけでしないように注意しなければならない。そして、評価する立場に立ったときは、過去のパフォーマンスをもとに将来の結果を予測する賢明さが求められる。有価証券の説明文書にも書かれている。「過去の実績は将来の結果を保証するものではありません」と。

ウォール・ストリート・ジャーナル誌でこのような話が報じられた。ミッドアメリカン・エナジー社のデビッド・ソコルCEOは、親会社であるバークシャー・ハサウェイのCEO、ウォーレン・バフェットに悪い知らせを届けなければならないことがあった。アイオワ公益事業は亜鉛事業の失敗により、約三億六，〇〇〇万ドル相当の債権を帳消しにせざるを得ない状況に追い込まれていた。首を覚悟していたソコルにバフェットが言った言葉はまったく意外だった。「デビッド、人間誰でも間違いはある。間違いが許されないとしたら、意思決定なんかできないだろう。私なんか、もっとひどい間違いをしたものさ」二人の話はわずか一〇分で終わったという。

ビジネス、人間関係、家族、個人的な事柄において、自分の間違いを教訓にして自分を変えていく人間の力量を認識するという賢い方法がある。安心してそれができるような文化を構築することも必要である。透明性の高い学習と成長の文化は大概、目の前の結果が思いどおりではないときでも信頼性や信頼を生み出すものなのだ。結果を追求するといっても大事なのは成長することであり、成長はリスクを伴わずにはあり得ない。いつも過去の目に見えるパフォーマンスだけに基づいて判断したり、チャンスを与えたりしていると、将来素晴らしい結果を出す能力の芽を摘むことになる。

最後に、結果を出そうとしている他者をサポートする役割を意識し、その意義を正しく評価することも必要である。実際には、結果は、一人の人間、あるいは一つの組織の力だけで生み出されることはなく、多くの人や組織の努力の賜物なのだ。自然科学の世界がその好例だろう。新しい「発見」の多くは明らかに、過去の研究や、時には間違いから生まれている。バスケットボールや野球などのスポーツでも、スコアラーたちは得点だけでなくアシストや犠打も評価する。結果を出すことにおけるサポート役の重要性を理解し、正当に評価することにより、自分の貢献のみならず、他者の貢献も尊重できるようになるのである。

◇結果を伝える

私が一〇代の頃に働いた会社では、いくつかの条件をクリアしないと昇進の検討対象にしてくれなかった。面白い仕事であり、成績を上げたいと思った私は、前もって十分練習をしておき、入社一日目に条件をクリアした。後で分かったことだが、そこでの私の初日は上司にとっても最初の日だった。新任の上司はいろいろな新しいことに気をとられていて、私が条件を満たしたことに彼は気づかなかった。

それからの八カ月間というもの、他の人たちは昇格していく中で、私だけはどんなに頑張っても駄目だった。私は合点が行かなかったが、何も言わず、さらに一生懸命働こうとした。ついに、このリーダーが私に言った。「スティーブン、私には分からないな。君は仕事がよくできるし、他のこともすべて問題ない。そんな君が何でこれらの条件をクリアできないのかなあ。他の人たちを管理するポストに就けてあげたいと思っているのに」

私はショックの余り叫んだ。「えーっ、僕は条件をクリアしましたよ。それも、入社した初日に」もし彼がそれに気づいていたらどういう状況になっていたか知り、我々は二人とも驚いた。私は結果を出したのだが、それがきちんと認識されなかった。その結果、私自身、私の信頼性に対する彼の見方に狂いが生じていた。ところが、私の出した結果に気づき、それまでの数カ月間で得た少ない機会を活かして出した結果も考え併せたとき、彼の見る目が一変した。私は大いに信頼され、私はより重要な貢献ができるようになったのだった。

他者に信頼感を与えるためには、結果さえ出せばよいというのではない。その結果に人々が気づいてくれなければ無意味なのだ。従って、結果を他者に上手に伝える能力が重要なのである。

◈どうしたら結果を改善できるか

自分自身に対しても、また他者に対しても信頼性や信頼を確立しようと思ったら結果が重要だと述べてきた。では、自分の結果を改善するにはどうしたらよいだろうか。私が最も効果的と思う促進手段を三つ紹介しよう。

一・結果に責任を持とう

成功の真の鍵は、「何をしたか」ではなく、「どんな結果を出したか」だ。これは、私が七歳のときに父から学んだことである。庭をクリーンでグリーンに保つことが君の責任だ。父は私にそう言った。週に二回芝生に水をやれとか、土曜日に草を刈れとか、ごみを拾ってごみ箱に入れろなどとは言わなかった。庭をクリーンでグリーンに保つ方法については、一切私に任せたのだ。要は、私が父に報告するときは、結果を説明しなければならないということだった。

私は生まれてこの方、いろいろなことを学んできたが、何をしたかよりも、どんな結果を出したかのほうが大切だという父の言葉は、私にとって最初の重要な教訓だった。こうしたやり方は独創性を解き放つ。ある方法で結果が出なかったら、別の方法を試みればよい。ただダラダラとやって、「言われたとおりにしたよ」などと泣き言を言ってはいけない、ということを教えてくれる。私個人のことで言えば、同僚たちと仕事をしたり子供たちと向き合ったりする際に必要な、創意工夫の能力を引き出してくれたように思う。

下に示す表で、左右の言葉を比べてみてほしい。

行動	結果
お客に電話で売り込んだ	実際に買ってもらった
調査して報告書を書いた	承認を得た
その授業を受けた	効果的なプレゼンテーションができるようになった
ダイエットを続けた	体重を六キロ近く減らした
やってみた	「やるかやらないかのどちらかだ。やってみるなんてない」 — スターウォーズのキャラクター、ジェダイ・マスターのヨーダ

結果重視は一つの考え方であり、行動重視とは異なる。ソニーの大曽根幸三は、小さな木の切れ端を部下のエンジニアリング・チームのところに持って来て、このサイズの携帯用ステレオを作りたいと言った。そこから誕生したのが、あのウォークマンだ。トム・ピーターズは著書、『経営革命』の中で、かつてクライスラー社の会長とＣＥＯを務めたリー・アイアコッカが同社の製品ラインにコンバーチブルを加えようとした経緯を紹介している。

> 彼［アイアコッカ］は、手順書に則って部下のチーフ・エンジニアにモデル製作を命じた。そのエンジニアは業界標準に沿って答えた。「承知しました。九カ月で試作品をまとめられます」その場にいた者数人の報告によると、アイアコッカは激怒して言ったという。「君らは全然分かっていないな。車を見つけて、屋根を切り取ってしまえばいいんだ！」と。

アイアコッカは間もなく試作品を受け取り、それが後に大ヒット商品となった。ソニーのウォークマンもクライスラーのコンバーチブルも、開発の焦点は過程の行動よりも結果にあったのだ。

結果に責任を持つという考え方には、結果とそのための行動を区別することのメリットに加え、良い点がもう一つある。この章で何度も強調してきたが、結果を達成すると信頼性や信頼が築かれる。ところが、良くない結果であっても、さらにそれが自分の落ち度によるものではなくても、結果に責任を持つだけで信頼性と信頼が増すのだ。

一九八二年、毒物が混入されたタイレノールという解熱鎮痛剤を飲んだ七人が死亡するという事件が米国で起きた。あの時は国民全体がパニックに陥り、製造元であるジョンソン・エンド・ジョンソン社は、この名前の商品を二度と販売できないだろうと一部で噂された。ところが、ジョンソン・エンド・ジョンソンはこの状況に対して責任を取った。まず、毒物混入の範囲が明らかになるまでタイレノールを服用しないよう、消費者に直ちに警告を発した。そして、小売価格で一億ドル以上に相当するタイレノールの瓶約三、一〇〇万本を回収した。また、販売済みのタイレノール・カプセルをすべて錠剤と交換すると発表した。これにはさらに何百万ドルもの費用を要した。さらに、犯人捜しに協力するとともに、犯罪の再発防止の観点から警察当局とあらゆるレベルで緊密に連携した。犯人に一〇万ドルの懸金をかけた。そして、同社がこの商品の販売を再開したとき、三重包装によって不正開封を防ぐ措置が新たに講じられた。ジョンソン・エンド・ジョンソンはこうした策を通じて信頼性と社会的信頼を取り戻し、災いを福に転じたのである。

興味深いことに同社のこの意思決定の根拠は、半世紀にわたって会社を率いたロバート・ウッド・ジョンソンが一九四〇年代半ばに定めたクレドにあった。その価値観は明確で、「相互利益」の精神が貫かれていた。ある評論家はこんなことを言っていた。

> ジョンソンは、「消費者、その製品を使用する医療関係者、社員、彼らが働き生活する地域社会、および株主」に対する会社の責任を明確に打ち出した。もし会社がこれらの責任に対して忠実であり続ければ、自分のビジネスは長期的に繁栄するだろうと確信していた。自分の信条は高潔であるのみならず、利益にもつながると彼は感じていたのである。

そして、実際にそうなったのだ。相互利益を重視し、良くない結果に対しても、さらに自分たちに落ち度のない結果に対しても責任を持つことによって、同社は信頼性と信頼を回復することができたのである。

「我々は最善を尽くしている」と言ったところで意味はない。必要なことを確実に実行することが必要なのだ。

——ウィンストン・チャーチル

二、成功できると信じよう

ギリシャ神話の中に、キプロスの王、ピグマリオンが大理石に理想の女性像を彫るという話がある。王はその女性をガラテアと名付けた。彼女はとても美しく、王は恋に落ち、彼女が本物の人間だったらと強く願った。そして、女神、ヴィーナスの力を借りて、像に命を吹き込むことに成功した。そして、二人はその後ずっと幸せに暮らしたという。

　この古代神話は、信じて期待することの凄さを示すのに使われるようになった。この現象は一般に「ピグマリオン効果」と呼ばれるが、「ガラテア効果」、「ローゼンタール効果」などという呼び方もある。自己達成予言、積極的な自己期待、信頼性、楽観主義、単なる信頼などと言ってもいいだろう。現代では、ミュージカル『マイ・フェア・レディ』でよく知られるようになった。ある言語学教授の期待が触媒となって、ロンドンの下町訛りを持つ花売り娘をレディに仕立て上げるという、現代版ピグマリオン物語だ。

それは要するに、人は自分自身や他者に何かを信じて期待していると、それを手にできるということだ。そして、多く期待すれば多く得られ、少ししか期待しなければ少ししか得られないというわけだ。

こうした現象は、ロバート・ローゼンタール博士が一九六八年に行なった実験で明らかになった。博士は実験対照群の生徒たちを教える教師たちに、実際は無作為に選んだにも関わらず、ＩＱテストの結果から成績が伸びそうな子たちを集めたと偽りの情報を与えた。数カ月後にテストしたところ、対照群の生徒たちの成績は他の子たちをある程度上回った。生徒に対する教師の高い期待度が、生徒の学力向上となって現われたわけだ。

私たちの人生でも、成功したいと思っているとその可能性が高まる。それによって、良い結果を得やすくなるのだ。そして、結果が改善すると私たちの信頼性や自信が強まり、それがより積極的な自己期待と、さらに多くの成功をもたらし、上向きの循環が続いていく。それが自己達成予言となるのだ。

ハーバード・ビジネススクールの教授で、作家でもあるロザベス・モス・カンターによれば、「信頼は好ましい結果に対する積極的な期待から成る。成功が成功を生むのだ。なぜなら、四つのレベルにおいて信頼を生み出すからだ」一つ目のレベルは「自信：高い期待の情緒傾向」であり、二つ目は「お互いに対する信頼」であると彼女は言う。

従って、結果を高めたいと思うのであれば、成功を信じて期待することが大切になる。それは自分自身に関してだけでなく、チームについてもそうなのだ。ただし、手段は選ばなければならない。他者を踏み台にしたりせず、他者と力を合わせて行なうのだ。自分の成功を期待し、他者の成功も期待することは、実際に成功を手にする上で必要不可欠な手法なのである。

三、最後の一頑張りをしよう

私の息子のスティーブンはフットボールが得意で、高校ではクラブのキャプテンをしていたが、ある年、バスケットボールをやりたいと思うようになった。それでチームを作ったが、残念ながらバスケットに関しては並みのレベルで、一年の大半は控えの選手だった。シーズンが終わる一カ月前、息子は肩を痛め、その年はもうプレーできないと医者から告げられた。それを聞いて息子がまず考えたのは、チームを去ることだった。自分は怪我をしてプレーできない。だから、チームにとどまる理由はないと考えたのだ。

だが、私と妻のジェリは考えが違った。我々にとっては、一つの原則が関係していたのだ。スティーブンはチームの一員であり、チームはまだプレーしていた。息子がプレーするかしないかは関係なく、チームは彼のサポートを必要としていると思ったのだ。

最初、息子は我々の意見に対して不服だった。時間の無駄というのが息子の言い分で、何と親の一番の「弱点」を突いてきた。「だけどパパ、その分『勉強』がはかどると思うけど」だが結局、息子は頑張り通し、シーズンが終わるまで練習の手伝いをしたりしてチームをサポートした。そして、コーチやチームメイトたちから感謝されたのだった。

息子は高校の卒業式の後で行なったスピーチでコーチたちに謝意を述べるとともに、スポーツが自分に二つの素晴らしい教訓を与えてくれたと告白した。一つは勤勉、もう一つは最後の一頑張りをすることの大切さだった。そして、息子がその後にやったことすべてにこの教訓が活かされたことは間違いない。

結果とは要するに、やり遂げるということだ。「始める人は多いが、やり遂げる人は少ない」というこの古い諺をご存知だろうか。今日の社会は、挫折する人や途中ですぐに放り出してしまう人が増えているように思われる。仕事が長続きしない人、物理的にも経済的にも子供を捨てる父親、離婚する夫婦、高校すら卒業できない若者の数の多さが、形勢が困難になるとすぐに投げ出してしまう傾向の広がりを表わしている。もちろん、こうした途中放棄の判断がベストの選択というケースもないわけではない。だが、大概はしかるべき理由もないまま、最後の一頑張りをする気力やスタミナが失せてしまうのだ。

最後の一頑張りをすることが、簡単にあきらめてしまう風潮に対する強力な解毒剤となることは間違いない。だが、最後の一頑張りが信頼性や信頼に与える効果はさらに大きいということを考えたことがあるだろうか。

私は、できるだけ最後の一頑張りをすることをモットーにしている。マラソンのトレーニングをしていた私のある同僚が、世界的ランナーからもらった素晴らしい助言を教えてくれた。「壁にぶつかり、もうこれ以上は無理だと感じたとき、疲れたと思ってゆっくり走るのではなく、顔を上げてペースを上げろ」そんなこと、とても自分には無理、と思う人も多いだろう。だが、よく考えてみると、実に的を射た言葉なのだ。ペースを上げることによって、自分はただやり遂げるだけではない。ラストスパートをかけて終わるんだ、と自分に言い聞かせることになるからである。

◈「信頼性の四つの核」のまとめ

この章は、「自分自身の信頼」という第一の波がテーマであった。「信頼性の四つの核」、すなわち私たちが自分自身を信頼し、他者に信頼される上で必要な人格と能力について見てきた。誠実さを高め、意図を改善することによって人格を築く方法、また、力量を上げ、結果を改善することによって能力を築く方法について述べた。こうしたことをする中で、人は信頼性を築き、信頼感を与えるのである。

既に述べたとおり、私の会社で提供している「スピード・オブ・トラスト」というセミナーで、受講者と一緒に行なう演習がある。三六〇度信頼フィードバック・ツールを配布し、上司、同僚、部下など彼らが名前を挙げる人たちの意見を求める。その後、結果を回収し、別の会社が分析にかける（我々は一切それを見ない）。この結果についてコーチと面談し、希望者にはグループで話し合う場を設ける。多くの人は、自分がこの「信頼性の四つの核」に関して他者からどう見られているか知って非常に驚く。

最近のセミナーで、あるＣＥＯがこんなことを言った。

私は自分自身をとても厳しく評価しているつもりであり、自分はかなり上手く結果を出していると思っていました。ところが、「結果を出していない」と彼らから指摘され、冷や水をかけられた感じでした。私の会社はとても順調ですが、もし自分が彼らの意見にもっと耳を傾け、一歩退き、マイクロマネジメントをやめたら、また出しゃばって口出しするのをやめたら、会社はどれだけ成長できるかということに気づいたのです。

また、ある非営利組織のリーダーはこう言った。

私が本当にショックだったことの一つは、自己中心的だと書かれたことでした。「えーっ、私が自分勝手だって? そんなこと、誰が言えるのだ」と思いましたよ。ところが、コーチと面談し、いくつかの問題について話し始めたとき、気づいたのです。「言われてみると、私は身勝手なのかもしれない。何かにつけて言い訳をしたがるから。そこを変えないといけないんだろうな。『おい、これは我々全員の勝利だ』って皆に思ってもらえるようにね」

あなたはひょっとして気づいていないかもしれないが、あなたの周囲の人たちは「信頼性の四つの核」に注目している。彼らはあなたの信頼性と無関係ではないのだ。従って、他者を理解すると、あなたは意識の能力を身につけることになる。それはちょうど、信頼メガネをかけるようなものだ。メガネをかけると裏に隠れているものまで見通すことができ、特に自分、または他の人がなぜ信頼されるのか、あるいは信頼されないのかが分かるようになる。また、信頼を高めるために自分は何ができるか、自分の組織の人や家族たちが信頼を高められるよう、どんな手助けが可能かを正確に見つけられるはずである。

Ⅲ

第二の波 ―
人間関係の信頼

The Second Wave — Relationship Trust

行動の原則

第二の波、「人間関係の信頼」では、行動、それも一貫性のある行動がテーマとなる。

信頼を高めるように他者と関わり合い、信頼を壊すような関わり合い方をしないためにはどうしたらよいか。

そこで必要になるのが、世界中の信頼されるリーダーの人たちに共通して見られる「信頼されるリーダーの一三の行動」である。この行動がなぜそんなに強力なのか、その理由は以下の通りだ。

信頼関係を支配する原則に基づいている

一時の流行やテクニック、さらには慣

習などではなく、時代を超えて繁栄している文明において有効性が証明されている永続的な原則に基づいている。

「信頼性の四つの核」から生み出される

人格面でも能力面でも個人の信頼性に基づき、見せかけの姿ではなく真の姿から流れ出る。

実用的である

すぐに実践できる。

普遍的である

上司、同僚、仕事上のパートナー、顧客、夫／妻、子供その他の家族、友人など、あらゆる関係において実践できる。また、ビジネス、政治、教育、医療、非営利など組織の種類を問わず、さまざまな文化への応用も可能である（文化への具体的な応用の仕方は異なるが）。

この「信頼されるリーダーの一三の行動」を実践すれば、私生活であれ職場であれ、あらゆる関係において信頼を築く能力が飛躍的に向上するはずである。

3-I 信頼されるリーダーの一三の行動

自分の行動が作り出した問題はなかなか克服できない。

――スティーブン・R・コヴィー

確かに。だが、自分の行動が作り出した問題でも、行動を改めれば問題を克服できる。しかも、思ったよりも短期間で。

――スティーブン・M・R・コヴィー

私と妻のジェリは結婚して数年後、ボストンに引っ越し、そこで私はビジネススクールに通った。息子のスティーブンは当時一歳だった。ある週末、私の両親が飛行機で我々を尋ねてきた。両親は我々をバイキング形式ディナーに連れ出した。彼らに会えたうれしさから、私の脳裏に子供時代のことが蘇った。私は皿に手早く料理を取ってきて席に座り、両親と思い出話に花を咲かせた。ところが、そうしている間、私は妻のことをほとんど忘れていた。妻は一歳の息子とおむつ用バッグを重そうに抱えながらまだ列に並び、自分と息子の皿に料理を取ろうとしていた。ようやく彼女も席についたが、その晩はずっと子供の世話に追われ、口数が少なかった。

家に戻ったとき、私は満足そうにため息をつき、「お父さんたちが来てくれるとうれしいね」と言った。それから彼女のほうを向き、「愛してるよ」と言った。

ところが彼女からは、「いいえ、愛してなんかいないわ」という返事が返ってきた。

驚いた私は、「もちろん愛してるさ！」と言った。

「いいえ、うそよ。フレディ！」

「フレディ？　フレディって誰だい？」と私は叫んだ。

「マイ・フェア・レディに出てくる男よ」ちょっと軽蔑したように彼女は答えた。「口では愛してるって言うけど、実際は何もしない人よ」

「何だって？」私はあっけに取られて言った。「一体何を言いたいんだい？」

彼女はまっすぐ私の目を見た。「今夜、あのレストランで、あなたは何も気遣ってくれなかったじゃない！　私はあの子のお皿に料理を取って食べさせたり、あやしたり、ずっとスティーブンの世話をしていたのに、あなたはお父さんたちと楽しそうに話をすることしか頭になかったわ。全然助けてくれなかったじゃない。だから、フレディなのよ！」

彼女はそう言って、『マイ・フェア・レディ』の主人公であるイライザがフレディに対して、やや軽蔑の気持ちを込めて歌った、「空に燃える星の話より胸に燃える火を見せて」という歌詞を私に聞かせた。イライザにとって言葉はどうでもよくて、行動で示してほしかったのだ。そして、ジェリもそうだった。

その晩の自分の態度を彼女の側から見つめ直してみて、私はぞっとした。彼女の言うとおりだった。私は本当に無神経だった。私はもっと気遣い、気づくべきだった。言葉だけでなく、行動で彼女への愛を示すべきだったのだ。

人はあなたの言葉に耳を傾けはしない。あなたの行動を見ているのだ。

――作者不詳

◈重要なのは行動

個人的関係であれ仕事上の関係であれ、人の行動というのは実際、言葉よりもはるかに大きな影響力を持つ。ある人を愛していると口で言うだけなら簡単で、その気持ちを行動で示さないと、その言葉は空しいものになってしまう。Ｗｉｎ－Ｗｉｎの交渉をしたいと口で言うのは簡単だ。しかし、本気でそう思っているということを行動で実証しないと、不誠実と受け取られるだろう。「我が社は顧客第一主義である」とか、「社員が最も大切な資産だ」などという言葉をよく耳にする。ルールを順守しているとか、非倫理的行為はしないとか、信頼性を尊重し、約束を守り、結果を出すなどと言うのは簡単だが、実際に実行しなければ、その言葉は信頼されないはずだ。むしろ、信頼を壊すことになるだろう。

良い言葉にはそれなりの意味がある。行動の兆候であり、意図を鮮明にし、大きな希望を生み出すことができる。そして、そうした言葉の後に有効な行動が続くとき、信頼が高まるのだ。それも、時に劇的なほどに。だが、行動が伴わなかったり、言葉とは違う行動をしたりすると、言葉はその存在意義を失うのだ。

信頼は行動を通じて確立される。

――ハンク・ポールソン（ゴールドマン・サックス社会長兼ＣＥＯ）

この章では、世界の信頼される人やリーダーたちの一三の行動を紹介する。これらの行動は、信頼関係を支配する原則に基づいたものであるため非常に効果がある。また、「信頼性の四つの核」から生み出されるので、実用的かつ普遍的だ。その上、調査や実体験を通じて実証されていることもお分かりいただけるだろう。

これらの行動の中には、既にあなたが実践し、そこから生まれる高信頼配当を手にしているものもあるに違いない。だが、まだ実行していなくて、税金を支払っているものもあるのではないだろうか。この後の章でこれらの行動について説明していく。その中から、あなたにとって最も効果的と思われるものを選んでいただければよい。

ただし、その前に重要な点をいくつか確認しておきたい。理解を深め、行動があなたの状況に応用する際に役立つと思うからである。

◇行動は変えられる

行動は変えられない、と言う人もいる。だが、人は行動を変えることができ、そして、時には劇的なほどに行動を変えていること、また、それによって驚くべき効果が得られることを示す明確な証拠がある。

アンワル・サダトを見てみるとよい。彼は自分の反イスラエルの行動を一変させ、長年敵対してきたエジプトとイスラエルを和平交渉のテーブルにつかせたではないか。ネルソン・マンデラを見てほしい。かつてアフリカ民族会議（ＡＮＣ）の武装勢力を率いていた彼は、非暴力、寛容、協力という比類なき精神で祖国に劇的な変革をもたらしたのだ。自分が親から受けた虐待を子供たちに引き継がせないよう、虐待の遺産を愛の遺産へと変える、「流れを変える」人とも言うべき多くの親たち。アルコールやドラッグの更生プログラムを見事やり抜いた人たち。あなただって例外ではないはずだ。これまでの人生を振り返ってみていただきたい。自分自身の行動を意識的に変えようとしたことが、そして見事成功したことがあったのではないだろうか。

行動を変える人と変えない人の違いは、抗えないほどの強い目的意識を持っているかどうかにある。信頼の構築を通じて結果を達成することを目的としていると、信頼を築くという行動がもはや単なる「すべきこと」ではなくなる。豊かで満足できる人間関係、協力と成果の共有、平凡な楽しみをよりいっそう享受するための強力な手段になるのだ。

近年、「パラダイム・シフト」の重要性が認識されつつある。すなわち、物の見方や考え方を変えて、行動を大きく変革するということだ。本書はあなたが信頼に関して有意義なパラダイム・シフトを実現する上で、役に立てていただけるはずだ。

それと同時に、この本はあなたが大きな「行動シフト」（物の見方や考え方を実際に変えるような行動の変革）を起こすのにも役立つものと期待する。私は、ジョージ・クレイン牧師がしてくれた話が気に入っている。ある日彼のオフィスに一人の女性が入って来た。彼女は夫に腹を立てていて、ただ離婚するだけでは気がすまず、夫を懲らしめてやろうと考えていた。牧師は彼女に言った。「家に戻ったら、本当にご主人のことを愛しているかのような行動をとりなさい。ご主人があなたにとっていかに大切か話すのです。良い所を見つけては、一つひとつ褒めてあげてください。できるだけ優しく、思いやり深く、寛大な態度で接するのです。できる限りのことをして喜ばせ、ご主人との生活を楽しむのです。あなたがご主人を愛していると思い込ませるようにね。あなたの永遠の愛と、彼なしでは生きていけないという気持ちをご主人に分からせたら、爆弾を落としてやりなさい。別れてほしいと言うのです。そうしたらご主人は参ると思いますよ」これはいい考えだ、と思ったその女性は、夫のことを本当に心の底から愛していると思い込ませる作戦を開始した。そのために、毎日思いつく限りのことをした。ところが数カ月が過ぎた頃、彼女は自分が本当に夫のことを愛していることに気づき、驚くこととなる。何を隠そう、彼女は自分の行動で愛を蘇らせたのである。

この話の教訓は、思いやりに欠ける人が思いやりの心を持ちたいと思ったら、思いやりのある行動をすればよいということである。正直でない人が正直になりたかったら、正直に行動するのだ。思いやりのある人や正直な人の行動を真似るのだ。そのような行動を実践していると、時間はかかるかもしれないが、なりたいと思う人物に自分を変えていくことができるのである。

◇信頼口座を築く

信頼を築く行動を身につけようとする際、「信頼口座」という形で定量化して考えると分かりやすい。信頼を築くような行動をすれば、口座に預け入れすることになる。信頼を壊す行動なら、引き出しとなる。ある時点における人間関係の信頼の量は、口座の「残高」として表わされる。

このように「信頼口座」に例えるといろいろ便利な点があるが、中でも著しいのは、信頼について語るための伝達手段を与えてくれることだ。また、以下に述べるような重要な事実を知る上でも有効である。

信頼口座は一つひとつに特徴がある

私が三歳の娘に対して持っている口座と、一九歳の息子に対して持っている口座では大きな違いがある。三歳の娘は言葉には出さないものの、私のことを信頼してくれているようだ。ところが、一九歳の息子のことを考えると、私の脳裏にいつもマーク・トウェインの次の言葉が浮かんでくる。「私は一四歳の頃、あまりに無知な父親が許せず、近寄ることすら耐え難かった。だが、二一歳になったとき、七年間で彼が実に多くを学んだことを知って驚いた」こうした特徴を認識しておくと、それぞれの口座の残高を増やしやすくなるのだ。

預け入れや引き出しの額はいつも同じとは限らない

自分にとっては些細なことが相手には意外なほど大きな額になることがよくある。米国南東部の海岸地帯がハリケーン・カトリーナに襲われたとき、ある仕事上のパートナーが、島からの避難を余儀なくされたあるクライアントに、簡単なお見舞いの電子メールを送った。彼女の無事を祈っていること、そして彼女が自宅に戻れたら連絡させてもらうという内容だった。彼女は後に彼にこう語っている。「あれは、私の家族以外からもらった唯一のお見舞いでした。本当に嬉しかったです。ありがとうございました」そうかと思えば、家族の誕生日や、さらにひどい場合は自分の結婚記念日を忘れるとか、「ありがとう」とお礼を言わないとか、礼儀や慣例を無視するとかといった小さなことでも、人によっては、莫大な額の引き出しとなる場合がある。自分は「預け入れ」のつもりでも、相手はそうとるとは限らない。

例えば、私があなたとあなたの共同経営者をディナーに誘ったとする。私はこれを預け入れだと思っても、あなたにとっては引き出しになる場合がある。あなたは仕事関係の人と外で食事をするのが好きでないかもしれないし、あるいはダイエット中とか、その晩は家で過ごしたいなどと思っているかもしれない。でも、私が気を悪くすると困ると思い、無理やり誘いに応じたりすることがあるだろう。また、あなたの功績を人前で褒めることを私は預け入れと考えるかもしれない。ところが、あなたは自分の功績に触れられたくないと思っていたら、あなたにとっては引き出しとなるだろう。忘れないでほしい。信頼を築こうと思ったら、相手の人にとって何が預け入れとなるのかを知らなければならないのだ。

引き出しは通常、預け入れより多額になる

ウォーレン・バフェットはかつてこう言った。「評判を確立するには二〇年かかるが、評判を壊すのは五分もかからない」引き出しは一般に、預け入れの一〇倍、二〇倍、いや一〇〇倍もの影響を及ぼす可能性がある。中には影響が余りに強すぎて、口座が跡形もなく消え去ってしまうケースもあるほどだ。私は以前、こんな例え話を聞いたことがある。信頼の預け入れは、大きなバケツに一滴ずつ水を垂らしていくようなものである。それに対して引き出しは、特に多額になると「そのバケツを蹴飛ばす」ようなもので、たった一つの行動によってすべてを失ってしまうというのだ。

手っ取り早く信頼を築くには、引き出しをやめるのが一つの方法である

コヴィー・リーダーシップ・センターは、その再建という任務を私が引き受けた時点で五つの事業部

門があり、そのうちの四つは黒字だった。残る一つは赤字で、私は自分の時間の二〇%をそこに費やしていたが、その売上はわずか二%にすぎなかった。この部門は社内のリーダーたちの一部に人気があったが、会社全体の利益を改善するには、黒字四部門をもっと伸ばすことを考えるよりも、この部門を切り捨てるのが一番速いと私は考えた。実際にその部門を売却したところ、会社の再建と、取引銀行などとの信頼を回復する大きな効果があった。この経験が物語るように、パフォーマンス（このケースでは信頼）のレベルを引き上げるためには、推進力の強化もさることながら、抑制力を取り除くことも必要なのだ。それを怠れば、片足をアクセルに乗せ、もう片足をブレーキに乗せて車を運転するようなことになる。結果を達成する最大の近道は時に、思い切ってブレーキから足を離すことなのである。

人間関係ごとに二つの信頼口座を持つ

ある人間関係における信頼の量は、自分の見方と他者の見方で異なる可能性がある。従って、一つではなく二つの口座があるつもりで人間関係を考え、それぞれの口座の残高に注意を払わなければならない。携帯電話に電波の受信状態を表示するマークがあるように、人間の頭上に人との関わり合いがどう影響したかを示すマークが表示されたら便利ではないかと思う。預け入れとなったか、引き出しとなったか、さらにはその残高がわかるからだ。ただし、こうした表示がなくても、相手にとって何が預け入れとなり、何が引き出しとなるかを理解し、常に信頼を築けるよう誠実に努力するのが最善と言える。

事実など存在しない。ただ解釈があるのみ。

——ノリードリッヒ・ニーチェ

◈忘れてならないこと

「信頼されるリーダーの一三の行動」について見ていくのに先立ち、その理解と実践に役立つ点をいくつか説明しておきたい。

第一に、この「信頼されるリーダーの一三の行動」はすべて、「信頼性の四つの核」の人格と能力の両方の要素が組み合わされる必要がある。最初の五つの行動は初め人格から生み出され、次の五つは能力から、そして最後の三つは人格と能力をほぼ半分ずつ使って生まれるのだ。これがなぜ重要かと言えば、人格から生まれる行動に背くと信頼を最も低下させ、能力から生まれる行動を実践すれば信頼を最も増やすからである。

第二に、一度効果があると、ついそれをやり過ぎてしまいがちだが、これらの行動についてもその恐れがある。そして、度を過ぎると、せっかくの強みが弱みになってしまうのだ。これから行動の一つひとつについて見ていく際、次のグラフを頭に入れておくと分かりやすいだろう。「信頼性の四つの核」を活用し、判断力を強化することにより、それぞれの行動について曲線の「スイート・スポット」をと

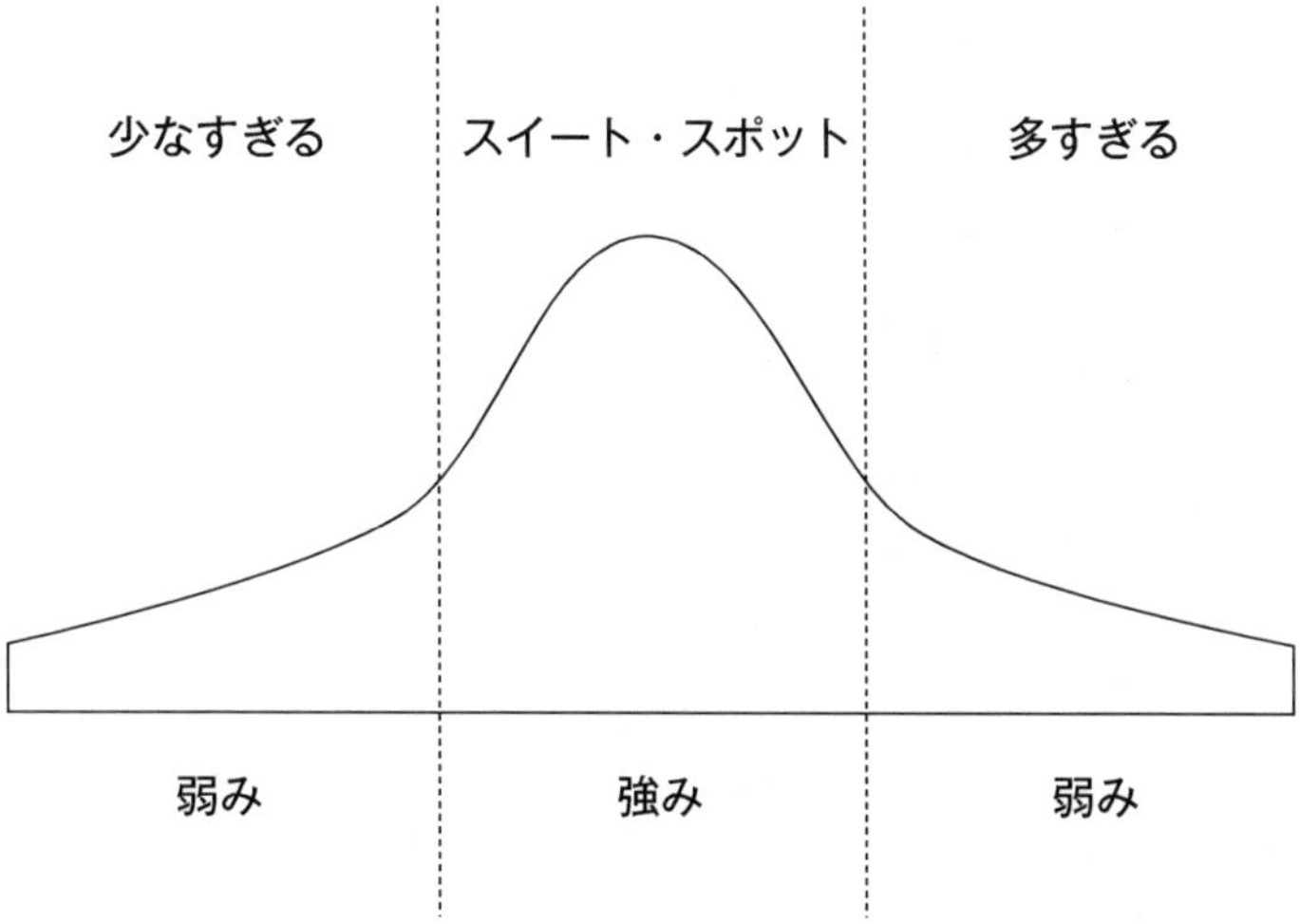

らえる方法を具体的に示していくつもりである。

第三に、バランスをとるためには、これら「信頼されるリーダーの一三の行動」を同時に実践する必要がある。例えば「率直に話す」という行動は、「他者を尊重する」という行動とのバランスが欠かせない。つまり、いくら率直に話すべきとはいえ、相手の人間的価値、考えや感情をあからさまに無視するほど無神経ではならない。

第四に、それぞれの行動について、その根底にある原則を示していく。また、それぞれの行動の逆と偽物も示すつもりだ。こうした逆の行動や偽の行動は気づかれないことが多いが、これらが最大の引き出しを生む原因なのである。

第五として、各章の終わりで「信頼のヒント」を紹介する。そこには、あなたの「信頼性の四つの核」を強化して曲線の「スイート・スポット」をとらえるためのアイデアや、その行動の応用方法の具体的な提案もある。行動そのものが各章における実際の「すべきこと」であり、応用方法の提案は次なるステップの考え方を促すものだということを覚えておいていただきたい。

◈自分の状況に当てはめる

私が以前あるプレゼンテーションを行なったとき、直後に一人の男性が目に涙を浮かべながら私のところにやって来て、こう言った。「これを一〇年前に聞いていたら私の今の状況は違っていたかもしれません。『評判を確立するには二〇年かかるが、評判を壊すのは五分もかからない』というウォーレン・バフェットの言葉は、まったくそのとおりですね。私は五分で妻の信頼を失い、それからは毎日が修羅場でした」

その男性にも言ったことだが、引き出しがあまりにも多く、激しい苦痛を伴い、信頼の回復は不可能という状況もある。実際、口座が閉鎖されてしまうのだ。だが、大概のケースで、特に友人関係や家族関係に関して、私たちはその判断を急ぎ過ぎると私は思う。とても無理そうな状況でも、信頼を取り戻そうと一生懸命努力した結果、人間関係に奇跡が起きた例を私はこの目で見てきたのだ。その奇跡は長い時間をかけて少しずつ進行することもあるが、思ったより短期間で起きることも多い。再構築された信頼は、それまでより返って強くなる場合もある。

従って、この章の内容があなたにとってより身近なものとなるよう、信頼口座の残高が現在少ない人間関係を職場と私生活それぞれで一つずつ具体的に思い浮かべながら読んでいただきたい。あなたが信頼を増やしたいと思う関係、信頼の改善を通じて仕事の成果が向上するとともに、あなたがより大きな幸せを見つけられるような関係を選んでほしい。

そして、この章の最後に、それまでの内容を振り返り、あなたに最も効果がありそうな行動を二つ、三つ特定し、変革のための現実的な計画を立てていただく。

この世界に唯一存在してきた、意義深く持続可能な関係は、人と人が互いに信頼し合える関係である。

——サミュエル・スマイルズ（英国の作家）

信頼を築く行動について考えるとき、あらゆる人とのあらゆる関わり合いが「信頼の決定的瞬間」であることを忘れないでほしい。信頼が増えるも減るも、あなたがその瞬間にどう行動するかで決まるのだ。そして、その影響はものすごい勢いで広がっていく。あなたが家族の一人に対してとる行動を、他の家族が皆見ているのだ。部下の一人に対する態度が、他の部下たちの間で話題になるのだ。あるクライアントへの対応の仕方を、他のクライアントたちが見ているのだ。そして、そこから企業の伝説が生まれていく。つまりは波及効果なのだ。前でも述べたことだが、マフィアの掟の逆を行き、「一人に信頼を築く」ことが大切なのである。

3-2 行動その一：率直に話す

私が扱いに困る人間は情報を隠したがる人である。そういう人は話のある部分を意図的に削除して事実を歪める。

——シェリー・ラザラス（オグルヴィ・アンド・メイザー社会長兼ＣＥＯ）

私がかつて一緒に仕事をした男性は、意思決定がなされ、その正否がはっきりするまで、その問題に関して自分の考えを絶対に明かさなかった。意見を求めても、決して答えが返ってこなかった。ところが、決定が下されて結果が判明した途端に勝ち馬に乗り、最初から自分もそう考えていたかのごとき態度をとるのだ。

ある時、重役会議で非常に重要な提案が出されたことがあった。その案を採用したら、大成功するか大失敗に終わるかのどちらかだろうと私は思っていた。その男は例によって会議であれこれ発言はしたものの、どっちつかずの立場に終始した。

彼の煮え切らない態度に業を煮やした私は、賛否をはっきりさせたかった。それで、私はその晩、話をしに彼の家を訪れた。彼は、私がその提案に反対であることを知っていた。それで彼の考えを尋ねると、「いや、私も絶対に反対です」と答えた。

翌日、メンバー全員の前で私は彼に言った。「昨日の会議で、この件に関する君の意見が私には分からなかった。君の考えを聞かせてくれないかな」この会議に出席していた会長がその案に賛成であることを知っていた彼は、前の晩に私に述べた考えと正反対のことを言った。

私は少し苛立ちながら言った。「昨晩私に言ったこととまったく逆ではないですか。この案には反対だと、君は明言したじゃないか」彼はしばらく口ごもってから、こう言った。「ええ、まあ、あの時はそう思っていたわけで、ですが…」要するに彼は、自分の立場を明かさないでおいて、重要人物に歩調を合わせるのが得意だったのである。

◈真実を告げ、正しい印象を与える

私生活であれ仕事上であれ、こんな思いを持ったことはないだろうか。周囲の人たちがもっと正直で率直な態度をとり、ありのままを話し、考えていることを発言し、事実を伝え、自分の思惑を明らかにしてくれればいいのに、と。そうしたことが実行されないと、信頼はどうなるだろう。逆に、実行されたらどうだろうか。

「率直に話す」というのは、正直に行動するということだ。その根底には、誠実、正直、そして率直さの原則がある。前で述べたように、それは二つのことを意味する。真実を話すことと、正しい印象を与えることだ。そして、信頼を築くためには、この両方がそろうことが不可欠である。真実を話していても、間違った印象を与えてしまうことがあり得るからだ。正しい印象を与えるということは、考えを明確に伝えて誤解されないようにするということである。

表向きだけ正しいことを言うのではなく、真実を率直に話す。

――デル社の行動規範

「率直に話す」ことの好例を紹介しよう。私の知人に、ある公開会社の大規模な事業部門の部長をしている男がいる。彼は、成績が芳しくなく、解雇の恐れがある部下と面談するときは、いつもはっきりと言うようにしている。「君にしてほしいことを具体的にここに書き出した。実行してくれなければ、悪いが辞めてもらうしかない」と。なまぬるい叱責を受けるか、それとも別の部署に飛ばされるか、などといった甘い受け止め方を相手にさせないのだ。成績を上げないと「解雇」となることを、相手にはっきり分からせるのである。こんなことを言われるのは誰でも辛いものだ。彼だって、好き好んで言っているわけではない。だが、他の選択肢があり得るかのような印象を与えるより、そのほうがずっと親切なのである。

「率直に話す」という行動のもう一つの好例は、ウォーレン・バフェットだ。彼は毎年、会社のアニュアル・レポート用にマネジメント・レターを書くが、そこに綴られるのはごまかしのない真の状況である。例えば、以下のようなことだ。

- 私は自分自身、同じような取引を数回行なっています。そして結局、私のしたことで皆様に迷惑をおかけすることとなりました。
- その点に関して、私は昨年十分な成果を上げることができませんでした。私としては、数十億ドル規模の買収を数件行なって、我が社が既に保有している収益の流れをより大きなものにしたいと考えていたのです。でも、結果は失敗でした。
- しかし、状況に真正面から取り組まず、事業売却に数年もかけてしまいました。私の優柔不断な態度はご批判に値するものです。

マネジメント・レターというと、実際は法に抵触しない範囲で会社をできるだけ良く見せようとするものが多く、広報のたわ言という感が否めない。「二〇〇五年は当社にとって挑戦の年でした…」などという出だしを読んだだけで、この会社の業績はこの一年惨憺たる状態で、「臭い物に蓋」をしようとしているなと思ってしまう。バフェットだったら、ありのままを見せようとするだろう。

もう一つの例として、エイブラハム・リンカーンが挙げられる。政敵も含め、相手に信頼感を与える彼の卓越した能力は伝説的と言える。理由は他にもいろいろ考えられるかもしれないが、コミュニケーションの仕方が彼の最も特徴的な人格の一つだったことは間違いない。リンカーンはよく、「はっきり物を言う人」と評されたが、結局、彼が率直に話したということである。そして、彼と意見を異にする人もいたが、彼のことを裏表があると思う人は一人もいなかった。リンカーンは彼一流のウイットを交えてこう言った。「もし私に顔が二つあったら、こんな顔をしているだろうか」

「率直に話す」の逆は、嘘をついたりだましたりすることだ。こうした行動をとると、その場かまたは後でごまかしが発覚したときに、相手との関係に莫大な税金が課されることになる。一九七〇年代初めに起きた、当時の米国大統領にまつわるウォーターゲート事件は、嘘、ごまかし、隠蔽工作がもたらす影響の大きさを如実に物語っている。嘘は信頼を崩壊させるもの以外の何ものでもない。嘘をつくと、次からは誰にも信じてもらえなくなるのだ。

> 私が残念なのは、あなたが私に嘘をついたことではなく、私があなたをこれ以上信じられないことである。
>
> ——フリードリッヒ・ニーチェ

まったくの嘘を、しかもあからさまに言う人は稀だろう。むしろ、「率直に話す」ようなふりをする偽の行動をとる。具体的には、遠まわしな言い方、情報の抱え込み、はぐらかし（二枚舌）、お世辞、適当に合わせる、良いかっこうをするなどだ。これらの中で最たるものは、相手の考えや感情、行為を操作することを意図としたコミュニケーションの「でっち上げ」だろう。もう一つ危険なのは、表向きは真実を告げながら、偽りの印象を与えるものだ。言葉を濁したり、もっともらしく屁理屈を言ったりするのがこれにあたる。こうした行動はどれも、確実に信頼を低下させる。

◇スピードとコストに及ぼす影響

マーサー・マネジメント・コンサルティングが二〇〇五年に実施した調査によれば、企業の社員で上司のコミュニケーションが正直だと感じているのは四〇％にすぎない。つまり、一〇人中六人までが、上司の言葉に疑念を抱いているということである。

こうした現状はスピードとコストにどんな影響を及ぼすだろうか。組織では、率直な話し方よりもでっち上げが横行している。その結果、私の言う「でっち上げ税」が発生し、非常に多くの組織で信頼を低下させる大きな要因の一つになっている。リーダーから操作された情報をずっと聞かされていれば、社員たちは懐疑的でひがみっぽくもなるだろう。これは、多くの国民が政治家や彼らの都合の良い解釈に対して示す反応とよく似ている。これでは、解雇、リストラ、企業合併など厳しい局面に直面したとき、経営トップの発言や行動に疑わしい点があっても社員たちが好意的に解釈してくれるということは期待できない。むしろ、彼らはそれに即座に税金を課すだろう。

でっち上げやはぐらかしによって下向きの循環が起きると、文化そのものが危うくなることもある。でっち上げやはぐらかしが信頼を低下させ、税が加算されると、社員たちは情報を隠すようになる。その結果、一つの会議が三つもの会議に増えてしまう。まず、事前会議で準備や調整が行なわれる。本来の会議では、情報の操作や保留によって本当の問題についてはほとんど討議されない。そして、その後少人数で行なう非公式の会議で本来の討議がなされ、本当の問題が明らかになるのだ。

文化が情報の操作や保留による下向きの循環に巻き込まれると、「率直に話す」のに大変な勇気が必要になる。ハンス・クリスチャン・アンデルセンの童話、『裸の王様』はご存知だろう。王様が二人のペテン師の企みにはめられる話だ。ペテン師たちは、愚か者や地位にふさわしくない人間には見えない不思議な布地を織ることができると言う。布地を見に来た人たちは、そんな人間に見られたくはないという思いから、王様も含め誰もがその布地を誉める。明らかに馬鹿げた話であるにも関わらず、間もなく全員がでっち上げとお世辞の渦に巻き込まれ、「会社の方針」に従う。

王様がいよいよその布地で仕立てた衣装を身にまとって町中をパレードすると、道に居並ぶ人たちから歓声が上がる。だが、ついに一人の小さな子供が叫ぶ。「でも、王様は裸だよ！」と。人々もやがて真実に気づき、口々に叫び始める。「王様は裸だ！」

人々がでっち上げの繰り返しを断つ勇気を持ち、「率直に話す」ようになると、驚くべきことが起きるはずだ。コミュニケーションが明確になり、会議の数が減り、しかも短時間で要領を得たものになる。その結果、信頼関係が強化される。そしてスピードが上がり、コストが下がるのだ。

◈「率直に話す」という行動が度を過ぎると

「率直に話す」という行動もやり過ぎてしまう場合がある。私が知っているあるリーダーは、率直に話すことを重視する余り、辛辣で非情なコミュニケーションを良しとしていた。彼は、自分のそうしたやり方が他の人たちや信頼関係に悪影響を及ぼしていたことに気づかなかったか、それを承知の上でやっていたかのどちらかだった。そして、この場合、「率直に話す」ことが彼の大きな弱みになっていた。

率直に話すことは信頼を確立する上で欠かせないが、スキル、機転、的確な判断力によって調節する必要がある。このことが私の脳裏に深く刻まれたのは、私が以前、家族と共に海岸で休暇を過ごしたときのことだった。泳ぎに行こうと思ってシャツを脱いだとき、三歳の娘が私を見て「パパ！　なんてお腹が大っきいの！」と叫んだ。残念ながら、それは機転や思いやりのない率直な話し方だった。

こうした簡単な例からしても、行動の間のバランスが必要であり、グラフの曲線の「スイート・スポット」をいつも外さないようにする判断力が「信頼性の四つの核」によってもたらされることが理解できるだろう。勇気（誠実）と、真の相互利益を目指す思惑（意図）と、状況に真っ向から取り組む力（力量）と、信頼構築を重視する姿勢（結果）がすべて結合すると、信頼を飛躍的に高めるような「率直な話し方」を可能にする優れた洞察力が生まれるのだ。

◇家庭で率直に話す

「率直に話す」ことは、組織だけでなく、個人や家族間の関係でも重要である。特にこうした親密な関係では、何かについて話し合いをするとき、まず自分の意図を明確に示すと効果的だ。言いにくいことや聞きにくいことがある場合は余計にそうだ。

家庭で率直に話すことの具体例を見てみよう。

●ドラッグ、友人選び、セックスなど、難しい問題に直面しても、親が子供の指導やサポートを率直かつ明確に行なう。

●夫婦が、子供の躾け、親戚のことやお金などの困難な問題についても、お互いの考えや気持ちを配慮しながらもはっきりと述べ合い、Ｗｉｎ－Ｗｉｎの解決策を見つける努力をする。

●家族間で、見下されたり犠牲にされたりしたと相手に感じさせたり、無神経さや思いやりのなさを互いに非難し合ったりするのではなく、「本当はあなたに気づいてほしかったんだけど、今回は私がしておいたからね」と言えるようになる。

「率直に話す」という行動について考えるときは、あなたにとって一番大切な人たちとの関係にそれがどんな大きな効果をもたらす可能性があるか、思い浮かべるようにしよう。

◇信頼を高めるためのヒント

「率直に話す」という行動を、先ほどのグラフに当てはめてみよう。それが十分でなくて山の部分より左側に位置するときは、「誠実さ」（勇気の欠如）、「意図」（誰かの最大の利益のために行動するのではなく、自分にとって不快なものを取り除くことのほうに関心があるといった自己中心的な思惑）、「力量」（言葉や人間関係のスキル不足）、または「結果」（信頼を築くような結果の軽視）によって生じているものと思われる。こうした左端の行動は明らかに、「信頼の決定的瞬間」を最大に活かすことはない。

ただし、それは行動が行き過ぎて右端に位置する場合も同様である。この場合、「『率直に話す』という行動が度を過ぎると」で触れたような例が見られる。また、カウンセリングを受けてコミュニケーション・スキルを学んだ夫婦が喧嘩の仕方だけうまくなる、といった例もある。あるいは、「率直に話す」という名目で、本人のいないところで他者をいつも非難したり、けなしたりする人もそうだ。こうした度を過ぎた行動もまた、謙虚（誠実さ）や思いやり（意図）の欠如、横柄なやり方（力量）、成り行き（結果）に対する無神経さという「信頼性の四つの核」の問題を反映していると言えるだろう。

最適化の鍵はやはり、それぞれの行動を「信頼性の四つの核」の最も高いレベルで組み合わせることにある。そうすることで、行動を応用する判断力が最大化され、信頼関係を支配する原則と調和する。その結果、信頼配当を最も多く獲得し、信頼税を回避することができるのだ。

「率直に話す」能力を向上させるには、次のような点に気をつけるとよい。

- なぜ率直に話すことができないのか、その原因を考えてみよう。結果や苦痛を恐れているためか。それとも、自分が間違っているかもしれないこと、あるいは相手の感情を傷つけることを恐れているのか。人気取りや勇気のなさによるものか。「率直に話す」ことがない環境で生活したり、働いたりしているためか。正直かつ率直であることによって得られる配当と、率直に話さないことによるコストを見極めよう。それから、「信頼性の四つの核」と、「率直に話す」能力を強化する努力をしよう。
- 自分がしている会話に注意を払おう。会話の合間に自問するのだ。自分は率直な話し方をしているか、それとも都合の良い解釈をしているか、と。もし都合の良い解釈をしていると思ったら、その理由を考えよう。自分はそれで税金を支払っていることを自覚し、誠実さと意図を改善することだ。
- 長々とした前置きや余分なことは言わず、すぐに本題に入ることだ。少ない言葉のほうが効果は大きい場合が多いことを認識すべきである。法律の世界ではよく、「説明を要するようであれば勝てる見込みはない」と言われる。率直に話す訓練をすれば、正確で無駄のない言葉遣いが身につき、都合の良い解釈をしないようになる。

ここでもう一つヒントを紹介する。ただし、これはこの行動に限らず、この後のすべての行動に共通するものである。そのつもりで覚えておいていただきたい。

- 他者に協力を求める。周囲の人々にこう言おう。「誰かとコミュニケーションをする際、率直な話し方ができるようになりたいと思っています。あなたとお話しているとき、何か気づいた点があったら教えてもらえませんか？」

他者の助けを得ることには、二つの重要な効果があるだろう。まず一つは、自分を変革するのが容易になる。あなたの成長や発達に他者を巻き込むと、変化を嫌う文化を、変化を喜ぶ文化に変えることができるからだ。

第二に、自分の現状と進歩の度合いが分かりやすくなる。自分のことだと、つい死角が生まれがちだ。自分では気づかなくても、他者には見えるということがある。他者の意見を聞くことによって、そうした欠点を補うことができるのだ。

ただし、他者の助けを求める以上、より高いレベルを目指さなければならないことを承知しておく必要がある。他者を巻き込むとなると、彼らも自ずと期待するからである。もし最後までやり遂げなければ、信頼口座からの引き出しとなるのは必至だ。だが、最後までやり通せば、それが信頼を増すことにもなるのである。

まとめ：行動その一 ── 率直に話す

正直に話す。真実を話す。自分の意見を明らかにする。分かりやすい言葉を用いる。物事をありのままに表現する。誠実さを示す。人を操ったり、事実を歪めたりしない。真実を操作しない。誤った印象を与えない。

3-3 行動その二：他者を尊重する

人の人格は、その人を助けたり傷つけたりする可能性のない相手にどう対処するかで判断できる。

——作者不詳

行動の二つ目は、「他者を尊重する」だ。この行動には重要な要素が二つある。一つは相手に敬意を示すことであり、もう一つは心遣いや思いやりを示すことである。この行動は、多くの文化、とりわけ東洋の文化では、人の育ちの良さを表わす証として大いに重要視される。だから、西洋では一般的なくだけた振舞いは、不快な印象を与えたり、失礼と受け取られたりすることがある。今日のグローバル経済で信頼を築こうと思えば、このような文化間の違いを理解することが極めて重要になる。

「他者を尊重する」行動は、尊敬、公正、親切、愛、礼儀の原則に基づいている。ただし、最も重要な原則は個人に内在する価値、すなわち人類の一員としての人間一人ひとりの重要性だ。この行動は、世界のあらゆる文化や宗教が認めている黄金律に沿うものである。以下の例を考えてみてほしい。

キリスト教：「己の欲せざる所は人に施す勿れ」
ユダヤ教：「自分が嫌なことを他者にすべからず」
イスラム教：「己のために敬愛するものを同胞のために敬愛できるようになるまで、信者たり得ない」
ヒンズー教：「自分がされて嫌なことを隣人にすべからず」
仏教：「己が苦痛を感じることで他者を苦しめてはならない」
シーク教：「汝が接して欲しいと思うように他者に接しよ」
儒教：「汝が欲しないことを他者にするなかれ」
アリストテレス：「友人に望む振舞いを自分が友人にすべきである」
プラトン：「他者にして欲しいと思うことを自分も他者にしてあげたいものだ」

「他者を尊重する」の逆の行動は、「他者を軽視する」である。これは普通、失礼な態度となって現われ、職場でも家庭でも大変な問題となる。また、相手に思いやりを示さないことも逆の行動の一つだ。そうする気が本当にない場合もあるだろうし、そうでなければ、思いやりの示し方が分からないか、その時間がないためである。

「他者を尊重する」の偽の行動はまず一つ、敬意や思いやりを示すふりをすることである。だが、それ以上に油断がならないのは、自分のために何かしてくれる特定の相手にだけ敬意や思いやりを示すことだ。この相手によって態度を変える行動は、「ウェイター・ルール」として知られている。レストランでウェイターに接する態度で人柄が分かるというものだ。自分もウェイトレスをした経験を持つサラ・リー社のブレンダ・バーンズCEOは、こう言っている。

> CEOの椅子に座っているからといって、工場でフォークリフトを運転している人より人間として優れているわけではありません。ウェイターや部下を虫けらみたいに扱ったらどうなるでしょう。彼らは一生懸命働いてくれるでしょうか。そうは思いません。

私が特に気に入っている話の一つに、ある経営学専攻の学生に関するものがある。彼女は卒業試験の問題を順調に解いていったが、最後の問題でつまずいた。それは、「あなたの寮を清掃している人の名前は？」というものだった。彼女は自分の目を疑った。そんなことまで知っている訳がない。しかも、それがビジネスの学位とどういう関係があるというのか。彼女は、この問題が自分の最終成績に重要なのか、と思い切って教授に尋ねた。すると教授はこう答えた。「もちろんだとも。君たちの多くは、いい会社の社長やCEOになるのを夢見ていることだろう。だがね、成功というのは自分だけの力で成し遂げられるものではないんだ。優れたリーダーというのは、何一つ当然視してはならないし、チーム全員の貢献を認めることが必要なんだよ。大して重要ではなさそうな仕事をしている人も含めてね」

職場では、差別やセクハラといった問題が出てきてから、尊重するという行動が正しい行いとして、またより良いビジネスのやり方として、優秀な組織を確立するための大きな注目点にまでなっている。フォーチュン誌と提携して「働きたい会社ベスト一〇〇」を選定している研究所は、組織における信頼の三本柱の一つに尊重を挙げている。また、シロタ・サーベイ・インテリジェンス社は、他者への尊重は士気がずば抜けて高い組織の主要な特徴の一つであるとし、上位一〇％組織においては、一般社員が上級管理者と同じ扱いを受けていると指摘する。尊重というものは、本当は単に順守すればよいという問題ではなく、人々の心や精神にまで入り込まなければならないことは言うまでもない。

> 私は社員たちを人間として扱うことを心がけている。なぜなら、心遣いが伝わると、相手の長所を引き出せるからだ。
>
> ――サー・リチャード・ブランソン（ヴァージン・グループの創業者・会長）

◈「小さなこと」は本当に小さなことなのか

「小さなこと」が信頼口座に意外にも大きな効果をもたらすものだが、「他者を尊重する」という行動はその分かりやすい例と言える。私は以前、自分の秘書をしてくれていた女性の母親を病院に見舞ったことがあるが、彼女がそれに大変感激したことを今でも覚えている。私にとってはほんの些細なことだったが、その秘書にとっては私が彼女のことを気にかけていることの表れであり、私がそれを実行したことは彼女にとって大きな意味を持ったのだ。その時の彼女の反応は、テキサスのクライアントがハリケーン・カトリーナの影響で避難していたときに私の同僚からお見舞いのメールを受け取ったときの反応と似ていた。「小さなことなど存在しない」という諺もあるほどだ。

私の会社で開催しているセミナーの受講者の中に、ある大学の学長秘書を一〇年ほど務めた女性がいた。その彼女が次のような経験談を披露してくれた。

> ある日の午後、我々は学長の自宅で特別なディナーのための準備をしていました。卒業式を翌日に控え、その晩は、大学への高額寄付者、名誉博士号取得者、ある中南米の国の政府高官らを招いて晩餐会が開かれる予定だったのです。
>
> テーブルのセッティングをしていたとき、その上に飾る美しい花が届けられました。大学の研究開発室が注文したものであることはすぐ分かりました。すると、そこへ学長夫人が困惑気味な顔でやって来て、「あなた、困ったことになったわ」と学長に告げました。彼女は、地味な造りのマーガリン・ケースを差し出しました。その中には庭で摘んだスミレが入っていました。後で分かったことですが、学長宅で長年家政婦をしているヨーロッパ出身の年配女性が、この日のために既にメインの花飾りを用意していたのです。
>
> 学長は夫人を見て、こう言いました。「いや、別に困ることはないじゃないか。さっき届いた花を花屋に返せばいい。ローラが作ってくれたものを使おう」

私はそのとき、目からうろこが落ちたような衝撃を受けました。たとえそれがどんなに些細な行動や努力であっても、貢献を尊重するべきだということを私は学んだのです。

考えてみてほしい。思いやりを示し、尊重するという、この「小さなこと」によって、学長は家政婦の信頼口座に預け入れをしたのだ。この学長がスタッフ、招待客、大学の研究開発室の人間、さらにはセミナー受講者たちを含む関係者全員に対して持っていた信頼口座にどれほどの影響をもたらしたことか。実際、彼女からこの話を聞いた人は、私も含め一人残らずこの信頼の決定的瞬間に感動したと私は確信している。そして、この話にはまだ先がある。この女性は、セミナーでこの体験談を語った後、この瞬間に学んだことを次の新しい仕事にどう活かしているか、そこの同僚たちに対して彼女が持っている信頼口座にそれがどう影響したかということも話してくれた。その一つの決定的瞬間を経てどれほどの信頼が築かれたか、是非考えてみていただきたい。

◇家庭で敬意を払う

家庭では、この「小さなこと」がさらに大切になる。「お願いね」や「ありがとう」の一言、相手の話に誠意をもって耳を傾ける姿勢、自分が汚した後をきれいにする心配り、リモコンを仲良く使うこと、花など愛情の印を贈って驚かせることなどは、家族の信頼口座に多額の預け入れになる。

私が子供の頃、父と母がホンダのバイクに乗って、毎日三〇分ほど近所を走り回っていたのを覚えている。それは両親にとって、二人だけの特別な時間だったのだろう。また、私が帰宅すると、家族の面々が私を呼び止め、優しく愛情溢れる言葉をかけてくれた。父と母はよく、どちらかが留守の間に私たち兄弟全員を呼び、台所や車庫や庭などを掃除しておいて帰ってきたらびっくりさせてやりなさいと言ったものだ。驚いた父や母から感謝の言葉を聞くのは実にうれしかった。私の家では最近、一三歳の息子が三歳の娘を裏庭でオモチャの四輪車に乗せてやっているが、そうすると娘がうれしそうに目を輝かせる。また、一九歳の息子が家にいた頃、その息子が王子様のような服を着て、ティー・パーティーのために王女様を迎えに行くような格好をして見せたときもそうだった。そうした「小さなこと」がどれほどの効果を生むか、私は身をもって体験している。

他者に親切にしていると、あなたの回りに人が集まってくる。

——アニータ・ロディック（ザ・ボディショップの創業者・CEO）

それに対して、少しでも無礼な態度をとれば多額の引き出しとなり、ゆくゆくは信頼口座の預金は消えてしまいかねない。虐待に関してこんな指摘があった。

夫婦間や子供への虐待はどちらも、一見些細なことから始まる。相手の能力や資質の過小評価、絶え間ない批判、侮辱や中傷、コミュニケーションの拒絶、ごまかし、罪悪感の押し付け、度重なる約束違反、威嚇的態度、暴力的脅迫、根拠のない非難、所有物の破壊などがこれにあたる。

テレビや映画、本や音楽といった大衆文化の中には、人を冒涜するような行為やちょっとした虐待行為を映し出したり揶揄したり、場合によっては持ち上げたりするものすらある。そうした文化にずっとさらされていると、それらが非常に大切な関係に悪影響を及ぼしていても感覚が麻痺して気づかなくなってしまう。家庭では良かれ悪しかれ、「小さなこと」が決して小さくないということを忘れてはならないのだ。

◈最終結果への影響は避けられない

「他者を尊重する」という行動は、人によっては弱気な態度という印象を持つかもしれないが、信頼、さらには最終結果であるスピードやコストに直接影響することは間違いない。

私がここまでに紹介してきた調査結果を思い出してほしい。会社が自分たちの能力開発を重視していると感じているのが二九％にすぎないのはなぜだろう。会社に大切にされていると思っている社員がわずか四二％なのはなぜか。尊重すると会社は言っても実は口先だけで、その結果、社員が経営陣に対する信頼を失うケースがいかに多いことか。

結局、何が信頼を生み出すかと言えば、リーダーが部下たちにはっきりと敬意を示すことである。
――ジェームズ・オトゥール（『企業変革力』〔梅津祐良訳、日経ＢＰ社〕の著者）

さらに、スピードやコストへの影響はどうだろう。自分たちは大事にされていないと思っている社員が、どうして仕事に全力を尽くす気になったり、創造力を発揮したり、協働したりするだろうか。逆に、不満を言い、批判し、組合を作ってストライキをすることに全力を注ぐだろう。

顧客の視点から見ても、「他者を尊重する」という行動は計り知れない効果をもたらす。数年前、ユタ州パークシティー近郊に立地する住宅専用地の代理販売権をめぐって、不動産業者の間に激しい競争が巻き起こった。その一六、〇〇〇平米の土地は、開拓時代から羊の放牧業を営む家族が所有していたものだった。

開発会社は、パークシティーの何社かの大手不動産業者にプレゼンテーションを求めた。トム・ピークという人物も、他の業者たちとほぼ同じようにプレゼンテーションした。ただ、トムは明らかに違うことを一つした。機会を提供してくれたことに感謝する旨の手紙を手書きし、開発会社に送ったのだ。その行為が彼を選ぶ決め手になった、と開発会社は後に明かしている。礼状を送ることは、トムにとっては当然のことだった。「他者に敬意を払い、その場にいない人を思いやることが大切ですから」彼はそう言った。

「ザ・コロニー」と名付けられたこのプロジェクトは、最低一六、〇〇〇平米の土地と最高二、八〇〇平米の住宅から成るスキー場直結型としては北米最大規模の開発となった。また、パークシティーは二〇〇二年の冬季オリンピック開催地の一つに選ばれた。

　消費者に対して、たとえそれがささやかなものであっても思いやりを示すことが、彼らの購買意欲を刺激する事例は枚挙に暇がない。広告のプロたちはそのことをきちんとわきまえており、ある製品を提案するのは消費者に対する思いやりであると思わせようとする。

◈信頼を高めるためのヒント

「他者を尊重する」という行動を先ほどのグラフに当てはめて考えてみよう。曲線の左端の行動、すなわち思いやりをほとんど示さない行動は、「誠実さ」（謙虚さの不足）、「意図」（過剰なエゴ、思いやりの欠如）、あるいは「力量」（思いやりや敬意の示し方が分からない）に原因があることが分かるだろう。一方、過保護、嫉妬、迎合、無益な心配など、右端の度を過ぎた行動は、「意図」（相手の最大の利益のためでない身勝手な行動）、「力量」（態度やスタイル）、「結果」（過度の責任の引き受け、行動の影響に対する鈍感さ）から発生するものと考えられる。

　他の行動と同様に、他者への尊重に関してもやはり、「信頼性の四つの核」を強化し、組み合わせることによって判断力を高めることが、曲線の「スイート・スポット」をとらえる上で不可欠である。「他者を尊重する」という行動を実践しようという方のために、役立つアイデアをいくつか紹介しよう。

- 職場や家庭において自分が人にどんな態度をとっているか、ウェイター・ルールに照らして考えてみてほしい。あなたは現実に満足しているだろうか。もし不満を感じていたら、意図を改善する努力をしよう。
- 相手に思いやりを示すために何ができるか、具体的に考えてみよう。電話をかけたり、礼状など謝意を表わしたり、お見舞いのメールを送ったりといったことが思い浮かぶだろう。人が喜ぶようなことを毎日してみよう。たとえその相手が、あなたが働くビルの清掃係であってもだ。あなたの気持ちと行動を一致させることが大切なのだ。
- 今ある人間関係を当たり前だと思ってはいけない。夫婦や恋人、家族や友人との関係は特にそうである。相手は自分の気持ちを分かってくれているとつい思い込み、別の人間関係にエネルギーを割きすぎるのはよくない。新しい関係より今ある関係にこそ、思いやりを示すことが必要ではないだろうか。

まとめ：行動その二 — 他者を尊重する

他者を真に思いやる。大切に思っている気持ちを表わす。すべての人や役割の尊厳に敬意を払う。自分にとって役に立たない人も含め、すべての人に敬意を持って接する。小さなことで親切を示す。

思いやりを示すふりだけしてはならない。人を上手に利用するような真似はしない

3-4 行動その三：透明性を高める

リーダーになればまさに力を誇示できる、と考えている人間がいる。そういう人は、部下や情報を自分の思いのままにしているという気分なのであろう。だから、部下やその成績に関して自分の考えをあまり示さなかったり、事業内容やその将来性の情報を隠したりして秘密主義をとる。このような行動は支配者としてのリーダーの地位を確立することは間違いないが、チーム内の信頼は失われる。

——ジャック・ウェルチ

数年前、ドナルド・カーティーがアメリカン航空のＣＥＯをしていたとき、同社は倒産回避のため、賃金面で労働組合の大幅譲歩を引き出す努力をした。その結果、賃金と手当てで年間一八億ドルを削減する協定を労働組合と結ぶこととなった。

ところがこの交渉期間中、会社は経営幹部トップ六名にボーナスを減額しないと約束をするとともに、

幹部社員上位四五名に対し、たとえ会社が倒産しても年金を支払うための特別信託を設立した。これらの取り決めには非合法な点はなかったが、交渉の過程で組合側には明かされなかった。

ただし、こうした幹部特権は毎年の証券取引委員会に報告しなければならず、組合が賃金カットに同意した日とちょうどそれが重なった。組合にとっては、これはまったく寝耳に水だった。カーティーの信頼は組合に対してだけでなく、取締役会の一部のメンバーに対しても瞬く間に崩れ去った。ビジネスウィーク誌は、「カーティーの呼びかけた『痛みの分かち合い』が突然、空ろに響いた…カーティーは自らの失態によって地位を追われることとなった」と報じた。数日後、カーティーは辞職した。

新ＣＥＯに就任したジェラルド・アーピーは、前任者の莫大な「相続税」にすぐさま直面することとなった。アーピーは、全社員の信頼回復に努力すると宣言した。彼のやり方は、秘密主義よりもオープンな透明性を重視するものだった。門戸の開かれた環境を構築し、労働組合にも財務問題をすべて公表するようにし、取締役会が提案した自らの昇給を辞退し、会社の窮状にそぐわない象徴的な存在になっていた高価な美術品を売却した。何よりも重要なこととして、彼は会社の問題に組合を直接関与させた。経営幹部会議に組合代表者を招くことで、経営陣と同じ視点で課題を見られるようにするのがそのねらいだった。彼は言った。「労働組合は問題だと考える人もいるが、彼らは解決策の一部であると我々は考える」と。

透明で、明確で、誠実たれ。苦境に直面していても。また、そういう時にこそ。

——ジャン・シリル・スピネッタ（エールフランス航空会長兼ＣＥＯ）

アーピーの行動は決して見せかけではなかった。むしろ彼の真の人格と能力、すなわち彼の「信頼性の四つの核」の延長だった。彼はこう言っている。「仕事でも私生活でも、信頼を築く唯一の方法は、信頼に値する人間になることだ。私はその基準に従って行動したいと思う」その結果、アーピーは信頼を築き直すことに成功し、アメリカン航空は米国の他の由緒ある大手航空会社四社を尻目に、倒産を回避することができた。労働組合のリーダーであるキャンベル・リトルはこう言っている。「新ＣＥＯは思いやりに溢れる誠実な人で、アメリカン航空の再建を本気で願っていると思う」

数カ月前、私はエレベーターでアメリカン航空のあるパイロットにばったり出会ったので、聞いてみた。「ジェラルド・アーピーのことをどう思いますか?」と。

彼はためらうことなく、こう答えた。「あの人は素晴らしい。彼なら信頼できますよ」

業務の遂行方法が透明な会社は評判が上がる。

——チャールズ・フォンブラン（『コーポレート・レピュテーション』〔花堂靖仁、電通プロジェクトチーム訳、東洋経済新報社〕の著者）

行動その三、「透明性を高める」は、オープンにやるということだ。偽らず、人々が確認できるような形で真実を話すことである。その根底には、正直、率直、誠実、そして信憑性の原則がある。私はこれらに、光の原則を追加したい。なぜなら、あるものが透明であれば、光が通過するからだ。かつて米国最高裁判事を務めたルイス・ブランディスの言葉に、「日光こそが最善の消毒剤である」というのがある。日光は浄化する。影をなくし、暗闇を追放する。人が物を見ることを可能にする。安らぎと信頼感を与える。何一つ隠されていないことが分かるからである。

「透明性を高める」という行動の逆は、隠すこと、覆うこと、曖昧にすること、あるいは闇をつくることだ。心にしまうこと、抑え込むこと、秘密を持つこと、開示しないことなどがこれにあたる。思惑、意味や目的などを隠すこともそうだ。透明の逆は不透明、つまり光を通さず、像が透けて見えないということである。

「透明性を高める」の偽の行動は幻想だ。ふりをすること、実際ではなく「見せかけ」、物事を本当の姿とは異なるように見えさせることである。インターネットは、透明性と幻想両方の好例と言える。異常なほどの透明性を作り出し、どこにいても情報を取得し、真実に到達することを可能にすると同時に、人々が名前を伏せたまま幻想の中で他者と関わり合える場所を提供する。そして、そこでは相手の正体や意図は見えないのだ。

◈信頼を迅速に構築する

今日のグローバル経済においては、透明性が高信頼組織に欠かせない価値としてますます認識されつつある。監査法人大手のプライスウォーターハウスクーパースによれば、「透明性の精神」は社会的信頼を回復するための最初の鍵だという。

そして透明性は、信頼を短期間で確立させる。例えば、最近トラブルに陥ったある慈善事業が、最短の方法で信頼を回復した。それは、募金がどこに送られているかを人々に示すという、ただそれだけのことだった。利益相反が存在する状況において、それが問題化するのを防ぐには、それについて単に率直であり、完全開示の精神で取り組むのが何よりである。透明性の高い会社は、自身の思惑に疑念を持たれることのないよう、何事も隠し立てせず、関係、利害関係、紛争をいつも事前に公開している。

人は自分の目に見えないものを信頼しないが、信頼関係が低いときは特にそうだ。物事をオープンにすれば、隠し立てしていないことが分かってもらえる。

透明性の好例は、トヨタの仕入先との取引方法だろう。業者に納入価格を下げさせた上にやたら口を出すメーカーが多い自動車業界にあって、トヨタの手法は異彩を放つ。トヨタは仕入先との間で、また業者同士の間で長期的関係を築くことに力を入れ、業者はトヨタと、また業者間で協力し合っている。製品知識は機密扱いされるが、プロセスに関する知識はバリューチェーンで共有することになっている。こうしたトヨタのやり方は関係者すべての高い透明性なしには成り立たないものであり、それが同社のサプライヤー関係の柱となっているのである。

もう一つの好例は、私が莫大な預け入れを受けた経験だ。私は以前、売り上げ五億ドルの会社のＣＥＯとある取引で交渉したことがあったが、そのときの彼の交渉の仕方がそれである。私は彼と会って取引の枠組みについて相談したが、結局まとまらなかった。取引を成功させる上で、このＣＥＯの営業、製品開発、法務チームの意見と支持が欠かせなかったからだ。私は取引の要点を取引条件概要書にまとめ、ＣＥＯにメールで送った。彼は部下と協議した後、チームのヘッドたちが赤線や書き込みを入れた概要書を受け取った。そこには、彼らの考える問題点や懸念が記されていた。ＣＥＯはその懸念などを要約したりせず、概要書をそのままの形で私に送り返してきた。これには私も唖然とした。だが、そのお陰で、私は推測を交えることなく真に重要な問題を理解し、対処することができた。そして、自分も透明な態度で応じようと思った私は、相手の懸念に対する回答を添えた類似の文書を彼の部下たちに送った。その結果、我々は双方にとってより良い取引をまとめることができた。もし透明性のない交渉をしていたら、三倍もの時間を要したのではなかろうか。

透明性というのは、スピードとコストの観点から見ると極めて有効である。何か思惑があるのでは、などと勘ぐったりする必要がないからだ。後でとやかく言うこともなくなるだろう。体面を取り繕ったり、どの相手にどの手法を用いたか覚えていたりする手間が省けるのだ。

多くの企業が社員に対する透明性確保のねらいから、「オープンブック・マネジメント」という手法を導入している。自社の財務諸表など、すべての経営情報を全社員に公表するというものだ。私がかつて仕事上の付き合いがあった、ある会社のＣＦＯによれば、この手法は会社がこれまでのどのやり方よりも速く信頼を築くことを可能にするという。彼はこう言った。

> 我々が公表した数値に偽りはないのか、当初は半信半疑な部分もありました。でも、その手法にこだわり続けた結果、明らかに期待感が増し、信頼関係が大幅に強化されました。会社の業績がぐんと上向いたのもその頃です。

透明性を高めると、賛同を得やすくなる。家族の中では、例えば家計の状況を子供たちにも教え、支出決定に参加させてみよう。そうすると、彼らの要求がいつも通るとは限らないことを分からせるだけでなく、そもそも物をねだるという行為の良し悪しをもっと考えさせることができる。その結果、子供の勝手な要求に対処するのに時間や精神的エネルギーを浪費しなくてすむのだ。おまけに、子供たちに家計というものを教え、大人になったときに自分のお金の使い道に責任を持てるようにする効果もあるだろう。

透明性を持って交渉するといっても、自分の手持ちカードを常にテーブルの上に広げて見せなければならないということではない。しかるべき情報と、自分が実現しようとしていることを相手に知らせるということである。

我々は社員に対し、問題点も含め、あらゆる事柄を開示するという方針を採った。

——ローリン・キング（サウスウエスト航空創業者）

◈信頼を高めるためのヒント

他の行動でもそうだが、「透明性を高める」という行動においてもバランスを考えなければならない。特に公開会社の場合、法律の規定により一般への開示が禁止されている情報がある。また、開示には適さない機密の情報もある。常識的には、機密事項や密談、その他口外する権利のない事柄については話さないのが賢明だろう。

私も同席していたある会社の経営会議の席で、ＣＥＯがその場にいた全員の給与を公表したことがあった。そうすることで、ＣＥＯは透明性を高めようとしたのだが、会議の空気が一変した。何で彼の給与は私の倍なんだ、などと思いながら、各人が周囲を見回し始めた。「透明性を高める」という行動が「他者を尊重する」など他の行動によってバランスが取られなかったため、体制に衝撃を与えたのだ。グラフで言えば、曲線のずっと右端のほうに行ってしまったことになる。余りにも一足飛びで無責任な透明性だった。こうした行動は通常、謙虚（誠実さ）、相互利益の思惑（意図）、信頼力とリーダーシップ・スキル（力量）、成り行きに対する適切な定義と敏感さ（結果）の中のどれか、または複数が欠如していることが原因となる。

それに対して、透明性が不足している、曲線の左端に位置する行動はなぜ起きるのだろう。なぜ情報を抱え込んだりするのだろうか。すべてのカードは無理としても、せめて目的ぐらいはテーブルの上に出して見せないのはなぜか。透明性を高められないのは、正直や勇気の欠如（誠実さ）、オープンではなく隠された思惑（意図）、透明性の重要性を認め、高める「信頼力」の欠如（力量）といった原因による場合が多い。

やはり、「信頼性の四つの核」を強化すれば曲線の「スイート・スポット」をいつもとらえられること、これらの行動がすべて一緒に作用して互いにバランスが取れることを忘れないでほしい。

「透明性を高める」のに役立つヒントを以下に紹介する。

- 職場や家庭で、自分は共有すべき情報を抱え込んでしまってはいないか、と自問してみよう。もしそうであるなら、それはなぜだろう。その結果、支払っているかもしれない税金、そして透明性を高めれば得られるかもしれない配当について考えることだ。
- あなたが職場でリーダーの立場にあるなら、あなたの組織はさまざまな利害関係者に対する透明性はどの程度か考えてみよう。さらに個々の状況について、もっと透明性が高かったらどんな違いが生じるだろうか。透明性、そして引いては信頼配当を適切に高める方法を見つけることだろう。
- あなたが夫／妻などとお金の管理を共有していたら、あなたは透明性をどの程度確保しているだろうか。離婚の主な理由に金銭問題を挙げる人が今なお多いことを忘れないでほしい。金銭面の優先事項、意思決定や支出に関して透明性が高くないとしたら、それはなぜなのか考えてみよう。「信頼性の四つの核」を強化すると、行動やパートナーとの関係における透明性を高められるばかりか、統一的手法に向けて努力する能力も向上するはずだ。

まとめ：行動その三 ― 透明性を高める

人が確認できるような形で真実を話す。現実にしっかり目を向ける。オープンな態度をとり、信憑性を高める。開示はやり過ぎるくらいのほうがよい。「見た通りのものが結果に反映される」という前提で行動する。思惑を隠さない。情報を隠蔽しない。

3-5 行動その四：間違いを正す

何が正しいか知りながらそれをしないのは、最大の臆病である。

——孔子

私たち兄弟は子供の頃大のスポーツが好きで、何でも競争したものだった。その血はずっと体の中を流れているようで、数年前ある試合で応援にのめり込む余り、まだ一〇代の甥のカムに八つ当たりしてしまった。あの時のことを思い出すと、今でも恥ずかしさがこみ上げてくる。

ユタ州で最も注目度の高い、ブリガム・ヤング大学とユタ大学のバスケットボールの試合の日のことだった。両校は宿命のライバルで、過去の成績に関係なく試合はいつも白熱する。私の妹の夫はユタ大学の出身だったため、彼とその息子のカムはユタの大ファンだった。ところが、この二人以外は全員ヤング大を応援していたため、我々大家族の気分を害しないよう、カムは派手な応援をしないように言われていた。

カムはずっと気持ちを控えていたが、試合の山場でレフリーが、極めて疑わしいながらユタに有利な判定をするとカムは即座に立ち上がり、両手を振り回しながら声援を送った。彼が席に座ったとき、私はついカッとなり、水の入ったボトルをつかむとカムの頭からぶちまけてしまった。笑顔だったカムは驚き、さらに悲しそうな表情を浮かべた。私にそんなことをされるとは思ってもいなかったのだ。

大人気ないことをしてしまったと思った私は、すぐに自分の行為を恥ずかしく思い、とても後悔した。

カムの信頼口座から、大きな引き出しをしてしまったことに気づいた。その償いをしたいと思ってあれこれ考えたが、その時は一つのことしか頭に浮かばず、それを実行した。何度も謝ってからソフトドリンクを買ってやり、それを私の顔にかけろと言ったのだ。カムは当惑した表情を浮かべ、それを断った。夢中になっていたから仕方ないよと言って、私を許してくれた。だが、私は自分が許せなかった。

それからの二カ月間、私は毎週のようにカムに電話した。そして、その都度こう言ったものだ。「頭から水をかけてしまって、本当に申し訳なく思っている。それを分かってほしいんだ。どうか許してくれ」次にブリガム・ヤングとユタが対戦したとき、私はカムと私の妹のチケットを買ってやった。今度の試合会場はユタ大学だったが、私は叫び声を上げて応援するのを必死にこらえた。私はカムにユタ大学のマークの入ったユニフォームと、彼が食べられるだけのスナック菓子を買ってやった。そして、再び言った。「もう一度謝らせてほしい、カム。あんなことをして、本当にすまなかった」と。彼はついに答えてくれた。「分かったよ。もういいから。勘弁してあげるよ。忘れよう」

面白いことに、この一件を通じて私とカムとの関係は以前よりも強まった。私が何度も謝り、償おうとしたことで、私が彼のことを、また二人の関係を大切に思っているということが彼に伝わったのだ。おまけに、この経験で私は感情を抑えることができるようになった。試合に熱中し、自分が好きなチームを熱心に応援することは今も変わりないが、カッとなることはなくなったのだ。

◇少しの上乗せ

行動その四、「間違いを正す」は、ただ謝るだけでなく、償いをするということだ。埋め合わせて元の状態に戻すのである。そのためには行動が必要になる。間違いを正すために自分にできることをし、できればそれに「少しの上乗せ」をするのだ。

ビジネスにおいて「間違いを正す」とは、サービス復旧、すなわち顧客に対してなされた過ちを是正することだ。できるなら、顧客が単に満足するだけでなく、こちらに対してそれまで以上のロイヤリティを感じてもらえるようなインセンティブを与えるようにしたい。企業がこうしたロイヤリティを助長するために追加する「少しの上乗せ」は、間違った商品を送って迷惑をかけたお詫びとして正しい注文商品に無料の製品やギフト券を付けるといった些細なことの場合もある。そうかと思えば、フライトに乗り損なった顧客には料金を一切請求しないジェットブルー航空のように、大きなこともある。

個人や家族同士の関係の修復であれば、心から謝罪や償いをした上に、花を贈ったりベッドに朝食を運んであげたりするなど、相手に愛情を伝えるような努力が必要になるだろう。

◇謙虚さと勇気――それとも、エゴとうぬぼれ？

「間違いを正す」という行動は、謙虚、誠実、償いの原則に基づくものである。その逆は、自分の間違いを認めなかったり開き直ったりすること、不正行為を正当化すること、問いただされるまでミスを認めないことなどだ。そこにはエゴやうぬぼれが関係し、良心よりも状況によって屈辱を受ける。「間違いを正す」の偽の行動は隠蔽することだ。間違いを是正せず、それを隠そうとするわけである。実は、この偽の行動は信頼税を二重に生み出す。一つは過ちをしたときの税金であり、もう一つは隠していた間違いがばれたときの税金で、通常は後者のほうがずっと多額になる。実際のところ、人は誰でも間違いをする。問題は、間違いをするかどうかではなく、間違いにどう対処するかだ。謙虚と勇気の道を選ぶか、エゴとうぬぼれの道を選ぶかなのだ。

謙虚と勇気の道を選択した人たちの例をいくつか見てみよう。ジェームズ・フレイの著書、『A Million Little Pieces』は最近、オプラ・ウィンフリーのブッククラブのコーナーで取り上げられたこともあって、ニューヨーク・タイムズ紙のベストセラー・リストに仲間入りした。著者がノンフィクションと称する本の中で事実関係を偽ったという批判が持ち上がったとき、オプラは当初フレイをかばった。ところが、彼女は真実を知るや、自分の番組に彼を再び呼んだ。その中で彼女は心から謝罪し、フレイに自らの読者とこの番組視聴者の両方を裏切ったとあからさまに非難した。彼女はこう言った。「私はだまされた気分です。しかし、それ以上に重要なこととして、あなたは何百万もの読者を裏切ったと私は思います」彼女はまた、自分がラリー・キングのトークショーに電話出演し、フレイを弁護した点についても非を認めた。「私はあの電話を後悔しています。私は間違いを犯し、真実は重要ではないかのごとき印象を与えました。本当に申し訳なく思っています。私の信念に反することです。この問題に関して私に抗議してくださった方々全員に申し上げます。あなた方のおっしゃるとおりでした」オプラのこの行動により、人々は彼女の誠実さと他者に対する真の思いやりに対する信頼を回復し、それが今日まで彼女のブランドと評判を支えているのである。

エイドリアン・ゴスティックとダナ・テルフォードは名著、『The Integrity Advantage』の中で、カナディアン・タイヤ社のウェイン・セールス社長兼ＣＥＯの経験について説明し、彼の次のような発言を紹介している。

クライスラーは経営幹部たちに自社の新車を与えていました。数千キロ走ると、彼らはその車を下取りに出すのですが、ある幹部は走行距離計の値をゼロに戻して新車として売ろうとしました。それが発覚したとき、クライスラー内部で何が起きたか、私には想像するしかありません…。でも、リー・アイアコッカのとった対応は適切だったと言えるでしょう。デトロイト・フリー・プレス紙に全面広告を出して訴えたのです。「我々は過ちを犯しました。お客様の信頼と誠実な期待に背いたのです。我々はその事実を認め、このような間違いを二度と繰り返さないことを誓います」とね。もう、お分かりでしょう。彼らはその危機を見事に切り抜けたのです。

ジョージ・W・ブッシュ大統領の特別補佐官を務めたダグ・ウィードは二〇〇五年春、大統領の会話を無断で録音し、ある本に掲載したことについて謝罪文を発表した。ウィードはその内容を、テレビでのクリス・マシューズによるインタビューとUSAトゥデイ紙に送った手紙文でも明らかにした。

ウィードは謝罪文の中で、彼がブッシュの会話を録音し始めたのは一九八七年のことで、大統領の許可を取っていたと述べた。ウィードはさらにこう続けている。

> 一九九七年に我々が再び会話するようになったとき、私は最初、メモを取りました。そうした会話では、多くの選択肢が議論されては却下されていきました。そのうちに、ある機密事項を新聞記者や、さらには野党陣営に伝えるよう頼まれました。一字一句正確に伝えなければならないわけで、私には荷が重いと感じました。それで次の年、ブッシュ氏の会話を秘密裏に録音し始めたのです。最初はただ、自分がやっていることの正当性を確認するためでした。彼に頼まれたことをやっているだけだ、と。ところが、善意によるものだから正しい行動だ、と考えたのは私の高慢でした。彼の許可なく会話を録音し、その彼がたまたま大統領戦で勝利したのです。テープの一部を公表するという私の決断は、家族に耐え難い犠牲を強いたばかりか、他の多くの人たちを深く傷つける結果となりました。
>
> ブッシュ氏の会話を彼に無断で録音するとは、私は何て愚かな間違いをしてしまったのでしょう。どんな状況だったにせよ、テープの一部を出版社の人間に聞かせたのは私の間違いです。ジャーナリストに聞かせたのもそうです。記事が掲載される前、そして掲載された後に、私は大統領に再び

謝罪しました。彼は個人的に傷ついたにも関わらず、ぐっと堪えてくれています。

今、私の償いが始まっています。

- 私の本の宣伝はキャンセルされました。
- 将来入って来るこの本の印税は慈善事業に寄付することになっています。
- 数百万ドルのオファーがあった何時間分にも及ぶテープは大統領に引き渡し済みです。
- 神、大統領、そして友人たちとの関係を改善する努力を始めています。

もし私が人生をもう一度生き直すことができるとしたら、もっと別のやり方をしたいと思うことがたくさんあります。人を傷つけてしまった事実は消せませんが、神の助けを得られれば、受けるべき非難を受けて気持ちを切り替えることができると思います。

この状況で興味深い点は、決して大きな政治問題に発展しなかったことだ。謙虚かつ誠実な気持ちですぐに謝罪した上、テープによる印税その他の利益の放棄など、その後の行動によって彼の言葉が明確に実践されたことが大きかったと思われる。

「間違いを正す」という行動が信頼構築にいかに有効か私に教えてくれるのは、重要ポストに就いている人たちではない。むしろ、組織における信頼関係について私が尋ねた管理職ではない社員たちのほうだ。つまり、こうした組織のリーダーたちの信頼される行動が、組織の一つの象徴になっているのである。これは、信頼がもたらすスピードが飛躍的に拡大していくことを示すもう一つの例と言える。一人に対して信頼を築くと、他の多くの人たちに対しても信頼を築くことができるのだ。

エゴとうぬぼれという別の道を選んだ場合の結果の顕著な例が、一九七〇年代初期のウォーターゲート事件だ。米国大統領リチャード・ニクソンの政権が機密情報に不正にアクセスしようとした事実が発覚したとき、大統領を含む関係者たちが自らの不祥事の責任をとって謝罪せず、むしろ事実の隠蔽を図った。その結果、信頼が完全に崩れ、弾劾裁判が迫る中、ニクソンは辞任に追い込まれた。

> このウォーターゲート事件は不法侵入そのものよりも、過ちを認め、その責任をとって謝罪するということをしなかった点に問題があった。
>
> ――ジョン・ハンツマン（ハンツマン・ケミカル社会長）

もっと最近の例を見てみよう。米国のプロフットボールチーム、フィラデルフィア・イーグルスでかつてワイド・レシーバのポジションを務めたテレル・オーウェンスのメディアでの発言が、彼のチームのクォーターバックと運営会社に対する批判と受け取られた。メディアの報道によれば、彼はシーズン前半、乱暴で非協調的な行動をとり続けるとともに、チームの経営者や他のメンバーに対して陰険で痛烈な発言を続けたという。それでチームはついに、彼の並外れた才能を考え合わせても受けた損失が余りにも大きすぎるという結論に達した。そして、「チームに有害な行為」をしたという理由で、シーズンの残りの期間、彼を出場停止処分にした。処分が下ると、オーウェンスはすぐに姿を現し、「チームプレーに徹すると心から誓います…」と謝罪した。しかし、周囲を納得させるにはこれだけでは足りず、タイミング的にも遅すぎ、中途半端なものだった。信頼は既に失われていたのだ。彼は、自分で起こした問題の後始末ができなかったのである。

ここで気づいてほしいのは、この章で紹介した良い例ではいずれも、自分の間違いを認めて正す努力をするまでに時間をかけていない点だ。間違いを犯したとき、それを直ちに認めて謝罪すれば、大概は切り抜けることができるのである。信頼性や信頼を最も傷つけるのは、間違いをした人がそれを認めず、謝らない場合だ。そうすると、元々は大したことではなかった出来事がはるかに大きな問題に拡大し、それを隠そうとすれば事態はさらに悪化することになる。遅くなっても謝罪したほうが、まったくしないよりましなことは言うまでもないが、信頼を構築したり回復したりするためには、速やかな謝罪と過ちの是正がずっと効果的なのである。

◈最終結果への影響

「間違いを正す」という行動は最終結果に大きく影響する。保険会社の多くは保険適用患者の診療にあたる医師に対し、何かミスをしても患者に謝らないようにと言うようだ。ところが、謝罪し、敬意を示し、親身になる医者は告訴される率が低いことを示す証拠が増えつつある。人が告訴という手段に踏み切るのは、何かに怒りを覚えた場合が多い。謝罪されてしかるべきなのにそれが得られないとき、その人の怒りは収まりがつかなくなる。だが、心から謝れば、人は大概、振り上げた剣を下ろすものなのだ。ジョンソン・エンド・ジョンソンが、一九八二年のタイレノール事件での過ちを正してから四半世紀が経った今なお、信頼配当を受け続けている事実が物語るように、「間違い」というのは信頼の決定的瞬間を生み出し、その影響はすごい勢いで拡大する恐れがあるのだ。

他の誰かがあなたに対して過ちを犯した場合、つまりあなたが逆の立場に立たされたときでも、「間違いを正す」とともに信頼を築くためにあなたにできる重要なことがある。例えば、寛大な態度を取るようにすれば、相手はあなたに謝ったり償ったりしやすくなるはずだ。また、あなたも自分の間違いを認めるようにすれば、相手もつられて同じようにするだろう。これは職場でも家庭でも、文化や風土の質を飛躍的に高める効果がある。

◈信頼を高めるためのヒント

もしあなたの行動が曲線の左端に位置するなら、つまり間違いを正すのが不十分であれば、正直や謙虚、勇気（誠実さ）、心遣い（意図）、あるいは行動と求める成果（結果）の調和に努力する必要があるだろう。逆に右端なら、つまり同じ間違いをして、何度も繰り返し謝ったりするようであれば、一貫性（誠実さ）や動機（意図）、あるいは「信頼性の四つの核」すべてを強化・結合して判断力を磨くのがよいかもしれない。「間違いを正す」能力を高める際に役立つと思われるアイデアをいくつか紹介する。

- 今度過ちを犯したとき自分がどういう態度をとるか、注意して見てみよう。見て見ぬふり、正当化、隠蔽《いんぺい》などをするか、それとも、すぐにそれを認め、償うための措置を講じるか。あなたが今、間違いを直ちに正す謙虚さと勇気を持ち合わせていなければ、自分が目標とする人物の行動を真似るようにしよう。
- あなたの過去を少し振り返ってみよう。是正していない過ちがないだろうか。欠けている部分を補うか、スパッと解決する必要があるような疎遠な関係はないか。こうした努力は途方もなく難しそうに見えるかもしれない。だが、過去の過ちにメスを入れることで「一時的な激痛」に見舞われることがあるとしても、不信による「慢性の痛み」に比べれば我慢しやすいのだ。過去の過ちを本気で是正することによって得られる安堵感は計り知れないものがある。
- 今度誰かに不当なことをされても、すぐに許してあげよう。他者が間違いを正しやすくしてあげるのだ。それによって相手も楽になるが、自分のためにもなる。

まとめ：行動その四 ― 間違いを正す

間違いを犯したときは、それを正す。すぐに謝罪し、できれば償いをする。「サービス復旧」を実践する。人としての謙虚さを示す。物事を隠し立てしない。うぬぼれを捨て去って正しいことをする。

3-6 行動その五：忠誠心を示す

私の経験から言えば、信頼、忠誠心、興奮そして活力を迅速に得るのは、一兵卒として実際に仕事をした人間をしっかり評価する人である。リーダーは評価される必要はない。なぜならリーダーは身に余る評価を自ずと得ているのだから。

――ロバート・タウンゼンド（元エイビス社ＣＥＯ）

何年も前のことになるが、私はある会社で働いていたとき、昼食時になるとほぼ毎日、一二名ほどの同僚たちと連れ添って食事に出かけたものだった。全員が食べ終え、そのうちの二、三人が席を立って出て行くと、残った人たちがすぐにその人たちの話を始めた。さらに二、三人がいなくなると、またその人たちの話をするのだ。私はなかなか席を立つ気になれなかった。自分がいなくなった途端、残った人たちが私の話を始めることが分かっていたからだ。

この昼食グループで私が経験したことは、行動その五の逆の例だった。それは裏切りであり、多額の引き出しとなる行動と言えた。そのとき話題にされていた人たちはもとより、その場にいた他の人たち全員に対してもそうだった。その場にいない人のことをどう言うか聞いていれば、自分がその立場になったときに何と言われるか、我々はお互いに分かっていた。そして、それは信頼の構築にプラスに作用しないことは明らかだった。

それに対して「忠誠心を示す」行動は、信頼口座への多額の預け入れになる。それも、忠誠心を示す相手に対してだけでなく、忠誠心を示していることを気づいてくれる人全員に対してそうなのだ。ジョン・マーチカの著書、『The Accountable Organization』の中で、サウスウエスト航空のコリーン・バレット社長兼COOが、組織内に信頼関係を確実に築くような社員への忠誠の示し方を披露している。

> それは私にはまったく当然なことなのだが、「顧客は常に正しい」という考え方をする他の顧客サービス重視の企業にとっては驚きとなることがあるようだ。我々は、「顧客は常に正しい」とは考えていない。そして、我々はそのことを公言もしており、それについて投書もいただいている。だが、それは我々が社員の信頼を勝ち取る方法の一つなのだ。とは言っても、社員がミスを犯し、それが重大なものであっても、彼らを罰したり注意したりしないということではない。もし顧客の側に非があり、顧客の行動が悪ければ、私は社員を弁護し、支持するということだ。こうしたケースは頻繁にあるわけではないが、問題のある顧客には、我が社の飛行機を今後利用しないでいただきたいと告げたこともある。

「忠誠心を示す」という行動は、誠実、忠誠、感謝、評価の原則に基づくものである。忠誠心を示す方法は、大掛かりなものから些細なものまでたくさんあるが、この章では二つの要素に注目したい。他者に花を持たせることと、その場にいない人もいるかのように話すことである。

◈他者に花を持たせる

「忠誠心を示す」ための一つの有意義な方法は、他者に花を持たせ、結果の達成に果たした役割を評価してあげることだ。花を持たせることによって、その人の貢献の意義を認めるだけでなく、創造性の発揮、協調、アイデアの自由な共有を通じて信頼を飛躍的に拡大することを社員たちに促すような環境を構築するのである。

他者に花を持たせるというと、ジェームズ・コリンズが用いた「窓と鏡」の例えが思い出される。彼はこんなことを言っている。うまく行ったときは窓の外を見る。つまり、外にいる人たち全員と、その人たちが行なった貢献すべてを見て、彼らを褒め称え、評価すべきだ。だが、結果が悪かったときは鏡を見るようにする。外を見て他者のせいだと非難したりせず、自分に責任があると考えろというのだ。

他者に花を持たせることの逆は、自分の手柄にすることだ。私の会社のあるプログラムで紹介した話だが、あるセールスマンが上客を見つけ、そのチャンスに賭けようと思ってあれこれ手を打った。そして、取引の最終段階で上司の助けを求めた。ところが、大口顧客であることを知った上司は自分がその担当を引き継ぎ、最終的に売り上げと評価を独り占めしてしまった。その結果、最初その顧客を担当していた部下だけでなく、チームのメンバー全員に大きな不信が生まれた。それからは、誰もその上司に助けを求めようとはしなくなった。自分も同じ目に遭いかねないと思ったからだ。これは、一人の人間に対して信頼を壊す（または築く）ことで、他の多くの人に対しても信頼を壊す（または築く）もう一つの例である。

リーダーはまた、しかるべき人間に花を持たせるて信頼を築く。他者のアイデアを盗み、自分が考えたかのように言っていては、決して部下に勝つことはできない。

――ジャック・ウェルチ

他者に花を持たせることの偽の行動は、裏表のある態度をとることだ。ある人がそばにいるときは、その人を買っているかのようなふりをし、いなくなった途端に小馬鹿にしたようなことを言い、手柄をすべて独り占めしたりする。この種の二枚舌は大概ばれるものであり、すべての人との信頼関係を損なう結果になる。

ビジネス作家のドッティ・ガンディーは、人の行動を評価するだけでなく、人柄を認めてやることも重要だと主張する。職場でも家庭でも、人を認め、貢献を評価する方法はさまざまある。貢献を祝福するのもよし、伝説や教訓に仕立てるのもよいだろう。感謝の手紙やカード、花などを贈るといった手もある。会社や家庭内のニュースレターで成功談を発表するのはどうだろう。正しい行動をしている人を意図的に捜すのもよいかもしれない。

私の会社のセミナーを受講しているある企業の幹部は、次のようなアイデアを披露してくれた。

上層部が我々の部署に意見を聞いてくる際、私は必ず適切なスタッフにそれについて相談するようにしています。そして、彼らから良い案があったときは、それらを一緒にして私の署名を添えて転送したりはせず、彼らのメールをそのまま貼り付け、「以下のような意見も出ています」と書きます。そうすると、スタッフの貢献が認められやすくなりますから。同時に、私と私のスタッフの間に大きな信頼性と忠誠心も生まれます。私ができるだけ彼らに花を持たせようとしていることが、彼らに伝わるのでしょう。

やり方はさまざまあるにしても、他者に花を持たせると、信頼と経済的結果をはじめとして、いろいろな効果があらゆるレベルで大幅に高まることは間違いない。従って、こうした行動を豊かな心で行なうようにしたい。「評価されるべき功績を評価する」かどうかは一つの判断だが、他者に花を持たせる行動は豊かな心から流れ出るものである。

誰の手柄になろうと気にしなければ、人生で達成できないことはない。

——ハリー・S・トルーマン（元米国大統領）

◈本人がいつもそばにいるつもりで話す

「忠誠心を示す」ためのもう一つの方法は、誰かの話をするとき、その人がそばにいるつもりで話すことだ。私がその重要性を学んだのは、先ほど紹介した昼食グループでの経験からだった。昼食中にその場にいない人間のことを話すことが、その場の人たち全員の信頼を損なうことに私は気づいたのだ。

これは明らかに、本人がそばにいるつもりで話すという行動の逆の例だった。つまり、その場にいない人を裏切り、その人の考えを忠実に代弁しないわけである。一方、偽の行動は、本人の前ではおだて、陰では悪口を言ったりすることであり、これも逆の行動に劣らず信頼関係を破壊するものだ。こうした逆の行動や偽の行動に自分が関与していることに、あるいは、それが信頼に及ぼす悪影響に、私たちは気づきさえしない場合が多い。あるソフトウェア会社のＣＥＯが、自分自身に関する三六〇度信頼度調査を行なったところ、いくつかの洞察に富んだ意見が得られたという。それに対する感想を彼女は次のように話してくれた。

ある人が「コメント」欄にこう書いたのです。「誰かが会社を辞めたとき、残った社員たちの前でその人のことを悪く言わないようにしてください。たとえ私がこの会社にどんなに貢献しようと、状況がどうであれ、自分が辞めた瞬間に忘れられてしまうんだろうなと思ってしまいます」とね。しまった、と思いましたね。自分がいない人を悪く言っていたことに、そして、その行為がどんな影響を与えていたかも私は気づいていませんでした。まったく穴があったら入りたい気持ちでした。

興味深いことに、陰口を叩く人は、そうすることでその場にいる人たちとの間に仲間意識や信頼関係みたいなものが形成されると思っているようだ。だが、それはまったく逆である。陰で人の噂をすると、それを聞いている人たちは、自分もいなければ同じようにされているのだろうと思うのだ。だから、信頼関係に大きな悪影響を及ぼすことは明らかである。

対照的に私の妻のジェリは、彼女の友人についてこう言ったことがある。「私は何事につけカレンを絶対的に信頼しているの。彼女が他者の悪口を言ったり、批判したりしているのを聞いたことがないわ。本当にそういう人なのよ」ジェリはさらにこう付け加えた。「ということは、私のことも悪く言ったりはしないでしょうから」

サム・アリトがニュージャージー州の米国連邦検事に任命されたとき、この行動が素晴らしい形で実践された。彼は前任者からある訴訟を引き継いだが、それがうまく行かずに敗北を喫した。そうした状況下、彼がその前任者を非難することは容易だっただろうが、USAトゥデイ紙の報道によれば、「アリトは前任者を、そのアシスタントたちも含め非難しようとしなかった」その結果、「新任の米国連邦検事は彼のスタッフに対して高得点を稼いだ」という。

その場にいる人たちとの関係を保ちたければ、いない人に対して忠実であれ。

――スティーブン・R・コヴィー

似た経験をした人を私は知っている。数年前、ある中堅会社の社長が去ったのを受けて後任の社長になった人物だ。この新社長は前の体制から重い荷物を引き継いだにも関わらず、彼は公の場でもプライベートでも、前任者の批判はしないと決意した。これは彼にとって、とても難しいことだった。何度も悪口が喉まで出かかったが、ぐっとこらえた。こうした態度を通じて、彼は組織内の信頼をはるかに短期間で築くことに成功した。また、前社長の有能な息子とも良好な関係を築き、その息子に会社に残るよう要請すると、彼はこれを受諾した。前経営陣に対する新社長の丁重な処遇が彼にとどまる決意をさせたのである。

一方、家庭ではどうだろう。私が知人の若い女性から聞いた話だが、彼女の家では、子供の頃親にこっそり話したことが家族内の他の者に口外されることは絶対になかったという。両親が彼女の兄弟に、「妹がこのあいだ言っていたことを、お前の耳にも入れておかないとな」などと言ったりすることはなかったのだ。逆に、他の家族との個人的な話を彼女にもらすこともなかった。このように忠誠心を示すことで、親と子供の間に高信頼関係が築かれたのである。

その場にいない人のことをどのように話すか、または話さないかは、善かれ悪しかれとても大きな影響を及ぼすことは確かである。そして、それによって信頼が築かれもするし、壊されもするのだ。それも、あっという間に。

◈他者の話をしなければならないときは

そうは言っても、仕事上で他者の話をしなければならないことはあるもので、そういう場合はどうだろう。「私は人のことは一切口にしない」などと、非現実的なことを言うわけにもいかない。あなたならどうするだろうか。

ある企業でかつて人事担当役員をしていた人が、こんな経験談を語ってくれた。

私は以前、一日中他者のことを話さなければならない仕事を担当していた時期がありました。マネージャーたちが私のところに来ては、こんなことを言うのです。「ジムやロリには手を焼きますよ。どうしたらいいですか？」明らかに個人を話題にせざるを得ず、その話の内容はいいものばかりではありませんでした。その場にいない人に忠誠心を示しつつ、自分の任務を果たすにはどうしたらよいか、と私は悩みました。

そして、忠誠心を示すか示さないかの違いは意図にあることに、私はついに気づいたのです。成績や人間関係を改善することが目的であって、その話の内容が本人に対してフェアで、敬意を払ったものであれば、自分は忠誠心を示しているのだ、という気持ちになれました。それで、本当のものも想像上のものも含め、話題に上った人の落ち度をあげつらったりせず、マネージャー側のこと、マネージャーの対応として何が考えられるかということをもっぱら話すようにしました。

要するに、その人に敬意を払うような話し方をするかどうかなのだ。やはり、人と話をするとき、仮にその人がいないときでも同じように敬意を持って話すということが分かってもらえれば、信頼を構築できるのである。

もう一つ大切なのは、誰かに何かを改めてもらいたいと感じていたら、その人と直接話す勇気を持つということだ。改めるべき人が最後に知らされることがある。勇気を出すこと、そして問題を本人に直接話すことは、忠誠心を示すことでもあるのだ。

◈信頼を高めるためのヒント

忠誠心を示す行動をグラフに当てはめて見てみよう。左端は、ほんのわずかしか忠誠心を示さない行動だ。例えば、都合の良いときだけ忠実に振舞うような場合だ。あるいは、忠誠心をある程度は示すが、他者に反対されると貫けないといった態度もそうだろう。

曲線の右端は、ある人に対してその時点では極めて忠実そうな素振りを見せるが、その人の将来の幸福や原則には忠実でない行動だ。例えば、ある人が犯した犯罪行為を口外しないと約束したりする場合だ。また、ある考え方や信念が現代に合っていないとか、不完全ということが新たに判明したにも関わらず、異常なまで忠実な態度をとり続けたりするのもそうだ。

「誠実さ」（とりわけ勇気や一貫性）、「意図」（動機や行動）、そして「力量」（信頼力）は、スイート・スポットを維持する上で大きな効果がある。原則に対する忠誠は、人に対して忠誠心を示す最善の方法であることを忘れないでほしい。

この行動を改善しようと思ったら、以下の点に注意するとよいだろう。

- 今度誰かが人の陰口を言っているのを見つけたら、どう対応すべきか考えてみよう。自分もそれに加わるか、それともその場を去るか。さらには、その場にとどまりはするが参加はしないか。はたまた、その人の良い話を何か持ち出して会話のバランスをとるか。また、こんなふうに言う手もある。「本人のいないところでこんな話をするのは気が進まない。何か問題があるなら、本人と直接話をしよう」その状況で最も原則に基づいた行動は何か考え、それを実行することだ。
- 今度あなたが職場や家庭で人と一緒に何かをするとき、相手に花を持たせるようにしよう。全員の貢献が認められ、すべての人が感謝されるような環境を生み出す努力をしよう。他者を積極的に褒めることだ。
- 家族の悪口は絶対に言わないようにしよう。家族、特に子供のことを夫婦間で話すときは慎重でなければならない。子供が何か良いことをしているのを見つけたら、それを他の人にも報告して喜びを分かち合おう。

まとめ：行動その五 — 忠誠心を示す

惜しげなく他者に花を持たせる。他者の貢献を認める。その場にいない人のことも、いるつもりで話す。その場にいない人の立場を代弁する。人の陰で悪口を言わない。人の個人的な情報を公表しない。

3-7 行動その六：結果を出す

これからのリーダーは、単にどんな結果を出すかよりも、自分が約束した結果を出せるかどうかが重要になる。

——デイブ・ウーリッッヒ（ビジネス作家／大学教授）

私はよく人からこんな質問を受ける。「新しいクライアントと関係を築きたい場合、最短期間で信頼を築けることを一つ挙げるとしたら何ですか？」私はためらうことなく答える。「結果を出すことですよ」と。結果は人に信頼性や信頼を直ちにもたらしてくれる。強い影響力を与えてくれる。あなたは価値を生み出し、貢献する能力を備え、仕事ができることをはっきり証明してくれる。結果というのは、その人個人の「信頼性の四つの核」の主要な要素であると同時に、他者との関係において信頼を築く強力な手段となるのだ。

前の章までは主として人格に基づく行動を見てきたが、ここからは主に能力に基づいた行動を取り上げる。この章の「結果を出す」という行動は、責任、アカウンタビリティ、そしてパフォーマンスの原則から生まれるものである。その逆の行動は、成績が悪いなど、結果を出せないことだ。偽の行動は、結果ではなく、結果を実現する手段としての活動を生み出すことである。

私がこれまで雇ってきた人たちの中には、口先だけで実際は結果を出せない人がセールスマンをはじめとして大勢いた。彼らは魅力的なプレゼンテーションを行ない、素晴らしい結果を期待させるような約束をする。ところが、いざとなると結果がまったく出なかったり、出たとしても約束には遠く及ばなかったりすることがよくあるのだ。そのうちに私は、口は達者でなくても実行力のある人間を見つけなければだめだということに気づいた。そういう人間は見事なプレゼンをしないとか、ハイレベルな成功を期待しないわけではない。むしろ、その逆だ。大げさに騒ぎ立てたりしないだけなのだ。彼らは着実に結果を出す。大口だけ叩いて結果を出さない者より、言うことは地味でも結果を出す者になるべく良いチャンスを与えるほうが効果的な戦略だということを私は学んだのである。

人は自分自身を、自分が生み出せると思う将来の結果で判断するが、他者からは、既に成し遂げた過去の結果で判断される。

——ヘンリー・ワーズワース・ロングフェロー

「結果を出す」というと、私は三部作映画『ロード・オブ・ザ・リング』を思い出す。九時間に及ぶ長編映画だが、結局、フロドが火山で指輪を手に入れる。それがあってはじめて、全体が意味を持つ。

◇信頼口座への影響

私がコヴィー・リーダーシップ・センターにＣＥＯとして参加したとき、ある部署が「道楽」と見られている雰囲気があった。道楽とは、社員はそこに行きたがるが、現時点では、そして恐らく将来も利益を生まない事業という意味だ。三年間あれこれ言われ続けてきたが、この部署は製品、すなわち結果を一切生み出しておらず、お荷物的な存在だった。私はこの部門のリーダーと会い、半年以内に製品を生み出し、結果を出す、例外は認めないということで合意した。そして、明確な目標と、その目標に対する責任を定めた。

ところが、そのうちにその社員たちから、期限がきつすぎて、とても達成できそうもないという声が私のところに届くようになった。私は言った。「いいですか、我々の信頼性がかかっているのですよ。製品を生み出さない限り、この部署は本当に道楽ということになってしまう。既に何年も製品の話をしてきたんだから、この期限でやれるはずだよ」

私は全員の反感を買った。彼らはもっと時間を欲しがった。だが、彼らにどうしても約束を守らせなければ、という私の強い気持ちは変わらなかった。そして、彼らはついに約束を果たしてくれた。取り決めた日に製品が発売され、それから数カ月以内に数百万ドルも売り上げた。

これにより、この部署は道楽にすぎないという見方が一変した。彼らは結果を出したのだ。そして、その結果によって信頼が築かれた。その部署の人間に対する信頼、文化に対する信頼、その製品を生み出し、結果を出した者たちの人生に対する自らの信頼とチームでの信頼である。

次に、家庭での影響について見てみよう。私と妻のジェリは最近、一二歳の息子のクリスチャンにゴミ容器を出し入れする仕事を任せた。これは我が家では大変な仕事だった。家から道路までは長い急な坂になっていて、特に雪が降ったりすると重い容器を運ぶのは一苦労だった。我々は親として、クリスチャンの仕事ぶりに心躍らせてきた。我々は息子に一度しか言わなかった。息子も決してそのことを口にしない。だが、毎週水曜の晩に私が帰宅すると、ちゃんと容器が出ている。木曜に帰ると、家の中に戻っている。息子がやっているのだ。

我々がクリスチャンの行動に感激を覚える理由の一つは、その前に逆の状況を経験していたからだ。彼の兄が同じ仕事をしたときは、我々が口を酸っぱくして言わなければならなかった。それでも、言いつけが守られたのは二回に一回以下だったのだ。

この仕事が責任を持って果たされた場合、また果たされなかった場合、いずれも信頼口座（そして、スピードとコスト）への影響は計り知れないものがある。子供が結果を出して口座の残高が多いと、こちらとしても相手の要求に耳を傾け、それを認めてあげようという気持ちになるのだ。

これは職場にも当てはまる。結果を出した人はそうでない人よりも、手にする選択の幅や融通性がほぼ例外なく多いのだ。ジャック・ウェルチによれば、この融通性は、上司が仕事と私生活のバランスを積極的にサポートすることで可能になるという。彼は次のように述べている。

> そう、出退勤時間を部下の自由に任せることに上司は諸手を挙げて賛成する。ただし、それは部下が自分の成績と結果で勝ち取らなければならない。実は、仕事と私生活のバランスを本当に機能させるものは、かつてのポイント制度だと私は見ている。優れた成績を上げた者はポイントを貯め、それを融通性と交換できる。自分のポイントが多ければ多いほど、自分の好きな時に、好きな場所で、好きな方法で働ける可能性が増えるのだ。

「結果を出す」という行動は、反対派を味方につけるのに有効だ。また、新しい関係において信頼を素早く築いたり、融通性と選択の権利を獲得したり、能力の部分で失った信頼を速やかに回復したりするのにも効果がある。さらに、「信頼の構築を通じて結果を出すこと」というリーダーシップに対する私の定義の後半部分でもある。

完全な信頼関係を確立できるのは、安定的に成功が得られる段階に至ってからではないだろうか。私の会社の主要仕入先が、信頼関係を築きたいなどと言い出すことがあるが、「何というたわ言か！」と私は思う。私はこう言って突き放す。「うちは御社をまだ信頼していません。御社が繰り返し成功をもたらしてくれるまで、信頼するつもりはありませんから」

――ピーター・ロウ（英国ホーム・オフィス社IT担当ディレクター）

◈「結果」を前もって示す

私が話をする人たちの中に、結果を出しているのに期待する反応が得られないという人が時々いる。信頼口座に一，〇〇〇ドルの預け入れがあると思っていたところが、わずか一〇ドルの預金だったり、ひどい場合は逆に引き出しだったりするというのだ。そして、どうしてだろうと彼らは首をかしげる。

それは大概、何を期待しているのか、事前にはっきりさせておかなかったからだ。彼らが「良い」、あるいは「とても良い」結果と考えたものが、相手にとっては「平凡」な結果でしかなかったのだろう。さもなければ、彼らの言う「結果」が、見当違いのものだったのかもしれない。例えば、子供にいろいろ買ってやりたくて週に八〇時間も働き、たくさん預け入れできたと親は思っているのに、子供が本当に求めているのは親と過ごす時間だったりするような場合だ。また、製品開発チームが、顧客は全然気にもかけないような機能の開発に必死になる場合などもそうだ。
最近英国で、企業の最高情報責任者やその他のIT担当者たちが集まり、組織における技術と信頼をテーマに話し合う会議が開催された。その主な結論の一つは、技術は期待が高まる約束を数多くするが、必要最小限の結果が日々生み出されないと、そうした約束は何の意味も持たなくなるというものだった。この会議で、英国航空のポール・コビーCIOはこう発言している。

信頼構築の努力について私の考えを述べさせていただくなら、私が一日二四時間、週七日間ITオペレーションをきちんと稼働させていなければ、ウェブサイトで次に行なう予定の素晴らしい事柄や、その他の画期的な開発についてわざわざ話したりはしないということです。オペレーションが問題なく稼動してはじめて、より創造的なアイデアについて語ることができるのです。

今日の経済では、結果を敢えて事前に定義することが特に求められる。それは、労働力の相当部分が測定可能な結果を示しにくい仕事に就いているからだ。従って、まずは信頼が構築されるような結果を定義し、次に期限と予算枠の枠内でその結果を出すことが個々の状況で重要なのである。

まずすべきは、統計データ、つまり結果を示すことだ。結果が見える不可欠なシステムがなく、他に類似するものもなければ、判断のしようがない。

――JP・ランガスワミ（ドレスナー・クラインオート・ワッサースタイン証券会社グローバルCIO）

◇信頼を高めるためのヒント

またグラフに当てはめて考えてみよう。結果を出すという行動になると、「信頼性の四つの核」の中でも能力に関する核がより関係する。曲線の左端は期待に届かない結果の出し方で、「誠実さ」、「力量」、それにもちろん「結果」を強化する必要があり、そのためには前もって結果を定義するのが最も効果的だろう。逆に右端は「結果」は十分に出ているが、それが的を射たものであるかどうかが考えられていない（上司がさほど重要視していない仕事に注力する部下、子供との時間を作らないで残業する親など）。やはり、「誠実さ」（特に一貫性）、「力量」の調和、「結果」の定義などに努力すると、曲線上の「スイート・スポット」に近づくことができるだろう。

「結果を出す」ためには、次のようなことを試みるとよい。

- 今度あなたが結果を出そうと思うときは、何が期待されているのかを徹底的に理解するようにしよう。自分で良い結果だと思って実現させても、評価されるとは限らないのだ。真の信頼関係を築きたいと思ったら、相手が求める「結果」が何なのか知る必要がある。
- 今度あなたが「結果を出す」と約束するときは、果たしてその約束が現実的なものか慎重に考えよう。大風呂敷を広げておいて期待に達しなければ、その都度引き出しを行なう羽目になるのだ。
- 顧客や同僚の期待を前もって予測し、要求される前に結果を出すようにしよう。カナダの偉大なホッケー選手、ウェイン・グレツキーは言っている。「私はパックがある場所ではなく、パックが行きそうな場所に動くようにしている」と。期待を予期することにより、信頼口座への預け入れに配当を付け足すことができるはずだ。

まとめ：行動その六 ― 結果を出す

結果の実績を確立する。正しいことをやり抜く。結果を出す。自分に課された仕事を成し遂げる。期限と予算を守る。無理な約束をして期待を裏切らない。結果を出せなかったときに言い訳しない。

3-8 行動その七：より上を目指す

二一世紀における教養のない人間とは、読み書きのできない人ではない。学び、忘れ、再び学ぶことのできない人である。

――アルビン・トフラー

私は子供の頃、毎年冬になるとスキーをしたものだ。本当に一生懸命練習し、年々上達していった。私が上達したのは、しょっちゅう転んでいたからでもある。矛盾しているようだが、もし転ばなかったら上達を目指して頑張ろうとはしなかっただろう。

私のスキーの腕前がピークに達した一八歳の頃から、私は受身的になった。もう転ぶのも足を骨折するのもいやだという、別の動機が生まれたのだ。その結果、私は危険を冒さなくなったのである。

私は今でも結構滑れるが、二五年前からは進歩していない。ずっと昔に身に付けたスキルに頼っているわけで、その意味では、私はまったく過去に生きている人間である。スキーは難易度が設けられているスポーツの一つで、コースの難しさがマークで表示されている。緑色の丸は初級者向け、青色の四角は中級者向け、黒色のひし形は上級者向けといった具合だ。今の私は、緑色の丸か青色の四角のマークが付けられた斜面ならかなり上手そうに滑るだろう。だが、急斜面やコブだらけの、黒のひし形マークが二つ表示されているコースだったら、全く様にならないと思う。実は昨年の冬このレベルに挑戦してみたのだが、バランスを失ってしまい、とても自分の体をコントロールできないことがすぐに分かった。

人が学ばなくなる理由の一つは、失敗するリスクに対して逃げ腰になることだ。

——ジョン・ガードナー（『EXCELLENCE AND SELF－RENEWAL』の著者）

私たちは今日、黒のひし形マーク二つの世界に住んでいる。技術革新、グローバル化、知識経済によってビジネスの難易度が高まり、状況は以前より困難になっているのだ。昔からあるスキルをそのまま、この厳しい新たな状況に適用しようとするのは、スキーの初心者が上級者向け斜面を滑るようなものである。

自分の能力を大幅に向上させないと、困難な状況に立ち向かうことはできない。競争が激しさを増している今日、それは火を見るより明らかである。ちょうど私のスキーと同じだ。初心者向け斜面では上級スキーヤーに見劣りしないかもしれないが、上級者用の斜面になれば、両者の差は歴然なのだ。

本当に信頼されるのは、黒のひし形マーク二つの斜面を滑れるスキーヤー、つまりリーダーであることは間違いない。

◇能力を磨いて信頼を築く

「より上を目指す」という行動は、継続的改善、学習、そして変革の原則に基づくものである。この行動は前の「結果を出す」と同様、「信頼性の四つの核」の「力量」がそのまま強力な関係構築手段になり得る。あなた個人、またはあなたの組織が他者から、学習し成長し再生していると見られると、急速に変化する環境でも成功できると信頼されるようになる。その結果、高信頼関係が築かれ、信じ難いスピードで物事が進むのだ。

「より上を目指す」という行動の逆は、退化、悪化、過去の栄光にあぐらをかくこと、世の中に適合できなくなることだ。今日の世界における変化の速さを考えると、「より上を目指す」努力を意識的に行なわない場合、元の水準にとどまるわけではない。他者よりもどんどん遅れていくのだ。周囲の人々が急速に前進していく中で、ますますついていけなくなる。従って、単なる現状維持では信頼されるどころか、信頼を低下させるのである。

「より上を目指す」という行動には、一般的に偽の行動が二つある。一つは万年学生で、勉強には余念がないが結果はまったく出さない人だ。もう一つは、フランク・ハーバートが端的に指摘している。「私が最も信用しない人間は、我々の生活の質を高めようと思いつつも、たった一つの行動しかとれない人たちである」何でも自分の得意なことに無理やりはめ込もうとするということだ。「金槌を上手に扱う人間は、何でも釘だと思いたがる」とは、心理学者、アブラハム・マズローの言葉である。

◇「より上を目指す」の例

「より上を目指す」という行動の好例は、「力量」の章で紹介したマネージャーだ。彼は毎朝二時間勉強して高い能力を身に付け、その分野のエキスパートになった。また、『こころのチキンスープ』（木村真理、土屋繁樹訳、ダイヤモンド社）シリーズの著者の一人で、本を毎日少なくとも一冊は読むというジャック・キャンフィールドなどもそうだ。さらに、マイクロソフト社のビル・ゲイツ、フェデックス社のフレッド・スミス、メアリー・ケイ・コスメティックス社のアリー・ケイ・アッシュといった企業の創業者も、より上を目指す例として挙げられる。早くかつ持続的に学習する彼らは、会社設立時はもちろんそうだが、時代が変遷しても社会に適応し続けたのである。

> 二〇歳であろうが八〇歳であろうが、学ぶのをやめる者は皆老人である。常に学習している者は、肉体的能力は衰えたとしても若さを失わず、かつ着実に価値を高めていく。
>
> ——ハーヴェイ・ウルマン

スポーツ選手の好例は、ＮＢＡで二〇年間パワー・フォワードとしてプレーしたカール・マローンだ。新人だったシーズン、フリースローラインからの彼のシュート成功率はわずか四八％だった。選手であり続ける限りフリースロー・シュートを何本も打つことになると思った彼は、この弱点を強みに変えようとした。練習に励んだ結果、生涯フリースロー成功率は七五％にまでアップした。彼のような大型選手では、この数字は飛び抜けている。

さらに、マローンはルーキー・シーズンを終えた後、それまで誰もしていなかったような過酷なウェイトトレーニングを導入した。翌年のキャンプに姿を現したとき、彼の肉体は極限まで鍛え抜かれ、前年のシーズン終了時点をはるかに上回るコンディションであることが一目瞭然だった。また、チームメイトたちのプレーが前年のレベルを超えていないことも明らかだった。「より上を目指す」努力をした結果、マローンのプレーは飛躍的に向上した（これにより、彼は将来殿堂入りを果たすことになる）。また同時に、リーグ全体の能力とコンディショニングを引き上げるきっかけとなることも予感させた。他にもNFLの偉大な選手、ジェリー・ライスはフットボールに、タイガー・ウッズはゴルフに、それぞれ同様の効果をもたらしている。
ヨーロッパで最も信頼の厚いブランドと言われるフィンランドのノキア社は、現在世界最大の携帯電話会社として一三〇カ国以上で四〇五億ドルの売り上げを誇っている。だが、ノキアは携帯電話会社としてスタートしたわけではなく、一世紀半近く前は製紙会社だった。当時のリーダーたちが会社の文化に、イノベーションを主要な能力として持ち込んだ。彼らはそれを「再生」と呼び、今日までの一四〇年間にわたってそれを実践してきたのである。ファースト・カンパニー誌はこう書いている。

［ノキアは］製紙からゴム長靴、さらにはレインコート、猟銃、家電製品へと次々と乗り換え、最終的に今は携帯電話に会社の命運をかけている。これらはすべて、常に再生を重視する姿勢の一環であった。肥大化、陳腐化、成長の鈍化を嫌う会社、それがノキアである。

ノキアは今日、厳しい業界に身を置いている。そのトップは、市場の需要に応じた刷新と改善を怠れば、現在の地位は簡単に奪われることを認識している。それでノキアは、執拗なまでにイノベーションにこだわるのだ。
再生と呼ぼうが、再発明、再創造、刷新、継続的改善、はたまた「より上を目指す」行動と呼ぼうが、こうした姿勢は黒のひし形マーク二つの世界で成功する上で不可欠になっている。ゼネラル・エレクトロニック社のジェフリー・イメルトCEOはこう言っている。「絶え間ない再発明は我が社に欠かせない。一歩間違えば、我々は皆、均質化のアリ地獄にはまってしまうのだ」

◈より上を目指すには

「より上を目指す」のにとても有効な二つの方法がある。それは、フィードバックを求めること、そして間違いから学ぶことだ。

フィードバックを求める

フィードバックを求め、それを効果的に利用することは改善に欠かせない。私個人の事で言えば、職場では社内の調査や社外の顧客訪問、家庭では妻のジェリに、「君をもっと幸せにするために、僕は何ができるだろうか」と尋ねることなど、私が関わったことが成功したときは必ず、フィードバックが一つの役割を果たしている。

デル社のマイケル・デルとケビン・ロリンズは、フィードバックを求め、それに対応した。実績のある彼らなら、無視しようと思えばできたのに、謙虚に改善したことを思うと、私もそうしなければという気持ちになる。私は以前、ある製品開発プロジェクトでフィードバックを求めず、届いた意見は無視したことを覚えている。後にその意見の正当性が売れ行きの悪さによって証明されたとき、私がどれだけ悔しい思いをしたか想像に難くないだろう。

フィードバックをしっかり求め、それに従って行動することは、学習を通じて成長する革新的企業の証である。マリオット・インターナショナルは、私が系列のホテルに滞在するたびに感想を問うメールを送ってくる。アマゾン・ドット・コムは、注文するたびに出品者を通じてアンケートを送ってくる。その結果、私の意見が参加企業の評価に反映されることになる。大規模な組織は大概、社員に対して何らかの調査を実施しており、社員たちの満足度や雇用契約などについて調べている。良い企業と偉大な企業を区別するものは、単に調査を行なうかどうかではなく、その結果にどう応えるかである。

フィードバックは改善に欠かせない重要なものであるため、前でも述べたように、私の会社の「スピード・オブ・トラスト」プログラムには三六〇度フィードバック・ツールが組み込まれている。人々がこうした行動の実践法を学んでいる姿を見るのは興味深いものがある。そこでは、自分の強みや弱みについて自分の見方と他者の見方を比較したり、時には他者の意見を聞いて驚き、自分のパラダイムを再構築する必要性を感じ、心や精神を広く持って望ましい変革への道筋をつけたりするのだ。

これは我々が受講者たちに注意を促していることだが、フィードバックを気にしすぎたり、それに過度に反応したりしているうちに、自分自身の直感や洞察力を軽視してしまいがちだ。さらにフィードバックは、受け手よりも提供する側の人間に関する内容のほうが多い場合がよくある。だが、そのような情報でも信頼の構築にとても参考になるのだ。なぜなら、相手は自分との関係をどうとらえているのか、どんな行動が相手と共有する信頼口座への預け入れになるのかがそこから見えてくるからである。

フィードバックを提供してもらったときは、その人に必ずお礼を言い、それをどう実行するつもりか自分の考えを伝えることも必要だ。相手の人は、自分の提供した意見が真剣に受け止められていることを知れば、あなたを信頼をするだけではなく、そこに成長と変革の環境が生まれるからである。ただし、「結果を出す」の章で述べたように、責任を持って最後まで実行しなければならない。そうしないと、預け入れどころか、返って引き出しになり、求めなかったほうがましだったなどということになりかねないからだ。

間違いから学ぶ

私がスキー場のコースで気づいたように、間違いを犯すことを恐れていては進歩は望めない。人は、失敗を恐れたり、世間体を気にしたりする余り、間違いをすることに逃げ腰になる。しかし、優秀な人や企業は、間違いは人生に付き物と割り切っている。間違いは改善に役立つフィードバックであるととらえ、間違いから学ぶ術を身につけるのに長けているのだ。

実際、飛躍的進歩やその手がかりは失敗から生まれることが多い。アルバート・アインシュタインは言っている。「私は何カ月も何年も考えに考え抜く。それでも一〇〇回のうち九九回まで、私の結論は間違っている。一〇〇回目でようやく正解にたどり着く」と。トーマス・エジソンは、電球を発明した経緯についてこう述べた。「私は一万回失敗したのではない。うまく行かない方法を一万通り見つけて排除したのだ」

世界クラスの企業は、イノベーションに関して同様の考え方をしている。本田技研工業の創業者、本田宗一郎はこう言った。「成功は、失敗と反省の繰り返しによってのみ手に入れることができる。成功とは仕事の一%であり、それは、失敗とも言うべき九九%の仕事によってもたらされたものである」

> 成功することで身に付くことといえば、うぬぼれることくらいだ。人を成長させるのはむしろ失敗である。ただし、失敗と気づき、それを認め、それから学び、それを乗り越え、再び試みる能力が条件となる。
>
> ――ディー・ホック（ビザ・インターナショナル社の創業者・元ＣＥＯ）

優れたリーダーは、適度なリスク・テイキングを助長する環境、間違いを犯すことを恐れなくてもよい環境を構築するものだ。その好例はＩＢＭの創業者、トム・ワトソンだろう。ウォーレン　ベニスとバート・ナナスは共著書、『Leaders: Strategies for Taking Charge』の中で、ワトソンの次のようなエピソードを紹介している。

ＩＢＭでリスクの高い事業を担当していたある有望な若手幹部が、その投機で不覚にも一千万ドル以上の損失を出した。それは災難だった。ワトソンの部屋に呼ばれたその若者は不安げな顔で、「辞表を出せということでしょうか」と唐突に言った。ワトソンは答えた。「まさか。我々は一千万ドルをかけて君を教育したんだ。君が成功率を上げたいと思うのなら、失敗率を二倍にすることだ」ワトソンにそう言わしめたのは、こうした学習の姿勢なのだ。

◈信頼を高めるためのヒント

グラフに当てはめて考えてみよう。「より上を目指す」という行動を効果的に行なうには、明らかに「信頼性の四つの核」すべてが関係してくる。あなたが改善を決意し、それを実行するためには「誠実さ」が必要である。相手にもっと貢献できるようになることがあなたの「意図」であるなら、あなたの行動はスイート・スポットをとらえていると言える。その相手というのは、あなたの才能やスキルが向上することで利益を得る立場の人もいれば、あなたの家族のようにあなたの経済力で恩恵を受ける立場の人もいるだろう。「より上を目指す」という行動は当然、「力量」も関係する。分かりきったものは別として、これには重要な目標を設定して達成する力量の他、信頼を築き、育て、与え、回復する能力も含まれる。さらには「結果」は、できるだけ効率的に「より上を目指す」ため、また改善の重点と達成しようとする結果の間の関係を見る上で必要になるのだ。

「より上を目指す」ためには、次のようなことを試してみるとよいだろう。

● あなたの部下、顧客、チームメンバー、家族たちに次の三つの質問をする。

一．我々が今していることで、今後も続けるべきだと思うことはどれですか。

二．我々が今していることで、やめるべきだと思うことはどれですか。

三．我々が今していないことで、始めるべきだと思うことが何かありますか。

回答に感謝するとともに、あなたがこれから実行しようと思うことを説明し、さらに進捗状況を報告するようにしよう。

- 今度あなたが間違いを犯したときは、くよくよ悩んだりせず、それをフィードバックだととらえることだ。それから教訓を見つけ出し、次回は間違いをしないような方法を考えよう。
- もしあなたがチーム内または家族内でリーダーの立場にあるなら、間違いを犯すことを恐れなくてよい環境をつくるべきである。適度なリスク・テイキングと失敗から学ぶ姿勢を周囲の人たちに促し、高い信頼、相乗効果、生産性の確立を目指そう。

まとめ：行動その七――より上を目指す

継続的改善に努める。「力量」を高める。絶えず学習する。公式・非公式のフィードバック・システムを構築する。得たフィードバックを行動に活かす。フィードバックを提供してくれた人に感謝する。自分を絶対視したり、フィードバックを軽視したりしてはいけない。今の知識やスキルだけで将来の課題に対処できると思ってはならない。

3-9 行動その八：現実を直視する

リーダーの第一の責務は、現実を見極めることである。

——マックス・デプリー（ハーマンミラー社会長兼ＣＥＯ）

あなたは、正規の会議で検討すべき問題を少人数が非公式な場で話し合うような会議に参加したことがあるだろうか。本当の問題が本来の会議でまともに取り上げられ、解決されていたら、どれだけの時間とお金が浪費されずにすむことだろう。

また家庭においても、特定の問題を家族全員が明らかに避けているような場面に居合わせたことはないだろうか。ビジネス作家のキャスリーン・ライアンは、このように誰も言い出せずにいる問題のことを「触れにくい問題」と表現しているが、これはオープンな信頼関係にとって障害となる。この種の問題が一つもなかったら、つまり、どんな問題も誰もがオープンに、しかも尊重しあいながら話し合うことができたら、状況はどんなに変わることだろう。

行動その八、「現実を直視する」とは、困難な問題でも正面から取り組むということだ。良いことに限らず悪いことも共有すること、誰もが目をつむっている問題を敢えて持ち出すこと、タブーに切り込むこと、触れにくい問題について話し合うことである。こうしたことを適切に行なうと、短期間に信頼を築くことができるのだ。気取らず、信用できる人間であることが相手に伝わるのだ。難題を避けて通ることはしない。人々の頭にあり、自分たちの生活に影響する難しい問題に真っ向から取り組むのである。

「現実を直視する」という行動は、勇気、責任、自覚、そして敬意の原則に基づいている。その顕著な例は、米国のジェームス・ストックデイル将軍だ。彼はベトナムで八年間を戦争捕虜として過ごす中で、仲間の投獄者たち全員から大きな信頼と敬意を得たが、この過酷な現実を直視する際、ジェームズ・コリンズの言う「ストックデールの逆説」を実践したのだった。コリンズは著書、『ビジョナリーカンパニー２　飛躍の法則』の中で、ストックデイルの次の言葉を引用している。

> どれほどの困難にぶつかっても、最後にはかならず勝つという確信を失ってはならない。そして同時にそれがどんなものであれ、自分がおかれている現実のなかで最も厳しい事実を直視しなければならない。

コリンズはさらに、「ストックデールの逆説は、自分自身の人生であれ、他者を率いる点であれ、偉大さを築き上げた人全員の特徴になっている」と述べている。

「現実を直視する」という行動のもう一つの好例として、アン・マルケイヒーが挙げられる。フォーチュン誌で報じられたように、彼女が二〇〇一年八月にゼロックス社のＣＥＯに就任したとき、残酷な事実はまさに残酷そのものだった。ゼロックスは赤字に加え、巨額の負債を抱え、コストは高く、売り上げはジリ貧状態にあり、有能な人材の流出が起きていた。その上、証券取引委員会の摘発を受けた不正会計疑惑、時代遅れのビジネス・モデル、旧態依然たる製品・サービスラインなどの問題も抱えていた。ゼロックスは非常に競争の激しい業界にあり、同社の株価は前の年、六三．六九ドルから四．四三ドルへと急降下していた。

これらは本当に残酷な事実だった。しかし、マルケイヒーはそれを避けて通るのではなく、真正面から立ち向かった。彼女は債務整理の専門家たちの反対を押し切り、会社の存続と倒産の回避にまず全力を注いだ。彼女はこう言った。「倒産のメリットを財務的見地からどう考えようと、再建と評判の回復を必死に願っている会社にとってその策は忍びなく、意気消沈させるものだと私は思う」

それからマルケイヒーは苦渋の決断をした。デスクトップ部門の廃止、コスト削減、不正会計疑惑の処理、製品・サービスラインの移転を断行したのだ。特に真実を話すことに努めた。人が聞きたがらない、歓迎されない話でもその姿勢を貫いた。ゼロックスのビジネス・モデルは現状のままでは持ちこたえられず、再構築の必要があると正直に言ったこともあった。この発言はウォール街を落胆させ、株価は一日で二六％も下落した。ところが、社員たちから見た彼女の信頼性は、株価とは反対に急上昇した。長年疎かにされてきた問題に積極的に挑むリーダーがついに登場したのだ。彼女への信頼は、まずはゼロックスの社内で、そして顧客、さらには銀行を含む投資家たちへと広がっていった。社員たちはマルケイヒーの中に、リーダーたる者のあるべき姿を見たのだ。それは、前の幹部たちだったら処理能力に欠け、見て見ぬふりをしたと思われる問題にも果敢に挑戦していく姿勢だった。

ゼロックスの業績は、この頃から著しい改善を見せている。今では黒字に転換し、負債は大幅に圧縮され、株価は上昇に転じつつある。どの会社も現状に対する評価は将来に委ねるしかないが、アン・マルケイヒーは、困難な問題に正面から取り組むことによって信頼を確立する、現代のリーダーであることは間違いない。

「現実を直視する」という行動の逆は、現実を無視すること、現実が存在しないかのように振舞うことだ。現実から目を背け、やがて消えてなくなるか、実在しないかのように思い込むのである。偽の行動は、現実を直視するかのように見せても、実際は避けている場合だ。真の問題に目をつむり、見せかけの仕事に逃げ込むのである。

こうした逆の行動や偽の行動は、どんな理由があるにせよ本当に重要な事柄への対処を怠っていると、他者から閉鎖的で不正直で、透明性に欠け、率直な話し方ができないなど人格に問題があるか、さもなければ無知、世間知らず、無能で、何が真の問題なのかも分かっていないなど能力に欠けると見られることになるのだ。どちらであれ、信頼を築けないことは明らかだろう。

◈スピードとコストへの影響

率直に「現実を直視する」と、スピードとコストに関して少なくとも二つの重要な効果が生まれる。第一に、オープンな議論と達成までのスピードを促進するような関係が築かれる。第二に、表向きはバラ色の絵を描いて見せながら難題に苦労して取り組むのではなく、周囲の人間の独創性や能力、相乗効果を活用して問題を解決することができる。そうすると、アイデアが次々に沸き、革新と協調が生まれる。有効な解決策が迅速に生み出され、問題解決プロセスに関わる人たちの理解や賛同も得やすく、期待も高まるのだ。

私個人の経験で言えば、フランクリン・コヴィー社の合併後、現実を直視すれば信頼配当が得られることを私は痛切に実感したものだった。あの日ワシントンD.C.での会議で、元々の議題を棚上げにし、社員たちが本当に議論したがっていた問題を取り上げようと申し出たとき、私は最初の衝撃を感じた。私を見る彼らの目には疑念が宿っていたのだ。ところが、一時間もしないうちに巨大なダムが決壊するかのような衝撃を覚えた。率直さと信頼が洪水のように部屋を包み込み、その場にいた全員から大きな安堵と感謝の気持ちが感じられたのだ。それがまさに重要な転機となり、それ以降、我々の協働能力、引いては顧客のためにさらに多くの価値を創出する能力が飛躍的に向上したのだった。

◈人はなぜ現実から逃げるのか?

ビジネス作家として実績豊富なジョン・ケースは著書、『オープンブック・マネジメント　経営数字の共有がプロフェッショナルを育てる』の中で、企業経営成功の鍵は社員を大人扱いすることだと述べている。「社員は大人として扱われると、大人の振舞いをする」というのが「オープンブック」の根底に流れる精神なのだ。つまり、現実に立ち向かい、良い知らせだけでなく、悪い知らせも共有するという考え方である。ケースによれば、この手法は人に対して敬意を示すものだという。他者に対してこんな言い方をする。「あなたは大人ですから、十分処理できますよ」私に言わせれば、こんなふうにもなる。「この状況をどう改善するか、私は君の意見を評価しています」

直面する難題を解決しようというとき、最も力を貸してもらえそうな人たちを無視していたのでは、まず何の成果も得られないだろう。アメリカン航空のジェラルド・アーピーＣＥＯは、同社が抱える問題に取り組むにあたり、労働組合を積極的に参加させる決定をした。彼はこの決断に際してこう言ったという。「社員が諸君の真のビジネス・パートナーでないとするなら、君たちの戦略は彼らによって弱体化されることになる」

では、人はなぜ現実から逃げようとするのか。一つは、他者に良く思われたいという心理が考えられる。悪いことを伝える役はやりたくないのだ。リーダーの中には、この役目を自分の補佐役にやらせる人がいる。悪い状況から距離を置き、自分の信頼性や信頼を維持しようというねらいがあるのだろうが、そうした行動は実際は逆効果でしかない。部下たちから見れば、自分たちのリーダーは正直さや率直さに欠け、こうした厄介な問題になると自分たちと関わり合うのを避け、汚れ仕事を他者に押し付けていると映るだろう。そして、そこに生み出されるのは莫大な税金なのである。

自らをリーダーと名乗る者は、部下に対して率直でなければならない。良い知らせを届けるのは誰

にでもできる。厄介な悪いことでも率直に伝え、責任を果たすことが求められる。好ましくないことを隠したり、悪い知らせの伝達役を部下にさせたりしてはいけない。問題が生じたときは、部下に率直に告げることだ。

――ジョン・ハンツマン（ハンツマン・ケミカル社会長）

また、苦痛を味わいたくないという場合もあるだろう。例えば、自分の子供が麻薬を常習しているなどということは、親としては聞きたくないものだ。余りの辛さから、兆候を見逃したり、気づいても見て見ぬふりをしたりして、子供と向き合うのを避けるのだ。本当は問題を直視し、子供が重い中毒になる前に手を打たなければならないのだが。

さらに、下手に現実に立ち向かって面目をつぶしたくないという思いもあるようだ。私はかつて、このケースをはっきり目撃した。深刻な経済的問題を抱えていた、ある家族のカウンセリングをしたときのことだった。収入が突然大幅に減ったのに、その家族はそれまでの生活水準を維持することにこだわった。結局、彼らは体面を気にしていたのだ。前のような暮らしができず、友人たちの手前、体裁が悪いという思いから貯えを取り崩し、借金してでも格好をつけようとしたのである。だが、それを続けたら破産するしかなく、本当に窮地に陥ることは目に見えていた。彼らはその現実を直視しようとせず、実態から目を背けていたのだ。何カ月もカウンセリングを続け、腹を割って話し合った結果、最終的に彼らの置かれた現状を認識し、必要な策を講じたのだった。

私は自分自身のこれまでの人生で、私生活でも仕事上でも躊躇せずに現実を直視することの重要性を学んだ。先延ばししたからといって簡単に解決できるわけではなく、ひとりでに改善するものでもない。それどころか、直ちに行動しないと、選択肢はどんどん減っていく場合だってあるのだ。後手後手に回るのは避けなければならない。

マーサー・ヒューマン・リソース・コンサルティング社の調査によれば、問題が大きくなる前に経営上層部が適切に対処している、と感じている社員は全体の三九％にすぎない。コストのことを考えてみてほしい。比較的安上がりな初期段階で手を打ったほうがどれだけ効果的だろう。

要するに、悪い知らせを伝えることに逃げ腰であってはいけないということだ。何でも良いように見せなければ、などと思ってはならない。そうかといって、「これはひどい。皆そろって討ち死にするしかない」などというのはやり過ぎで、グラフで言えば曲線の右端ということになる。だが、ジェームズ・コリンズも指摘するように、「残酷な事実に立ち向かい、なおかつ信頼を失わない」ことは可能なのだ。実際、彼が調査した企業（およびリーダー）で、「良い企業」から「偉大な企業」へと成長したところはまさにそれを実践しており、彼らのそうした姿勢が強みを生み出したのである。コリンズはこう書いている。

> 厳しい現実に直面したとき、偉大な企業は強くなり士気が高くなっているのであって、弱くなったり士気が落ちたりはしていない。厳然たる現実を真っ向から見据えて、「われわれは決して諦めない。決して降伏しない。時間がかかるとしても、かならず勝つ方法を見つけ出す」と宣言すれば、気分は高揚する。

さらに、「これが現実なのだ。この現状に対処しようではないか。なぜ勝てるのか、その根拠も示させてもらう」とか、「私が考える、このチームを前進させる方法を説明しよう」といった言い方もできるかもしれない。

◈信頼を高めるためのヒント

「現実を直視する」という行動の「スイート・スポット」は、「信頼性の四つの核」がすべて絡み合って生まれる判断であることは明らかだ。曲線の左端は、立ち向かう姿勢が無視されたり、弱められたりする場合で、これでは効果を上げるまでには至らない。あるいは、立ち向かったにしても、最後まで徹底されないということもあり得る。「スイート・スポット」に近づくためには、勇気（誠実さ）を高め、「意図」を改善し、信頼力（力量）を強化し、現実を直視することの「結果」を経て信頼性を高めることが必要になる。

曲線の右端は、問題そのものよりも相手の人間に、時に容赦なく挑みかかるような行動だ。あるいは、極端に走ったり（「これはひどい。皆そろって討ち死にするしかない」）、被害者意識（「この状況はひどい。私にはお手上げだ」）に陥ったりする場合もあるだろう。やはり、「信頼性の四つの核」の強化が鍵となる。

「現実を直視する」という行動を改善する際は、次のような努力をするとよいだろう。

- 職場であれ家庭であれ、今度あなたが現実を直視するのを躊躇することがあったら、自分の心の中をのぞいてみよう。尻込みするのは結果が心配なためか、それとも苦痛を恐れているせいか。現実に立ち向かわないとしたらどうなるか考えてみることだ。場合によっては、相手への態度を考え直すことも必要である。他者を、あるがままの状況に対処できる大人（または逞しく快活な子供）として扱おう。躊躇してはならない。現実に立ち向かい、そして人には敬意を持って接しなければならない。
- あなたの経済状況、職業上の資格、あるいは健康について考えてみよう。あなたは現実に立ち向かっているか、それとも「非現実的な世界」に逃げ込んでいるだろうか。自分自身に対してどこまでも正直であるように努めなければならない。自分の望む結果が得られるような原則を見つけ、それに沿った生き方に挑戦しよう。
- 私生活や職場での関係に窮屈さを感じているとしたら、その原因を分析してみよう。率直で高い信頼に基づいた関係を築く上で障害になる問題が何かあるだろうか。その問題に正面から、敬意を払いつつ取り組むことを考えよう。

まとめ：行動その八 ― 現実を直視する

困難な問題に正面から取り組む。触れたくない問題の存在を認識する。悪い知らせも告げる勇気を持つ。相手が「振り上げた剣」を下ろさせる。真に重要な問題を避けて通らない。現実から目を背けない。

3-10

行動その九：期待を明確にする

衝突というのは大概、期待に背いた結果である。

――ブレイン・リー（『パワーの原則』〔フランクリン・コヴィー・ジャパン訳、キングベアー出版〕の著者）

数カ月前のある晩、私の妻のジェリが一六歳の娘に言った。「友だちと出かけるなら、あなたの部屋とバスルームの掃除をしてからよ」しばらくして妻が私のところにやって来て、こう叫んだ。「マッキンリーは外出禁止だわ。約束を破ったのよ。自分の部屋とバスルームを掃除しなきゃ外出はダメって言ったのに、やらないで出かけちゃったわ」

「電話してみるよ」と私は言った。娘はダンスに行っていた。私は彼女の携帯にかけ、こう言った。

「マッキンリー。すぐ家に帰って来なさい。出かける前に、君の部屋とバスルームの掃除をするって、ママと約束したのにやってないじゃないか」

「掃除したわよ、パパ」彼女は叫んだ。

「どう見てもやってないぞ」

「いいえ、やりました」

「それなら、ちゃんとやってなかったんだ」

「だって、パパ、いつもと同じようにしたもの」

娘は自分に非はないと思っていた。母親から言われたことをやったつもりだったのだ。しかし、妻からすれば、これは信頼の問題だった。妻の考えでは、娘は約束しておきながら、完全にやり終えないまま友だちと遊びに出かけたのだ。

私と妻はこのとき、同じ綺麗でも娘の基準と妻の基準には差があることが問題だということに気づいた。「部屋とバスルームを綺麗にする」とはどういうことか、はっきり決めていなかったのだ。結局、帰宅したら話し合うという条件で、その晩のダンスは許すことにした。

◈期待と信頼

行動その九、「期待を明確にする」は、何をなすべきか、前もって考えを統一することだ。これは、ともすれば軽視されがちな行動の一つである。私はこれを「予防の行動」と呼んでいる。事前に期待を明確にしておけば、後で胸や頭が痛くなることはないからだ。逆に面倒がって怠ると、後で信頼に関する問題が発生し、それがスピードとコストに影響を与えることになるのだ。

職場や家庭におけるあなた自身の経験について少し考えてみてほしい。期待を十分理解していないために、どれだけの時間と労力が浪費されているだろうか。「これは君がすることになっていただろう」「あれは君がすると言っていたように思うけど」「それは、いつまでに必要だったんですか?」「これが予算オーバーって、どういうこと? そういう話、聞いてないけど」「いや、君はできないなんて一度も言わなかったじゃないか」などなど。プロジェクトの進め方では、リーダーの説明不足によって二度手間を強いられるのは珍しいことではないだろう。また、「低いパフォーマンス」のかなりの部分は、何を求められているのかが明確でないことに原因があるのだ。こうしたことは信頼にどんな影響を及ぼすだろうか。

「期待を明確にする」という行動の根底には、明快さ、責任、そしてアカウンタビリティの原則がある。この行動の逆は、期待を曖昧にしておくことだ。何を期待しているか分かっているはずだと思い込んだり、単に知らせるのを怠ったりすると、各人の頭に描かれる、求める結果が違ったものになる。そうすると推測するか、勝手に決めるしかなくなるのだ。そして、生み出された結果が評価に値しないと、皆が失望し、信頼、スピード、コストすべてが打撃を受けるのである。

一方、逆の行動は巧妙にごまかすことだ。期待を明確にすると口では言いながら、後で責任を果たしやすいような、結果、期限、金額などの具体的事項はぼかしておくのである。また、人の記憶や解釈、その時々の都合次第で期待を上げ下げするということもよくある。

期待を明確にするのは困難を伴う場合がある。私の会社で提供している「スピード・オブ・トラスト」プログラムでは、少人数のグループでこんな演習を行なうことがある。各テーブルの受講者に「信頼とは何ですか?」と問いかけ、心に浮かぶ言葉トップ一〇を挙げてもらう。私たちは頻繁に信頼という言葉を口にするが、各テーブルに座った六~七名の人たちが思い浮かべる言葉で一致するのはせいぜい一つか二つしかないのは意外である。この事実こそが、期待を明確にすることの難しさを物語っていると言えるだろう。人はそれぞれ、言葉や経験を自分なりの意味で解釈するものである。意味は物事に内在するわけではなく、必ずしも言葉の中にあるわけでもない。意味は人の中にあるのだ。だから、あなたと私がある事柄について合意したとしても、そこで用いる言葉の解釈を確認する必要がある。

「期待を明確にする」という行動の影響は、なぜそんなにも広範囲に及ぶのだろうか。その理由の一つは、人と人が関わり合うときは、それが明確であろうと暗示的であろうと、また理解されようがされまいが、必ずそこに期待が存在するということだ。そして、この期待がどの程度満たされるか、または裏切られるかが信頼に影響するのだ。実際、期待が明確でないことが信頼崩壊の主な理由の一つになっている。私の妻と娘の一件であったように、期待が裏切られるとほぼ間違いなく、信頼の問題へと発展していく。「あなたが最後までやらなかったのよ」「あなたは自分でやると言ったことをしなかったの」といった具合に。

◇職場において期待を明確にする

私は以前、ある人から「お互いに信頼し合っていれば必要ないのに、我々はなぜ、取引の契約事項を書面にするのか」、と尋ねられたことがある。契約書によって期待を特定して明確にするのであり、その結果、信頼が維持され、さらには徐々に強化されもする、と私は答えた。口頭で合意しながら、最初の取り決め以外に期待を明確にしなかったり、担当者の変更に伴って取り決めの解釈が変更されたりしたために消滅してしまった契約があることを私は知っている。口頭での合意を私は否定するわけではないが、できれば書面も作成し、双方の期待を明確にするほうがよいだろう。

信頼は書面での契約に生命、意味、そして理解を吹き込み、全体的にパフォーマンスを改善することができる。例えば、本書の冒頭で紹介したウォリック・ビジネススクールによる調査を思い出してほしい。外注契約一、二〇〇件を一〇年間にわたって分析した結果、厳格なサービスレベル・アグリーメントを契約書に盛り込んだりせず、主として信頼に基づいた関係の場合、実績が当初の契約額を二〇～四〇％上回ることが確認されているのだ。これぞまさしく「信頼配当」なのである。

W・エドワード・デミングとバックミンスター・フラーに師事したマーシャル・サーバーは、「明快さは力である」という非常に鋭い指摘をしている。この種の力を発揮した例はコーク・ウォルグリーンズに見られる。ジェームズ・コリンズが「良い企業」から「偉大な企業」へと成長した企業として紹介しているウォルグリーンズ社のCEOだ。この会社は何世代も前から外食産業を手がけてきたが、ある時、自分たちの最大の強みはレストランよりもドラッグストアの経営だと方針転換した。コークの後を継いだダン・ジョーントCEOが、コリンズの著書『ビジョナリーカンパニー2』の中でこう説明している。

コーク・ウォルグリーンが経営計画委員会のある会議で、「よし、ここで期限を決めよう。外食事業から五年間で完全に撤退しよう」と言った。そのとき、当社には五百店を超えるレストランがあった。ピンが落ちた音も聞こえそうな雰囲気になった。「時計が時を刻んでいることを忘れないように」とコークが念を押した。…六ヶ月たって経営計画委員会の次の会議で、だれかが何かのおりに、外食事業からの撤退まで五年しかないと言った。コークは声を荒げるような人物ではないが、このときは机をトントンと叩いてこう言った。「よく聞いてほしい。残りの時間は四年半だ。六ヶ月前に五年と言った。今からなら四年半だ」。翌日からは外食事業からの撤退がほんとうに進むようになった。

私自身の経験では、会議の席である経営幹部のとった行動が思い出される。彼はこれから話す内容が機密であることを全員に徹底させたかった。そこに集まった面々で、それまでに機密が漏れたことが何度かあったからだ。余りに馴れ合いの関係が低い信頼しかない環境を作り出していたのだ。この幹部は、自分の期待を一点の曇りもなく明確にしようとして、テーブルの周りを回り、目と目を見合わせながら一人ひとりに話しかけた。そうしてから、彼はこう尋ねた。「この件の機密性をご理解いただき、秘密を守ることに同意していただけますか?」期待を明確にする上で、これは劇的かつ効果的な方法だった。

◈家庭において期待を明確にする

既に述べたことだが、「期待を明確にする」という行動は、職場だけでなく家庭でも絶大な効果を発揮する。例えば夫婦間で、役割や責任の期待が明確でなかったり、解釈に食い違いがあったりしてどれほどの失望やいざこざが生じることだろう。あなたの夫/妻は、家計の管理、子供の躾け、ゴミ出しなどをあなたに期待しているとしよう。自分が育った家庭ではそれが習慣だったためだ。ところが、あなたの育った家庭は逆だったことから、あなたとしては相手にそれをやってもらいたいと思うかもしれない。あなたはこれまで、この話を持ち出して解決しようとしたことがないので、二人の間でいつもそれが引っかかっている。

また親子間でも、家の手伝いやその他について期待が明確になっていないと、時間や労力がどれだけ無駄に費やされることになるか。我が家でマッキンリーの一件があった後、ある友人にそのことを話したところ、彼女はこう言った。彼女の子供が小さかった頃、家の中でやってもらいたいことをはっきりさせる意味で、クローゼットやバスルームの戸棚の扉一枚一枚の内側に紙を貼り、例えば部屋の掃除と言ったらどういう意味なのか具体的に書いたという。さらに、子供たちを訓練し、紙の指示をきちんと守らせるようにした。何を期待されているのか疑問のないようにするためだった。彼女が言うには、それで問題がすべて解決したわけではないが、時間と労力の浪費を減らし、仕事の質を高め、信頼の環境を築くのに大いに役立ったそうだ。

◈一方通行な期待であってはならない

米国経営管理学会が最近行なった調査によると、企業の非倫理的行動の最大の原因は非現実的な期待にある。社員たちは期待を伝えられ、それを遂行する期限や予算枠を示される。期限までに結果を出さなければというプレッシャーから、彼らは手抜きをするようになる。期待に応えるために非倫理的なことに手を出すのだ。

「期待を明確にする」という行動は、常に双方向の行動だということを念頭に置かなければならない。どちらの視点から見ても無理のない現実的な期待を設定できるよう、社員たちの意見も聞く機会を設ける必要がある。

コヴィー・リーダーシップ・センターで以前、特定のアイデアについて戦略的提携を組まないか、という話をある会社が私に持ちかけてきたことがあった。我々は可能性をあれこれ真剣に検討したが、どちら側にも効果はないという結論に達した。

その会社の人が再びやって来て、力を込めてこう言った。「あなたには本当にがっかりです。お父上の教えを実践してないのですから」

この言葉は意外だった。私は感情的にならないように答えた。「申し訳ありません。もう少し詳しくお話し願えますか？」

「あなたの父であるスティーブン・Ｒ・コヴィーさんはＷｉｎ－Ｗｉｎという考え方を説いていらっしゃいますよね。我々は御社とまさにＷｉｎ－Ｗｉｎの取引をしようと思って参りました。それなのに、あなたはそれに興味を示されない」彼はそう言った。

私は少し安心し、こう反論した。「いいですか。Ｗｉｎ－Ｗｉｎには私もまったく異論はありません。問題は、あなたが提案していらっしゃることはＷｉｎ－Ｗｉｎではないということです。むしろ、Ｗｉｎ－Ｌｏｓｅですよ。この契約は我々にとってＷｉｎにはならないし、それをＷｉｎにしたら、今度は御社にとってＬｏｓｅになるでしょう。ですから、私の父が教えていることとは違うんです。父は、『Ｗｉｎ－ＷｉｎまたはＮｏ Ｄｅａｌ（取引しない）』と教えています。つまり、双方にとってＷｉｎでなければ、取引をしないということです。御社の提案はまさにそれですよ」

この人は、「取引しない」の部分を自分の都合の良いように無視していたが、Ｎｏ Ｄｅａｌを除外することはできない。そんなことをしたら、Ｌｏｓｅ－Ｌｏｓｅにしかならない交渉では逃げ道がなくなってしまうのだ。彼は私の言ったことを理解すると、すなわち期待が明確になると（Ｗｉｎ－ＷｉｎまたはＮｏ Ｄｅａｌ）、考え方を変えたのだった。

◈どうやって実行するか

私はこれまで、「期待を明確にする」という行動の重要な点をいくつか学んできた。まず一つは、できるだけ定量化することだ。どんな結果を誰がいつまでに出すか、コストはどれほどか、それをどうやって測定するか、達成された時点をどうやって知るか。さらに、ベンチマークと結果の両方について、いつ、誰に対して責任を果たすか。「信頼性の四つの核」の中の「結果」の章で述べたが、手段としての活動よりも結果を重視するほうが一般に効果的である。もっとも、相手が子供の場合は、手段にやや軸足を置かざるを得ない時もあるだろう。私の父は私がまだ七歳のときに、庭の芝を「クリーンでグリーン」にする方法は好きに選べばよいと言った。このようにして父は私の創造性を刺激し、思うような方法で結果を達成する自由を私に与えた。だが、それと同時にスプリンクラーのことも話してくれ、使い方を教えてくれたのである。

私が学んだ二つ目の点は、品質、スピード、コストという三つの要素のうち、二つは実現できても三つすべてを達成するのは不可能な場合が多いことに気づいたことある。例えば、高品質を短期間で実現したいと思えば、コストは余計にかかるのが普通だろう。短期間で低コストに抑えたければ、品質はあきらめざるを得ない。高品質な製品と低コストを求めるなら、期間は長くなる可能性が高い。つまりは選択の仕方であって、二つを手に入れるためには一つを捨てなければならないのだ。私はこれに気づいたら、期待を明確にし、それに伴う三つの要素のバランスを理解しやすくなった。ところが、この公式を変えることのできる要素が高い信頼なのだ。信頼関係が磐石であれば、高品質（価値）、高いスピード、低コストの達成が現実味を帯びるのである。

最後にもう一つ、期待を明確にするのは難しいときもあるが、相手を後で落胆させるよりは先に明らかにしておくほうがずっとよいことを私は学んだ。例えば納期を約束する場合、単に相手が喜ぶようなことを言うのではなく、現実的な期日を知らせることが重要なのだ。

◇信頼を高めるためのヒント

「期待を明確にする」という行動の「スイート・スポット」をとらえるためには、「誠実さ」（期待を設定し、他者に勇気を持って正直に伝える）が必要である。関係者全員にとってＷｉｎとなるような期待を生み出す「意図」もなければならない。合意の内容を整理し、アカウンタビリティを決め、間違いなくで実行するなどの「力量」も求められる。さらに、求める「結果」を関係者全員が分かるような方法で特定することも重要である。

曲線の左端は、期待を十分に明確にしていない場合だ。逆に右端なら、余りに細かすぎたり、手段としての活動にこだわったり、途中で生じた調整に柔軟でなかったり、不信感が強すぎるといったことが考えられる。例えば、婚姻前に財産契約を結ぶのは多くの人にとって右端の行動と言えるだろう。確かに期待は明確になるが、その過程で信頼が損なわれる可能性が高い。

「信頼性の四つの核」のうち、あなたはどれを改善する必要があるか考えてみよう。さらに、次のような努力をするのも有効だろう。

● 他者とのコミュニケーションでは、明快さが力となることを認識しよう。自分の意思疎通の「明快さのチェック」として相手に次のような点を確認してみるとよい。

○今の会話から、あなたは何を理解しましたか。

○会話の結果、あなた自身は次に何をすべきだと思いますか。私は何をすべきだとあなたは思いますか。

○他の人たちは期待を明確に理解しているとあなたは思いますか。

○もっと明確にするためには、我々はどうしたらよいと思いますか。

● 今度あなたが職場で何かのプロジェクトを手がけるときは、明確なプロジェクト合意書を事前に作成するようにしよう。あなたがリーダーであれば、全員を集め、それぞれのアイデアや懸念を述べさせるとよい。利害関係者全員にとってＷｉｎとなるような、現実的かつ明確な合意を生み出すよう努力することだ。あなたがリーダーでなければ、このアイデアをチームリーダーに提案すればよい。または、自分で契約書を作成し、チームリーダーに「あなたの期待と私にできることを自分なりに書いてみました。あなたの意見を聞かせてください」と言おう。こうすれば期待が明確になり、後で問題が生じる心配はないだろう。

- 家庭においても期待を明確にすべきだ。「結婚生活への投資の時間」を夫婦で作るとよい。結婚生活での最大の不満三つをそれぞれ書き出す。次に、個々の不満を見て「この中で、自分の期待が満たされていないものはどれだろうか」と自問するのだ。不満や期待に関して何か思い付いたことがあれば話し合い、より明確にする努力を一緒にしていこう。

まとめ：行動その九 ― 期待を明確にする

自分が期待していることを相手に明らかにする。その期待について話し合う。その期待を確認する。必要かつ可能であれば、話し合って期待を見直す。人の期待に背かない。期待は明確だとか、共有されているなどと思い込まない。

3-II 行動その一〇：アカウンタビリティ（結果に対する説明責任）を果たす

すべての力が信頼である。そして、我々はその行使にアカウンタビリティを負う。

――ベンジャミン・ディズレーリ

行動その一〇は「アカウンタビリティ（結果に対する説明責任）を果たす」だ。この前の章で「期待を明確にする」という行動を取り上げたのは、期待が明確になっているとアカウンタビリティの行使がずっとスムーズに運ぶからである。期待が曖昧なままでは、誰かにアカウンタビリティを果たさせることはできないのだ。

この行動が信頼に大きな影響を及ぼすことは間違いない。ゴリンハリス社の二〇〇二年世論調査によると、信頼構築に必要な要素の第二位が、「自ら責任とアカウンタビリティを引き受けること」だった。また、プライスウォーターハウスクーパースは、社会的信頼を築く上で鍵を握る三つの要素の一つに「アカウンタビリティの文化」を挙げている。

この「アカウンタビリティを果たす」という行動には、二つの主要な側面がある。一つは「自分自身がアカウンタビリティを果たす」ことであり、もう一つは「他者にアカウンタビリティを果たさせる」ことだ。信頼を生み出すリーダーはこの両方を実行している。

◈自分自身がアカウンタビリティを果たす

私の会社の「スピード・オブ・トラスト」プログラムで最近、ある受講者がマットという会社員の話を紹介してくれた。米国の大手牛肉メーカーでバイヤーをしている男だった。彼の部下の一人が、会社の車を運転していて事故に遭った。その事故は大したことはなかったが、会社の規定では、会社の車で事故に巻き込まれたときは、駐車場内での事故や、樹木などに衝突した事故も含め、警察に出す届出書を運転者がすぐ提出することになっていた。マットはこの規定を知らなかった。それで、上司が彼のところにやって来てこう言った。「君の部下が届出書を書いてないから、君に書いてもらわなければならない」「すみません、彼は規定を知らなかったのです。私も知らなくて、届出書を書くように指示しませんでした」とマットは説明した。彼は部下の届出書を作成した後、自分の始末書を書いた。そして、両方の書類を上司に提出した。「こっちは受け取れないな」と言う上司に対し、「部下に規定をきちんと教えるのが私の責任ですから」とマットは答えたという。

マットのこの行動は、自分自身がアカウンタビリティを果たすとはどういうことかを示す好例と言える。それは、ジェームズ・コリンズが「窓と鏡」の例えで言おうとした点の一つを実践するものだ。窓の外を眺める、つまり他者を見て非難するのをやめ、鏡を見て、その状況における自分の責任に目を向けるべき時だったのである。

この行動は、アカウンタビリティ、責任、監督責任、所有者意識の原則の上に成り立っている。この行動の逆は、責任を取らないこと、白を切ること、「私のせいではない」と言うことである。偽の行動は、他者を名指しして非難し、「彼らのせいだ」と言うことだ。

では、この行動は信頼にどんな影響を及ぼすだろうか。次の例で考えてみよう。NFLのサンフランシスコ・フォーティーナイナーズのクォーターバックで、殿堂入りを果たしているスティーブ・ヤングは大事な試合の最終シリーズである地点にパスを送った。ところが、そこにいるはずのレシーバーがどういう訳かいなかった。パスは敵の手に渡り、フォーティーナイナーズはこの試合に敗れた。試合後のインタビューでヤングは質問された。レシーバーが間違ったコースを走っていたようだが、どうしてそうなったのか、と。実際その通りで、普通ならその指摘に同調して、インターセプトされた責任を回避したいところだ。ところが私の記憶では、ヤングはこう答えた。「私がインターセプトされるようなパスをしてしまった。私の責任だ。自分はこのチームのクォーターバックであり、私の力不足だ」それで、実状を知らないファンや解説者はヤングを痛烈に批判した。だが、レシーバーのミスであることを知っていたコーチや他の選手たちは、自ら責任を背負い込んだヤングに対して忠誠心と信頼を飛躍的に高めたのだった。

> 優れたリーダーとは、他者の非難まで引き受け、他者に花を持たせる人である。
>
> ――アーノルド・グラスノー

それに比べ、ハリケーン・カトリーナへの米連邦政府の対応をめぐる批判に対して連邦緊急事態管理局（FEMA）のマイケル・ブラウン元長官のとった行動はどうだろう。彼の議会での証言を受け、USAトゥデイ紙は一面に「前FEMA長官が地元批判」という見出しを載せ、ブラウンの証言に対する見解を主張した。その記事は次のような書き出しで始まっている。

聴聞会は、謝罪に応じないマイケル・ブラウン氏とイライラを募らせる議員たちとが激しく火花を散らす展開となった。元FEMA長官は、ハリケーン・カトリーナに対して取った自らの措置について弁明し、住民の避難が遅れた責任はルイジアナ州のキャサリン・ブランコ知事とニューオーリンズ市のレイ・ナジン市長にあるとした。

CNNのサイトの見出しも、「ブラウン、ルイジアナ当局者に責任転嫁」と同様の内容だった。ブラウンは責任の一端は認めつつも、結局こう主張した。「私の責任ではない。地方自治体の対応に問題があった」彼は結果を出せなかった上に、責任を他に転嫁しようとした、と多くの人々は感じたのだった。責任を取り、自らアカウンタビリティを果たすことの難しさの一つは、今日の社会においていじめがますます蔓延している事実にある。「アカウンタビリティを果たす」ということは要するに、このいじめという基本的で圧倒的な文化的現象からの一八〇度の転換を意味する。「成功には多くの父親がいるが、失敗は孤児である」とはロシアの格言である。

だからこそ、責任を取ることが信頼を築く上で非常に効果的なのだ。いじめは依存と不信を生み出すが、「アカウンタビリティを果たす」行動は自立と信頼を築く。そして、その効果は計り知れない。

人々、特にリーダーが自ら責任を果たせば、周囲にもそれが波及していくのだ。リーダーが「もっと上手くやれたと思うし、そうすべきだった」と言えば、周りの人間も、「いえいえ、私こそ、それに気づくべきでした。もっと私がサポートしていたら」と呼応することだろう。

◇他者にアカウンタビリティを果たさせる

自分自身がアカウンタビリティを果たすこともさることながら、職場であれ家庭であれ、他者にアカウンタビリティを果たさせることも重要だ。実際、社員たちはアカウンタビリティに敏感なところがある。これは、特に仕事のできる人に当てはまる。彼らはアカウンタビリティを負いたいと思っているのだ。そして、上司、リーダー、チームメンバー、同僚などの利害関係者から仕事を任されると、その人たちへの信頼を強める傾向がある。また、結果を約束し、それを実現することを繰り返していくうちに、自分自身の信頼や自信も増加していく。

仕事のできる人はさらに、他者にもアカウンタビリティを果たしてもらいたいと考える。レベルアップし責任を負うことが期待されていると全員が実感できる環境、怠け者や成果を出せない人間が見過ごされることのない環境で彼らは力を発揮するのだ。

優秀な人材を獲得し、彼らが能力を発揮するのを期待しよう。そして、人選を間違ったと思ったら、迅速かつ公正に解雇することだ。

――J・ウィラード・マリオット・ジュニア（マリオット・インターナショナル会長兼CEO）

「アカウンタビリティを果たす」という行動が実践されていれば、社員たちは誰もが一定の基準に従っているという安心が得られ、職場の文化に大きな信頼感が生まれる。ところが、リーダーが部下たちにアカウンタビリティを果たさせないと、その逆の状況が発生する。彼らはそれを不公平と感じる。「あの人がしたこと見てよ…。あれでお咎め無しだなんて！」そこに残るのは、落胆、不公平感、不安感だ。これは家庭でもよく見られ、躾けに一貫性がなかったり、子供や状況によって親がアカウンタビリティを果たさせるかどうかが変わったりする。

ここで私の息子、スティーブンのある行動を紹介したいと思う（ちなみに息子の了解は得ている）。息子は一六歳になったとき、車の免許を取った。私と妻はその時、彼にこんなことを言った。「君が車を運転したいと言うなら、ルールと責任を話し合って決めておく必要があるな」我々は思いつくルールを紙一枚に書き出し、それを契約書とした。「安全運転を心がける」「シートベルトを着用する」「交通法規を守る」といったことだ。また、運転する権利を取り上げられたくなかったら家の仕事をきちんとやる、常に良い成績をとるなど、他の条件も課した。

息子が車を運転し始めて一カ月と経たないうちに、彼が所属していたフットボール・チームがプレーオフで敗退した。誰もが落胆し、そのうさ晴らしか、息子と友人二、三人が車で外出した。真夜中、警察から電話がかかってきて、息子がスピード違反でつかまったというのだ。それも、かなりスピードを出していたらしかった。飲酒運転ではなかったが、違反要件は十分満たしていて、警察が電話してきたのだった。息子を迎えに行く、と私は担当官に言った。息子が運転していた車を家に持ち帰るため、妻も同行した。

　私と妻は自分たちの期待を、「法律違反をしたら、運転する権利を没収する」という形で息子に明確に示していた。それで、息子にアカウンタビリティを果たさせるかどうかという問題だった。ただ、一〇代の子を持つ親ならお分かりと思うが、これは結構辛いことだ。また、息子が運転できたお陰で、買い物などの家事も頼め、我々は大いに助かっていたことも事実だった。契約に固執するとなると、そうした便利さを捨てることになるのだ。それに、私は息子を少しかわいそうだと思った。彼はまだ一六歳であり、罰金は大金だった。どうやって払うつもりか。この一件が息子の評判や友人との関係にどう影響するか。さらに、我々との関係はどうなるだろうか。

　結局、我々に選択の余地はない、と私は決断した。息子はアカウンタビリティを果たす必要があった。そして、我々は彼にアカウンタビリティを果たさせる必要があった。もしそうしなかったら、息子は我々のことをこれから信頼できるだろうか。さらに、他の子供たちはどうだろう。これは明らかに、息子だけでなく、家族の文化全体に影響する問題だった。

　結局、息子は罰金を支払った。その額は五五五ドルで、彼が夏のアルバイトで蓄えたお金をほとんど使い切る羽目になった。警察の免停処分は免れたが、我々は契約で決めた数カ月間免許を取り上げることにした。これは息子にとって、この上なく辛いことだったが、彼はこの一件から教訓を学び、それ以降はずっと安全運転を続けている。実際、息子の安全運転は友人たちの間で評判になり、ジョークとして使われるまでになった。どこかに出かけるとき、気をつけて運転しなさいと親から言われると、彼らはこう答えるそうだ。「大丈夫。コヴィーと一緒だから」それが、制限速度を守り、シートベルトを締め、法規に従うという意味だったことは言うまでもないだろう。

仕事上で社員たちにアカウンタビリティを果たさせることの好例は、ゼロックス社ビジネスグループ部門のウルスラ・バーンズ部長だ。バーンズは、アン・マルケイヒーCEOのチームに欠かせない存在であり、ゼロックスの業績改善に貢献した人物である。彼女は業績評価をする際、目標を達成できなかった社員の考えを聞くというスタイルを貫いてきた。マルケイヒーはフォーチュン誌でこう明かしている。「彼女はよく言っていました。『ジム、駄目だったわね。一体どうしたの?』なんてね」バーンズはこうしたことを、嫌味で言っているわけではなく、とにかく仕事に厳しかったのだ。フォーチュン誌の記者、ベッツィー・モリスは同じ雑誌で、バーンズの手法の効果を次のように説明している。「社員たちはそれがどういう意味か、すぐに理解した。自分の目標を達成しさえすれば、後は高みの見物ができるのだ、と」

他者にアカウンタビリティを果たさせるということは容易ではなく、実際、時として相当な困難を伴う。だが、その行動が信頼にもたらす効果は信じ難いものがある。そして、その効果がそのままスピードやコストにも及ぶのである。

◇信頼を高めるためのヒント

「アカウンタビリティを果たす」行動を二〇五ページのグラフに当てはめれば、曲線の山の部分は明らかに「信頼性の四つの核」の力が発揮されている状態だ。曲線の左端は、それがまだ足りない状況である。原因としては、責任をきちんと認めなかったり、アカウンタビリティを最後まで果たさなかったり、あるいは組織や家族内でアカウンタビリティを果たすための効果的なシステムができていなかったりすることなどが考えられる。「スイート・スポット」に移動するためには、特に自分がアカウンタビリティを果たすことに関して人格（誠実さと意図）を強化する必要がある。ただし、能力の強化も忘れることはできない。家庭であれ職場であれ、個人的に何を期待されているか一貫性のある定義をしてそれを満たすとともに、文化にアカウンタビリティを組み込む努力を続けなければならない。

曲線の右端は行動が行き過ぎた場合だ。離婚に際して、相手のひどい行為まで自分の責任だと一身に背負い込む人。親の仲違いや離婚は自分のせいだと思い込む子供。できる限りのことをして育てた子供が不良行為に走ったときに罪の意識や責任を感じる親。「アカウンタビリティを果たす」という行動を悪用する経営者（懲罰のためや、人の能力改善や成績向上をサポートするよりも低評価を実証するためなど）。為替レートや金利の変動のように、自分にはどうしようもないことの影響にまで責任をとるビジネスマン、などだ。「スイート・スポット」に戻るためには、人格と能力の両方、および「信頼性の四つの核」が生み出す判断力が必要になる。

「アカウンタビリティを果たす」という行動を改善するためには、次のような努力をするとよい。

- 自分の言葉と考えに耳を傾けるようにしよう。事がうまく運ばず、他者を批判している自分に気づいたら、ストップをかけることだ。窓を閉じて鏡に目を向けるにはどうしたらよいか、と冷静な気持ちで自問しよう。他者のせいにするのと自ら責任を取るのとで、信頼の確立に与える影響にどんな違いがあるか、頭の中で比較しよう。
- 職場では、自分の部下にアカウンタビリティを果たさせることによって自分の「アカウンタビリティを果たす」ようにしよう。常に前もって期待を明確にし、何をいつまでにやらなければならないのかを全員に徹底すべきである。部下の報告を受ける際はまず、合意している目標と照らして自己評価させよう（部下の自己評価は上司による評価よりも厳しいのが普通である）。それから、部下の成績に応じて取り決めてあった事柄や当然の措置を最後まで遂行することだ。あなたが会社の中で一番頼りにしている、仕事のできる部下というのは、アカウンタビリティを負うのを好み、他者にもアカウンタビリティを果たさせたいと思っているということを忘れてはいけない。
- 家庭では、アカウンタビリティを果たす行動が重視されるような環境を生み出す努力をしよう。家計など協力しようと決めた事柄に関し、パートナーと信頼について話し合う場を設けることだ。子供たちと家庭での責任について話し合い、当然の結果も論理的結果も、また良い結果も悪い結果も含めて決め事を設け、それを最後まで実行させるべきである。家族から信頼されるような人間になろう。また、信頼されるような文化を築こう。

まとめ：行動その一〇 ― アカウンタビリティを果たす

自分がアカウンタビリティを果たす。他者にアカウンタビリティを果たさせる。結果に対して責任を取る。自分や他者の努力の成果を伝える方法を明確に示す。責任逃れをしない。うまく行かないからといって、他者に責任を転嫁しない。

3-12

行動その一一：まずは耳を傾ける

成功の秘訣というものがあるとしたら、それは相手の立場を理解し、自分の視点だけでなく相手の視点からも物事を見ることができるかどうかである。

――ヘンリー・フォード

「信頼されるリーダーの一三の行動」も残すところ三つだが、これら三つの行動は人格と能力の要素を両方必要とする。この章では行動その一一、「まずは耳を傾ける」について考える。

「まずは耳を傾ける」とは、相手の話を聞く（＝相手の考え、気持ち、経験、意見を心底理解しようと努める）という行動さえすればよいのではなく、それを自分が最初に（＝相手を評価したり、相手に影響を与えたり、指図したりする前に）やるということだ。

　私がまず先に聞くことの大切さを学んだのは、何年も前の高校生の頃だった。私はディベート・クラブに入ることにした。そして、初めてディベートに参加したときは興奮したものだ。そして、自分の考えを述べているときのことだった。ジャッジが時々片手を上げては素早く円を描く動作をするのに私は気づいた。彼は、私が主張し終わった点について、もう少し詳しく説明するよう合図していると思った。それで私は、話を戻して別の角度から主張を展開した。ジャッジはその後も同じ動作を何度もしたため、私はいろいろな方法で再度説明することを繰り返した。自分の主張がうまく伝わらないのだろう、と思ったことを覚えている。

　ところがディベートが終わってから知ったのだが、ジャッジは私が思ったのとはまったく正反対のことを伝えようとしていたのだった。「結構です。主張は理解したから話を先に進めなさい」と言っていたのだ。そんなことも分からず、何とも恥ずかしい限りだった。そして、我々のチームは負けてしまった。

　それから何年かして、私は再び似たような体験をした。ある大手企業の社員たちを前にプレゼンテーションをしていたときのことだった。急所を突くような問題をいろいろ提起しながら、その会社の文化について討議を誘導していた。ところが、それまで熱心に議論を戦わせていた人たちが急に静かになり、この厄介な問題について誰もが口を閉ざしてしまった。私の知らない間に工場長が部屋に入ってきて、一緒に座っていたのだ。彼は誰からも信頼されていない人物だった。この工場長の後ろに座っていた人が私の動揺ぶりに気づき、ついに彼の方をこっそり指さし、「彼が例の人です。彼が来たから、皆しゃべれないのです」と私に暗に教えようとした。ところが私は、彼の合図の意味を「彼に聞いてください。彼に発言させてください」と誤ってこう解釈した。それで、私は本当にそうしてしまい、私の同僚たちも、そして受講者たちも全員あっけに取られていた。結局このプレゼンテーションは、失敗に終わったのだ。

私が何を言いたいか、もうお分かりだろう。まず相手の話を聞くこと、理解することが肝要なのだ。そうしないと、まったく見当違いな思い込みに従って行動することになりかねず、恥をかく上に逆効果になってしまうのだ。

「まずは耳を傾ける」の背後にある原則は、理解、尊敬、そして相互利益である。この行動の逆は、まず自分が話し、その後で相手の話を聞く、あるいはまったく聞かないというものだ。自分が言おうとしていることに関係する情報やアイデア、あるいは視点を相手が持っているかもしれないのに、それを考えず自分の思惑を実現することだけに躍起になるのだ。相手の言いたいことなどお構いなしで、しかも相手の準備が整う前から話し始めたりする。自己中心的な行動であり、これでは信頼は築けない。

「あの人はしゃべりすぎだ」という批判は誰もが耳にする。だが、「あの人は聞きすぎだ」という批判を聞いたことがあるだろうか。

——ノーム・オーガスチン（元ロッキード・マーティン社会長）

この逆の行動は、聞くふりをすることだ。次に自分が話すことを頭の中で考えながら、話す順番を待っているだけの、リスニングの時間でしかない。あるいは、理解しようとせず、ただ聞いているのだ。いずれにせよ、相手の発言によって何か影響を受けるということはなく、「聞くふり」をされている相手の人は、話す時間を与えられながら、理解されているとは感じられない。

「まずは耳を傾ける」という行動を私が最も勧めるのは実は、私が誰かにインタビューをするときや、セミナーやプレゼンテーションの後に誰かの質問を受けるときだ。どんな状況でも、それが出発点なのだ。職場でも家庭でも、人々が問題を抱えるのは大概、「まずは耳を傾ける」ということを本当の意味でしていないからなのである。

◈スピードとコストへの影響

「まずは耳を傾ける」という行動は非能率的で、時間がかかりすぎると言う人たちがいる。これは全く賛成できない考え方だ。この行動は極めて実利的だと私は確信している。信頼の確立、さらにはスピードとコストに大きな好影響を及ぼすのだ。

経営学の権威、ピーター・ドラッカーは、ハーバード・ビジネス・レビュー誌で発表され、さらに再版された記事の中で、有能な経営者の行動八項目を挙げ、最後をこう結んでいる。

有能な経営者たちがとる八つの行動をここまで見てきた。最後にもう一つ、ある行動を追加したい。それは極めて重要であり、私はそれを自分のモットーにしている──まず耳を傾けよ。話すのは最後でいい。［強調は筆者］

ドラッカーはなぜこの行動をモットーにまでしているのだろうか。「まずは耳を傾ける」ことにより、洞察力や理解を手にすることができるからなのだ。意思決定もより適切になる。相手を尊重することもできる。相手に安心感を与えることにもなる。そして、信頼に与える効果は計り知れないものがあるのだ。

賢明な組織は、特に顧客などの外部関係者に対してこの行動を実践するとき、その威力に気づく。製品の生産に着手する前に消費者のニーズや嗜好を見極めないと、利益を上げることなどできない。製品の再設計や再発売のリスクはとてつもなく大きい。

賢明なリーダーは、特に同僚や内部顧客に対してこの行動を実践するとき、その効果を思い知る。これを怠れば、情報、フィードバック、イノベーション、協力、提携など、信頼関係の構築やグローバル経済での成功に不可欠なものを自分自身や会社から奪い取ることになるのだ。

リーダーシップとは、先頭に立って誘導することよりも、社員たちの要求に耳を傾け、それを満たすことである。

──チャールズ・Ｍ・コーリー（ＭＢＮＡアメリカ銀行会長兼ＣＥＯ）

マイク・ギャレットがジョージア電力会社の社長に就任したとき、私は彼に新しいポストでの抱負を聞いたことがある。彼はこう答えた。「就任後の最初の数カ月間は聞き役に徹するつもりです。現状を見ようと思ってね。それをしないで自分のビジョンや計画をいきなり打ち出したりしたら、私の考えを実行に移すのに必要な能力や信頼はとても得られませんから。私は常に、相手の話を聞くことから始めるようにしているのですよ」

こうしたやり方は、コヴィー・リーダーシップ・センターのＣＥＯに就任したときの私にも大いに役立った。我々はその時点で、八件の訴訟を抱えていた。どれも何カ月も前から引きずっていたもので、一つのケースは何年にも及んでいた。莫大な時間と労力が消費されており、私はイライラが募っていた。もっと他のところにエネルギーを注ぐべきだと思ったからだ。さらに、そもそもそうした意見対立があること自体、私にはショックだった。それで、二カ月以内にそれらを解決しようと私は決意した。

私が基本的にとった手法は、相手方の意見にまず耳を傾けることだった。こうした姿勢を示すことにより、八つのケースのうちの七つで率直さ、信頼、そして理解が生まれ、全員が納得する解決策が得られた（相乗効果が働くことも珍しくなかった）。最後のケースは、相手側に相互利益を実現しようという考えがなく、単に状況をうまく利用しようとしていたため、最終的には妥協せざるを得なかった。我々が相手の意見を聞かずに法的手続きをどんどん進めたとしても、最終結果は変わらなかったと思われる。それでも、まず聞こうとしたことは良かったと私は思っている。そして、数カ月余計にかかった最後のケースを除けば、二カ月という目標をクリアできたのは事実である。

私が思うに、CEOが備え得る最も優れた二つの資質は、相手の話に耳を傾ける能力と、相手の動機をなるべく良く解釈する能力である。

――ジャック・M・グリーンバーグ（マクドナルド社会長兼CEO）

私がリーダーシップ・センターで経験したことをもう一つ紹介しよう。あるパートナーの成績が芳しくなく、我々は彼との契約を打ち切らなければならないと考えた。成績が上がらないのにはいくつかの要因が関係していると彼が思っていたことを知り、彼と会ってこう言った。「私はただお話を聞きたいのです。あなたの考えを話してください」私が二時間ほど聞き役に徹していると、彼は椅子に背をもたれかけて言った。「よく分かっていただけたと思います。どんな決定を下されても、私はもう思い残すことはありません。あなたがご存じないか、誤解されているかもしれないと思ったこともすべて理解していただけたようですので、それらも考慮した上で決めていただけるものと思います」我々は結局、関係に終止符を打ったが、彼は納得してくれた。もし彼の中に、まだ理解してもらえていないという気持ちが残っていたら、この件も訴訟に発展していたかもしれない。仮にそうなれば、私が聞くことに費やしたよりもはるかに多くのコストと時間を要したことだろう。

◇預け入れをする

「まずは耳を傾ける」という行動の大きな効用の一つは、信頼されることとの「糸口」を見つけられる点にある。どう振舞えば特定の信頼口座への預け入れとなり、どういう振舞いだったらならないのかが見えてくるはずだ。そして、そこをしっかり理解していれば、スピードも増すだろう。なぜなら、あなたが口座を作ろうとしている相手の人と同じ言葉で話し、振舞うことになるからである。

ゲーリー・チャップマンは人間関係をテーマにした著書、『愛を伝える5つの方法』の中で、愛情の表現方法は無限だが、愛情表現語は五種類存在するという興味深い主張を展開している。彼はこう記している。「あなたの愛情表現語と相手の言葉は、中国語と英語が異なるように違っているかもしれない。愛情を上手に伝えられるようになりたいと思えば、相手の主要な愛情表現語を積極的に学ぶ必要がある」チャップマンの言う愛情表現語は個人的関係を想定しているが、この概念はそのまま仕事上の関係にも当てはまる。顧客、投資家、仕入先、流通業者、同僚たちと同じ言語を習得し、話すことにより、私たちは相手をもっと理解し、より効果的なコミュニケーションができるようになるのだ。シーメンス社のハインリッヒ・ピーラーCEOは、「リーダーシップは最終的に、人を理解することを意味する」と言っている。

人間関係で忘れてはならないのは、言葉というのは時に、人が本当に考えていること、感じていることと、意味することのほんの一部しか伝えないということだ。それどころか、まったく何も伝えないときすらある。そこで、「まずは耳を傾ける」とは、耳以外の部分も使い、目や心でも聞くということを意味する。直接顔を合わせたことのない相手と間接的に行われるコミュニケーションが増えている今日の企業では、これは以前より難しくなっている。だが、それで聞くことの重要性は低下するわけではなく、逆に高まっている。バーンズ・アンド・ノーブルのレオナルド・リジオCEOは「私は物事を他者の耳を通して聞き、他者の目を通して見るようにしている」と言っている。

「まずは耳を傾ける」とは、何かを聞くと同時に、何かを知るということだ。例えば顧客の話に耳を傾ける場合、その顧客にとって何が最も重要なのかを知ろうとする。相手が投資家であれば、彼らにとっては何が最も重要なのかを知ろうとする。同僚なら、何が彼らの興味や創造性をかき立てるのか知ろうとする。噂話に耳を傾ける人は、人々の振舞い方について知ろうとするわけだ。ミッション・ステートメントやバリュー・ステートメントを読むよりも、このほうが会社の文化が分かるかもしれない。

最後に、そしてこれが恐らく最も重要なことだが、「まずは耳を傾ける」とは、意思決定を行なう前に、行動に移る前に、自分自身に、自分の直感に、自分の内面の声に耳を傾けるということだ。私は以前、会社の人員削減の問題で難しい決断を迫られたことがあった。それは会社にも、社員たちにとっても非常に重大な問題であり、彼らの生活がかかっていた。私はいろいろな人の意見を聞き、アドバイスを受けた。取締役会のメンバーや外部のコンサルタント、さらに同僚や部下など、私が本当に信頼し、信用できると思っていた人たちだった。ところが、一人ひとりの忠告がバラバラで、まるでテーブル一面に散布図でも広げたかのようだった。私は途方に暮れると同時に、多くの人たちの生活がずっしりと私の肩にかかっていることを痛感したのだった。

私は困った挙句、あまりにも意見を聞きすぎたのではないかという結論に達した。むしろ自分自身に、つまり自分の直感に耳を傾けるべきなのでは、そうすれば最善の決定ができるのではないかと思ったのだ。それを実行したとき、とるべき措置がはっきり見えてきて、決定は成功裏に実行に移された。自分自身の信頼という基礎ができているときは、最も耳を傾けるべきは自分の内面の声であるということを、私はこの経験を通じて学んだのである。

◇信頼を高めるためのヒント

曲線上の「スイート・スポット」をとらえるためには、「誠実さ」、「意図」、「力量」そして「結果」をもって「まずは耳を傾ける」必要があることは明らかだろう。左端に位置する行動、すなわち、まったく耳を傾けないか、最初に耳を傾けないような場合は、謙虚（誠実さ）、相互利益の精神（意図）、共感的に聞くスキル（力量）、あるいは相手に理解されたと感じさせること（結果）について努力すべきだろう。このうち「結果」を改善するのに役立つ秘訣を二つ紹介する。

一．相手が非常に感情的な話し方をしている間は、理解されたとはまだ感じていない場合が多い。

二．人は普通、理解されたという確信が得られないとアドバイスを求める気にはならない。従って、助言を急ぎすぎるのは逆効果でしかない。相手をさらに感情的にさせるか、こちらの言うことを無視するような態度を取らせるのが関の山だ。

一方、曲線の右端は、すべての時間を聞くことに費やし、意志決定や相談、導くといった段階に会話を持っていかない場合だ。勇気（誠実さ）、相手の最大の利益のために行動すること（意図）、意志決定および協働のスキルの習得（力量）、または単に物事を成し遂げること（結果）を向上させることが必要だ。

「まずは耳を傾ける」という行動を改善して信頼を高めようと思ったら、以下のことを実践するとよいだろう。

- 職場と家庭の両方について、自分がした一週間分の会話を思い出してみよう。まずは相手の話に耳を傾けなかったとき、どんな結果になったか。違う態度をとっていたら、どうなったと思われるか。
- 今度誰かと会話をするとき、「自分は本当にこの人の話に耳を傾けているだろうか。この人が思っていることを本当に理解しているだろうか」と冷静な気持ちで自問しよう。もししていなければ、すぐに実行することだ。自分自身の思惑は脇に置き、自分の意見を述べる前に相手の考えを理解することを心がけよう。
- あなたの会社において、内外の利害関係者を理解するための策を事前に講じるようにしよう。何もかも知っているとか、正解はすべて分かっているといった幻想にとらわれてはいけない。相手の話に耳を傾け、その人の関心事や要望を満たす努力をしていることを相手に分かってもらうために何ができるか考えてみることだ。

まとめ：行動その一一 — まずは耳を傾ける

自分の話をする前に相手の話を聞く。理解する。分析をする。耳だけでなく、目と心でも聞く。仕事相手にとっての最重要行動を見極める。相手にとって何が最も重要か分かっていると思い込まない。答えや疑問点がすべて分かっていると錯覚しない。

3-13

行動その一二：コミットメントし続ける

事の大小に関わらず正しいことを主張し、約束したことを常に実行せよ。

——リューベン・マーク（コルゲート・パルモリーブ社会長兼CEO）

行動その一二、「コミットメントし続ける」は、すべての行動の中でボス的存在である。社員、上司、チームメンバー、顧客、仕入先、夫婦、子供、その他どんな関係でも、これは信頼を築く最短ルートと言える。その逆の行動は約束を破ることであり、信頼を壊すのにこれ以上手っ取り早い方法はないだろう。

この行動は言うまでもなく、約束をし、それを守るということだ。私の友人のロジャー・メリルは、約束をすると希望を生み出し、約束を守れば信頼を築くと言っている。ただし、約束に背いた場合の影響を考えると、約束をするときは慎重さが求められる。

「約束を守る」と見せかけた偽の行動がある。誰の束縛も受けないように非常に漠然とした、あるいはごまかしやすい約束をすることだ。また、約束を守れなくなるのを恐れる余り、そもそも約束自体しないという、もっとひどいケースもある。これは、「コミットメントし続ける最善の方法は約束をしないことである」という、ナポレオン・ボナパルトの論法と同じだ。だが、こうした態度は勇気と期待に欠け、今日のグローバル経済では機能しないことは言うまでもない。企業が提供する製品やソリューションに際立った違いが認められない中で目立つためには、人々の目を引くようなコミットをし、実行することが時に必要なのである。

さらに、約束自体をしないというやり方はナポレオンにとって決して有効ではなかった。あなたの場合も、信頼を築く効果は得られないと私は断言する。

約束を守り、信用できる人という評判を獲得することが何を意味するか、それを実証して見せるのがリーダーの務めである。

――ハンク・ポールソン（ゴールドマン・サックス社会長兼CEO）

私は最近インタビューを受けたが、その中で私は、自分のした約束を守れるかどうかが信頼を築くか壊すかの分かれ道になると述べた。私が話し終わると、インタビュアーは興奮気味に、「それを実証するような例を、お聞きになりたいですか？」と尋ねた。そして、こんな話を始めた。ある実業家が最近、数百万ドルの会社を購入したという。その会社が売却されたのは、この四年間で三度目だった。それまでの買い手があれこれ約束しながら守ったためしがなかったので、管理者や一般社員たちは今度もまた疑っていたそうである。ところが、この新しいリーダーは全員を集め、社員たちが述べる不満や懸念に黙って耳を傾けた。さらに提案も募った。そしてようやく自分が考えていた改善について社員に一四項目の約束をし、それぞれに実行の期限を設定した。だが、それを信じる者は一人もいなかった。ところが、このリーダーは一週間以内にすべての約束を実行してみせた。彼は再び社員を集めて「先週の約束を果たしました。他にまだ何かやってほしいことがありますか？」と言った。これで彼の信頼性は急上昇した。彼はほとんど一晩で信頼の環境を築き、長年払い続けて来た税金を配当に変えたのだった。そして、結果はすぐに現われた。数年間にわたって停滞または後退を続けてきた売り上げが早速一年目に倍増し、利益はそれ以上の勢いで拡大したのである。

言ったことは実行せよ。できないことを約束してはならない。真の信頼を築く道は、ある意味で厳しい試練の道である。困難であろうと自らの役割を果たす決意を示すことが求められる。

――デニス・ロス（元米国大使）

「コミットメントし続ける」という行動は、誠実、パフォーマンス、勇気、そして謙虚さの原則に基づいている。「率直に話す」や「結果を出す」などの行動とも密接に関係し、人格と能力の完ぺきなバランスの成せる業である。特に「誠実さ」（人格）と、有言実行の「能力」（能力）を必要とする。

◈信頼に及ぼす影響

信頼について議論する際、最大の要因としてよく挙げられるのがこの「コミットメントし続ける」という行動だ。米国経営管理協会が二〇〇五年に実施した企業倫理に関する調査では、倫理性の高い文化を構築する上で「コミットメントし続ける」が最重要行動にランクされた。また、世界経済フォーラムのためのリーダーに関する二〇〇二年調査では、「有言不実行」が最も信頼を壊しやすい行動とされている。

「コミットメントし続ける」という行動は、明快でまさに常識的なことだが、「常識がいつもまかり通るとは限らない」という諺もある。また、この行動が信頼に破壊的影響を及ぼすことも事実である。

私のクライアントの中に、聡明で実に有能なリーダーがいたが、彼は秘密を守ることができなかった。彼のそうした行動は、秘密を守ってもらえると思っていた部下たちの信頼口座から多額の引き出しを行なうこととなった。また、彼に対する信頼を失った部下たちは、彼と話す際は白ずと内容を選ぶようになった。その結果、指揮や意思決定に必要な情報が彼のところに届かなくなってしまった。

また別の話になるが、私はあるリーダーに関する記事を読んだことがある。彼は会社の株式を公開した後、株価を安定させるために、経営幹部たちに保有している株を売らないようにと指示した。ところが、その彼が自分の株の一部を売却した。批判を受けた彼は、売却分が自分の保有株式全体に占める割合は微々たるものと反論した。しかし、幹部たちからすれば、株の譲渡を禁止する彼の指示には、自分の株も手放さないという約束が暗に含まれており、彼は結果的に多額の信頼税を支払うこととなった。

さらに別のケースだが、ある会社が顧客データベースを構築したとき、経営陣は名簿の売却や貸し出しは行なわないとはっきり約束した。ところが数年後、新任の意思決定者が名簿を貸し出す決定を下した。それから間もなく、その会社の顧客の一人が、別の会社から送られて来るようになったＤＭ広告の住所ラベルに同じミスがあることに気づいた。その顧客は、これは単なる偶然ではないと思って会社に電話した。会社は自分たちのしたことを認めて謝罪したが、約束を破るような会社はもう信頼できないと顧客は言い、その会社との取引を打ち切ってしまった。

偽善者には三つの兆候がある。話をする中で嘘をつくこと、約束しながら守らないこと、受けている信頼を裏切ることである。

——ムハマド

以上の例から明らかなように、明確な約束でも、暗黙の約束でも、違反することは信頼口座からの大きな引き出しとなるのだ。企業は正直さ、誠実さ、そして品質を約束していると多くの人は思っている。ところが、そうした暗黙の約束が、エンロン、ワールドコム、パルマラット、サンディエゴ市（不適切な会計処理ゆえに「海辺のエンロン」と揶揄される）などによって破られるとき、巨額の引き出しがなされ、即座に不信が生まれることになる。そして、これは個々の人間関係にも当てはまる。例えば人は結婚するとき、相手が夫婦関係と、生まれて来る子供の幸福に全面的に責任を負うものであり、どちらかがそうした約束に違反すると、それは重大な背信となる。

約束は明示的なものでも暗示的なものでも、スピードとコストに影響を及ぼす。約束違反は疑念や猜疑心、皮肉、不信を生じさせ、これらが前進の車輪を錆びつかせる。逆に約束が守られれば、希望、熱意、自信、信頼がもたらされ、これらがはずみとなって結果の達成をスムーズにするのである。

◇文化による違い

最近のグローバル経済においては、コミットメントに対するとらえ方が文化によって異なることがある。そして、その違いを理解することが、預け入れを行ない、引き出しを避けるための鍵となるのだ。

これは、単に民族的あるいは地理的文化の話ではない。私はこれまで数々の企業文化を経験してきたが、その中には例えば会議を二時から始めると決めたら、全員がその時刻に集合しなければならないところも数多くあった。そうかと思えば、ある友人の話では、時刻を決めてもそれは一時前後、二時前後、三時前後といった大体の目安にすぎないというところもあった。約束と言ってもすべていい加減なもので、人々がその時点で何を最も重要と考えるかで変わってしまうのだ。この違いは、ギリシャ語の「Chronos（クロノス）」と「Kairos（カイロス）」という二つの単語を見ると分かる。「Chronos」は実際の時間を意味し、「Kairos」のほうは定性的な時間、すなわち各人が自分の持っている時間から得る価値を表わす。

フランクリン・コヴィーの合併発表後に開催した最初の会議のことを私はよく覚えている。フランクリン側の人たちは全員スーツ姿で、時刻通りに会議室に集まった。一方、我々コヴィー側の人間はカーキ色のカジュアル姿で一〇分遅れて着いた。フランクリンの人たちは「自分の時間を管理する」という企業文化でやって来たのに対し、我々のほうは「我が道を行く」的な文化だったのだ。「何でこうも違うんだ！」お互いにそういう思いだった。

要するに、明示的か暗示的かを問わず、文化による約束の意味の違いに敏感であれば、それだけ迅速に信頼を築くことができるということだ。

◈一番大切な約束

人は顧客との約束となると真剣に考えるものだが、家族との約束はいい加減になりがちである。家族を養っているのだから、多少のことは我慢してもらわなければ、と軽く考える傾向があるためだ。だが、家族との約束は仕事上の約束に劣らず、いや、それ以上に重要だと私は言いたい。

少し前のことだが、私の娘のマッキンリーが高校のミュージカルで主役に抜擢された。それで、必ず見に行くから、と私は娘に約束した。出張の予定が入っていたが、娘の出番に間に合うように飛行機で戻るつもりだった。私としては、「何が何でも駆けつける」と約束したつもりはなかった。むしろ、「まあ、行けると思うよ」くらいの感じだった。ところが娘にしてみれば、それは紛れもなく約束であり、重要なことだった。

出張旅行の数週間前、クライアントの代表者と話していたとき、「スティーブン、我々としてはもっと長くいてほしいんだが」と私は言われていた。それで、もう一度話をしようと思って娘のところに行った。だが、これをしようとすれば、それだけで多額の引き出しとなることに咄嗟に気づいた。私はクライアントのほうに掛け合ってみたが、彼らは良い顔をせず、あくまでとどまることを要求した。私は両方の板ばさみになった。それで、同僚のブレイン・リーが言う「一〇年ルール」に従うことにした。今どうしたら一〇年後の自分は喜ぶか、考えるのだ。私の明確な結論は、娘が約束したと思ったことを実行したら、自分は一〇年後に後悔しないだろう、だった。私はクライアントに、とどまることはできないと告げた。その結果、私はある取引機会を失ったが、クライアントとの関係は続き、胸をなで下ろした。一方、娘はとても喜んでくれた。彼女が演じた晩、私はバラの花束を抱えながら最前列の席にいたのだ。

「コミットメントし続ける」という行動は信頼にこれほどまで大きな影響を及ぼし、かつ信頼は家族文化の繁栄になくてはならないものである。だとすれば、家族との約束は他の何よりも大切にしなければならないことがお分かりいただけるだろう。また、「誠実さ」の章でも述べたが、自分との約束を守ることが他者とのコミットメントし続ける鍵となるのだ。それがすべての出発点であり、他者に対して信頼を築くことを可能にする力と自信、すなわち自分自身の信頼をもたらしてくれるのである。

◈信頼を高めるためのヒント

あなたがこの行動で曲線の左端に位置しているなら、つまり約束を十分していないか、しっかり守っていないのであれば、「誠実さ」を高めたり、相互利益の「意図」を強化したりする努力をしよう。また、コミットメントし続けることを習慣化する「力量」を身につけたり、信頼構築の「結果」に対する意識を強めたりすることも必要かもしれない。

逆に右端に位置している場合は、つまり約束をしすぎるとか、状況の変化で実益や意味が失われた約束でも果たそうとしているなら、「信頼性の四つの核」すべてを強化して判断力を身につけるべきだろう。特に「誠実さ」に注目し、守れない約束や、守るべきでない約束をした場合の「結果」について考えてみるとよい。

「コミットメントし続ける」という行動を改善するためには、以下を実行するとよいだろう。

- 新しい関係を確立し、信頼を早く築きたいと思ったら、約束をし、それを守り、それを何度も何度も繰り返す有意義な理由を見つけよう。「約束をする ― 守る」というプロセスを繰り返しているうちに、信頼口座の残高がどんどん増えていくことだろう。
- 今度あなたが職場で誰かと約束をするとき、それが実現可能なことか確認しよう。大風呂敷を広げておいて達成できないで終わるよりも、たとえ相手を落胆させることになるとしても、この確認を前もってやったほうがずっとましである。そして、約束したことは必ずやり遂げることだ。期限に間に合いそうもないときは、なるべく早く条件を再交渉しよう。それを怠って遅れるのはもっての外である。
- 家庭では自分の発言に責任を持つようにしよう。何かをすると言ったら、あなたの家族はそれを約束だと受け取るのだ。自分がすると言ったことを真剣に考え、最後までやり通すことが大切である。家庭での信頼はあらゆる信頼の中で最も重要だと認識する必要がある。

まとめ：行動その一二 — コミットメントし続ける

やろうと思うことがあったら、それを約束して実行する。約束は慎重に行い、必ず実行する。コミットメントし続けることを自分の代表的な長所にする。信頼を裏切らない。約束を守れなくても言い逃れしない。

3-14

行動その一三：他者を信頼する

人を信じよう。そうすれば、その人もあなたに誠実な態度をとるだろう。人に寛大であれ。そうすれば、その人も寛大に振舞うだろう。

——ラルフ・ウォルドー・エマーソン

私がコーチを一シーズン務めたフラッグ・フットボールのリトルリーグチームにアンナ・ハンフリーズという勇気のあるプレーをする女の子がいた。チームに女の子は彼女だけで、リーグ全体でも女子選手は彼女以外にほとんどいなかった。アンナは悪い選手ではなかったが、やや経験と技術が劣っていた。リトルリーグでは規則により、選手全員を各試合の半分ほどプレーさせることになっており、七つのポジションに対して一四名の選手が必要だった。だが、そのシーズンは一〇人しかいなかった。アンナの経験や技術の不足を考えると、彼女だけはプレー時間を最小限にするという手もあった。しかし、男の子たちと勇敢に渡り合っていると思った私は、彼女を励ます意味でプレー時間を均等に配分することにした。

すべてが順調に運び、我々は大一番の試合を迎えた。シーズンもそろそろ終わりという時期で、両チームとも無敗での対戦だった。その試合の最後のプレーで、相手のチームがアンナのサイドに向かって走ってタッチダウンを決めた。これで、我々のリードはわずか一ポイントになった。あとワンプレーという局面で、相手は逆転勝利のために二ポイントをねらっていた。

私には二つの選択肢があった。アンナを外に出して代わりの選手を入れるか、それとも彼女をそのままプレーさせるか、だ。彼女は年間を通して一生懸命プレーしてきたし、全員を平等に起用するという私の先の決定に従えば、彼女には続けてプレーさせるべきだった。優勝というチームの目標がかかる中、私は彼女を残すほうを選んだ。そして、相手が再び彼女のサイドに走ってもアンナなら止められるはずだと彼女に言った。

アンナは自分が信頼されたと思い、意気に感じてプレーした。予想通り、相手チームは彼女のサイドに向かって走ったが、アンナは個人技を発揮してランナーのフラッグを引っ張り、ゴールラインのわずか数センチ手前でその選手を止めることに成功した。彼女が相手のフラッグを奪ったのは一年を通してこれがまだ二回目だったが、その年の最も重要な場面でそれをやってのけたのだ。

我々はその試合に勝ち、非公式ながらリーグチャンピオンになった。今日まで、私はアンナに会うたびに、彼女の力を信じ、彼女に信頼を提供してよかったと思う。私は彼女に言うようにしている。「君は私の誇りだ。結果を出したんだからね」と。

◇信頼される人から信頼するリーダーへ

行動その一三、「他者を信頼する」は他の行動とは性質が異なる。言うなれば、名詞の「信頼」から動詞の「信頼する」へと移行するのだ。これまでの行動は、より信頼される人間やリーダーになるためのものだったが、この行動は、自分が他者をより信頼するリーダーになろうというものである。相手の心に信頼を築くだけでなく、信頼を活用するのだ。つまり、人を信頼することで、相手にもこちらを信頼してもらうという相互関係を生み出すのである。また皮肉なことに、信頼関係が構築されていないとき、信頼を築く最善の方法の一つが自分から相手を信頼することなのだ。

相互信頼のないリーダーシップというのは言葉の矛盾である。

――ウォーレン・ベニス（『リーダーになる』〔芝山幹郎訳、新潮社〕の著者）

先に紹介した、ウォーレン・バフェットがマクレーン社を買収した話を思い出していただきたい。バフェットが積極的に信頼したからこそ、取引はあれほどのスピードと低コストで実現したのだ。類似の例をもう一つ挙げるとしたら、プロクター・アンド・ギャンブル社のA・G・ラフリーCEOとジレット社のジム・キルツCEOが信頼を提供し合って両社の合併を成功させた一件だろう。この注目に値する手法について、ラフリーはフォーチュン誌で次のように説明している。

> この交渉は協力的に進めようと私は思いました。我々の前には友好的な取引があり、お互いのカードを隠す必要性はまったくありませんでした。私はジムも自分も共に信頼していたラジャット・グプタ氏に意見を求めました。マッキンゼー社のトップである彼はジムに、コスト面の相乗効果と将来に向けたジレットの技術を私に示すよう促しました。我々は本当に協働したのです。しかも、こういうときに付き物のアドバイザーを一切交えることなく。ある時点でジムは私に「銀行の力を借りませんか？」と尋ねました。私は「銀行は必要ないでしょう」と答えました。すると、「では、弁護士はどうでしょう？」と言いました。「弁護士も必要ないですよ」…このやり取りから、我々はお互いに信頼し合っていることをはっきり感じ取ることができました。

この最後のケースは信頼の移転の例で、マッキンゼー社のラジャット・グプタが、二者間の「信頼の橋渡し」の役目を果たした。双方が同じ人をそれぞれ信頼しており、その人がそれぞれを信頼していると相手方に伝えたことで、両者は彼に対する信頼をそのまま相手方に移すことができたわけである。

ただし、合併取引でウォーレン・バフェットやＡ・Ｇ・ラフリーがとった手法を誰もが見習うべきだと言っているのではない。ある人と取引を協議して合意したが、デュー・デリジェンスを怠ったために存在すらしない倉庫を買わされた、などという話はよくあることだ。事実、私のセミナーの一つで、休憩時間にある女性が私のところにやって来て言った。相手を信頼してひどい目に遭ったことがあるというのだ。「ちょっと前、私はある会社を買いました。交渉する中で私が雇用契約の必要性について話し始めると、相手のＣＥＯが難色を示したのです。彼は『いいですか。あなたは私の会社を買おうとしているなら、私を信頼してくださいよ。私を信頼してくれないなら、どうして私の会社を買うんですか』と言いました。もっともだと思ったので、『分かりました。あなたを信頼しましょう』と私は言ったのです」ところが、彼女の説明によれば、話がまとまった後、このＣＥＯ（彼女は彼の専門知識や人脈を必要としていた）は、もっと報酬を増やしてくれなければ会社を辞めると脅し、さまざまな問題を引き起こした。雇用契約を結んでいなかったため、取引全体が完全に崩壊してしまったのだ。人を信頼するのは二度とご免だ。そういう気持ちになったと彼女は言った。

だまされたくないと思うのは当然のことだ。無差別に、見境なく人を信頼する能天気な人間にはなりたくないだろう。すべて奪われるなど、痛い目に遭うのが落ちだ。だが、他者を信頼すれば莫大な効果が得られることも事実であり、頭から逃げ腰になることはない。

本書の最後の章で、「信頼を与える」というテーマを取り上げる。リスクを最小化して、この女性のような羽目にならないようにするには、いつ、どのように賢く信頼したらよいか詳しく述べる。取りあえずこの章では、他者を信頼することは関係や文化における信頼関係の構築に著しい効果をもたらすことを指摘したい。それが信頼を築き、育てる最善かつ最速の方法の一つであることは間違いなく、ここではその点に注目したいと思う。

◇他者を信頼するとどうなるか？

「他者を信頼する」という行動は、エンパワーメントや相互利益の原則に基づいている。さらに、ほとんどの人は信頼されるに値し、信頼されることを願っており、信頼されればそれに応えようとするという基本的信念も根底にある。

「他者を信頼する」という行動の逆は人を信頼しないことであり、このような行動は特に組織において、至るところに多大なコストを生じさせる。

上に立つリーダーたちを信頼する社員がかくも少ないのはなぜだろうか。理由はいろいろあるが、第一は、リーダーたちが部下を信頼していないために、不信が不信を招いていることだ。つまり、リーダーたちが社員の不信醸成に加担しているのだ。人を信用せず、逆にその人からも信用されないという下向きの悪循環がそこに生まれるのである。

こうした不信の例として、管理者がいない時間外や休日の超過勤務を認めない会社が多い。なぜだろうか。会社は基本的に、社員を信頼して仕事をさせているのではないからだ。そのような会社のある社員がこんなことを言った。「会社は、我々がただ座ってドーナツでも食べながら勤務時間を伸ばしていると思っているのです」

こうした行動に比べ、リッツ・カールトン・ホテルの手法はどうだろう。このホテルでは全社員に、顧客の苦情に対処する支出を二,〇〇〇ドルまで独自の判断でできる権限を認めている。また、小売業のノードストロムも同様で、顧客へのサービス提供方法に関する社員規則を一つしか設けていない。それは、「あらゆる状況において良識を働かせよ」である。

さらに、高品質なサービスで定評のあるジェットブルーの手法を見てみよう。ジェットブルーには予約センターがなく、その部門の社員は在宅で仕事をする。予約受付スタッフは子供を持つ女性が多く、彼女たちにとっては仕事と家庭のバランスが重要で、できれば家で働きたいと考えている。そこでジェットブルーでは彼女たちを家庭の専用端末に配置している。社員を信頼していない会社なら、勤務時間はきちっと仕事をしてくれるものと信頼した上でのことなのだ。社員を信頼していない会社なら、育児などの用事で仕事をしないのでは、と心配するところだろう。だが、彼女たちは極めて責任感が強く、電話の応対も礼儀正しく親切で丁寧なことで評判である。それは彼女たちが受けている扱いや信頼、彼女たちが会社や仕事に対して抱いている気持ちが顧客に対する態度にそのまま表れているからだろう。

興味深いことに、ジェットブルー（およびサウスウエスト）のディスカウント・モデルの導入を試みた航空会社は、テッド（ユナイテッド航空が運営）やソング（デルタ航空が運営）など他にもいくつかある。しかし、現時点ではこの戦略を真似ることは可能でも、ジェットブルーのように効果的に実践できる企業はまだ現われていない。それは、信頼の文化を模倣できないからである。ジェットブルーのヴィンセント・スタービル人事担当副社長は、他の「由緒ある」航空会社とどこが違うのかという問いに、「会社が社員たちに期待する顧客の扱い方を、我々も社員に対して実践しているのです」と答えている。

企業はもっと社員を信頼し、在宅勤務を拡大すべきである。創造に費やすべき時間とエネルギーの多くが通勤に浪費されている。

――サー・リチャード・ブランソン（ヴァージン・グループの創業者・会長）

ジェットブルーと同様の方法で社員に信頼を与えている企業が、ベスト・バイ社だ。この会社は二〇〇二年、社員の離職率とストレス関連の訴えが急激に増加したのを受け、課された仕事を完了することを条件に、勤務の時間と場所は社員の自由に任せることにした。同社の経営陣の一人、チャップ・アーヘンは最近の「60ミニッツ」（米国CBSの看板報道番組）でこう語っている。「自分のチームはこの環境の中で仕事を完了できるはずだと私は信頼しています。彼らの労働意欲を高めるのは面白いことに、その信頼という要素なのです」生産性が三五％も上昇した事実からして、この手法がうまく機能していることは間違いないようだ。

また、チャパラル・スチール社のゴードン・フォワード前社長兼CEOは、次のように述べている。

我が社には方針というものはありません。我々の出発点は、いくつかの非常に基本的な考え方でした。その一つ目として、我々の世界では信頼や誠実というものが大きな役割を果たすはずだと考えました。いろいろな組織があれこれ手続きを定めていますが、それらは何らかの不正行為を働こうとしている三%の人間を見つけようというものです。それに対して我々は、信頼できる九七%の人間を対象にした規則を策定することにしたのです。それ以外の三%の人間が目立ち、やがては会社を去っていくだろうと我々は予想したのです。そして実際、その通りになりました。

在宅勤務の普及を阻んでいる最大の要因の一つは結局、雇用者が社員を本当に信頼してよいのか分からない点にある。その結果、信頼できない三%を信頼できる九七%のように扱うのではなく、その逆を行なってしまっているのだ。

信頼できないのが三%というのはあまりに少なすぎる。実際は一〇%ではないか、と主張する人もいるかもしれない。仮にそうだとしても、信頼できる残りの九〇%はどうなるだろう。これでは少数の状況を多数に当てはめることにならないだろうか。そして、もしそうなら、スピードやコストにどんな影響が及ぶだろうか。

その影響は破壊的であると私は断言する。ジェットブルーやベスト・バイなどの例から明らかなように、組織を飛躍的に前進させる可能性を秘めた情熱、参加意欲、協調、相互信頼を事実上衰退させてしまうのだ。

「他者を信頼する」に対する偽の行動は、二つの形態が考えられる。一つは、嘘の信頼を提供することである。任務を遂行する責任を人に持たせるが、権限や手段は与えないのだ。もう一つは「偽の信頼」で、本当は信頼していない人に、あたかも信頼しているかのように振舞う。他者に仕事を任せておきながら、口うるさく監督したり、周囲をうろついたり、権威を振りかざすような態度をとったり、ひどい場合にはその仕事を自分でやってしまったりする。

◈強力な動機付け

私が父から我が家の庭をクリーンでグリーンにする仕事を任された話は既にした。そのときに学んだことだが、他者を信頼することほど、人を動機付けし、あるいは鼓舞するものはない。そうした状況では、人は管理や監督を受ける必要がない。自分で自分を管理するようになるのだ。

人々に、人生で最も影響を受けた人を思い浮かべてもらい、その理由を尋ねると、「他の人が誰も信じてくれないときに信じてくれたから」とか、「誰も気づかなかったものを私の中に見つけてくれたから」などといった返事が返ってくることが多い。要するに、その人が自分を信頼してくれ、その信頼に強烈な影響を受け、それに反応したということなのだ。

> 私は人から、あきらめずにやり遂げるその探究心と熱意はどこから来るのか、と尋ねられることがある。「父が非常に厳しく躾けてくれたからです。私を信頼してくれたんです」私はそう答えるようにしている。その信頼に最後まで応えるだけのことだ。父は私を信頼した。私は他の人たちを信頼する。そして、彼らは任務を果たしてくれたのだ。
>
> ―ロバート・ガルビン・ジュニア（前モトローラ社ＣＥＯ）

他者を信頼すると、相手に力を与えることができる。また、自分のリーダーシップを活用することもできる。人の一番良い部分を引き出す高い信頼のある文化を構築し、高度な相乗効果を生み出し、企業、家族、学校、ＮＰＯなど、あらゆる組織の能力を最大化し、所期の目的を成し遂げることが可能になるのである。

◈信頼を高めるためのヒント

「他者を信頼する」ためには、「誠実さ」、「意図」、「力量」、「結果」の強みが必要なことは言うまでもない。二〇五ページの曲線の左端は、十分な信頼を提供していないか、効果的に提供していないような場合だ。勇気を増すこと（誠実）、信頼性を強めること（意図）、期待を明確にし、他者に責任を果たさせ、より実用的な形で「賢い信頼」を提供すること（力量）に努力するとよいだろう。曲線の右端は、信頼を提供しすぎていて、痛い目に遭っている場合だ。「信頼性の四つの核」を習得して判断力を高める必要がある。

この行動を改善するには、以下の方法を試してみるとよい。

- あなたが信頼されていないと感じる関係について考えてみてほしい。その人があなたを信頼しないのは、あなたがその人を信頼していないからではないだろうか。もしあなたが下向きの循環にはまり込んでいたら、それを逆転させることだ。他者を信頼する行動をとり、何か変化があるか見てみよう。
- 職場か家庭のいずれかで他者に他者を信頼する行動がどの程度できているか、一〇段階で評価してみてほしい。あまり信頼を提供せず、評価が低い場合、どんな結果になるか想像してみよう。信頼を豊富に提供し、評価が高い場合についても考えよう。自分の評価が五以下だったら、もっと多くの信頼を提供できるようになるための改善策を一つ二つ見つけることだ。
- もしあなたが子供を持つ親であれば、子供との会話の仕方に注意を払おう。すぐ疑ったり、うるさくつきまとったり、一から十まで口を出したりすることはないだろうか。それとも、信頼に値する責任ある人間として接しているだろうか。子供たちに「賢い信頼」を提供する方法については、最後の「信頼を抱かせる」の章で述べる。だが、少なくともこの時点で、自分の傾向と、それがどんなメッセージを家族に伝えているか、どんな結果を生んでいるか考えておいてほしい。

まとめ：行動その一三 — 他者を信頼する

自分が信頼できると思う人たちに思い切り信頼を提供する。自分が信頼できると思う人たちに一定の条件下で信頼を提供する。状況、リスク、相手の信頼性（人格と能力）に応じ、適切に信頼を提供する方法を身につける。他者を信頼し、リスクがあるからといって信頼の提供を控えない。

3-15 行動計画を策定する

本書の内容をよりいっそう身近なものにする意味から、この「信頼されるリーダーの一三の行動」の章の冒頭で、あなたが信頼を築きたいと思う関係を二つ（一つは仕事上、もう一つはプライベートで）具体的に思い浮かべてほしいとお願いした。さらに、この章の終わりでそれまでの内容を振り返り、最も効果的と思われる行動を二つ、三つ見極め、変革を実現するための行動計画を策定していただくと述べた。

今、その段階に至ったわけである。特にこうしたことをやった経験のない方は、是非ここでやっていただきたい。これは、信頼を築き、税金を配当に変え、相手との関係にとどまらず、果てしなくに広がっていくその他大勢の人たちとの関係を改善する絶好の機会なのだ。

次のページに示したチャートを利用するとやりやすいだろう。それで問題なければ、まずは一つの関係から始めよう。行動をずっと見ていき、それぞれについてあなたの現状を評価し、目盛りに記入していってほしい。それが終わったら、もう一度すべての行動を見渡し、最大の効果を生むと思うものを二つか三つ選んで丸で囲む。

さらに、それらの行動の一つひとつについて改善策を一つ二つ特定しよう。これまでの章の最後に示した「信頼を高めるためのヒント」を応用するもよし、あなたの状況に適するものを自分で考えてもよい。大事なことは、実用的な対策を立て、それを実行するとあなた自身に約束し、その約束を守ることである。以上が終わったら、あなたが選んだもう一つの関係についても同じことをしよう。

計画を立てる際に忘れないでほしいのは、信頼口座からの引き出しに一番なりやすいのは「人格」の行動に背くことであり、逆に預け入れになりやすいのは「能力」の行動を実践することだという点である。これを念頭に置いておくと、あなたの状況でできるだけ迅速に信頼を築く方法を見極めるのが容易になるだろう。

もしあなたが別のやり方を好むのであれば、それはそれで結構である。だが、それでもこのチャートは無駄ではないはずだ。「信頼されるリーダーの一三の行動」のすべてについて、逆の行動や偽の行動も含めて確認できるからである。信頼されるリーダーは他者に対してどんな行動をとるか、その姿が見えてくるだろう。

	行動	現在の成績	逆の行動・偽りの行動
人格	率直に話す	／10点	・嘘をつく・でっち上げる ・一部だけ真実を話す ・はぐらかす ・お世辞を言う
	他者を尊重する	／10点	・思いやりを示さないか、 心遣いをしていることを見せない ・失礼な態度をとったり、 自分に何かしてくれる人にだけ敬意を払う
	透明性を高める	／10点	・情報を抱え込む ・秘密を作る ・幻想を生み出す、ふりをする
	間違いを正す	／10点	・間違いを認めないか、是正しない ・間違いを隠蔽する
	忠誠心を示す	／10点	・他者を裏切る、手柄を独り占めする ・本人の前では持ち上げ、陰では悪口を言う
能力	結果を出す	／10点	・結果を出さない ・結果よりも手段としての活動を生み出す
	より上を目指す	／10点	・能力が低下する ・改善に投資しない ・どの問題にも同じ解決策を当てはめる
	現実を直視する	／10点	・現実から目を背ける ・真の問題を避け、見せかけの仕事に逃げ込む
	期待を明確にする	／10点	・期待を勝手に解釈するか、明確に示さない ・不明確で一貫性のない期待を示す
	アカウンタビリティを果たす	／10点	・「私のせいではない」と言って責任をとらない ・他者に責任を果たさせない
両方	まずは耳を傾ける	／10点	・人の話を聞かない ・まず自分が話し、人の話は最後に聞く ・聞くふりをする ・漠然と聞いて理解しようとしない
	コミットメントし続ける	／10点	・委託を破る ・約束に違反する ・漠然としてごまかしやすい約束をするか、 約束をまったくしない
	他者を信頼する	／10点	・人を信頼しない ・信頼している振りをして口うるさく監督する ・責任だけ持たせて権限は与えない

／130点

Ⅳ

第三、第四、
そして第五の波 ―
利害関係者の信頼

The Third, Fourth, And Fifth Wave — Stakeholder Trust

ここまで読み進んできたあなたは、信頼構築ツールとしての「信頼性の四つの核」と「信頼されるリーダーの一三の行動」を手にしたことになる。この章では、スピードの向上、コストの低減、価値の創出、信頼の確立、あなた個人やあなたの組織の影響力の最大化のためにこれらのツールを応用できる状況に照準を合わせる。

第三の波、「組織の信頼」では、内部の利害関係者に対する信頼の確立を取り上げる。組織内の調和を図ることで税金をなくし、配当を増やすことがポイントになる。

第四の波、「市場の信頼」では、外部の利害関係者に対する信頼の確立について述べる。市場に信頼を生み出すような評判やブランドの確立がテーマだ。

第五の波、「社会の信頼」では、経済的および社会的にその必要性が急速に認識されつつある貢献とグローバル・シチズンシップの原則に基づく、社会における信頼構築について述べる。

この章に入るに先立ち、あなたに選んでほしいことがある。あなたにとって最も実用的なレベルや状況の「組織」を想定していただきたいのだ。それによって、これからの三つの章の読み方が変わるだけではなく、あなたが「利害関係者の信頼」を築くことができるかどうかにも影響が及ぶからである。

例えば、あなたがある企業の社長とかＣＥＯであれば、最も広い視野に立ったマクロレベルの組織を想定するとよいだろう。そうすると、組織全体の視点に立ってこの後の内容を読んでいくことになり、あなたの内部利害関係者は組織内で働く人間すべてとなる。その他の顧客、仕入先、流通業者、投資家などはいずれも、外部の利害関係者とみなされる。

また、あなたが一つの部門のマネージャーであるなら、よりミクロレベルの組織を想定したほうがよいだろう。あなたの組織は自分が担当する部門であり、あなたの内部利害関係者はその中で働く人たちである。この状況では、外部利害関係者は社内の他部門、社外の顧客、社内のいわゆる内部顧客など、あなたが直接属する部門以外の人間すべてを含むことになる。

あなたが学区の教育長であれば、あなたの組織はその学区になるだろう。さらに、学校長ならその学校、教師なら担任クラス、学生なら自分のクラスとなる。何かのチームに属している人ならそのチーム、家族のいる人ならその家族ということも考えられる。いずれにせよ、内部利害関係者については「組織の信頼」の章で、また外部利害関係者については「市場の信頼」と「社会の信頼」の章でそれぞれ述べるとする。

あなたがどんな立場にあるにせよ、自分にとって最も実用的なレベル（具体的にはあなたが責任を担っている、最も関連性の高い状況）の組織を想定し、その視点でこの章を読んでいただくのが最も効果的であろう。ただし、この章を読み終えた後、最大のマクロレベルである会社全体を自分の組織として想定して再度読み返してみるのも面白いだろう。今までとは違うレベルの洞察力や応用法を身につけることができるかもしれない。

4-1

第三の波 ― 組織の信頼 ― 一致の原則

組織はもはや力では構築できない。信頼があってはじめて成り立つのだ。

――ピーター・ドラッカー

我々はクライアントを相手にするとき、「信頼性の四つの核」や「信頼されるリーダーの一三の行動」についてまだ話していない段階で、よく四つの質問をする。それをこれからあなたに尋ねようと思う。先に読み進む前に、少し時間を取って答えを考えていただきたい。そうすると、この章の内容が理解しやすくなり、応用の幅もぐんと広がるだろう。

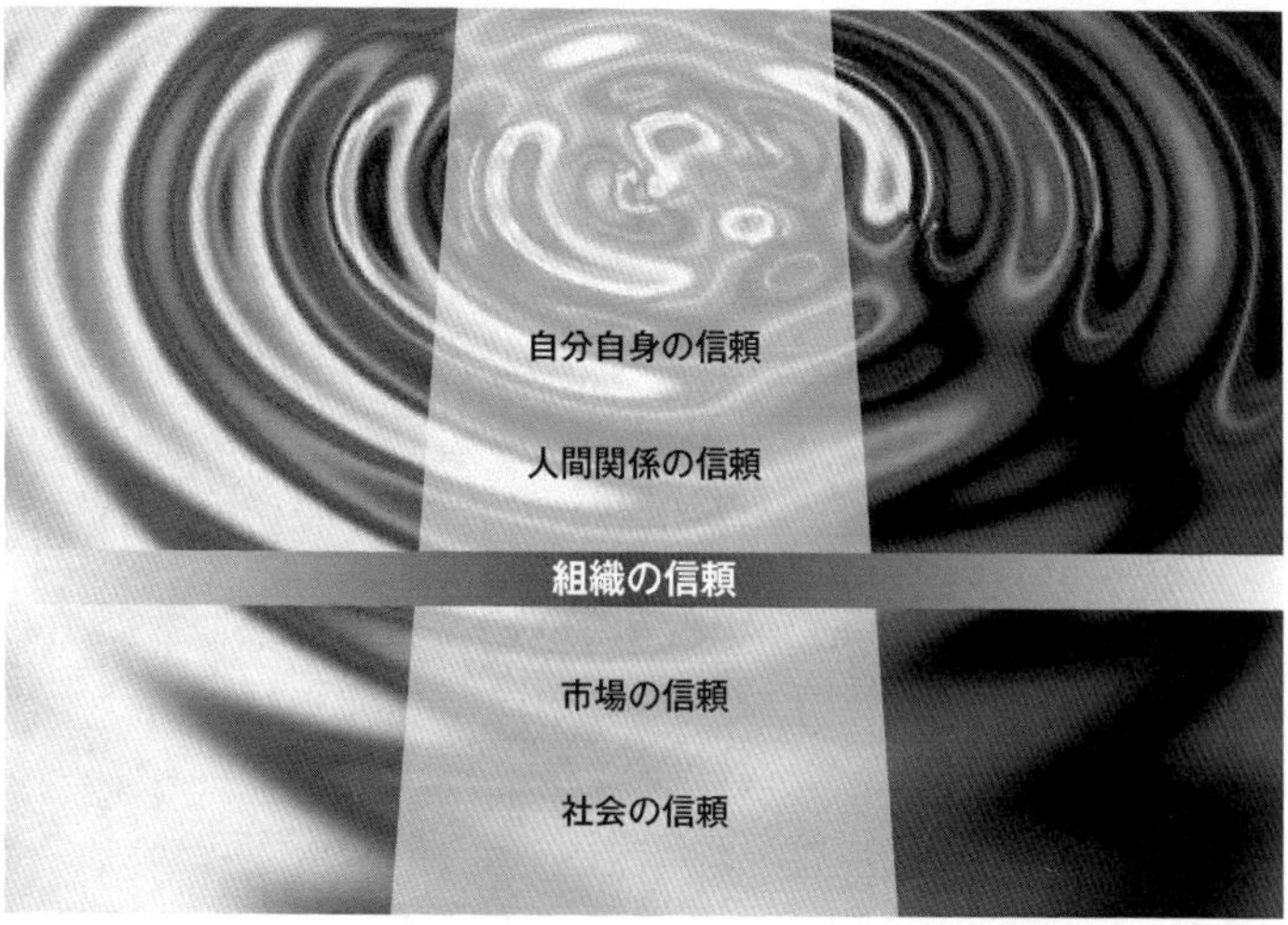

- 低信頼組織（低い信頼がはびこる）の特徴は何か？
- 高信頼組織（高い信頼がある）の特徴は何か？
- あなたの組織はそのどちらに当てはまるか？
- その結果はどうか？

私の会社で行なっているセミナーやプレゼンテーションの受講者たちの回答を紹介しよう。まず、低い信頼しかない組織の特徴として以下のような文化的行動が見られるという。

- 事実の操作、歪曲が行なわれる。
- 情報が抱え込まれてしまう。
- 手柄を立てることが非常に重要視される。
- 真実を都合の良いように解釈する。
- 新しい考え方があからさまな抵抗を受け、抑えつけられる。
- 間違いが隠蔽される。
- 責任のなすり合いや他者の悪口が横行する。
- 噂話が盛んである。

- 非公式な会議が頻繁に行なわれる。
- 「触れにくい問題」がたくさん存在する。
- できない約束をして期待を裏切る。
- 期待に背く場合が多く、その度に弁解がなされる。
- 問題がないかのように振舞い、現実を直視しない。
- 覇気があまり感じられない。
- 非生産的な緊張感が感じられ、時には不安さえ覚える。

一方、高信頼組織では次のような行動が見られるという。

- 情報がオープンに共有される。
- 間違いをしてもとやかく言われず、成長の糧とみなされる。
- 文化が革新的かつ独創的である。
- その場にいない人にも忠誠心が示される。
- 率直な話し方をし、本当の問題に立ち向かう。
- 真のコミュニケーションと協調が存在する。
- 功績を積極的に共有し合う。
- 非公式な会議はほとんど行なわれない。

- 透明性が一つの価値として実践される。
- 人々が率直で、信頼できる。
- 高いレベルのアカウンタビリティが存在する。
- 活気や活力に溢れ、それが人々に前向きな勢いを感じさせる。

自分の会社はどちらの特徴が当てはまるかと受講者たちに尋ねる間もなく、彼らの大部分は最初のほうを見て笑いながら言う。「これは、うちの会社ですよ。ぴったりですね」と。

次に、そうした行動の結果について以下のような質問をする。

- あなたの会社で働くのはどんな気分ですか?
- あなたの勤務時間のうち、本当の仕事に費やされるのは何%くらいですか?
- あなたは内部でどの程度提携できますか、また、外部とはどうですか?
- タブーにはどのように対処していますか?
- あなたの組織の文化はどの程度協調的ですか?
- イノベーションへの取り組みはどんな感じですか?
- 同僚たちは仕事に熱中していますか?
- 戦略はどの程度実行できていますか?
- 組織の優先課題が周知・徹底されていますか?

- 意思決定者に必要な情報がすべて提供されていますか？
- 会議はどんな感じで進められますか？
- 倫理面はどうですか？　求められるのは単なる順守ですか、それとも正しい事をすることですか？
- 統制の範囲はどの程度ですか？
- どんな種類のシステムやプロセスが採用されていますか？
- スピードへの影響はどうですか？
- コストへの影響はどうですか？

興味深いことに、この演習で受講者たちが最も驚くのは、自分の組織における低い信頼の影響を知ったときではない。それは彼らにとって日常化しており、毎日のように目にしていることなのだ。

一番驚くのは、個人としてだけでなく組織としても原則に違反しているためにそういう状況が起きることに気づいたときだ。単に「信頼性の四つの核」と「信頼されるリーダーの一三の行動」への違反だけではない。「核」や「行動」との調和を図る組織設計の原則にも反しているのである。そして、人々特にリーダーが、高信頼の環境を促進するシステムを構築・配置し維持する自らの責任を理解せず、人々の行動を低信頼の環境のせいにしているとそういうことになるのだ。

組織設計のエキスパートであるアーサー・W・ジョーンズはこう言っている。「どの組織も、得る結果は自ずと決まってくる」私はそれに「どの組織も、得る信頼レベルは自ずと決まってくる」も付け加えたい。従って、組織における信頼と高い信頼配当が求めるレベルに達していなかったら、調和の原則について検討すべき時期なのだ。文化的信頼に影響する基礎的なパラダイムを、言葉よりもはるかに雄弁に伝達する構造やシステムについて検討する必要があるのだ。

> 調和に欠け内紛状態にある企業は、今日の激しい競争環境を生き延びるための強みや重点分野を持つことはない。
>
> ——ジョン・O・ホイットニー（コロンビア・ビジネススクール教授）

既に述べたように、信頼は目立たないが、あらゆることに影響する。信頼が組織内で目立たないのは、リーダーたちがすべての日常的行動が依存しているシステム、組織構成、プロセス、方針、枠組みの中に信頼を捜し求めないからだ。彼らはうわべしか見ていない。水面に反射するまぶしい太陽の光に目がくらみ、水面下を泳ぐ「魚」を見ることのできるメガネをかけていないのだ。信頼を助長するようなシステムを設計し、調和を図らないとしたら、リーダーとして「自分自身の信頼」と「人間関係の信頼」の両レベルで成果を上げ、一個人として部下の信頼を集めることはできたとしても、「組織の信頼」のレベルでは失敗することになる。

◇価値観との一致、乖離《かいり》を表わす象徴

私の会社で開催しているセミナーの一つである受講者が話してくれたことだが、彼女の夫が会社を最近辞め、大学で研究の道に入った。それが本当に自分のやりたい事だと思ったからだという。ところが大学に四日間通っただけで、また元の会社に戻ってしまった。その大学には官僚主義的な方針や手続きがあれこれあり、ペン一本買うのにも購買要求書を作成し、三階層の承認を得なければならなかった。彼はこう言ったそうだ。「俺には耐えられないよ。人の扱い方が悪くて、実に嫌な気分だ」この大学が定めている方針は明らかに不信の象徴だった。

信頼は組織内における人々の満足度を示す、最も重要な前兆である。

――ジム・クーゼスおよびバリー・ポスナー（ビジネス作家）

ある大手のコンサルティング会社でも、私は同様に価値観が一致していない状況を目撃した。その会社は財政的に追い込まれていたため、新任の財務責任者は厳密なコスト管理のために、非常に細かく煩雑な経費精算方法を導入した。「空港に着いて、ガソリンを満タンにしないままレンタカーを返却した場合、割増金額を自己負担する」など、そこには重箱の隅をつつくような規定が盛り込まれた。あちこちの都市のクライアントを飛び回るコンサルタントたちは、飛行機の便に必死の思いで間に合おうとし

ているのに、無責任な怠け者であるかのような扱いを受けていた。また、共同経営者レベルの者以外、外出先での携帯電話の通話料は個人負担とするという規定もあった。こうした方針の背後には、コンサルタントたちは携帯を仕事だけでなく、私用にも使うのでは、という会社の疑念が透けて見えていた。方針全体が大きな不信の象徴になった。しかし、幸いこの会社には、非常に頼りになるコンサルタントたちが何人かいて、彼らが反対の声を上げた。「こんな規定は受け入れられません。まるで子供扱いで、我々の信用はゼロということですよ」その結果、方針はやがて改定され、敬意と信頼という会社の大きな理念との調和が図られたのだった。

優秀なリーダーとは、周囲の人間を信頼できる人である。

——サー・リチャード・ブランソン（ヴァージン・グループの創業者・会長）

この二つの例はどちらも、組織構成やシステムが信頼を助長する原則と一致していない場合に生じる悪影響を物語っている。また、根底にあるパラダイムを組織内の人間全員に表明し伝達するもの、すなわち組織の象徴の持つ威力も示していると言えるだろう。

象徴というのは本当に強力であり、思いもしない効果がある。言葉では表現できないものも含め、パラダイムを言葉よりはるかに明確に伝達する。しかも、その影響力は大きく、とてつもなく強力だ。「百聞は一見にしかず」という諺もあるが、それは象徴にも当てはまる。非常に多くのことを、多くの人々に、迅速に伝えるのである。

象徴には好ましいものとそうでないものとがある。その形態は、有形の物体、システムやプロセス、慣例的行動、伝説的な話などさまざまだ。具体的には、五〇〇ページにも及ぶ方針マニュアルから、高級車を重役専用のスペースに駐車できるトップ・マネージャー、社員の誤解を避けるために昇給を拒む新任のＣＥＯ、スターバックスの社員が殺害された際にハワード・シュルツが見せた思いやり深い対応の伝説など、ありとあらゆるものが含まれる。社員の解雇が進められている中で重役室用に購入された高価な美術品もそうだし、顧客アンケート一万枚すべてに目を通す顧客重視のＣＥＯもそうだ。また、ニューヨークが停電になったとき、ジェットブルーのデビッド・ニールマンＣＥＯがＪＦＫ空港に車で駆けつけ、自分のパソコンを使って乗客のチェックインを処理した話など、会社全体で語り継がれるエピソードや教訓なども含まれる。

私はある一時期、大手の不動産開発会社で働いたことがある。その会社は、「勤勉に働く」、「賢く働く」、「働くことを楽しむ」を社訓にしていた。ある時、あるブローカーが、巨大プロジェクトの構想を持つクライアントの代理として我々に接近してきた。彼は、町のデベロッパー上位十社から入札を募るつもりだった。我々はそのチャンスを喜んだが、交渉が進むにつれ、このブローカーは敵対的な要求を突きつけてきて、取引のしにくい相手であることが分かった。協議は一方的になりがちで、困難が多く、実際苦痛だった。そして、一〇回目の話し合いの席だった。担当の上司が私のほうを見て「スティーブン、ちょっと聞いてもいいかな。君はこの商談に関わっていて楽しいと感じるかい？」と言った。私は楽しくないと認めざるを得なかった。すると、彼は言った。「いや、私も同じだよ。楽しむことが、うちの会社のモットーの一つじゃないか。それができない以上、私たちは入札を辞退させてもらおうじゃないか」せっかくの大口取引なのに我が社が辞退したことは、そのブローカーと彼のクライアントにとってはショックなようだったが、我が社の価値観とは完全に一致する行動だった。そして、我々がそれらのモットーを真剣にとらえていることが会社の文化全体に劇的なメッセージとして伝えられることとなった。この決断は我が社の価値観の象徴となり、会社の重要な教訓として語り継がれたのだった。

象徴というのはその種類を問わず、組織において正しいこと、または間違っていることの表明、シンボル、そしてイメージとして途轍もなく貴重な意味を持つことになる。

> 大きな組織でリーダーとしての信頼を長期にわたって確立するためには、その人、特にその一貫性が良き伝説として語り伝えられることが条件となる。
>
> ——ヘンク・ブローダー（キャップジェミニ・アーンスト＆ヤング社オランダのヘッド）

ここで、信頼を伝え構築する象徴の例を三つ紹介しよう。

一・ヒューレット・パッカード社が設立されて数年経ったある週末のことだった。創業者の一人、ビル・ヒューレットがある道具を探しに会社の保管室に立ち寄ったところ、工具箱に鍵がかけられていた。ＨＰでは最初から、社員が必要な道具を自由に使えるよう、部品箱や保管室は開放しておく規則になっていたが、これはその規則に違反していた。箱に施錠しないという方針は、ＨＰ社員に対する信頼の証として意図的に決められたものだった。その経緯の背後には、もう一人の創立者、デビッド・パッカードが何年か前に働いていた会社での経験があった。その会社は、社員の窃盗を警戒して道具や部品の管理を過度に厳重にしていたのだ。

保管室の施錠に苛立ったヒューレットは、鍵を壊して放り投げ、その後にビラを貼った。そこには、「HPは社員を信頼しています」と書かれていた。その日から、開放された道具箱がまさに信頼の象徴、忠誠心と創造性を抱かせるシンボルとなったのだった。会社が社員たちに「大きな信頼を寄せている」ことを宣言する方法として、これ以上有効なものはなかった。パッカードは後にこう語っている。「開放された道具箱や保管室は信頼の象徴でした。HPがビジネスをやる上で、信頼は必要不可欠ですから」

二．企業の社員ハンドブックや方針マニュアルというと何百ページもある分厚いものが多い中、既に触れた通り、ノードストロム社の方針マニュアルはカード一枚しかない。そのカードの表側には、こう記されている。

社員ハンドブック
ノードストロムへようこそ！
我が社の一員として、あなたを心より歓迎する。
我々の最大の目標は、卓越した顧客サービスを提供することである。
あなたの個人的目標と職務上の目標をともに高く設定してほしい。

あなたは必ずやそれらを達成できるものと我々は信じる。
よって、我が社の社員ハンドブックは極めて簡潔である。
決められているルールはたった一つ…

そして、裏側にはこう書かれている。

一つのルール
あらゆる状況において良識を働かせよ。
不明な点は、部門責任者、店舗マネージャー、人事部まで問い合わせること。

デビッド・シロタ、ルイス・A・ミスキンド、マイケル・アーウィン・メルツァーは著書、『熱狂する社員　企業協省力を決定するモチベーションの3要素』にこう記している。

このわずか一ページが、会社を物語っている。まず、顧客満足の追求、非官僚主義を目指した企業風土、社員の能力とパフォーマンスに対する信頼を訴求している。この表明は、会社をあげての歓迎と敬意の縮図である。

ノードストロム社の「社員ハンドブック」は信頼の象徴であり、社員が良識を働かせることによって卓越した顧客サービスを提供するという明文化された価値観と完全に一致する。

三．デル社のマイケル・デル会長とケビン・ロリンズ社長兼CEOのオフィスに足を踏み入れると、この二人のリーダーの間を仕切っているのは透明のガラスの壁一枚で、しかもお互いのデスクが向き合うように置かれている。さらにドアがなく、いつでも自由に話すことができる。これは、信頼を重視するデル文化全体にとって大きな象徴であり、この二人のリーダーは互いに完全にオープンな関係にあり、陰口を言わないというシンボルになっているのだ。

あなたの組織にはどんな象徴があるだろうか。その象徴は社内の利害関係者に何を伝えるか。高い信頼を築く原則と調和しているだろうか。その結果はどうだろう。

◈どうやって組織を変革するか

あなたの組織の象徴が不信を伝達し、助長するようであれば、組織を代表するつもりで「信頼性の四つの核」をもう一度確認してほしい。次の点を自問しよう。

- 自分の組織には「誠実さ」があるか。我々の理念を分かっているか。我々の組織構成やシステムは尊敬と信頼の基本的パラダイムを反映しているか。我が社には正直の文化があるか。謙虚の文化はどうか。我々はお互いの考えに耳を傾けているか。間違いをし、それを認めることが許されているか。我々は厄介な問題に立ち向かう勇気があるか。我々のシステムや組織構成は倫理的行動を奨励するものか。

- 自分の組織は良い「意図」を持っているか。お互いに対して思いやりを示す文化が築かれているか。仕事に対してはどうか。顧客に対してはどうか。誰もが成功を心から望んでいるか。システムは競争に報いるものか、それとも協力に報いるものか。システムは人々にアイデアや情報を自由に共有することを助長するか。それとも、それらを抱え込むことを促すか。
- 自分の組織の「力量」は何か。我々は価値を生み出す手段を備えているか。今日の市場での競争に必要な才能／態度／スキル／知識／スタイル（T－A－S－K－S）があり、維持しているか。適切な人材をバスの適切な座席に座らせているか。我々は着実に改善し、刷新しているか。我々は必要に応じて自らを再構築しているか。
- 自分の組織は「結果」を出しているか。我々は約束したことを実行しているか。価値を創出し、約束を果たすと世間から信頼されているか。我々には信頼を助長する実績があるか。クライアントは我々を他の顧客に推薦してくれるか。我々は信頼を抱かせるような方法で結果を出しているか。

あなたの組織が以上のいずれかで欠けている部分があると思ったら、その点について価値観と一致させ、「組織の信頼」の構築に着手すべきである。また、あなたが組織の正規のリーダーではないにしても、変革のためにあなたにできることはある。まずは一個人として「信頼性の四つの核」に立ち返り、自分自身の信頼性を高めるようにすれば、自ずとその影響が周囲にも及ぶことだろう。

個人レベルを対象とする「信頼性の四つの核」の応用法の中には、組織レベルでも価値観と一致させるものがある。具体例を見てみよう。

組織の「誠実さ」を高めるには、組織のミッション・ステートメントやバリュー・ステートメントを作成するとよい。この作業には全員を関与させ、それらしいモットーを壁に張り出すのとは訳が違うことを分からせるべきである。また、約束をし、それを守るという文化を組織内に構築するのもよいだろう。これは特にリーダーに欠かせないことであり、また些細な事柄ほどその重要性が高まるのだ。ちょっとした約束に対するリーダーの態度が真剣そうに見えなかったために、間もなく全員が組織内の約束を軽視するようになってしまったケースを私はいくつか知っている。

組織の「意図」を改善するためには、信頼を築くような動機と原則を反映するミッションや価値観を持つようにしよう。また、思いやりの模範を示すのもよい。一個人、特にリーダーが敬意や思いやりを示すことで組織にどれだけの効果がもたらされるか、忘れないでほしい。さらに、受託責任規定を活用し、競争より協力に報い、信頼を実践することによって相互利益の思惑を実現するようなシステムを構築することも必要だろう。

組織の「力量」を高めるには、組織内の構成やシステム（人材募集、雇用および報酬制度を含む）を改善し、今日の市場で競争力を保つのに必要な才能を引き付け、維持できるものにしなければならない。時代に適応していくことと成長から生まれる満足感を享受できるよう、トレーニングや指導（能力開発システム）を継続的に提供するとよい。また、情報と意志決定システムが組織や顧客のニーズを満たす努力と一致していることも必要である。

組織の「結果」を改善するためには、段階的な目標達成や全員の考えの統一を可能にするシステムにより、望ましい結果の共通ビジョンを持てるようにするとよい。また、「バランスト・スコアカード」を作成し、企業オーナーだけでなく利害関係者すべての要求を満たす努力も必要だろう。さらに、手段としての活動よりも結果についての定期的説明を重視する文化の構築も有効だろう。

あなたの想定した組織がどんなレベルであれ、これら「信頼性の四つの核」を強化することによって信頼に驚くほどの効果がもたらされることは間違いない。そして、具体的な強化策を実行すれば調和が著しく向上し、信頼配当が生じるはずである。

組織として「信頼性の四つの核」に取り組むと、「信頼されるリーダーの一三の行動」を実践・助長する文化が組織内にどの程度構築されるか考えてみよう。そのために、次のチャートを今度は組織の視点で見てほしい。あなたの想定した「組織」は、それぞれの行動についてどのあたりに位置するだろうか。

行動		現在の成績	逆の行動・偽りの行動
人格	率直に話す	／10点	・嘘をつく、でっち上げる ・一部だけ真実を話す ・はぐらかす ・お世辞を言う
	他者を尊重する	／10点	・思いやりを示さないか、 心遣いをしていることを見せない ・失礼な態度をとったり、 自分に何かしてくれる人にだけ敬意を払う
	透明性を高める	／10点	・情報を抱え込む ・秘密を作る ・幻想を生み出す、ふりをする
	間違いを正す	／10点	・間違いを認めないか、是正しない ・間違いを隠蔽する
	忠誠心を示す	／10点	・他者を裏切る・手柄を独り占めする ・本人の前では持ち上げ、陰では悪口を言う
能力	結果を出す	／10点	・結果を出さない ・結果よりも手段としての活動を生み出す
	より上を目指す	／10点	・能力が低下する ・改善に投資しない ・どの問題にも同じ解決策を当てはめる
	現実を直視する	／10点	・現実から目を背ける ・真の問題を避け、見せかけの仕事に逃げ込む
	期待を明確にする	／10点	・期待を勝手に解釈するか、明確に示さない ・不明確で一貫性のない期待を示す
	アカウンタビリティを果たす	／10点	・「私のせいではない」と言って責任をとらない ・他者に責任を果たさせない
両方	まずは耳を傾ける	／10点	・人の話を聞かない ・まず自分が話し、人の話は最後に聞く ・聞くふりをする ・漠然と聞いて理解しようとしない
	コミットメントし続ける	／10点	・委託を破る ・約束に違反する ・漠然としてごまかしやすい約束をするか、 約束をまったくしない
	他者を信頼する	／10点	・人を信頼しない ・信頼している振りをして口うるさく監督する ・責任だけ持たせて権限は与えない

／130点

さて、あなたの組織の文化をそれぞれの行動について評価した結果、点数が低ければその理由を考える必要がある。公式であれ非公式であれ、信頼の構築に反する行動を助長しているものが組織のシステムや構成のどこかにはるはずなのだ。

問題の核心は常に、人々の行動を変革できるかどうかである。

——ジョン・コッター（ハーバード・ビジネススクール教授）

私の友人が数週間前、購入したステレオを未開封のまま大手小売店の顧客サービス部門に返品しようとした。彼はレシートを持っており、箱が一度も開けられていないことも明らかだった。数分間列に並んで待っていると、顧客サービス担当者からこう言われた。「申し訳ありません。返金となりますと、私共のエレクトロニクス部の者が参りまして、中身を確認させていただかなければならないのですが」イラついた友人は、自分は急いでいるし、箱を開けてないことは分かるだろうと反論した。担当者は箱が未開封である点については完全に納得したが、エレクトロニクス部にチェックさせるのが会社の規定であり、自分はそれに従うしかないと言った。一〇分以上して、ようやくエレクトロニクス部の人間がやって来た。ところが、彼は箱を見ただけで、明らかに未開封だから調べるまでもないと言った。友人は、二度と来るものかと思いながらその店を後にしたという。そして、彼は多くの人にこのことを話して聞かせたのだった。

お分かりのように、この会社の規定は内部志向であり、顧客サービスの精神や、社員を信頼して彼らの良識に任せるという原則と一致しないことは明らかだろう。そして、こうしたことが収益に影響することは間違いないのだ。

情報、コミュニケーション、意思決定、報酬など、組織の構成やシステムを注意深く分析してみると、原則に一致していない分野が明らかになる。そこが、スピードが低下しコストが膨らんでいるところであり、信頼配当を放棄して税金を支払っているところなのだ。

最終的に、リーダーシップのパラダイムが信頼を築く原則と一致していることが必要である。部下をそもそも信頼できないリーダーは、階級組織、何段階もの管理層、厄介なプロセスなどのシステムや組織構成を生み出す。そして、そうしたシステムや組織構成により、部下は信頼できないというリーダーの意識に迎合した、不信に満ちた行動が助長されることになる。つまりは、下向きの悪循環が始まるのだ。

人の信用を汚す最も確実な方法は、その人を信頼せず、不信感を示すことである。

――ヘンリー・スティムソン（元米国国務長官）

HP社のデビッド・パッカードは、保管室や道具箱を執拗なまでに厳重に管理していた会社で働いた自らの経験をもとに、このサイクルが現実に存在することを認めている。彼は次のように語った。

会社が社員を信頼しないことによって生じ得る問題のいくつかを、私はキャリアの早い段階で学びました。不信感［道具箱の施錠］を露骨に見せつけられ、いっそのことその通りに振舞ってやれと、道具や部品を持ち出そうとした社員が結構いました。

それに対して、デビッド・パッカード、ブレーク・ノードストロム、デビッド・ニールマンなど、部下を信頼するタイプのリーダーは、自由に使える道具箱、たった一ページの社員マニュアル、在宅スタッフによる予約受付など、システムや組織構成にその考え方を反映させる。この種のシステムや組織構成は、部下は信頼できるというリーダーの意識に沿う、他者を信頼するような行動を強化し、最終的にそれを実行させる。つまり、パラダイムと行動が相まって上向きの好循環を作り出すわけである。

「信頼性の四つの核」と「信頼されるリーダーの一三の行動」はあなたのツールである。組織を原則と一致させて信頼を築く鍵となるものである。このツールを用れば、あなたは重要な変革を生み出す力を手にすることができる（その変革は、あなたの組織内の利害関係者が組織内のあらゆる関係や結果に対する信頼の影響に気づき、理解、対話、問題解決を促進するような形で信頼について語り、信頼を築くように行動するという三つの段階すべてで起きる）。そうすれば、リーダーとして高信頼組織を構築することが可能になり、その結果が組織の象徴と最終結果の両方に現われるはずだ。

◈税金を配当に変える

あなたの組織が高信頼組織でないと税金を支払わされることになり、しかもそれは無駄な税金であるということは既に述べた。この税金は損益計算書に「信頼税」として表われなくても、他の問題に姿を変えて存在するのだ。だから、表面下で起きていることが見えるように、信頼メガネをかけることをお勧めする。そして、まずは組織内に潜む間接税を見ていただきたい。その後、高い信頼によってもたらされる驚くべき配当についても述べる。

◈低い信頼しかない組織が支払わされる七種類の税金

一・無用な重複

税金の一つは無用の重複だ。ただし、基幹システムやデータ管理のバックアップは必要である。この重複税が課されるのは、統制を目的とした過剰な階級組織、管理階層、重なり合う体制だ。これらは大概、部下は信頼できないからしっかり監督しなければ、というパラダイムから生まれる。そして、この税金は非常に高額である。

私は、父がラスベガスでカジノを経営する企業にプレゼンテーションをした話を聞いたことがある。経営者は父にカジノの賭博場を見せたという。社員に対する信頼は低い上に窃盗のリスクがあるため、四～五段階の管理システムを敷いていると彼らは説明した。つまり、監視する人間をその上の人間が監視し、その人をさらに上から監視するというわけだ。しかし、高信頼環境を構築すれば、二階層の管理で十分だった。

再作業や再設計は状況によって、低信頼行動が生じさせる重複コストとみなされる。ソフトウェア開発では、経費の何と三〇～五〇％が再作業に起因する場合がある。また、製造業では再加工費が元々の製造費を超えることも珍しくない。

二．官僚主義

官僚主義とは、煩雑な規則、規制、方針、手続き、プロセスといったもので、過剰な事務作業、お役所仕事、統制、何段階もの承認階層、政府規制などとして表われる。継続的改善や能力向上に注力せず、単に複雑さと非能率、さらにコストを増やすだけである。そして、経営学者のローレンス・ピーターはこう指摘する。「官僚主義は、遠の昔に正当性を失った現状を維持しようとする」

政府、医療、教育、非営利、ビジネスなど、あらゆるタイプの組織において官僚主義のコストは半端ではない。二〇〇四年に発表されたある予測によれば、米国で連邦法規に従うコストは一兆一千億ドルにのぼり、これはGDPの一〇%を超える額である。ドイツではアンゲラ・メルケル首相が、中堅企業の売り上げの四~六%が官僚的手続きの順守に費やされていると述べている。米国における二〇〇三年の医療事務コストは三、九九〇億ドルで、保険未加入者全員に医療を提供するのに要すると思われるコストをはるかに上回る。

低い信頼は官僚主義をはびこらせ、官僚主義は低い信頼をはびこらせる。つまり、低い信頼しかない組織では官僚主義が蔓延するのである。

三. 権力争い

組織における「権力争い」とは、権力を握るために戦術や戦略を駆使することと定義される。社内での権力争いは、外敵ではなく、作家ローレンス・マグレガー・サーヴェンの言う「内なる敵」との対立を生み、文化を内部分裂させる。

社内の権力争いは、情報の抱え込み、内輪もめ、情勢分析、隠された思惑による動き、部門間の対立、陰口、非公式の会議などの行動を生み出す。こうした行動は、ありとあらゆる時間、才能、活力、資金を浪費させる。さらに、会社の文化を汚し、戦略を狂わせ、率先的努力、人間関係、キャリアを妨害する。社内の権力争いに関係する間接費は年間一、〇〇〇億ドルと見積もられ、一部ではこれよりはるかに大きな額も推定されている。

社内の権力争いは低信頼環境で勢いを増す。「権力争い」は実際、いろいろな面で信頼とは逆の状況である。

四．参加放棄

参加放棄とは、人が会社に勤務していても、実質は辞めているに等しい状態である（一般に「クイット・アンド・ステイ（辞めてとどまる）」と呼ばれる）。給料をもらえ、解雇されない程度に働くが、自分の才能や創造性、労力、情熱は発揮しない。肉体はそこにありながら、心や頭はどこかに行ってしまっているということだ。参加放棄の理由はいろいろあるが、主な理由は信頼されていないと感じることである。

ギャラップ社は米国一国で参加放棄のコストを、年間二、五〇〇～三、〇〇〇億ドルと見積もっている。同社の推定では、米国で働く社員で職務に意欲的なのはわずか二八％で、他の多くの国ではさらに低くなる。さらに経営サイドを信頼している割合を見ると、職務に熱心な社員の間では九六％に達するが、意図的に参加放棄している社員では四六％にすぎない。昔からよく言われるように、「ニワトリ（不信）が先か卵（参加放棄）が先か」ということだ。これは自己増殖的サイクルであり、組織の勢いを徐々に奪い、やがては完全に停止させてしまう。

五．離職

社員の離職は組織にとって莫大なコストであり、低信頼文化の離職率は業界や市場の標準を超えている。ここで取り上げているのは、成績の上がらない社員の望ましい離職ではなく、成績の良い社員の望ましくない離職である。低い信頼が参加放棄を生み、それが社員、特に最も失いたくない人材の離職につながる。成績優秀者は信頼されたいという思いから、高信頼環境で働くことを好む。ところが、信頼されなければ彼らにとっては侮辱であり、相当数の社員が信頼される職場を最終的に求めることになる。離職はまた、前の二つの税金からも生じる。低信頼環境に見られる官僚主義や権力争いに嫌気が差して会社を去る。あるいは、ギャラップ調査によれば、上司との関係が非常に希薄であるために、つまり低い信頼が原因で離職するケースもある。

望ましくない離職は高くつく。退職者の補充を行なうとなると、その人の年間給与の平均一・五倍から二倍のコストがかかるという。

> 職場文化がオープンかつ正直でないと、社員満足の悪化、社員の離職率の上昇、生産性の低下が起き、資金、アイデア、そして時間を失うことになる。それに対して、職場環境が倫理的で生産的で前向きであれば、社員は会社に定着し、意欲を持ち続けるものだ。彼らが会社を発展させてくれることだろう。
>
> ――ケント・マードック（O・C・タナー社社長兼CEO）

六．離反

離反とは、社員以外の利害関係者が離れていくことだ。組織内での信頼が低いと、市場でもそれが定着し、顧客、仕入先、流通業者、投資家の離反が激しくなる。ブログなどの新しいテクノロジーがどんどん発達し、社員が自身の体験を社会に広く伝えられるようになるにつれ、ますます問題化しつつある。社員が会社から信頼されていないと、彼らの言葉の端々にそれが現われるものであり、それを耳にする顧客は最終的に離れて行くことになる。これは私の妹の体験談だが、彼女は最近行ったレストランで、メニューの中で何がお薦めかとウェイターに尋ねたそうである。それに対してウェイターは「他のお店にされることをお薦めします」と答えたそうだ。

さて、このウェイターがどんな状況でこういうことを言ったのかは分からないが、社員というのは自分が会社から扱われているのと同じように顧客を扱う傾向があることは確かである。だからこそ、サウスウエスト航空のコリーン・バレット社長兼COOは言うのだ。「内部であれ外部であれ、まったく同じ方法で顧客サービスに取り組むねらいから、私は社員とであれ乗客とであれ、『信頼』という言葉に同じ程度の重点を置いて話をしています」

顧客の離反に関する調査によれば、新規顧客を獲得するコストは既存顧客の維持より桁違いに多く、五倍という推定もあるほどだ。

七．不正行為

不正行為とは、完全な嘘、怠業、妨害、詐欺、破壊行為などであり、そのツケは莫大である。実際、これまで見てきた六つの税金の多く、とりわけ無用の重複と官僚主義は、この「不正行為税」に対する経営サイドの対応の結果である。つまり、これまでの個々の税金以外に、すべてに関係する税金が存在し、それが不正行為税なのだ。不正行為に対処しようとして多数の低信頼税を生み出し、その過程で自らの時間や資金が流出する結果となるのである。

米国公認不正検査士協会が二〇〇四年に実施した調査では、平均的な米国の企業は何らかの不正行為が原因で年間売上高の六％を失ったと推定している。エンロンのケースでは、不正行為税の税率が最終的に一〇〇％に達し、会社を沈没させた。

不正行為のほとんどは人格の問題であり、「誠実さ」の欠如と自己中心的な「意図」が絡み合っている。こうした人格の問題に、手綱を締めて統制を強化するという対処法しかとれなければ、不正行為税はわずかしか減らないだろう。しかも、その過程で他の六つの税金を生じさせるため、全部を合計すれば元々の不正行為税をはるかに上回り、五～一〇倍ということもあり得るかもしれない。

常識的に言って、この問題はもう一度冷静な視点で見つめ直し、別の取り組み方をするのがよいだろう。「信頼性の四つの核」をフル活用する必要がある。人格と能力を総動員するのだ。「誠実さ」を高める「意図」を改善するようなトレーニングや能力開発に力を入れよう。文化的な道徳観や価値観を主導すべく、倫理的文化を構築し、それに沿った行動をとるようにしよう。社会学者のエミール・デュルケームはこう言っている。「道徳観（文化的価値観）が十分あれば法律は必要ない。道徳観が十分なければ法律は施行できない」要は、文化的道徳観や価値観を強化することだ。それなくして、順守を徹底させることはできないのである。

規則が人格の代わりを果たすことはできない。

——アラン・グリーンスパン（前米国連邦準備制度理事会議長）

低信頼組織に発生する、こうした税金のコストをすべて合計してみれば、希薄な信頼関係、低いスピード、高いコストの間に重要な直接的関係が存在することに疑問の余地はないだろう。

◈高信頼組織が手にする七種類の配当

ここからは高い信頼がもたらす配当について見ていこう。先に述べた低信頼組織の七種類の税金の逆が配当であることは言うまでもない。どんな組織でも、無用の重複、官僚主義、参加放棄、権力争い、離職、離反、不正行為という税金を削減するか、完全に失くせば、信頼口座や結果に好ましい変化がはっきりと表われるはずだ。

ただし、高信頼配当はそれだけではない。それは、信頼がスピードとコストに常に好影響をもたらすことを明らかに示す配当がそうであり、さらに第三の尺度である価値もそうである。

一・価値の増加

高い信頼は二つの面で価値を増やす。一つは株主価値であり、これはデータからも明らかである。既に述べたことだが、ワトソン・ワイアットによる二〇〇二年の調査では、株主への株価と配当の合計で、高信頼組織は低信頼組織を二八六%上回った。さらに、ラッセル・インベストメント・グループの二〇〇五年の調査によれば、フォーチュン誌の「米国で働きたい会社ベスト一〇〇」（信頼の要素が判定基準の六〇%を占める）に選ばれた企業は、それまでの七年間で市場平均の四倍を超えるリターンを得ている。同誌はこう明言している。「社員は自分がベストと考える方法で仕事ができる自由を重視し、優秀な雇い主は彼らを信頼する」

もう一つの側面は顧客価値だ。この後説明する最後の五つの配当の結果として、高信頼組織は一貫してより多くの価値を創出し、顧客に提供することができる。この顧客価値はさらに、その他の主要な利害関係者にも多くの価値をもたらすことになる。

二．成長の加速

高信頼企業は、株主価値だけでなく、売り上げや利益でも低信頼企業をしのぐ。調査結果から明らかなように、顧客は信頼できる会社や社員からより多く、より頻繁に購入し、さらに周囲にも推薦し、長期にわたって取引を続ける。さらに、そうした企業はコスト面でも優れている。最終結果は、単なる成長の加速にとどまらず、収益力ある成長の加速である。バンガード・インベストメンツ社のジョン・ブレナンＣＥＯはこう言っている。「信頼は我々の最大の財産です。顧客が我が社への信頼を強めてくれるにつれ、驚くほどの成長をもたらしてくれるのです」

三．イノベーションの促進

高信頼企業は、顧客に提供する製品やサービスが革新的であり、高信頼環境でのみ発達する強固なイノベーション文化を備えている。イノベーションや創造性が活発化するためには、情報の共有、誰が手柄を取るのか心配する必要がない、リスクをとる積極性、間違いを受け入れてもらえる雰囲気、協働する能力など、いくつかの重要な条件が存在する。そして、そうした条件はいずれも高い信頼の成果なのだ。

ビジネス機会、売り上げの増加、市場シェアなど、イノベーションの効果は明確だ。数年前は瀕死の状態にあったアップル・コンピュータ社は、ｉＰｏｄとｉＴｕｎｅｓミュージックストアの開発におけるイノベーションで完全に息を吹き返した。ビジネスウィーク誌とボストン・コンサルティング・グループは最近、アップルを世界で最も革新的な会社と評価している。

ジョン・マーチカは著書、『The Accountable Organization』の中でこう述べている。

多くがアップルのサービスを音楽業界の救世主として歓迎した。ｉＴｕｎｅｓの導入で（アップルのＣＥＯ、スティーブ・）ジョブズはついにやってのけた。「消費者は犯人扱いされることに反感を覚え、アーティストたちは自分の貴重な作品が盗まれるのを快しとしない。ｉＴｕｎｅｓミュージックストアは、今までにない解決策を双方に提供するものである」とは彼の弁である。

四．協調関係の改善

高信頼環境は、新たなグローバル経済で成功する上で欠かせない協働とチームワークを助長する。調整と協力という従来的手法とは異なり、真の協調は今日の世界の主要な機会モデルを生み出す。経営コンサルタントのマイケル・ハマーは、「リエンジニアリングは協調的経済の準備行為に過ぎなかった」と述べている。そして、この協調は組織の内部だけのものではなく、外部顧客や仕入先にも及ぶのだ。フォーブス誌は二〇〇六年、この「機会としての協調」という傾向を取り上げ、協調の「基礎」なるものとして「信頼」を挙げた。信頼の裏付けのない協調は単なる協力にすぎず、知識労働の時代に真の協調者が手にすべき恩恵と可能性を実現することはない。

五．提携の強化

前でも紹介したウォリック・ビジネススクールの調査が示すように、信頼に基づいた提携関係（外注取引など）は契約価額の最高四〇％にも相当する高信頼配当を得ていた。それに対して、信頼関係よりも契約言語に頼る人たちは、はるかに悪い結果に終わっている。報告書はこう記している。「信頼に基づいてよく管理された関係を伴う契約は、厳格なＳＬＡ（サービスレベル・アグリーメント）とペナルティと比べたとき、双方とも『信頼配当』に至る可能性が高いことが判明した。真の信頼は何もないところからは生まれない。それは実績がもたらすのである」

六．実行力の改善

高信頼企業は、組織の戦略を実行する能力が低信頼企業よりも優れている。私が実行力の重要性を思い知ったのは、ハーバード・ビジネススクールに入って最初の日のことだった。四時間にわたるケース・スタディーの終わりに、教授が印象的なことをおっしゃった。「ハーバード・ビジネススクールでの二年間で君たちに覚えてほしいことを一つだけ挙げるとしたら、『Ｂクラスの戦略とＡクラスの実行力を持つほうが、その逆より良い』ということだ」

Strategy+Business誌の読者による不朽のテーマに関する投票でも第一位にランクされたように、実行力は今日の組織で大きな注目を集めているが、この実行力は信頼によって大幅に強化される。フランクリン・コヴィーの実行指数（Execution Quotient）ツールである「xQ」は、組織の高い実行力と信頼の間に強い相関関係が存在することを一貫して示している。食料品店を対象として二〇〇六年に実施した調査によると、最も実行力に富む店はそうでない店に比べ、測定したあらゆる分野で信頼レベルが極めて高かった。

七．忠誠心の強化

同僚、顧客、仕入先、流通業者、投資家などの主要な利害関係者から得る忠誠心でも、高信頼企業は低信頼企業をはるかにしのぐ。それぞれの関係について、以下のデータがそれを明確に裏付けている。

- 高信頼企業は社員の定着率が高い。
- 高信頼企業は固定客が多い。
- 高信頼企業は、仕入先や卸売業者との取引関係が長い。
- 高信頼企業は投資家の定着率が高い。

プライバシーとセキュリティに関する信頼調査のリーダーであるポネモン・インスティチュートの設立者、ラリー・ポネモン会長はこの点を、「信頼が顧客ロイヤリティとブランド力の必要不可欠な要素になっている」と明確に指摘している。

高い信頼の配当の総額を考慮し、高い信頼はこれまで見てきた税金すべてを削減もしくは排除するという事実をさらに加味すれば、強い信頼関係、高いスピード、低いコスト、価値の増加の間に重要な直接的関係が存在することは否定しようがないだろう。

（企業経営者たちは）信頼というものを再構築する（必要がある）。信頼なくして良い成果は得られない。信頼があれば、あらゆる種類の障害を克服できる。誰もが誇りに思う会社を築くことができるのである。

——ジム・バーク（元ジョンソン・エンド・ジョンソン会長兼CEO）

既に述べたように、信頼がもたらすスピードほど速いものはない。信頼がもたらす経済的効果ほど有益なものはない。信頼のもたらす広範囲な影響ほど今日求められているものはない。そして、あなたの想定した組織視点に立ったとき、組織内部の利害関係者との信頼構築という点に関して、これらの事実に議論の余地はないはずだ。

そこで、組織レベルでも私は再び断言する。信頼を真に築き、育て、与え、回復する能力は、新たなグローバル経済のリーダーに求められる主要な資質である、と。

◇家族も一つの組織である

この章を終わるにあたって、是非指摘しておきたいことがある。それは、家族も一つの組織であり、この章で述べてきたことはいずれも、家族にも完ぺきに当てはまるということだ。

組織構成やシステムの調和がとれている家族、価値観を認識し高信頼行動に報いる組織構成やシステムを備える家族、高信頼関係を築くパラダイムを伝達する象徴を持っている家族は信頼関係がより強まるのだ。

最近、私の仕事上のパートナーが友人と交わした会話について話してくれた。彼がその友人に、その人の息子がバスケットボールをするつもりかと尋ねると、「まあ、学校の成績が良くないから、今年はやらないだろう」という返事が返ってきたという。簡単な言葉を交わした後、彼はこのように話を結んだそうだ。「バスケットボール選手よりも一人の人間を育てようと思うからね」

この状況について、あなたなりに考えてみてほしい。あなたは息子にもっと成績を上げるよう言いたいが、あなたの家族の中の組織構成やシステムはそうなっていないとしよう。例えば、次のようだとする。

報酬 ― 試合に勝ったら大いに褒め、外食に連れて行く。成績でAがあったら、「よくやった」とだけ言う。

コミュニケーション ― 毎週うれしそうに、「次の試合はいつ？」と尋ねる。成績については学期に一度、通信簿をもらってきたときだけ話をする。

意志決定 ― 家族として行なうことはすべて、次の試合、次のイベントで決まる。成績は意思決定にまったく影響しない。

日課 ― 成績の良し悪しに関わらず、就寝時間、テレビを見る時間、友人と過ごす時間を息子が自分で決める。

この家族は完全に調和が取れていて、しかるべくして現在の結果を得ている。つまり、「学校の成績はあまり気にせず、スポーツ好きな子供を育てること」である。

もし家族のことを真剣に考えるのであれば、組織の場合と同じ点について自問する必要がある。

- 自分の家族は「誠実」か。価値観は明確か。規則や方針（組織構成とシステム）、それに親の行動はその価値観に沿うものか。正直と謙虚を重視する環境か。家族は自分の考えや意見を自由に述べる勇気があるか。敬意をもってそれを行なっているか。
- 自分の家族は良い「意図」を持っているか。敬意と思いやりの文化ができているか。相互利益の実現を目指しているか、それとも利益を得るのは大人か子供の片方だけか。システムは協力に報いるものか。

- 自分の家族はどんな「力量」を備えているか。家族の構造はそれぞれの能力開発や成長を実現し、助長するものか。間違いから学ぶことが許されるか。子供たちが大人として成功する上で必要な生活スキルを身につけやすいシステムが採られているか。
- 自分の家族はどんな「結果」を生み出しているか。何かを一緒に成し遂げることに喜びを感じられるようなシステムになっているか。内容のある会話、サポート、愛情が豊富か。家族それぞれが個人として、また家族全体として重要な目標を達成しつつあるか。

高い信頼を助長する振舞いをしているだろうか。すなわち、「率直に話す」、「他者を尊重する」、「忠誠心を示す」、「コミットメントし続ける」という行動を実践しているか。もしそうでなければ、低い信頼の行動を助長しているのはどんな構造やシステムだろう。そして、どうしたらそれを変えることができるだろうか。

自分の家族の象徴は何だろう。それは我々が信じ、促進したいと思う価値観と一致しているか。

私が家族のリーダーとして信頼を築くには、「信頼性の四つの核」と「信頼されるリーダーの一三の行動」を率先するのが一番確かである。と同時に、家族に理解させ、実践させようと思っている価値観が組織構成やシステムによってサポートされるように調和させることも必要になる。これを行なうと、その過程でとても大きな効果が生まれるのだ。例えば私の家では、我々夫婦は息子のスピード違反の件で親としての姿勢を試されたが、結局自分で責任を取らせたことで、娘もどんな運転をすべきか心得ている。それで、娘の躾けには同じ手間をかけずにすんだ。また娘のほうも、我々が本気かどうかいちいち試そうとしない。本気であることを娘は分かっているのだ。これはまさに、「一人を躾けて家族全体に教える」という配当である。ただし、そのためには一貫性を保つことが条件となる。信頼の文化を築くことが組織構成とシステムの中に存在しなければならないのだ。

企業、非営利、大きな組織の中の一つの部署やチーム、家族など、あなたの組織が何であれ、信頼を築けるような組織にすることがあなたに課せられた最大の使命だと自覚してほしい。そうすることで、組織内の事柄が何でもうまく運ぶようになるのである。

4-2
第四の波 ― 市場の信頼　評判の原則

人の財産は結局、自らの評判だけである。

——オプラ・ウィンフリー

「市場の信頼」とはブランドや評判のことである。製品やサービスを購入しようか、お金や時間を投資しようという気持ち、そうした行為を他者に薦めたいと思う気持ちを抱かせるものだ。前で述べた信頼、スピード、コストの関係が人々に見えやすいのは、このレベルである。

「ブランド」とは要するに、顧客に対する信頼、市場に対する信頼であり、もっと大胆に「貨幣化された信頼」と言うこともできるだろう。大概の人は、測定までは無理としても、直感的にこのことを理解する。その結果、企業は信頼されるブランドの構築にありとあらゆる資金を注ぎ込む。ブランドを構築する会社の中には、ブランドの経済的価値を定量化するための計算式を持っているところもある。広告代理店のゴリンハリスは、自らのブランド構築作業はまさしく「信頼を世界的に築くこと」と説明している。

信頼は、会社の評判とその直接的結果である株主価値の創出に欠かせない要素である。

――ロバート・エッカート（マテル社ＣＥＯ）

ブランド、信頼、スピード、コストの間の直接的関係は、あらゆるレベルで現われる。私が以前、セールス&マーケティング・エグゼクティブ・インターナショナル会議でプレゼンテーションを行なったときのことだ。百年の歴史がある、数十億ドルの会社の経営者が私のところにやって来て、こう言った。「我々は信用力のあるブランドを持っており、それが莫大な配当をもたらしてくれます。我が社のサービス更新率は何と九〇%にも達しているのです。この事実が我が社のブランドの価値を最もよく表わしていると言えるでしょう。我々はこの信頼関係を維持するために絶えず努力を重ねています。何と言っても、それが我々の最も大切な財産ですから。多くの企業が我々のブランドとの提携を望んでいます。でも、顧客との間に築かれている信頼関係を壊してしまっては困りますので、パートナーの選定はとても厳格に行なっています」

ブランドに忠実な「ブランドを信頼している」顧客は、注意深くその会社のメッセージに耳を傾け、情報に目を通し、新しい製品やサービスに対しても積極的に受け入れてくれるものである。

——チャールズ・ジョルダーノ（ベル・カナダ・インターナショナル）

◈「ブランド」はどのレベルでも重要である

製品やサービスを販売する企業にとってブランドが重要であることは言うまでもない。だが、ブランドは企業だけでなく、政府、学区、慈善団体、病院、市や州など、あらゆる組織体にとって重要である。例えば家族が引っ越すとき、家を探す区域を決める前に、どこの学校が最も評判が良いか、地域の学校をいろいろ調べるだろう。これは、学校に割り当てられる予算額、校舎が新築か改修かといった違い、管財人や教師を引き付け、採用する能力に莫大な影響を及ぼす。

市にも評判がある。それは旅行の人気スポットや住みたい町などとして公表されているランキングに反映されるほか、税額や観光収入、誘致企業、住宅価格の上昇率などにも表われる。地方自治体、州政府、国家政府も評判と無縁ではなく、それがビジネス取引や企業誘致に影響する。ミクロレベルで言えば、組織内の個々のチームや部署の評判が資源配分や予算計画などに大きく関わってくる。マネージャーは、担当業務の重要性からして自分の部署にもっと予算をつけてくれてもいいのでは、という思いで予算要求をするが、もっと成果を上げ評判の良い他の部署に奪われたりすることは珍しくない。また、ある部署の評判が良いために、他の部署に属する人間の対応の仕方が変わってくることもある。

私の体験談を紹介しよう。私の管理していた部署が、資材の生産や製品の出荷を他の部署に頼らなければならないことがあった。ところが、その部署の評判は芳しくなかった。在庫管理方式に問題があり、仕事ぶりも良くなかったからだ。我々の部署は、顧客にしっかり対応しないと逃げられることが分かっていたので、楽ではあるが代償の大きな方法を捨てて自力でやることにした。それで、部署内のロッカーに資材を備蓄した。スケジュールどおりに作業が運ぶよう、流通や出荷のプロセスも自ら構築した。結果的に重複するシステムが生まれたわけである。本来なら他の部署で行なうべき作業に時間と労力を費やしたことで、組織全体が税金を支払わされることとなった。

ミクロレベルでは、個人にもブランド、あるいは評判というものがあり、その評判が信頼、スピード、そしてコストに影響する。これは職に応募する際、履歴書や推薦の言葉に表われる。また、職場や社交の場における人との交わり方もそれで変わってくる。さらに誰と交際するか、子供が親の話をどれほど真剣に聞くか、何かの状況でどれくらい影響力を持ち得るかといったことにも関係する。

ブランドや評判はまた、疑わしい点があっても好意的に解釈されるかどうかという点にも影響する。「信頼性の四つの核」の章で紹介したウォーレン・バフェットの話を思い出していただきたい。彼はこの個人ブランドが非常に強力だったために、ＡＩＧ社によるジェネラル・リー社との保険取引に対する政府調査において、最初から疑惑がありながら好意的に解釈されたのだった。ゼロックス社のアン・マルケイヒー会長兼ＣＥＯはバフェットをこう評している。「私は彼を尊敬しており、彼の誠実さは比類なきものと信じている。自分の行なう決定、人との関わり合い、提供する助言すべてに自らの価値観が貫かれている男である」こうした評判は莫大な配当をもたらすのである。

私は以前、個人のブランドの重要性を痛感したことがある。大きな取引機会に関する機密性の高い財務データを評価し、報告書を作成する必要があった。当時の財務担当者は明らかに有能だったが、口が軽いと噂されていた。それで、私は彼を完全に飛ばして、私が信頼する人物のところに行ったのである。

子供でも評判は大切である。もしあなたが子供を持つ親であれば、責任感が強いという評判のある子供には対応が甘くなりがちだろう。ある子供には二つ返事で「いいとも！」と承諾するのに、別の子供にはこんなことを言うかもしれない。「宿題はやったの？　ピアノのお稽古は終わったの？　帰りは何時になるのかしら？　誰に電話すれば確認できる？」

あなたのブランド、あなたの評判はあらゆるレベルで、すべての関係において違いをもたらす。その違いは定量化できるものであり、信頼、スピード、コストに直接関係するのである。

◇裏付けとなるデータ

「市場の信頼」に関して説得力のある証拠をいくつか紹介する。その際、再びあなたの想定した実行可能な「組織」（会社、学区、政府機関、大きな組織の中のチームや部署、家族）の視点に立って見るようにしてほしい。また、「市場の信頼」は外部の利害関係者に対するものであることを確認しておく。具体的には顧客だけでなく、仕入先、流通業者、投資家なども含まれるが、ここでは簡単にするためにすべてを総称して「顧客」と呼ぶとしよう。この後、評判と信頼の間に存在する直接的関係に注意しながら読んで行っていただきたい。

フォーチュン誌が毎年発表する、「世界で最も賞賛される企業」は、同誌に言わせれば「企業の評判に関する明確な通知表」であり、評判と尊敬の間に明白な相関関係を導き出す。

ヘイ・グループが行なった調査では、二三カ国のエグゼクティブ、取締役、証券アナリスト八、六四五名が三〇業種三五一社を評価した。社会的責任（誠実さ）、人材管理（意図）、イノベーション（力量）、財政の健全性および長期的投資（結果）など、評判を構成する九種類の特性、「リーダーシップ分野」に照らして世界的規模で企業を測定した。その結果、「世界で最も賞賛される企業」に選ばれたのはゼネラル・エレクトリック社で、同社にとっては八年間で六度目の栄誉だった。第二位は主に業績で得点を稼いだトヨタで、米国以外の企業としては史上最高のランクだった。トヨタの利益額は何と、リストに名前の挙がった自動車メーカー十二社の合計額を上回った。

こうしたことがなぜ重要なのだろうか。「評判」は「ブランド」と同義であり、「ブランド」は「市場の信頼」と同義だからである。そして、信頼は人々の行動に影響を与えるのだ。ゴリンハリス社の二〇〇三年の調査では、次のような結果が出ている。

- ある企業と取引を開始したり取引量を増やしたりするのは、その会社を信頼しているためだとする回答が三九％を占める。
- 取引を停止または縮小したり、競合他社に乗り換えたりするのは、その会社の信頼性に懸念が生じたためだとする回答が五三％を占めた。
- 信頼している会社については疑念が生じても好意的に解釈し、企業行動について見解を求める前に会社側の説明に耳を傾けたいとする回答が八三％を占めた。

さらに、二〇〇六年エデルマン・信頼バロメータ（信頼度調査）は次のように指摘している。「信頼はボーナス以上のものである。構築し、維持し、さらに高めなければならない有形資産である。信頼が企業に利益をもたらすように、不信または信頼の失墜は損失をもたらす。調査対象国のオピニオン・リーダーの少なくとも六四％が、信頼していない会社の製品やサービスは購入しなかったと回答している」また、そうした会社については大部分の人が批判（悪い口コミ）を他者に伝え、取引や投資を拒んでおり、約半数がそうした会社で働くことを拒否している。

「我々の財産は人材、資本、そして評判である」が我が社の経営理念である。その中で、失ったものを取り戻すのが最も困難なのは評判である。

――ハンク・ポールソン（ゴールドマン・サックス社会長兼CEO）

◈国に起因する税金と業界に起因する税金

今日のグローバル市場で一つの興味深い点は、多くのブランドがその原産国に対する人々の認識と信頼に基づいて税金を支払わされるか、配当を受け取っていることだ。例えば、ある企業の本拠地が中国なのか、それともフランス、インド、米国なのかによって、その会社の行動を信頼できるかどうかという人々の認識が変わることがよくある。そうした認識は、個々の国の歴史、文化、政府の目下の政策などを要因として形作られる。しかし、理由はともかくとして、このように国に起因する税金や配当が存在することは間違いない事実である。

今日のグローバル市場では、この税金が米国のブランドに激しく襲いかかっている。米国とアジアで配当を得ている米国ブランドが、ヨーロッパのいくつかの地域やその他の市場でひどく税金を支払わされているのだ。エデルマン・信頼バロメータは、こうした信頼税や信頼配当をテーマに一一カ国のオピニオン・リーダー七五〇名を対象に調査を実施した。その結果をもとに、米国ブランドはカナダ、英国、フランス、ドイツで際立って値引きまたは税金を課されているが、アジアではそれがなく、日本では逆に配当を得ていると指摘する。米国ブランドをさらに細かく見てみると、UPS社の信頼度は米国で八四%、ヨーロッパで五三%だった。またプロクター・アンド・ギャンブル社は米国で七〇%、ヨーロッパで四四%、コカコーラ社は米国で六五%、ヨーロッパで四一%、マクドナルド社は米国で五一%、ヨーロッパで三〇%だった。

しかし、このような国に起因する税金は通常、報復を受けることはない。英国やドイツを拠点とする企業がどこかで多額の税金を課されたことはなく、フランスを拠点とする企業も同様である（米国では例外）。興味深いことに、全体的に見て税金を最も支払わされているのは中国に本拠を置く企業で、値引きは至る所で相当な規模だった。

エデルマン・信頼バロメータはまた、私の言う「業界税／配当」の存在を裏付けている。つまり、一企業の信頼性に対する認識がその業界によって左右されるということだ。例えばエネルギーやメディアなどの業種は、大概の国で税金を支払わされている。それに対して、小売業やテクノロジー部門は配当を得ている場合が多い。税金を支払わされている業種で活動する企業にとっては、業界の評判を上回るペースで自身の評判を築く必要がある。その好例がジョンソン・エンド・ジョンソンで、製薬産業は米国で重税を課されているのだ。

◇評判の構築、破壊における信頼がもたらすスピード

新たなグローバル市場のもう一つの興味深い側面は、ハリス・インタラクティブ社が実施し、ウォール・ストリート・ジャーナル誌で発表された評判指数（ＲＱ）二〇〇五年の調査に表われている。この調査では、米国で最も著名な企業六〇社がその評判に基づいて評価された。二〇〇五年の第一位は、七年連続のジョンソン・エンド・ジョンソンだった。この会社は信頼の実績を長年にわたって確立しており、創業は一二〇年前に遡る。

だが、私が最も興味を感じるのは、第三位にグーグル社がランクされていることだ。この会社は設立からまだ七年しか経っていない。特に今日のグローバル化したハイテク経済においては、短期間での信頼構築も可能であることを示す確かな証拠と言えるだろう。

イーベイの創業者ピエール・オミダイアは、イーベイを通じて得た最も重要な教訓は何かという問いにこう答えた。「一億三、五〇〇万の人々が赤の他人を信頼できることを知ったという、注目に値する事実です。それは信じ難い効果を生んでいます。人々は、自分で思っている以上に多くのものを共有しているのです」

ハリス・インタラクティブ社の評判指数に戻るが、最下位はどこだとお思いだろうか。ワールドコム（現ＭＣＩ）が五九位、エンロンが六〇位だった。信頼は短期間でも構築されるが、失うのはさらに速いことの何よりの証拠だろう。ウォーレン・バフェットの言葉を思い出していただきたい。「評判を確

立するには二〇年かかるが、評判を壊すのは五分もかからない」のだ。先ほど述べたように、最近のグローバル経済の下では、評判を築くのに必ずしも二〇年は要しない。だが、バフェットの主張の後半部分は当たっている。評判を壊すのはほとんど一瞬で可能なのだ。

> 優れた企業は信頼資産を蓄積しておき、苦境に陥ったときそれを引っ張り出してきてブランドを守ることができる。「信頼銀行」にこうした預け入れをしておかないと、信頼を少しでも裏切ることをしたとき、会社に壊滅的打撃を与えることになりかねない。頼るべき行動を強化してくれる信頼の実績がないからだ。
>
> ――エレン・ライアン・マーディクス（ゴリンハリス社ＣＭＯ）

◈ブランドはどうしたら構築できるか

では、ブランドはどうしたら構築できるだろうか。また、ブランドを壊さないようにするにはどうすべきか。あなたの組織が何であれ、「信頼性の四つの核」を強化し、利害関係者に対して「信頼されるリーダーの一三の行動」を実践すれば、あなたの組織のブランド価値が目に見えて増えると私は断言する。この「核」と「行動」は市場で信頼を築く鍵となるのだ。

今度はあなたの「組織」の視点を通して「市場の信頼」を眺めてほしい。「顧客」の視点に立って考えるのだ。そのためには、次の点を自問する必要がある。

- 自分のブランドは「誠実」と言えるか。我々には誠実という評判があるか。我々には社員が信じ、信頼できる価値観があるか。我々は厄介な問題にも勇気を持って迅速に取り組み、間違いを正直に認め、是正するという評判を市場で築いているか。
- 自分のブランドは良い「意図」を実践しているか。我々は利益第一主義としか思われていないか、それとも真に心遣いを実行し、他者の成功に貢献しようとしていると見られているか。
- 自分のブランドは「力量」を発揮しているか。人々は我が社の名前から、品質、優秀性、継続的改善、グローバル経済時代において適合性を維持するための変革能力を連想するだろうか。我々は信頼を築きながら目的を達成する能力があると見られているか。
- 自分のブランドは「結果」を伴っているか。我々は約束を実現するという印象を人々に与えているか。我が社の名前から優れた実績が連想されるか。ベイン社のコンサルタント、フレッド・ライクヘルドの言う究極の質問、「あなたはこの商品やサービスを友人に勧めるか?」に人々は「イエス」と答えるだろうか。

あなたのブランドや評判が思いどおりのものでないなら、「信頼性の四つの核」を診断ツールとして用いることにより、投資が最大のリターンを生む分野と理由が明確になるだろう。問題が人格（誠実さまたは意図）にあるのか、それとも能力（力量または結果）にあるのか見極めがつくと、改善の効果が最も大きい分野に照準を合わせることができるのだ。

> 企業のブランドは、個人で言えば評判にあたる。評判は、困難なことを上手にやろうとすることによって得られる。
>
> ――ジェフ・ベゾス（アマゾン・ドット・コムの創業者・CEO）

あなたの組織のパフォーマンスを「信頼されるリーダーの一三の行動」で分析すると、さらに効果的な努力をすることが可能になる。これらの行動を応用することで人間関係レベルにおいて信頼が形成されるのと同じように、顧客、仕入先、流通業者、投資家、地域社会といった外部利害関係者との関わり合いに応用すると、市場レベルで信頼が築かれるのである。いくつか具体例で見てみよう。

率直に話す：ジョンソン・エンド・ジョンソン社は処方薬に関する消費者向け直接広告キャンペーン、「Direct to Consumer」を開発している。これにより情報を率直に伝え、消費者を教養ある大人として扱っている。ウィリアム・ウェルドンCEOは同業他社にも同様の率直な情報提供を呼びかけ、こう述べた。

> 我々が「DTC［Direct to Consumer］広告」と呼ぶ構想により、医薬品の重要性や効能、危険性

が不用意に軽減される恐れがあることを認識することから始めるべきだと私は考える。患者との我々のコミュニケーションは、ＤＴＣ教育ととらえるべきである。

ジョンソン・エンド・ジョンソンのブランドが評判指数調査で最高の評価を維持している理由の一つは、こうした率直なコミュニケーションにあると言える。

透明性を高める：イーベイのメグ・ホイットマンＣＥＯとそのチームは、彼女の言う、インターネットの完全な開放性における「ダイナミックな自主規制経済」を主導している。ホイットマンは自分の会社の特徴をこう認識する。「我々は特異なパートナーを持っています。それは、何百万という消費者です」ビジネスウィーク・オンライン誌によれば、イーベイは情報の統制や囲い込みを行なうのではなく、市民が「イーベイの世界におけるすべてのトレンド、すべての販売、すべての新しい法規」に完全にアクセスできるようにし、「そのシステムはどこまでも透明である」と指摘する。

まずは耳を傾ける：アイルランドで食料品ストアやショッピングモールの経営を手がけるスーパークイン社は、彼らの言うマルチ・チャネル「リスニング・システム」をもとに、大帝国を築いた。このシステムは、定期的な顧客パネル、顧客アンケート、正式な市場調査、全店舗に設置したサービスデスク、ロイヤリティ・プログラム参加者への直接の電話などで構成されている。スーパークインは顧客の声を聞くことにより、食の安全におけるパイオニアとして革新的な顧客サービスを提供するためのヒントを得る。この組織は、ずっと大規模なライバル企業を尻目に市場を席巻している。

アイルランドの「顧客サービス王」として知られるスーパークインのファーガル・クインCEOは言っている。「本当の意味の聞く能力というのは、数少ない真の形態の競争優位の一つです。人の話に耳を傾けることは、どんな立場の人間であれ、他者には任せられない行為なのです」

ジョンソン・エンド・ジョンソン、イーベイ、スーパークインなどの企業の経験は、市場の信頼を高め、それから生じる豊富な配当を受け取る上で「信頼されるリーダーの一三の行動」がいかに効果的かを如実に示している。


顧客の信頼ほど重要なものは他にない。

——ラム・チャラン

◈歩く税金か、それとも歩く配当か

既に述べたように、大概の人はこの第四の波、「市場の信頼」まで来れば、信頼や評判と収益の間の関係にもうお気づきのことと思う。それは、ブランドの価値というものを理解できるからである。

だがその一方で、「市場の信頼」のレベルで信頼の厚い企業に配当をもたらす原則が、「自分自身の信頼」、「人間関係の信頼」、「組織の信頼」のレベルでも同様に機能することをはっきり理解している人は少ない。

従って、会社、学校、非営利組織、家族、あるいは我々が代表するその他の組織に関する信頼の問題に取り組む前に、まず自問すべきである。「自分の評判はどうなのか?」、「自分のブランドは何か?」、「自分は『歩く税金』か、それとも『歩く配当』か?」と。

誠実な社員とは、会社の評判を築く者である。

——ロベルト・ゴイズエタ（元コカコーラ社CEO）

忘れないでほしい。まず自分自身の中に信頼性を築いてはじめて、組織内や市場においても信頼の構築が可能になるということを。

4-3 第五の波 — 社会の信頼

貢献の原則

近道をしたいと思う経営者は、優れた政府は武器、食糧、そして信頼を必要とすると言った孔子

の教えを肝に銘じなければならない。支配者がこれら三つをすべて維持できないときは、まずは武器、次に食糧を断念すべきである。信頼は最後まで守り続けなければならない。「信頼がないことに人は耐えられない」からだ。

――フィナンシャル・タイムズ紙社説

一九九二年四月下旬、ロドニー・キング事件の裁判結果が暴動に火をつけ、カリフォルニア州ロサンゼルス市街全域で放火や略奪が発生した。破壊活動は広範囲に及び、経済的損失は数十億ドルにも達した。

ところが驚いたことに、破壊されたエリア内にあったマクドナルド店はどこも被害を受けなかった。黒く焼け落ちた残骸の中で無傷のまま残ったその姿は、まるで標識のようだった。

これは大きな疑問だった。周囲の建物は破壊され尽くしたというのに、どうしてマクドナルドだけ被害を免れたのか。地元住民の反応には共通するものがあった。

「マクドナルドは地域のことを考えてくれている。識字教育運動やスポーツ活動を支援してくれる。マクドナルドの店へ行けばいつでも職をもらえることを若者たちは知っている。我々にとても良くしてくれるところを誰が壊そうと思うだろうか」

マクドナルドの社会的責任感が社会の信頼を生み出し、その信頼が明らかに目に見える著しい結果をもたらしたのである。

人間同士の平和的な協力はいずれも、主として相互信頼の上に成り立つものであり、裁判所や警察といった機関は二次的な存在にすぎない。

――アルバート・アインシュタイン

◇魚は水の存在に気づかない

「魚は水の存在に気づかない」というフランスの諺を聞いたことがあるだろうか。聞いたことのある方でも、その意味まで考えたことはないかもしれない。

魚にとっては、水はただ存在するだけである。水は魚の環境であり、魚は水に囲まれている。魚は水と一体化しているので、水が汚染されたり、なくなったりするまではその存在に気づかないのだ。すると、この直接的かつ劇的な結果から直ちに言えることは、魚が生きて行くためには高品質な水が絶対的に不可欠ということだ。水がなかったら、魚は死んでしまうのである。

それと同じで、私たち人間は信頼というものになかなか気づかない。信頼は我々の社会に必要不可欠なものである。我々はそれに依存し、それを当然のものと考えている。それが汚されたり、壊されたりするまでは。そのとき私たちは、魚にとって水が欠かせないように、自分たちの幸福に信頼が不可欠であるという厳然たる事実に気づくのだ。信頼がなければ社会は閉ざされ、最終的に自滅するだろう。

> 人間が互いに信頼できなくなると、その瞬間に交流は途絶え、それに比例して不健全となる。
>
> ——ヘンリー・ウォード・ビーカー（一九世紀の米国の作家）

信頼はこのように広く存在するが故に、本書の冒頭でも述べたように、「一つのものがすべてを変える」と言い得るのである。

ちょっとした例を見てみよう。私たちは車を運転しているとき、道路を走っている他のドライバーたちに運転能力があり、規則を守り、自分を傷つけようという気はないものと信じている。だが、もし運転するたびに、車に爆弾が仕掛けられていないかとか、他の車が路上で爆発したり、意図的に自分の車にぶつかって来たりしないかと心配しなければならない社会に住んでいたとしたらどうだろう。

信頼のない世界など、想像することさえ困難である。トーマス・フリードマンが著書、『フラット化する世界』で主張しているように、フラット化した、あるいはオープンな世界に信頼は欠かせないのだ。

そして、テロリストたちの主なねらいは、その信頼を壊すことにある。私たちが日常的行為を安心してできなくしようとするのだ。フラットでオープンなグローバル経済は、率直に話す、透明性を高める、間違いを正す、アカウンタビリティを果たす、コミットメントし続ける、他者を信頼するといった行動で繁栄する。それに対して閉鎖的なテロリズムの社会は、ごまかし、隠された思惑、誤りを正当化すること、約束を無視すること、責任転嫁、本当の身内以外は信頼しないといった偽の行動や逆の行動で繁栄する。そうは言っても、信頼というのは壊れやすく、その人の気まぐれに左右される。

開放性の脅威を撃退すべく、テロリストたちは開かれた社会をオープンに、革新的に、そしてフラットに保つもの、すなわち信頼を攻撃する手法をまったく意図的に採用している。

――トーマス・フリードマン（『フラット化する世界』の著者）

閉鎖的な低信頼社会において課される税金について少し考えてみよう。さらに、共有された知識、医学の飛躍的進歩、技術革新、経済的パートナーシップ、文化交流など、閉鎖的な社会では得られない配当についても考えてほしい。

高信頼社会では、全員にとってより多くのものが存在する。私たちはより多くの選択肢や機会を持っている。摩擦を受けることが少なく、その結果、スピードは高まり、コストは低下する。だからこそ、高信頼社会を築く私たちの機会が非常に意味を持つのだ。スピードやコストのみならず、この惑星の住人すべての生活の質にこれほどまでに影響を及ぼすことは他にないのである。

◇貢献の原則

社会の信頼の最も重要な原則は貢献だ。貢献とは、価値を破壊するのではなく創出しようとすることであり、ただ受け取るのではなく恩に報いようとすることである。貢献と、それが生む大義が健全な社会にとっていかに大切か、人々はますます気づきつつある。

自らの影響範囲において成果を生み出そうとしている個人から、株主だけに限らず利害関係者すべてに奉仕する責任を担う企業、さらには社会的大義の実現を主な目的とする起業家的組織に至るまで、起きていることすべてを考えてみてほしい。

例えばマイクロソフトの指導者、ビル・ゲイツとその妻メリンダ、そしてロックバンドＵ２のリードボーカルのボノは、タイム誌の二〇〇五年「今年の人」に選ばれた。その選出理由は、彼らの才能、専門的スキル、イノベーション、生産性、莫大な資産ではない。世界中の貧困や不運にあえぐ人々の医療、教育、そして福祉に莫大な時間と労力を注いだことだった。ゲイツ家の人々はこの目的のためにゲイツ財団を創設し、ビル・ゲイツは二〇〇六年六月、マイクロソフトでの日常業務から財団の仕事に活動の軸足を移すという「優先順位の変更」を宣言した。それから二週間と経たない頃、ウォーレン・バフェットが三七〇億ドル（彼の純資産の八四％）を慈善事業に寄付すると発表した。その内の三〇七億ドルはゲイツ財団に行くことになっていた。

オプラ・ウィンフリーは一九九八年、「エンジェル・ネットワーク」を立ち上げ、十分なサービスを受けられない人たちが能力を発揮できるよう、機会の提供を人々に呼びかけた。この組織はそれ以降、世界一一カ国の僻地における学校建設、南アフリカ・クリスマス慈善活動としての五千万ドル募金、ハリケーン・カトリーナ被害者救援を目的とした一千万ドル募金、「紛争終結地域における女性の生産性向上および尊厳の回復のための支援団体」など、数々の人道計画を支援している。

私が特に感銘を受けた偉大な社会貢献者を挙げるとしたら、ジオデシックドームを発明した建築家、バックミンスター・フラーだ。彼に師事したマーシャル・サーバーから聞いたところによれば、フラーは印税の小切手（その中の一枚は一二〇万ドルだった）を受け取ると、会社の支払いを引いた残りの金額をそっくり寄付したという。サーバーによれば、フラーはよく残高がゼロになるまで小切手を切っていたという。「世の中の人々のために時間と労力を費やしていれば、いざという時に必ず支えてもらえるものである」とフラーは言っていた。

以上は著名人たちの例だったが、社会組織を通じて地域社会に多大な貢献をしている人々は世界に大勢いる。開発途上国の子供や成人の障害者に手術をするため、何千という医師や看護婦が活動している。インド洋津波、ハリケーン・カトリーナ、地震、土砂崩れ、その他世界で最近起きた災害犠牲者の救援に協力している人も多い。また地域社会でも、ホームレスの人たち、夫婦間や子供の虐待被害者の支援を含め、識字能力、医療、教育、社会福祉などの活動に人々が自発的に参加している。

こうした活動が行なわれなかったとしたら、私たちの社会は大きく衰退するに違いない。このような貢献が社会の信頼にどれほどの効果をもたらしているか、考えてみてほしい。

この章の目的は、非現実的、空想的、あるいは政治的な世界観を示すことではない。社会のレベルにおける貢献と責任の原則から生じる実際的利益と信頼がテーマである。

◈ビジネスにおける貢献の原則

今日、貢献する意義を認識する企業や個人が増えつつある。多くの企業が、定期的に社会に貢献するシステムを採用している。その一例が俳優ポール・ニューマンによって設立された食品会社、ニューマンズ・オウンで、その製品が生み出す二億ドルを超える収益全額が慈善事業に寄付される。ビジネス・エシックス誌は毎年、すべての利害関係者に優れたサービスと誠実さで奉仕する企業を「企業市民ベスト一〇〇」として発表している。二〇〇六年、インテル、ウェルズ・ファーゴ、テキサス・インスツルメンツ、ゼネラル・ミルズといった大企業はすべて上位二〇社に名を連ねた。また、ファースト・カンパニー誌とモニター・グループは「ソーシャル・キャピタリスト賞」を創設した。この賞は、社会的責任を果たしている企業二五社に毎年贈られている。そうした企業の一つであるパス社は、会社、政府、その他の非営利組織と提携して、これまで届けられなかった地域社会に医学の最新技術を提供している。

重要な貢献の中には今なお、収益を得てから有意義な目的にお金を寄付するという工業産業時代の慈善の概念で行なわれているものも多い。しかし、今日の傾向は、グローバル・シチズンシップという、より包括的な知識労働者の時代のパラダイム（社会意識、コーポレート・シチズンシップ、あるいはごく最近では企業の社会的責任（ＣＳＲ）とも呼ばれる）へと向かいつつある。この手法は従来の慈善活動を含みつつ、ビジネス組織の中に社会的、倫理的視点を取り込んだものだ。慈善活動というものをビジネスの「おまけ」としてではなく、ビジネスそのものの一部と考えるのである。

> 企業の間にはこれまで、市民意識を慈善活動と混同する嫌いがあった。この二つは同じものではない。エンロンは慈善活動を盛んに行なっていたが、優れた企業市民でなかったことは明らかだ。グローバル・シチズンシップの核心は、倫理と行為にある。それは、企業が社会における自らの役割をどう考えるかということから始まる。企業の存在価値は、果たして金儲けだけにあるのだろうか。
>
> ――デボラ・ダン（ヒューレット・パッカード上級副社長）

こうしたグローバル・シチズンシップへの動きを示唆する兆候は数多くある。その一例は、バングラデシュのグラミン銀行の創設者であるムハマド・ユヌスによって強力に推進されたマイクロ・ファイナンスの登場だ。この銀行は、貧困にあえぐ人たち（その九六％は女性である）が身を立て、スキルを身につけて市場に参加できるよう、通常五〇～二〇〇ドルの小額融資を行なう目的で設立された。ユヌスがこの事業を始めたのは一九七〇年代のことだった。その後、彼をはじめとする人々の努力が実り、国連は二〇〇五年を「国際マイクロ・クレジット年」として宣言した。イーベイの創業者、ピエール・オミダイアによれば、イーベイは赤の他人でも信頼できることを何億という人々に気づかせることによって社会に影響を与えたが、それと同じ種類の影響をマイクロ・ファイナンスは持ち得るという。

マイクロ・ファイナンスの動きは今、マイクロ・フランチャイジングへと広がりつつある。人々が発展性のあるビジネスを創出し、自らの努力によって人材を雇用し、重要な収益を得られるよう、社会的責任を意識した起業家たちが教育や融資を提供し始めている。

◇「慎慮《しんりょ》の徳」と「意識の高い資本主義」

私たちは、出現しつつあるこうした素晴らしい努力に大いに拍手を送る一方で、企業の社会的責任という概念は最近生まれたものではないことを理解する必要がある。『道徳感情論』や『国富論』などの著書で知られる自由主義経済の祖、アダム・スミスが既に説いているのだ。「慎慮の徳」が経済繁栄の基礎であり、必要不可欠な数の人たちが慎慮の徳の中で各人の最大利益のために競争すれば、見えざる手が万人に繁栄と富をもたらすように社会を導くというのである。

ところが、二〇世紀末に「慎慮の徳」の部分がどういうわけか置き去りにされ、「市場で競争すれば、見えざる手が富の創造を導く」と、そのメッセージは致命的なまでに希薄になってしまった。この希薄さは「信頼性の四つの核」と「信頼されるリーダーの一三の行動」に真っ向から背くものであり、貪欲、物質主義、不正行為、歪曲、二枚舌、低信頼税の大幅増を生み出した。

歪曲と不正行為は自由市場の資本主義を、さらに広くは我々の社会基盤を破壊するものである。今日の市場システムは同僚たちの言う信頼と取引相手の言う信頼なくして成立し得ない。

――アラン・グリーンスパン（前米国連邦準備制度理事会議長）

本書の最初の章で述べたように、低い信頼が今日蔓延しているのはそのためである。だが、その一方で、興味深いパラドックスが見られる。このように低い信頼がはびこる中、その反動として事実上の信頼の復活がグローバル規模で起きつつあるのだ。低い信頼のコストに対する人々の意識が強まり、信頼を確立し回復する努力が行われつつある。要するに、「魚は水の存在に気づかない」症候群にかかっているのだ。信頼を失いかけてようやく、私たちは自らの生存に信頼がいかに重要か気づき始めたのである。

一部では、基本的な物質主義のパラダイムを、より持続可能な貢献のパラダイムと入れ替える努力もなされている。例えばアクトン研究所は、ビジネスのメディア表象は資金漁りにすぎず社会的に無責任だとし、企業のリーダーと宗教界の指導者が社会を建設するような方法で価値観やリソースを統合するのを支援することによって、両者の間に存在する不信の溝に橋をかけようとしている。また、フェッツァー・ヴィンヤーズ社のポール・ドーランCEOは、すべての企業に「トリプル・ボトムライン」を重視するよう呼びかけている。これは、企業の成功を測定する際、財務面だけでなく社会や環境への影響も勘案しようという考え方である

◈企業活動の前提条件としてのグローバル・シチズンシップ

フォーブス誌のジェームズ・スロウィッキーはこう述べている。

> 資本主義の発展は、信頼や透明性を拡大し、自己利益の追求を抑制する方向へと進んできたが、この変化が生産性の向上と経済成長を伴っていることは偶然の一致ではない。この変化が起きたのは言うまでもなく、資本家が生来善人であるが故ではない。むしろ信頼、すなわち信頼すること、そして信頼されるに値することの恩恵が潜在的に莫大であること、そして成功している市場システムが人々にそうした恩恵を認識するよう教えることによるものである。

パトリシア・アバディーンは著書、『メガトレンド二〇一〇』の中で、「意識の高い資本主義」の台頭と、それと最終損益の間の直接的関係に触れている。そして、一九八四年から一九九九年の期間に「利害関係者スーパースター」（投資家、顧客、社員、仕入先、地域社会など、株主だけに限らないあらゆる利害関係者との関係において優れている企業）は、スタンダード・アンド・プアーズ総合五〇〇種株価指数を一二六％上回ったことを指摘している。アバディーンが著書の中で触れている七つの大きなトレンドのうちの六つが、個人的にも組織としても、第五の波、「社会の信頼」に固有の貢献、価値、意味、目的、責任の原則と関係があるのは興味深いことである。

デュポール大学が二〇〇二年に実施した調査によると、ビジネス・エシックス誌の「企業市民ベスト一〇〇」の全体的財務実績もスタンダード・アンド・プアーズ総合五〇〇種株価指数より大幅にまさっていた。財務実績は今や、コーポレート・シチズンシップの基準の一つになっているほどである。この事実は、社会のレベルにおいてリーダーシップがすべての利害関係者に「信頼を抱かせながら結果を出しつつある」ことを如実に物語っている。

人々は企業に求められる責任というものを、他のあらゆることに加えて果たさなければならない新しいことであるかのように言う。しかし、ビジネスの本質がそもそも責任でなければならない。「我々が利益を得るために会社を経営するのではない。会社を経営するために我々は利益を得るのだ」が私の信条である。企業が社会に適合しようと思えば、存在意義と目的がなければならない。そうでないとしたら、企業は何のためにあるのか。

――木内孝（元三菱電機常務取締役）

英国のマーサー・インベストメント・コンサルティング・グループによれば、組織の中には、社会的に無責任というレッテルを貼られ、税金を支払わされる事態を避けたいという思いでグローバル・シチズンシップに参加するところもあるという。スターバックス（「企業市民ベスト一〇〇」の一社）のオーリン・スミス社長兼CEOは、こう述べている。「社会的責任を果たしている企業だからという理由で、そこの製品を買う顧客はほんの一握りです。でも、そういう人たちから無責任だと少しでも思われたら、その会社はずっと多くの人たちからそっぽを向かれることになるでしょう」

> 顧客は何百という企業の製品に何らかの印象を抱くが、ある会社が良き市民だと思えば、そのブランドに対してより良いイメージを持つ。
>
> ――シェリー・ラザラス（オグルヴィ・アンド・メイザー社会長兼ＣＥＯ）

このように、グローバル・シチズンシップへの関心の発端は苦痛に対する恐怖心かもしれないが、個人であれ組織であれ、貢献によってもたらされる配当と豊かさがやがて主な動機になっていくと私は確信する。

私はまた、グローバル・シチズンシップは最終的に絶好のビジネスとして求められるようになるだろうと思っている。いずれ参入の対価になるのではないだろうか。今日でも、「誠実さ」と「意図」、さらに「力量」と「結果」を実践している企業に対して、その製品の購入という形で支持を表明する消費者が増えつつある。こうした傾向が企業活動の前提条件となる日がきっと来るだろう。

コヴィー・リーダーシップ・センター設立後間もなく、我々は「普遍的ミッション・ステートメント」を開発した。個人も組織もすべて社会の一員であり、あらゆる個人および組織に当てはまるものという意味を込めてこう名づけたのだ。その文章はとても短いものだ。「すべての利害関係者の経済的豊かさと生活の質を高めること」

この普遍的ミッション・ステートメントは、グローバル・シチズンシップ（およびバランスト・スコアカード）を説明する初期の試みであったと私は考えたい。その根拠は少なくとも二つある。一つは株主に限らない利害関係者すべての重要性を認識している点であり、もう一つは金銭的利益だけでなく生活の質も重視している点である。このミッション・ステートメントを定着させる上で、信頼は常に世界通貨、そして究極の触媒の役割を果たしてきたのだ。

◈個人として選択すべきグローバル・シチズンシップ

組織のグローバル・シチズンシップの中核には、個人としてのグローバル・シチズンシップが存在する。それは、あなたや私が他者の幸福を高く評価し、それに投資することを意識的に決断することだ。そして、その決断を生活のあらゆる面で実行することである。

ガンジーはこう言っている。「人は悪事を働く顔と善行を施す顔を使い分けることはできない。人格は唯一不可分なものだからである」だから、私の会社では社員に対して、「お金を払ってくれる」顧客には素晴らしいサービスを提供したり、会社のお金の一部を慈善事業に寄付したりしても、その裏で「お金を払わない」貧しい隣人を無視するようなことをしてはならないと言っている。これでは自分たちの人格を切り刻むことになる。そして社員や家族はともに、会社の貢献は見せ掛けにすぎず、用済みになったら隣人同様お払い箱にされるのでは、という危惧を抱くだろう。さらに、会社の行動に一貫性がなく、状況によって変わるようでは偽善ととられ、莫大な税金を課されることになるのだ。

従って我々は、自分たちの生活のすべての側面においてグローバル・シチズンシップを育てていくことを心がけている。そして、その手法はインサイド・アウトだ。まずは「信頼性の四つの核」に立ち返り、自分自身から始める。自分は信頼に値する人間か。善行をし、貢献し、恩に報いる「意図」を持っているか。信頼される人間を社会に提供しているか。

次は家族について自問する。自分が家庭内で先頭に立ち、家族が良きグローバル・シチズンになるのを促し、サポートしているか。自分は模範を示しているか。家族内および社会の良き市民であるか。家族および社会においてシチズンシップをサポートするような形で家族の構成やシステムを調和させているか。家族内にシチズンシップを築き、子供たちにグローバル市民としての自覚を植え付けることは、社会の信頼を築く絶好の機会であると私は個人的に確信している。

さらに組織について自問する。自分たちの組織は信頼に値するか。自分たちは誠実さを備え、それを行動で実践しているか。善行をし、貢献し、恩に報いる「意図」を実践しているか。違いをもたらす「力量」を備えているか。株主に限らず利害関係者すべてのために結果を生み出しているか。信頼される組織を社会に提供しているか。自分がリーダーシップを発揮し、組織内の人間が良きグローバル市民となるよう促しているか。組織さらには社会においてシチズンシップが促進されるよう、組織やチームの構成およびシステムを調和させているか。

大企業の成功と社会の幸福がこれほどまでに密接に絡み合った時代はかつてなかった。企業も社会の中で活動するしかないため、グローバルな問題をビジネスの世界と切り離すことはできない。社会が衰退する中で企業だけ成功するということはあり得ないのだ。

――ヨルマ・オリラ（ノキア社会長兼CEO）

さらに「信頼されるリーダーの一三の行動」についても自問する。自分または自分の組織や家族は次の行動を実践しているか。

- 率直に話す
- 他者を尊重する
- 透明性を高める
- 間違いを正す
- 忠誠心を示す
- 結果を出す
- より上を目指す
- 現実を直視する
- 期待を明確にする
- アカウンタビリティを果たす
- まずは耳を傾ける

- コミットメントし続ける
- 他者を信頼する

心理学者カール・ロジャーズは、「最も個人的なものが最も一般的である」と言っている。信頼は第一の波から始まり、やがて人間関係、組織、市場において流れ出して、最終的に社会全体を満たすのが第五の波の信頼であることがお分かりいただけるだろう。

グローバル・シチズンシップはまさに個人が選択するものであり、人格全体の選択となる。そして、自分自身の人格としてそれを選択すると、職場の人間や家族にその影響が及び、いつかその相手にも同様の選択をさせることになる。社会の幸福に貢献する組織や家族を、一緒になって築いていくのである。

国家の揺るぎない真の平和は、武力の均衡よりも相互信頼のみに存する。

——ローマ教皇ヨハネ二十三世

まとめと課題

この章では「利害関係者の信頼」について考えてきたが、最後に重要なポイントを整理しておこう。

一．「信頼性の四つの核」と「信頼されるリーダーの一三の行動」は、組織（家族を含む）、市場、社会など、あらゆる状況で信頼を確立または回復する手段となる。

二．「組織の信頼」を確立する際の主要な原則は「一致」、つまり、組織内の構成やシステムすべてを「核」や「行動」と一致させることである。それにより、内部の利害関係者に対して信頼が築かれる。

三．「市場の信頼」を確立する際の主要な原則は「評判」あるいはブランドである。外部の利害関係者に対して信頼を築き、製品やサービスの購入、投資、他の顧客への推薦を促すためには、「核」と「行動」を実践して信頼性と行動を生み出さなければならない。

四．「社会の信頼」を確立する際の主要な原則は「貢献」である。それは、恩に報いる意図、グローバル市民としてアカウンタビリティを果たす意図を実践することであり、知識労働者が主役を担う今日、これは社会的、経済的前提条件になりつつある。

そうは言っても、あなたの組織、我々の組織、あなたの市場、あなたの社会という状況の中で最前線に立ってこれらの「核」や「行動」に取り組むまでは、それらがスピードやコスト、信頼にもたらす効果は分からないかもしれない（つまり、本書を通じて「核」と「行動」の威力をある程度分かっていただきたいが、「いや、君はまだ何にも分かっていないね」ということになるのかもしれない）。

そこで、私の会社で提供しているセミナーではよくシミュレーション・ゲームをする。テーブルに座った各人に、「信頼性の四つの核」のカードと「信頼されるリーダーの一三の行動」のカードをセットにして配る。そして、起こり得る状況を書いた別のカードを引いてもらう。

例えば、次のようなカードを引いたとしよう。

> あなたはある企業文化に属しています。あなたはその企業の規則に従っているにも関わらず、そうは見られていないようで、それが不信感の種になっています。どう対応しますか。

あなたは最初、「信頼性の四つの核」のカード（「自分自身から始める」カード）の一枚または複数枚を出すことになる。あなたはこう言うかもしれない。「上司に反論するつもりなら、まず私はどの程度信頼されているのでしょうか、と尋ねる必要があります。もし信用されていなければ、上司は私が言うことをあまり真剣に聞いてくれないでしょう。私の意見を建設的な批判とは見ず、泣き言を言っているくらいにしか思わないでしょう。しかし、私が結果を出していれば、目標を達成していれば、上司は耳を傾けてくれるかもしれません」つまり、あなたは「第四の核：結果」のカードを出すことになる。

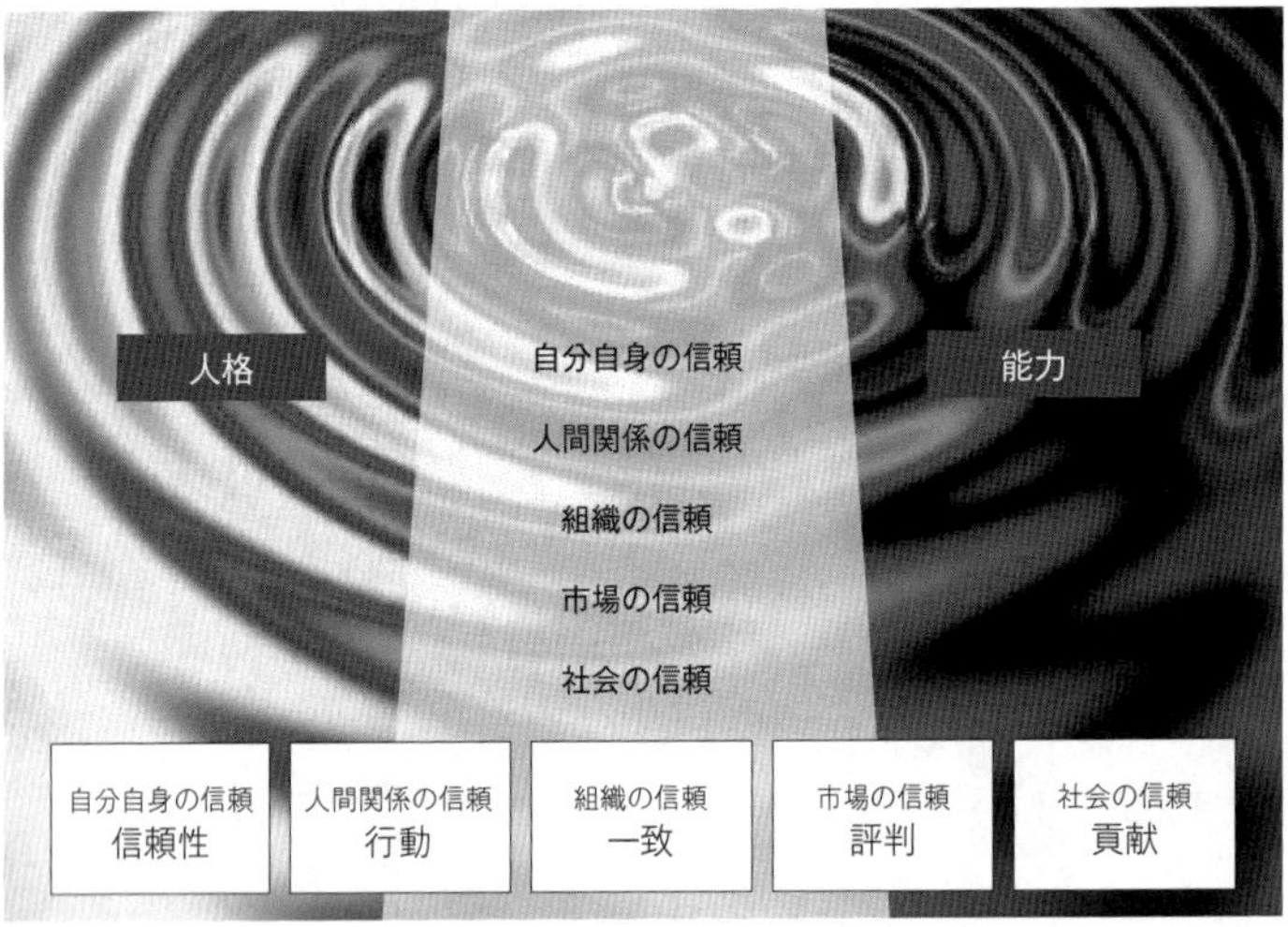

すると、あなたの隣の人は、「現実を直視する」または「率直に話す」といった「行動」のカードを出すかもしれない。あなたが最初に「信頼性の四つの核」のカードを出している場合のみ、「行動」のカードが威力を発揮することがすぐに分かるはずだ。

こうした演習には正解も不正解もない。そのねらいは、与えられた状況の中でなるべく効果的に問題を解決する方法について意識を高め、選択肢を考え出すことにある。この目的に沿ってゲームを進めていくと、その効果は刺激的で示唆に富む討議を引き出せることだけではない。概念上の理解と、実際に前線に立ち結果を伴う意思決定をする経験によって得た理解はまったく別物だということに気づき、ハッとすることだろう。受講者はこのゲームを通じてより深いレベルでコンテンツを学び直し、実生活に応用できるようになるのだ。

そこで、この本を読んでくださっているあなたには、できるだけ早く本書の内容を経験レベルで理解できるようになっていただきたい。それを早速応用する方法を見つけてほしい。さらに、他の人たちにも伝えてもらいたいと思う。あなたはその結果に驚くに違いない。「核」や「行動」に対する理解が深まり、その威力を認識するだけではない。「信頼がもたらすスピード」で行動すると、すべての利害関係者に関して素晴らしい成果がたちまち現われることを知ってびっくりするだろう。

V

信頼を呼び起こす

Inspiring Trust

ここまで読んでこられた方は、「信頼がもたらすスピード」ほど速いものはないことを理解していただけたのではないかと思う。信頼の経済的効果ほど有益なものはない。信頼の広範囲な影響ほど今日求められているものはない。そして信頼の配当は、あなたのあらゆるレベルにおける関係の質を著しく強化する可能性がある。

そうは言いつつも、いざ他者を信頼するとなると、まだ躊躇したり、不安を感じたりする方もいるかもしれない。ひょっとしたら、他者を信頼するなんて無理だというのが本音ではないだろうか。低い信頼しかない環境で育った方、過去に痛い目に遭った方、誰からも厚い信頼を受けたことのない方もいると思う。

この最後の章では、どんな状況にある方でも、「賢い信頼」を与える方法を習得できることを紹介したいと思う。落とし穴にはまらないように信頼を与え、関係者全員が最大の配当を手にできるようにする能力を備えることは可能なのだ。また、失った信頼をどうしたら回復できるか、効果的なリーダーシップや生活にとって必要不可欠な信頼性はどうしたら身につくか、そうした方法を身につけることもできるのである。

信頼に値する人間になり、あらゆるレベルにおける信頼関係の構築方法を知ることももちろんのこと、他者に信頼を適切に与えれば、職場や家庭で高い信頼のある環境を築くのにこの上なく有効である。「他者を信頼する」という行動を「信頼されるリーダーの一三の行動」の最後に挙げたのは、信頼を築く上での影響力の大きさを考慮してのことだ。この章では、そのあたりをもっと詳しく見て行くこととする。

リーダーの最初の仕事は信頼されることだ。マネージャーとリーダーの大きな違いは、それができるかどうかにある。信頼されるということは、企業や関係が真の成功を成し遂げるための基礎を築くことなのである。

5-1

「賢い信頼」を与える

相手かまわず信頼するのは、誰も信頼しないのと同様に過ちである。

――ラテン語の格言

あなたはかつて誰かを信頼しなかったために、私生活ないしは仕事上で大きなチャンスを逃した経験はあるだろうか。その後、どんな気分になっただろうか。

結局、信頼される上で重要なことは何かと言えば、どんなときに人を信頼すればよいのか、過大なリスクなしに豊かな高信頼配当を得つつ他者を信頼するにはどうしたらよいか、という点である。

信頼の提供については、両極端が存在するように思われる。一方は、信頼が足りないケースだ。猜疑心が強く、自分の心の中を見せようとしない。本当に信頼するのは自分自身だけ、ということもよくあ

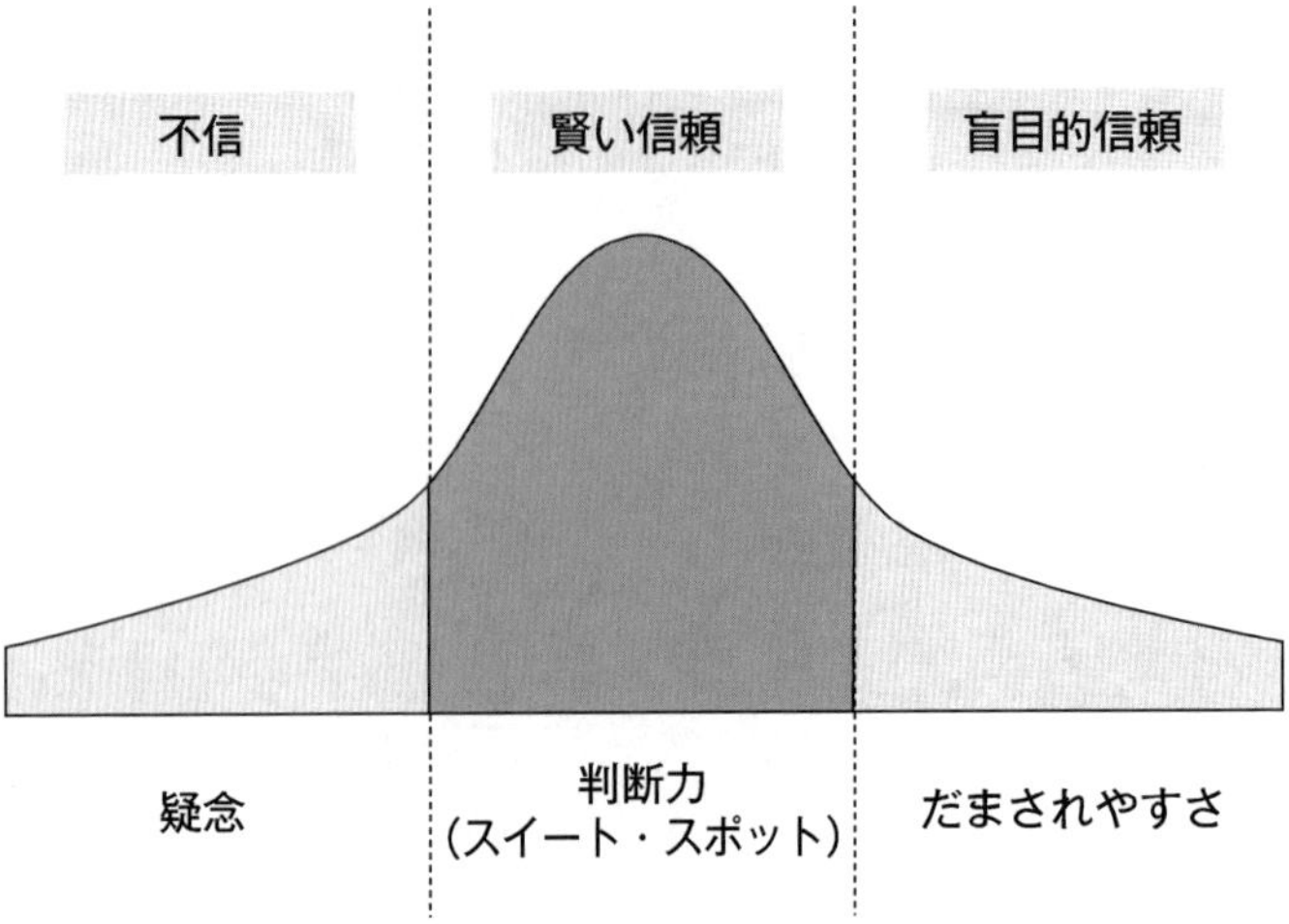

る。その対極は、過度に信頼する場合だ。そういう人はまったく単純で、人の話を何でも真に受け、誰でも信頼してしまう。世の中に対して単純で馬鹿正直な見方しかせず、自分の利益を守る必要性については、少なくとも表面的以外は考えないのだ。

信頼の提供は大きな配当をもたらす可能性がある。だが、その一方で、大きなリスクを伴う危険性も否定できない。では、どうしたら「スイート・スポット」をとらえられるだろう。配当の最大化とリスクの最小化を図りながら「賢い信頼」を提供するには何をすべきだろうか。

私が知っている、ある会社のケースを紹介しよう。そこの会長と社長は一見、高い信頼関係があるようだった。ところが会長はある日、社長が組織内でミニ・クーデターを企んでいることを知った。社長は会社を、会長（彼も創業者の一人だった）や取締役会が考えているのとは違う方向に持って行こうとして、社内のリーダーを何人か集めていたのだ。その結果、二人の信頼関係は完全に崩れ去った。これは特に会長にとって耐え難いことだった。なぜなら、裏切られたという思いがあったからだ。会長は社長を追放し、会社の再編を行った。仕事上、社長と会長は袂を分かつこととなったのである。

しかし、二人の間にはそれまで築き上げてきた友情があることから、彼らは個人的信頼の回復に努力した。何カ月間も話し合う過程で真摯に謝罪し、涙を流す場面さえあった。そして、ついにわだかまりが解け、二人は再び良好な関係を取り戻したのだった。

ある日、元の社長が別の事業計画を持って会長を訪ねた。本題に入ろうとしたとき、会長は心を込めて言った。「君の思いやりには心から感謝したい。君とは個人的に、あるいは家族同士で付き合っていきたいと思う。市の委員会でも一緒にやりたい。君が委員長をしてくれれば私は委員でいいし、君が委員を望むのであれば私が委員長をやる。だが、ことビジネスに関しては君とは組まないことにするよ」

つまり、会長は「賢い信頼」を行使したのだ。反抗的な態度をとらなかった。反感をずっと引きずったりもしなかった。かつての共同経営者であり、友人でもある人物を許し、信頼関係を修復するためにできる限りのことをした。だが、自分が経験から得た教訓を無駄にすることはなかった。全面的に信頼するわけにはいかないと感じた時点で、彼は一線を画したのである。

◇「賢い信頼」モデル

人生にはリスクが付き物である。だが、著名な歴史家で法律学の教授でもあるスティーブン・カーターはこう述べている。「礼儀正しさには二つの部分がある。高くつくのは気前の良さであり、リスクがあっても必要なのは信頼である」

だとすれば、目的はリスクを避けることではない。第一に、それは不可能である。そして第二に、リスク・テイキングは人生の本質的な部分であって、人はそれを避けたいとは思わないからだ。むしろ、大事なのはリスクを賢く管理すること、すなわち税金を避け、できるだけ多くの配当が徐々に得られるような形で他者を信頼することなのである。

「賢い信頼」を提供できるようになるかどうかは、二つの要素、「信頼性向」と「分析力」による。「信頼性向」は主に心の問題である。人が信頼に値すると信じようとする傾向、意向あるいは性質、信頼をふんだんに与えたいという願望のことだ。あなたにこの傾向がどの程度あるかは、あなたの持って生まれた人格、あなたがこれまでの人生で大切な人からどんな信頼を得たか（または得なかったか）、逆にあなたは他者にどんな信頼を与えたかで決まるだろう。ただし、これらの要因が単独というよりも、組み合わさるケースが多い。

一方、「分析力」は主として知性の問題である。影響や可能性を分析・評価し、理論立てて検討し、論理的な決定や解決策を導き出す能力のことだ。あなたが「強力な分析力」をどの程度備えているかはやはり、天賦の才能、教育、物の考え方、物事のやり方、人生経験など、さまざまな要因が絡み合って決まる。

私の息子のクリスチャンとブリテンの経験は、これらの両方の要素を如実に物語っている。ある日私は二人を釣りに連れて行った。大いに楽しんだ後、我々は食べ物を買いに行った。当時五歳で、高い信頼性を持っていたブリテンは私にとても感謝した。彼はこう言った。「パパ、ありがとう。本当にありがとうね。世界一のパパだよ！」すると、当時九歳で、分析力ではまさっていたクリスチャンがこう言った。「ブリテン、世界一のパパだなんて、どうして簡単に言うんだよ。そんなこと分からないじゃないか。素敵なパパは世の中に大勢いるんだから」その時、私の気に障るようなことを言ってしまったとふと思ったのか、こう付け加えた。「パパはそうだな…世界で九番目に素敵だと思うよ」

信頼性向と分析力という、この二つの要素のそれぞれについて、あなたは自分自身をどう評価するだろうか。あなたは簡単に人を信頼するほうだろうか、それとも疑い深く、心の中を見せないほうだろうか。物事を分析し、理論立ててじっくり考えるほうだろうか、それとも、問題があってもあまり気にせず、やりすごしてしまうほうか。

あなたの目下の傾向は、「賢い信頼」を提供する上でどの程度プラスまたはマイナスに作用すると思うか。図を見ていただきたい。あなたが意外と感じることもあるかもしれない。

ゾーン1（高い信頼性向／低い分析力）は、「だまされやすさ」の「盲目的信頼ゾーン」である。何も警戒せず誰でも信頼してしまう楽天的な生き方ということだ。インターネットや詐欺商法、投資話な

賢い信頼のモデル

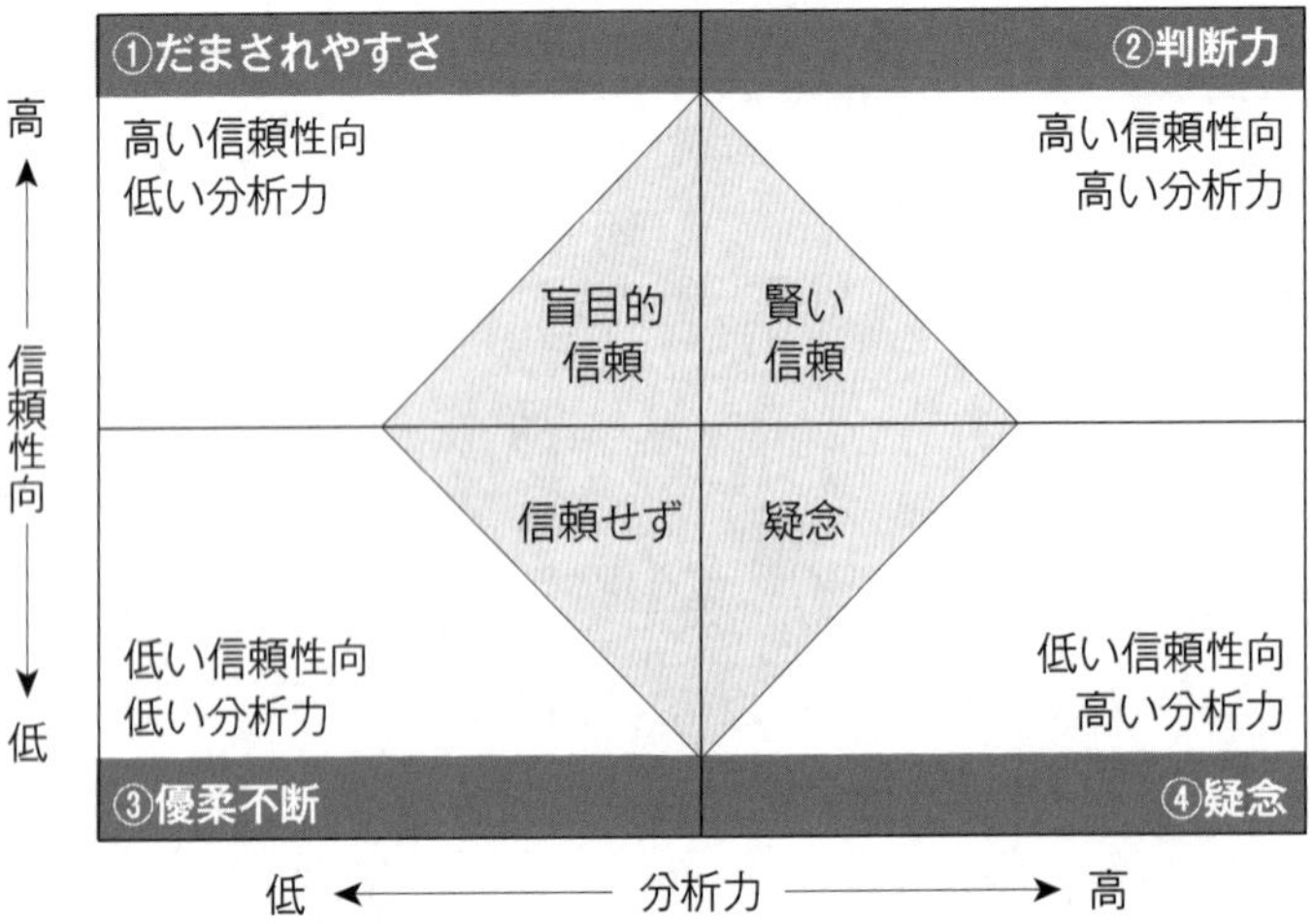

どカモにされる人が後を断たないが、そういう人はここに分類される。

ゾーン2（高い信頼性向／高い分析力）は判断力のある「賢い信頼」ゾーンで、信頼性に分析力を組み合わせてリスクを賢く管理する。ここでは本能と直感が強化され、仕事上でも人間関係でも優れた判断が生み出される。もし信頼性向が低かったら、本能と直感が他者を信頼しないようにとしきりにあなたにささやきかけるだろう。また、分析力がないと、信頼性向を本能や直感と錯覚しかねない。つまり、高い分析力と高い信頼性向を兼ね備えることの重要な側面は、本能や直感を優れた判断力の域にまで高める相乗効果にあると言える。

「賢い信頼」は、相手構わず他者を信頼するということではない。状況次第で信頼を与えないこともあれば、先ほど紹介した会長が元の社長に対してとった対応のように、限定的に与えることもあるのだ。

信頼せよ、されど検証せよ。

——ロナルド・レーガン

ゾーン３（低い信頼性向／低い分析力）は優柔不断の「信頼せず」の領域である。ここに属する人は誰をも信頼しない傾向があり、分析力の低さから自分さえ信頼しようとしない。このゾーンの特徴は、優柔不断、不安感、保護、懸念、躊躇、硬直化である。

ゾーン４（低い信頼性向／高い分析力）は、疑念の「不信」ゾーンだ。このタイプの人は信頼の提供に極めて慎重で、まったく信頼しないこともある。過度に疑い深く、自分以外の人間は一切信頼しないという人もいる。評価や意思決定、実行に際しては、（通常自分自身の）分析力にもっぱら頼る傾向がある。

さて、これから述べることはあなたには意外かもしれない。信頼の提供ということに関して、最大のリスクが存在するのはどこだとあなたは思うだろうか。

ゾーン１（だまされやすさ）に大きなリスクが存在することは言うまでもない。誰彼となく疑いもせずに信頼すれば、遅かれ早かれ痛い目に遭うだろう。

ゾーン３（優柔不断）は低い分析力と低い信頼性向の組み合わせで、最悪のケースだ。リスクは大きく、リターンは少ない。

大概の人が最も驚くのはゾーン４（疑念）だ。このゾーンはリスクが最も少ないと人は思いがちである。問題を慎重に分析・計算し、検討する上に、猜疑心が強く慎重なため、他者にたやすく信頼を与えない。心の中を見せず、何もかも自分が直接管理しようとする。

リスクが少ないように見えて、実はここが最も高リスク・ゾーンなのだ。非常に疑い深いと、何でも確認して徹底的に分析しないと気がすまず、スピードが低下し、コストが増加する結果になる。さらに、チャンスを失い、協力や相乗効果を絶つことにもなる。分析力は実際、自分が備えているものしかないわけで、信じられないかもしれないが、その分析は限定的で歪められている場合が多い。それなのに、他者の貴重な考えやアイデア、英知、物の見方を一切受け入れないため、それに気づきすらしないのだ。

自分しか信じず、細かなところまで管理しようとする経営者は結局、自分自身の成長の範囲内でしか会社を発展させることはできない。自分をテコにして大きな効果を生み出すということができないのだ。さらに、一緒に仕事をしようという他者の意欲を奪いがちで、優秀な人材を追い払ってしまう危険性が高い。制約の厳しい環境では働こうという気にはならないのだ。

私の知っている、ある企業経営者は、社員が会社の物を盗まないかと心配で、毎日のように彼らを文字どおり尋問していた。退社しようとする社員をつかまえては、抜き打ちの所持品検査までやった。社員が盗みを働こうとしていると思い込んでいたのだ。実際は、誰もそんなつもりはなかったが、猜疑心の塊のような彼の行動は才能溢れる人材を追い払う結果となった。社員たちはそんなに信頼されない環境で、また疑り深い経営者の下で働くことに耐えられなかったのである。

ゾーン4のタイプのマネージャーやリーダーも、「組織の信頼」の章で述べた、官僚主義、権力争い、参加放棄、離職といった低い信頼の税金の多くを支払わされ、イノベーション、協力、提携、忠誠心などの高信頼配当を失う。彼らの疑念は皮肉なことに、自分で恐れているまさにその行動を引き出すことがあり、それがさらに彼らの疑念に拍車をかける結果になる。不信の目で部下を見ると、そこに生み出されるのは、道具箱に施錠する雇い主の行動に関してデビッド・パッカードが指摘した相互不信の下向きの循環だ。彼はこう言っている。「多くの社員が、『会社が露にした不信感』が正しいことを証明し始めた」

我々の抱く疑念は自分が疑ったものを見つけることによって報われる、ということほど不変な原則はない。

——ヘンリー・デイヴィッド・ソロー

ゾーン4のタイプで、特にリーダーの立場にある人はリスクが極めて大きい。具体的には、狭い視点、協調の欠如、優秀な人材の離反、機会の喪失といったリスクだ。高い税金を支払わされ、配当を手にし損なう恐れがある。この「フラットな世界」のグローバル経済では、人を信頼しないことが最大のリスクとなるが、その一つの理由がここにあると言える。

専門的知識を持つ人間をせっかく雇っても、その人の一挙手一投足を監視するつもりなら意味はない。そここそ、信頼が活躍するところである。部下は信頼して仕事を任せられるだけでなく、お互いに信頼し合う関係でなければならない。知識労働が効果を上げるためには協調が不可欠なのだ。

——マイケル・スカピンカー（ファイナンシャル・タイムズ紙編集幹事）

それでは、なぜ人はゾーン4に入り込むのだろう。細かなこと、完全主義、さらにはマイクロマネジメントを極度に重視したがる傾向、すなわち基本的なスタイルに原因がある人もいるかもしれない。また、他者に対する信頼の欠如に関係する根深い基本的パラダイムによってそうなる人もいるだろう。そういう人は恐らく、他の誰よりも善良だとか頭が切れるなどと内心思っていて、自分以外は信頼できないのだ。過去の苦い経験が彼らを過度に疑い深くしているのかもしれない。あるいは、誰からも信頼されたことがないせいかもしれない。いずれにせよ、他者は信頼できないというのが彼らの基本的パラダイムなのだろう。そして、そのパラダイムを変える努力をしない限り、高リスク、低スピード、高コストのゾーン4から永久に抜け出せないだろう。

人を信頼しすぎるのも危険だが、信頼が足りなければ人生は苦痛に満ちたものになる。

——フランク・クレイン（作家・コラムニスト）

リスクを最少化し、リターンを最大にするのは何と言っても、「賢い信頼」のゾーン2（判断力）だ。ここは確かにリスクがあるが、賢く加減し、管理することができる。問題を慎重に評価・検討する個人的分析力を持つのみならず、他者の創造性と判断力でもって相乗効果を生み出し促進する信頼性向も備えている。その結果、ゾーン2では「判断力」が飛躍的に拡大する。自分の信頼性向が触媒となって他者の信頼性向を生み出すと、信頼性向もまた大きく強まることになる。そして、彼らはその信頼に応えようとするのである。

つまり、ゾーン2はまさに活力に溢れているのだ。高い分析力と高い信頼性向が強力な判断力を生むだけでなく、ダイナミックな相乗効果を引き出し、それが果てしなく継続する可能性を生じさせるのである。

忘れないでほしい。賢い信頼というのは、必ずしも誰かに信頼を提供するだけとは限らない。ゾーン4と同じように、限定的な信頼を提供するという決定や、信頼をまったく提供しないという決定もあり得るのだ。だが、結果は変わらないように見えても、ゾーン2での決定はさまざまな効果をもたらす。なぜなら、やり方そのものが信頼を築くからである。

◈要素を見極める

「賢い信頼のモデル」は、診断ツールとしても、また実践的ツールとしても非常に役立つ。分析力については、三つの重要な要因について検討するとよい。次のように自問してみよう。

一．どんな選択肢（状況または目下の任務）があるか。

二．どんなリスクを伴うか。

●起こり得る結果は何か。

●それぞれの結果が起こる確率はどの程度か。

●その結果の重要性と可視性はどうか。

三．関与する人たちの信頼性（人格／能力）はどうか。

　これらの点について考えることが、実際の状況において「賢い信頼」を決定するのにどう役立つか見てみよう。フラッグ・フットボールのリトルリーグで私がコーチをしていたチームにいた、アンナ・ハンフリーズという女の子の話を思い出していただきたい。この例に分析力に関する質問を当てはめるとこうなるだろう。

「どんな選択肢が存在するか」―あれは優勝のかかった試合で、しかも最後のプレーだった。アンナは他の選手より技術や経験が劣っていた。リトルリーグ規定で義務付けられた出場時間は既に過ぎていたので、他の選手とすぐにでも交代させることは可能だった。

「どんなリスクを伴うか」―勝つか負けるか、勝負の分かれ目だった。チーム全員で大喜びできるか、それともショックに打ちひしがれるか。出場し続けた場合、アンナは優勝の立役者の気分を味わえるかもしれないし、チーム敗北の責任を背負わされるかもしれなかった。交替を命じられれば、本当に大事な場面で私の信頼を得るまでには至っていないことを思い知らされるのだ。私は英雄視される可能性もあったし、能力のないコーチだと思われる恐れもあった。そして、世間の人たちからすれば、たかが地域のリトルリーグの試合結果など大したことではないかもしれないが、アンナや他の選手、関係者たちにとっては、はっきりと目に見える重要なことだったと思われる。

「関与する人たちの信頼性はどうか」――チームは素晴らしい子供たちばかりで、優勝のかかった試合に向けて一生懸命練習していた。アンナの人格は振舞い方だけでなく、そもそも相手の男子選手たちとぶつかろうという勇気にも表われていた。だが、彼女の能力はチームの他の子たちに比べて見劣りした。

これら三つの答えから考えれば、つまり知性に関係する分析力だけで判断すれば、優勝のかかった試合の大詰めとなれば別の選手を入れる決定を下すコーチが多いだろう。

だが、そこに信頼性向というもう一つの要素が絡んでくる。そしてこの要素には、分析力とはまた違った側面がある。それは、「疑念」から「慎重」、さらに「豊かさ」という直感的な気持ちである（四四四ページの詳細版「賢い信頼モデル」参照）。

私はアンナの動機や意図に疑念を抱いていなかった（私の場合、分析力も加味したら、ゾーン4になっただろう）。明らかに私は彼女の人格を信頼していたのだ。

私は彼女の力量と結果を出せるかどうかという点、つまり彼女の能力への信頼については慎重だった。ということは、私はゾーン4の上側かゾーン2の下側に属していたことになる。

だが、私は豊かな信頼性向を持っていた。信頼の提供を通じて人を鼓舞するという原則を信じ、アンナを信頼した。これが彼女の人生の決定的瞬間になるかもしれない、と私は分かっていた。

私はあの日、グラウンドでこれらすべての要素を検討する時間はなかったが、決定の瞬間を「信頼の

賢い信頼のモデル

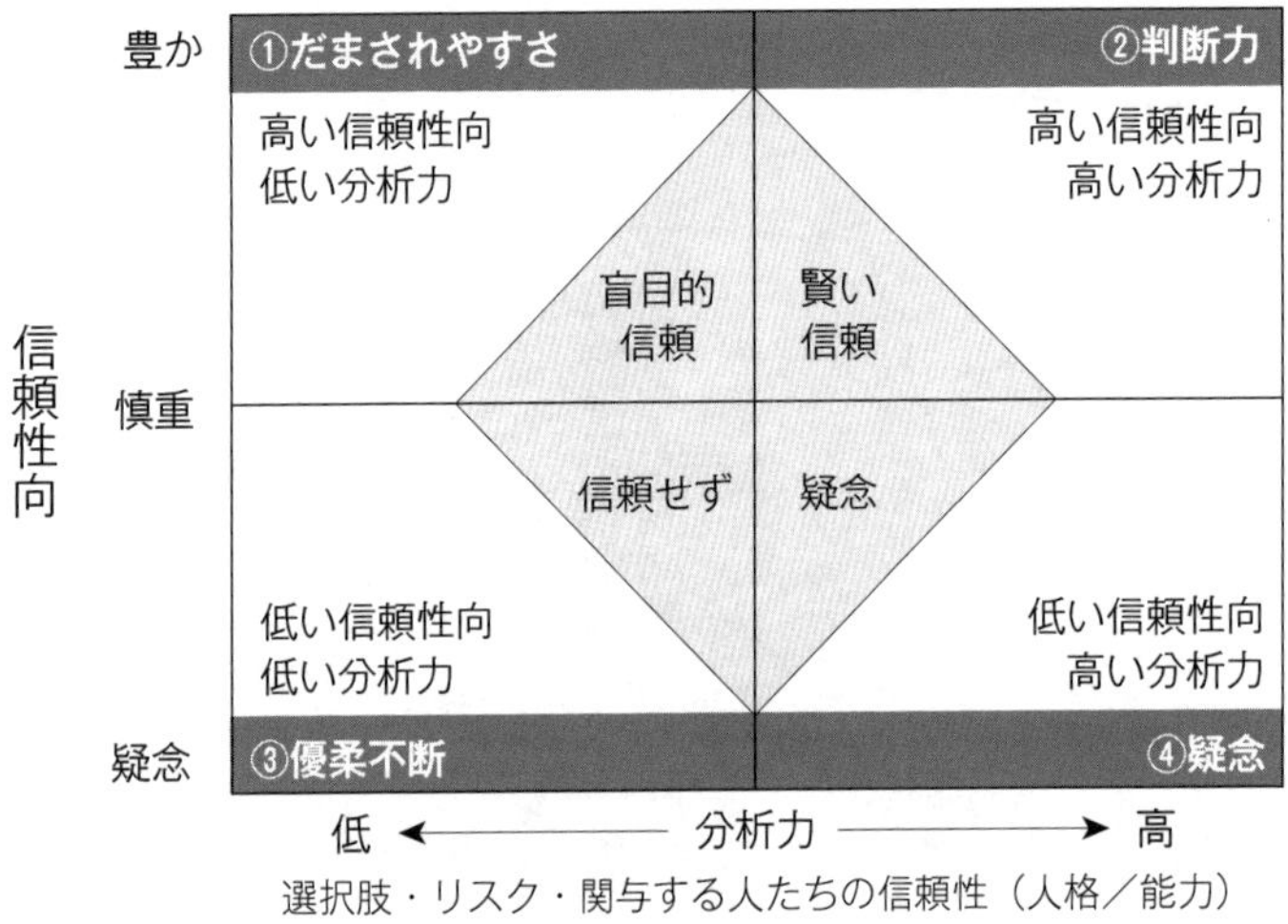

決定的瞬間」にしようと瞬時に決断した途端、それらがすべて動き始めた。そして、私は明らかに「賢い信頼」のゾーン2に当てはまる選択をしたと信じる。その選択が少なくとも一因となって、我々はその試合に勝ち、チームの全員が大喜びし、アンナにとっては人生におけるとても有意義な体験となったのである。

　我々があの試合に負けていた場合でも、自分は「賢い信頼」を提供したと思えるだろうか。思えると私は確信する。それによって、何があろうと私は彼らを信じ、サポートするつもりだというメッセージが、アンナだけでなくチームの全員に伝わったと思うからだ。試合に勝つこと、それが唯一の目的ではなかった。他の何にも劣らず大事だったのは、あの子供たちが自分たちの努力をどう感じたかということ、チームの一員としての経験そのものが、自分が信頼され、また他者に信頼を与える自信と能力に生涯を通じてどう影響するかということだった。

他者を信頼する際の一般的な考え方は、信頼を得つつある人に対して限定的に与え、既に信頼を得ている人にはたっぷり与えることだ。ただし、豊富に与える場合であっても、常に責任が伴わなければならないということは忘れないでほしい。なぜなら、それが信頼を実際に強化する原則だからである。

◈リスクを管理する

他者を信頼するかしないかの判断には必ず、リスク管理が絡んでくる。これがどのように関係するかを理解するため、既に紹介した例を図と照らし合わせながら見ていこう。

まずは、ウォーレン・バフェットがマクレーン社をウォルマートから買収した例だ。選択肢は買収の可能性だった。デュー・デリジェンスを怠るのは極めて危険に思われ、大概のケースではそれが現実となるものだ。だが、この状況では、リスクは通常予想されるほど大きくなかった。ウォルマートは公開会社であり、規制や国民の監視を受けていたからだ。さらに、ウォルマートの社員たちの信頼性（人格と能力）は高かった。その上、バフェット自身の評判と影響力も絶大であり、現実問題として考えた場合、公の取引でウォーレン・バフェットをだますことなど考えられなかった。それで、バフェットは信頼を潤沢に与え、デュー・デリジェンスなしで取引をすることにしたが、これが劇的にスピードを上げ、コストを低下させた。これは「賢い信頼」と言えるだろうか。もちろんである。このケースはゾーン2

に当てはまる。

さらに別の例を見てみよう。「信頼されるリーダーの一三の行動」の一つ、「他者を信頼する」の章で紹介した女性だ。彼女が買収することになっていた会社のＣＥＯが雇用契約を望まなかった。彼は言った。「あなたは私の会社を買おうとしているなら、私を信頼してくださいよ」彼女はそれを真に受け、痛い目に遭った。これは「賢い信頼」だろうか。そうではない。このケースでは、彼女にはウォーレン・バフェットのような影響力がなかったし、相手のＣＥＯはウォルマートのような信頼性や公に対する責任感を持ち合わせていなかった。従って、デュー・デリジェンス抜きで信頼を潤沢に提供するのは最善の判断ではなかっただろう。これは、高い信頼性向、低い分析力、「だまされやすさ」を特徴とするゾーン1の取引だった。

次は、私が息子のスティーブンに信頼を与え、家族の車を運転させたケースだ。何といっても息子はまだ一〇代だったわけで、明らかに大きなリスクがあった。ただし、そのリスクはいくぶん緩和された。彼の意図に概ね問題はなかったし、運転教習を受けて試験に合格し、免許を取っていたからだ。その上、悪いことをした場合には罰則を課すと、我々ははっきり決めていた。だが、息子は残念ながらスピード違反をしてしまった。そして、我々との約束があったために、彼は自分のしたことに対して自ら責任を取らなければならなかった。これは「賢い信頼」だっただろうか。私はそう言えると思う。信頼を無条件に提供したり（ゾーン1）、逆にまったく提供しなかったりするのに比べ、賢明だったことは間違いない。

躾けは、子供への信頼提供という問題を常に伴い、子供たちが大人になっていく過程で、まさにジェット・コースターのような浮き沈みの激しい経験となることもある。ゾーン2にとどまるために、すなわち、子供が信頼というものを真剣に受け止め、受託責任を処理できるよう促し、手助けしながら信頼を提供するため、高い信頼性向を保ちつつ分析を行なう努力を意識的に行なうことは、子供にとってとても有益なことに私は気づいた。

ゾーン2の中にもいろいろなやり方があることは言うまでもない。全面的に信頼を提供したり、まったく信頼を提供しなかったり、さらには「誠実さ」、「意図」、「力量」などの「核」に関して信頼を提供し、残りの「結果」では提供しないといった具合に、「賢い信頼」の判断は状況によっていろいろ考えられる。その際は、高信頼関係が一般的にもたらす配当、関係者の具体的状況、リスク、人格、能力などを勘案することになる。配当の最大化とリスクの最小化が実現されるように、信頼性向と分析力を組み合わせるわけである。

> 測定にこだわりすぎることが問題である。測定の代わりを果たし得るものがある。それは判断力だ。この世で最も大切なもののいくつかは測定できないのだ。
>
> ――ヘンリー・ミンツバーグ（作家／大学教授）

◇信頼されているマネージャーがリーダーになれないのは？

私はここまで何度となく、リーダーシップとは信頼を抱かせながら結果を出すことだと言ってきた。信頼を得ているマネージャーの多くが、優れた人格と専門的能力を備え、信頼性がありながら「リーダー」になれないのは、「賢い信頼」を与える術を知らないからである。彼らは要するに、「疑念」を特徴とするゾーン4で行動しているのだ。他者に仕事を委ねたとしても、それは自分の手柄のためだったりする。また、他者を信頼すると口先では言っても、実際は細部に至るまで管理し、つまり「偽の信頼」を与えることもある。要するに、完全には委託していないのだ。真の所有権と責任を伴い、部下の頭脳を最大限活用し、高信頼配当をもたらす環境を生み出すような預託（信頼を伴う責任）を行なっていないのである。

委任は知的な行為であるのに対して、委託は本能的行為で、人の心に響くものだ。人は他者を信頼する術を身につけないと、職場であれ家庭であれ、真の意味でのリーダーにはなれないのである。

私の会社で行なったセミナーの最後に、一人の男性が私のところにやって来た。ある企業で法務担当責任者をしている人で、まもなく定年退職するということだった。彼はこう言った。「私は法律を勉強し、法務畑でやってきたためか、信頼性向が低いのです。それは私にとって好都合な時もありましたが、大きな問題を生じさせる場合のほうが多かったように思います。コストも時間もかかる法的な関係にはまり込んだこともありますし、仕事上の考え方を私生活に持ち込んでとても傷ついたりもしました。今、私は新しいキャリアを始めつつあるのですが、まずは信頼性向から考え直すというこの考えにとても触発されました。結果はやってみないと分かりませんが、最先端の考え方であることは間違いありません。再スタートの第一歩として適しているように思います」

まったく同感である。第一歩として適しているのである。

リーダーの最大の仕事は、信頼を抱かせることだ。各人の創造性と力量を解き放って全力を発揮できるようにするとともに、効果的な協働を可能にする高信頼環境を構築する必要がある。そして、これは職場だけでなく、家庭にも当てはまることである。

> リーダーの最初の仕事は信頼を抱かせることである。
>
> ——ダグ・コナント（キャンベル・スープ社CEO）

では、信頼を抱かせるにはどうすればよいだろうか。この本の最初からずっと述べてきたことを実践することだ。まずはあなた自身およびあなたの信頼性（四つの核）から始めよう。次に、他者に対して意図的に賢く他者を信頼すること（賢い信頼）を含め、絶えず他者に信頼を築く（信頼されるリーダーの一三の行動）ように行動するようにしよう。より大きなリーダーとしての役割の中で「信頼性の四つの核」と「信頼されるリーダーの一三の行動」を応用し、あなたの「組織」（会社、部門、チーム、家族）において一致を、市場において評判を、そして社会において貢献を生み出すのだ。これらを実践していくにつれ、信用と信頼を抱かせながら結果を手にすることができるだろう。

リーダーの中でも、細部にまでこだわるスタイルをとるタイプは、実際はマイクロマネジメントではないのに、部下を信頼していないという印象を与えることがある。低信頼税のことを考えれば、リーダーは自分のスタイルがどう映るかという点にも配慮すべきだ。そして、細かいことにうるさいリーダーは、基本的な信頼性向を理解させ、実行するためのさらなる努力が必要である。

繰り返しになるが、特に今日の「フラットな世界」の経済では、信頼を築き、育て、与え、回復する能力が仕事上も私生活でも鍵となる。そして、その中でも、「賢い信頼」を実践する能力が不可欠なのだ。それによって分析力と信頼性向の間に強力なバランスと相乗効果が生まれ、それがさらに判断力をもたらす。そうすると、自分自身の能力を効果的に活用するとともに、才能、創造性、相乗効果、最高の貢献を他者に実現することが可能になるのである。

5-2 失われた信頼を回復する

人は壁を作りすぎ、橋を架けることをしない。

——アイザック・ニュートン

私は最近、ある一流のビジネス作家が書いた記事を読んだ。その一部を紹介しよう。

> 失った信頼は、どうやっても取り戻すことはできない。あなたはこの考え方に反対だろうか。あなたが裏切られたときのことを一生懸命思い出してほしい。憎い相手の顔がまたあなたの脳裏に蘇ってきたかもしれないが、私が尋ねた何千人もの人たちは反対しなかった。あなたも多分彼らと同じ意見ではないかと想像する。信頼は獲得するのも一度きり、失うのも一度きりなのだ。ひとたび失えば、永久に戻ってくることはないのである。

あなたにもこうした意見を裏付けるような経験があるかもしれない。つまり、仕事上か個人的な関係で信頼を壊してしまい、回復しようとしたができなかったことがあるのではないだろうか。あるいは、誰かに信頼を裏切られ、もう二度とその人を信頼しまいと心に誓ったり、他者は一切信頼しないとまで思ったりしたこともあるかもしれない。

信頼が壊れるのは辛いものであり、落胆し、喪失感に苛まれるのが普通だ。いろいろな人間関係やパートナーシップ、計画や夢や構想を粉々に壊してしまいかねない。

信頼を回復できない状況があることを、私は否定するつもりはない。信頼に背く行為は余りに冷酷であり、裏切りは余りに深い傷を残し、その苦痛は余りに大きい。粉々に砕け散った信頼をつなぎ合わせ、元の正常な状態に戻すのは不可能である。実際、修復の機会すら得られないかもしれない。そういうわけで、そもそも信頼を裏切るようなことはしないのが最善の策である、という意見に反論するつもりは毛頭ない。信頼は最初からあって当然というものではなく、築き上げ、大切に育て、保護し、慎重に維持しなければならないのだ。

そうは言いつつも、誰でも一生のうちには信頼の崩壊に直面する時があり、それが人生というものである。人は時に愚かなことをする。私生活や仕事上の関係で間違いを犯し、気がついてみたら信頼口座の残高がひどく減っていたり、さらには借金状態になっていたりしてハッとすることがある。相乗効果が突然消え失せ、その後に疑念が生じる。交際が途絶えたり、取引を他社に奪われたり、家族が分裂したりする。さらに、報復が企てられたりもする。

また、うっかりミスをしたり、能力不足を露呈したりすると、「人格」に問題があると見られかねない。これだと、回復するのはずっと困難になる。

「君が何をしたか、見てみろよ!」

「いや…するつもりじゃなかったんだよ」

「私がしたかったのは…」

「信頼されるリーダーの一三の行動」を紹介した章で既に述べたことだが、信頼に影響するのは私たちの行動の仕方だけではない。また、その行動に接した人たちがそれをどう解釈するか、さらにはそれからどういう結論を導き出すかということも信頼に影響するのだ。ニーチェも言っているように、やはり「事実は存在しない。あるのはただ解釈のみ」というわけである。忘れないでほしい。人は他者を実際の行動で判断し、自分自身は意図で判断するということを。だから、たとえ善意に基づいていても良くない行動であれば悪意と受け取られる場合があるのだ。そうすると信頼口座からの引き出しが大幅に増え、信頼回復はいっそう難しくなってしまうのである。

逆に、他者に信頼を裏切られ、それにどう対処すべきか決断を迫られる時もあるかもしれない。共同経営者が会社の金を流用したり、チームのメンバーが責任を果たさなかったり、仕入先が同業他社に悪口を言ったり、夫／妻が無断で衝動的にクレジットカードを使ったり、子供が繰り返し門限を破ったり、といった場合だ。こうした信頼の裏切りに対する対応の仕方は、取引の関係や機会、市民の交流、個人や家族の幸福、さらには次の世代にまで影響を及ぼす可能性が高い。

では、私たちはどうしたらよいだろうか。

信頼を取り戻すことは本当に可能だろうか。

回復しようとすること自体、賢明なことなのか、それとも愚かな行為なのだろうか。

◇難題は可能性である

第一章で述べたように、信頼の回復は不可能という考え方は正しくない。困難なケースが多いのは事実かもしれないが、失った信頼を取り戻すことは可能なのだ。しかも、以前より強化することだって夢ではないのである。

例えば、私の息子がスピード違反をし、引き取りに来るようにという電話が真夜中に警察からあったあの晩、息子に対する私の信頼は急降下した。私は妻のジェリとともに、息子が家族の車を運転する際の条件を一生懸命説明していた。そして、彼はその条件に同意していた。にもかかわらず、息子は自分の意志で外出し、最も重要な条件の一つだった法律の順守という項目に違反したのだった。

ところが、交通違反の前に我々が彼に与えていた信頼は、この一件を機に回復したばかりか、むしろ強化された。正直に言うが、息子に対する私の信頼は今、以前とは比べものにならないほど強くなっている。それは、我々がそれを乗り越える過程で起きたことが大きかったと思われる。

息子が違反を認めて謝り、罰金を払ったり、自分の行為に罪の意識を感じて苦しんだりしながら数カ月間を過ごしたとき、彼は理解が増し、大人になり、二度とそのような間違いはしないと決意した。その結果、彼は自分の信頼性と誠実さを高め、「意図」を改善した。人生で経験する落胆に対して、より大人の対処法を見つけることによって「力量」を高めた。より良い態度、より良い習慣、より良い運転という結果を出し、息子の安全運転は友だちの間でも評判になったほどだ。彼は無意識のうちに「信頼されるリーダーの一三の行動」のいくつかを実践していた。「現実を直視する」、「間違いを正す」、「結果を出す」、「コミットメントし続ける」、「より上を目指す」努力をしたのだ。そういうことをする中で、彼自身の「核」と、さらには我々との関係も強化されたのである。

私は息子のこうした成長過程を見ているため、つまり息子が試され、我々の関係が試され、彼がその試練を乗り越えたので、我々の信頼口座は前よりずっと残高が増えたと心底思っている。辛い道のりではあったが、彼が、そして私たちが学び、能力を磨き、信頼を築く機会がその状況によってもたらされたのだ。

信頼を築いたり、回復したりする際の最大の障害の一つは、理想的な人生とは苦労のない人生であるという表面的で二次元的なパラダイムだ。だが、実際はそうではない。私たちが人生の行く手には困難が待ち受けているのだ。また、人に間違いは付き物であり、他者が間違いをすることだってある。それが人生なのだ。問題は、私たちがそれにどう対応するかだ。信頼を壊すような真似をしたり、低い信頼の行動を正当化しようとしたり、恨みを抱いたり、いつまでも許さなかったりすることで得られるのは一時的な満足でしかない。それよりも、長期にわたる莫大な信頼配当のほうに目を向けなければいけないのである。

　信頼を築き、育て、回復し、賢く提供することに積極的に努力する信頼重視の姿勢は、その他の場合をはるかに上回る配当を個人や組織にもたらすものと私は信じて疑わない。だから、信頼の回復という作業は難しいかもしれないが、その価値は間違いなくあるのだ。信頼を取り戻そうと努力を傾ければ、たとえその関係では成果が上がらなかったとしても、他の関係で信頼を築ける可能性が高まるだろう。

　挫折が飛躍的進歩を生むということは、人生ではよくあることだ。苦労と過ちは私たちにとって、学び、成長し、向上する最大のチャンスと言える。それを念頭において、信頼を回復するにはどうしたらよいか見ていこう。一つは、あなたが相手の信頼を失ったとき、もう一つは、あなたが相手への信頼を失ったときだ。どちらのケースにおいても、鍵は「信頼性の四つの核」と「信頼されるリーダーの一三の行動」にある。これらを活用することで、信頼の確立だけでなく、信頼の回復も可能になるのである。

◈あなたが相手の信頼を失ったとき

相手の信頼を失う原因が意図的な裏切り、判断の誤り、ケアレスミス、能力不足、単純な誤解のいずれであれ、取り戻す方法は同じだ。あなた自身の信頼性を増し、相手に信頼を抱かせるように行動することである。

ただし、そもそも信頼がなぜ失われたのか理解することが、回復を試みる際に「核」と「行動」を応用する方法を見つける重要な鍵となる。一般的に言って、信頼を失った原因が「人格」（誠実または意図）にあると、「能力」（力量または結果）にある場合よりも取り戻すのがはるかに難しい。中でも「誠実さ」に問題があると、個人や家族であれ、仕事や組織あるいは市場であれ、あらゆる関係の中で最も困難である。

忘れてならないのは、信頼を回復するということは、他者があなたに抱く気持ちや信頼を変えるということだ。そして、それはあなたの思い通りになることではない。他者に無理やり自分のことを信頼させるわけにはいかないからだ。相手は他の問題を抱えているかもしれず、そうすればいっそう厄介なことになる。あるいは、あなたの能力の問題を人格の問題と解釈しているかもしれない。そうなると、問題はことさら複雑になる。要するに、自分ができる範囲のことをやるしかないのである。そして、それは結構あるものだ。たとえあなたが特定の状況や関係において信頼を取り戻せなかったとしても、あなたの「核」を強化し、「行動」を習慣付けることで、将来他の状況や関係で信頼を確立もしくは回復する可能性が高まるはずである。

だから、他者を変えようなどと言っているのではないことを忘れないでほしい。そんなことは不可能なのだ。だが、信頼性があり、信頼に値し、信頼を抱かせるように行動する人間として自分が模範を示すことはできる。そして、経験から言っても、信頼を回復するためにあなたにできることの中で、このようなやり方がやがて最も威力を発揮するのだ。

◈あらゆるレベルで信頼を回復する

では、五つの波のそれぞれについていくつかの例を取り上げ、信頼性と行動があらゆるレベルで信頼を回復するのにいかに役立つか見てみよう。壊れた信頼に苦労して対処することにより、さらに大きな信頼の基礎が築かれる場合が数多く存在することに気づいてほしい。

社会レベルでの信頼回復

社会レベルでの信頼回復とは、国、機関、業界、職業に対する信頼や、その他一般の人々に対する信頼を再構築するということだ。疑念や不信感を払拭し、貢献、価値創造、倫理的行動で置き換えることが必要になる。

社会的な信頼の改善が可能であることを示すデータは豊富にある。エンロンやワールドコムの事件直後に実施された二〇〇二年ワトソン・ワイアット調査によれば、社員の中で会社を信頼している比率はわずか四四％だった。そして、その数年後に行われた二回目のワトソン・ワイアット調査では、この数値が五一％に上昇していた。日本、デンマーク、オランダなどいくつかの国では、この二〇年間に社会全体に対する信頼が増している。

アイルランド共和国では過去三〇年間、指導者たちが国民の意識を内向きから外向きへと変えた。経済的自立から相互依存へと路線転換したわけである。時代遅れの教育制度を総点検し、アイルランドを世界有数の教育先進国に押し上げた。また、協力によって労使関係を改善し、国外居住者に帰国を促し、アイルランドを技術大国へと成長させ、ゆくゆくは外国から投資を誘引できるようにした。現に、ヨーロッパの総人口の一％を占めるにすぎない小国が、米国による欧州投資額の二五％近くを引き付けている。

アイルランドのバーティ・アハーン首相はこう述べている。「技術革新が我が国の推進力となっていることは明らかである。それは新世代のアイルランド人すべてに自信を与えている。我が国民に未来への希望をもたらすことによって雇用を創出し、国外移住の大きな流れを食い止めるのに役立った」

アイルランドの指導層はこれらの成果を、「現実を直視する」、「より上を目指す」、「結果を出す」などの行動を含む意識的かつ協調的な努力によって成し遂げた。その結果、一つの国家としてグローバルな信頼性が構築されたのである。

市場レベルでの信頼回復

「市場の信頼」に関しては、顧客の信頼を裏切れば、まず二度とチャンスはもらえないことは間違いない。その判断は最終的に顧客に委ねられ、取引を中止し、独自の行動をとる道が選ばれるかもしれない。既に述べたが、このことは原因が人格、その中でも「誠実さ」にある場合特に当てはまる。

だが、「信頼性の四つの核」と「信頼されるリーダーの一三の行動」によって「市場の信頼」の回復、さらには強化が可能な場合があることは経験から明らかである。ビジネス作家のクリスティン・アンダーソンとロン・ゼンケは著書、『こんなサービスが欲しかった！〝惚れられる〟サービスはここが違う』の中に次のような一節がある。

> 友人が銀婚式を祝うことになった。お祝いを述べ、そして記念に送った花の感想を聞こうと電話した。彼らはその夜、パーティを開く予定だったのだ。嘆かわしいことに、友人の家に届けられたのは、私たちが期待していたような華やかなフラワーアレンジメントとは似ても似つかぬものであった。トイレの隅っこを明るくするのがせいぜいの、貧弱な鉢植えが届いたらしい。
>
> その時点で午後六時を過ぎており、パーティは七時半からだった。私たちはリンズクー花店に電話して、まさに店を出ようとしていたジェリーを捕まえ、このトラブルをすべて説明した。すると彼は、「お任せください。すぐに手配します」と言ってくれた。そして七時一〇分には友人が電話してきて、トラックが来て、見事なフラワーアレンジメントを二つと食卓の真ん中に飾るテーブル

センターを配達してくれた、と言ってきた。そうそう、まだ言ってなかっただろうか。私たちの友人はノースカロライナ州シャーロットに住んでおり、私たちと花屋はミネアポリスにいるのである。時間帯をひとつ超え、大陸半分を挟んでいるのである。

請求書は最初の注文の分の値段のみで、花屋のジェリーが自ら、かしこまって、お詫びの小さなフラワーアレンジメントを手に我が家にやってきた。彼はもう一度謝罪し、二度とこんなことは起こさないと言った。言い訳もまったくせず、実際に担当したシャーロットの花屋に責任をかぶせることもなかった。「最近やたらと忙しくて」などと言うこともなかった。何もなかった。ただ、こう言ったのである。「改めてお詫び致します。花をご入用の際にはまたご利用いただければと思います」もちろんである。私たちはずっとそうしている。

このケースでも、サービスの回復に関係する他の多くの場合と同様、問題がむしろ触媒となって大きな信頼を生み出した。会社が問題に正面から取り組み、信頼を回復するような形で解決したからである。この種のサービス回復は顧客との関係を長続きさせるものだ。

別の例を見てみよう。ナイキ社は一九九〇年代、国外製造パートナーの工場のいくつかにおける労働条件に関して、社会的責任を果たしていないと痛烈な批判を浴びた。フィル・ナイト会長は「間違いを正す」ための措置を講じた。この問題は「最初の対応に不手際があり、このミスは私自身の責任だ」と彼は認めた。ナイキはその後何年間かにわたってとった措置と行動によって具体的成果を出すとともに、業界全体の労働条件を改善し、指導的な企業市民になることを明確に約束した。ナイキは二〇〇六年、

「企業市民ベスト一〇〇」の一三位にランクされている。透明性の高い方法で問題を克服したことで、失われた信頼が回復されたのだ。世間の批判が完全に収まったわけではないが、ナイキ・ブランドのマーク・パーカーおよびチャーリー・デンソン社長は同社の企業責任報告書で次のように述べている。

「我々は信頼を築くとともに、弊社の利害関係者がイメージではなく事実に基づいて我々を判断していただけるようにしたいと考えています。その過程で不可欠なのは透明性です」

組織レベルでの信頼回復

組織内での信頼回復は困難に見えるかもしれない。生産性ばかりに目が行き、生産能力を将来にわたって維持する必要性が軽視されているような場合、特にそうである。しかし、高信頼組織のパフォーマンスは低信頼組織の三倍という事実を考えれば、信頼回復の努力に積極的にならざるを得ないだろう。高い信頼は優れた労働環境を構築するだけでなく、強力な競争力ももたらす。

私自身、コヴィー・リーダーシップ・センターのCEOに就任した直後、組織の信頼を失い、その後回復するという経験をした。私はこのポジションに就いたとき、教育研修部門への出資を続けることが果たして賢明かと疑問に思った。この部門の使命と潜在的効果は心底評価していた。だが、教育市場の競争力を考慮して価格を大幅に引き下げていたため、この部門は組織に利益をもたらしていないというのが一般的な見方だった。さらに運が悪いことに、当時の財務データはあまり芳しいものではなかった。

私はそれまで教育部門の社員たちと良好な関係にあったが、この時は会議のテーブルをはさんでグループのディレクターと面と向かい、部門の存続そのものに異議を唱えていた。さらに私はその件に関して、彼の面前では話せなかったことを彼の陰で口にしてしまった。つまり、不覚にも「信頼されるリーダーの一三の行動」のいくつかに違反したのである。この行為は明らかに、私がリーダーや部門全体に対して持っていた信頼口座の残高を大きく減らす結果になった。

我々はようやく会社の財政状況を立て直すとともに、正確な財務報告システムの開発や、活動基準原価計算および活動基準管理手法の導入を通じて全部門の実際の収益性の全貌を把握できるようにした。結局、教育部門は価格の引き下げにも関わらず黒字に転じ、その利益は会社の稼ぎ頭の部門にもほとんど引けを取らなかった。

数字が明らかになった日、私はディレクターのオフィスに行ってこう言った。「すまないことをしたと思っています。私が間違っていました。あなたとあなたのスタッフ全員に謝ります。その埋め合わせに、これからは教育研修部門のために先頭に立って頑張りますよ」そして、私はそれを実行した。その部門の擁護派になったのだ。教育は収益性の高いビジネスであり、効率的運営がなされていることを周知させるべく大いに力を注いだ。

その結果、そのディレクターと部門全体に対する私の信頼口座は残高が急増した。その影響はその時点では分からなかったが、ディレクターが後で話してくれたところによると、私の謝罪が彼個人、さらにはグループ全体を大きく動かし、その後一〇年間に及ぶ同部門の輝かしい成功への道を開いたのだった。

私の知る限りでは、一度失ったディレクターとチームに対する信頼が回復されただけでなく、いっそう強化された。今振り返ってみて思うのだが、忠誠心を示すことや間違いを正すことの重要性、組織で信頼を回復することの意義、そして信頼がスピードやコストに及ぼす影響がこの経験で実証されたと言えるだろう。

人間関係レベルでの信頼回復

前で述べたことだが、あなたの取引会社が信頼を裏切るような行為をしたとき、あなたはそれを修復するチャンスを与えないかもしれない。あくまで仕事上の駆け引きであって、あまり大事には考えないせいだろうか。だが、家族があなたの信頼を裏切ったら、そうはいかないだろう。家族関係の重要性は他とは比べ物にならず、影響範囲も広いため、信頼回復に対してはるかに積極的かつ率直な取り組みを期待するはずだ。

私の仕事上のパートナーがこんな話をしてくれた。

> 近所に評判の良い医者がいました。彼は教会でも重要な職にあって、第三世界の国々で困っている患者のために尽くしたりしていました。地元にも友人が大勢いて、優しい父親であり夫でした。別の女性と不倫騒動を起こすまでは。彼の生活の隠れた部分と破廉恥な行動は、教会や家庭で自分

が教えていた価値観とまったく相容れないもので、それが発覚した途端、彼の世界はひっくり返ってしまいました。結婚生活は崩壊し、子供たちもひどく傷つき、彼はほとんど誰からも相手にされなくなりました。教会での職からも追放され、彼の評判は地に落ちたのです。

そんな時、関係修復につながるような二つの重要な行動が、尊敬と信頼を再構築する足がかりとなりました。一つは、彼が不倫関係に終止符を打ち、妻や子供たちに詫びたことです。もう一つは、妻が彼のもとにとどまる決心をしたことです。彼女は人前で彼を弁護し、彼女の信頼と彼自身の自尊心を取り戻すチャンスを与えたのでした。事実を見て見ぬふりをしたり、心理的虐待を受けている妻にありがちな、自分を責め、何度も何度もだまされたりするような態度はとりませんでした。彼女は自尊心を保ち、彼に最後のチャンスを与え、彼の生活や行動の仕方を改めるよう求めたのです。彼女のこうした行動もさることながら、それ以上に大きな意味を持ったのは彼のとった行動でした。彼は嘘でごまかして状況を切り抜けようとはしませんでした。正直に許しを乞うたのです。そして、改めるべき点を改め、彼女の信頼を二度と裏切らないという約束を守りました。また地域社会、家族や隣人に対しても、傲慢や独りよがりな態度はとらず、謙虚な気持ちで接しました。彼のした行為は誰もが知っており、皆に知られていることを彼も分かっていました。彼は世間の信頼も取り戻したいと思いました。彼の結婚生活、家庭、そして評判が受けた傷は徐々に癒えていきました。世間はこのような個人的、あるいは公的な過ちをなかなか忘れてくれないものですが、自らの態度と人格や行動の改善によって信頼と尊敬を築き直すことは可能なのです。

確かにこうした状況では、誰もが信頼を回復しようとするとは限らないだろう。だが、この経験などが示すように、その気があれば、状況によっては少なくともある程度信頼を取り戻すことは可能なのである。

個人的な関係で信頼が大いに関係する事柄としてもう一つ、お金の問題がある。結婚カウンセラーたちが広く認めるように、金銭問題が離婚の大きな原因になっている。こうした問題は大概、人格の欠如（自分勝手または衝動的な支出、配偶者の共有財産権に対する抑制や制限、配偶者に対する支出隠しなど）によって発生するが、能力の欠如（金銭管理に関する教育や経験の不足など）が原因となるケースも多い。さらに、二人の人間が結婚して夫婦になっても、それぞれの育った環境は違うことが少なくない。例えば、片方は浪費家の家系で育ち、もう片方は倹約家の家系だったりするのだ。

次はある女性から聞いた話である。

私たち夫婦は長年、お金の管理に関する問題を抱えていました。一定の基準に従ってお金を使うことに決めていたのですが、夫はよく、相談もなく物を買って来ることがあったのです。私としてはとても腹立たしかったので、そのうちに共同管理ということは頭の中であきらめていました。

ところが、こうした状況は二人の信頼関係にとって良くないと思うようになり、改めることにしました。夫は約束をきちんと守って行動するよう努力し、私は意見の述べ方に注意し、金銭関連の決定にもっと積極的に関わるようにしたのです。そして、予算作りや投資も含め、健全な資金管理の勉強も始めました。

長年染み付いた習慣を変えるにはかなり時間がかかりましたが、私たちの仲は驚くほど緊密になり、金銭的価値観や目標、習慣に関して考え方が統一されました。お金の面での団結が私たちの絆の一つになっていると言ってもいいでしょう。こうした困難な問題に一緒に取り組むことによって、二人の関係全体における信頼関係が返って強化されることになったのです。

低い信頼にはまり込んだ人は、何をしても好ましい変化は生み出せないという気分になりがちだ。だが、こうした事例が証明しているように、その気があれば、たとえ親密な個人的関係が壊れそうになっても、信頼を取り戻すことは不可能ではないのだ。そして、回復に向けて努力すること自体が、信頼を以前よりも強力なものにするのである。

自分自身のレベルでの信頼回復

回復するのが最も難しいのは、自分自身に対する信頼だろう。自分に約束したことを破ったり、目標を成し遂げられなかったり、自分の最も基本的な価値観に反する行動をしたりするとき、私たちの「自分自身の信頼」は一気に低下しかねない。また、違反行為の反復は自分自身を徹底的に打ちのめす結果になり、再び自分を信頼できるか本気で心配になったりする。

数年前、評判は良いが金銭管理はあまり上手でなかった私の友人が、事業の破産宣告をせざるを得ない状況に陥った。それ自体、屈辱的なことであり、彼の自信はへし折られた。家庭を守るためには個人財産の一部を手放さなければならず、妻は内職を始め、彼も別の仕事を探さなければならなかった。

破産宣告をしたことで彼は資金繰りの苦しみから抜け出し、一からやり直すことができると誰もが思った。ところが、彼としては自分の状況もさることながら、債権者に迷惑をかけたことのほうが辛かった。それで彼は、法的には弁済義務のない債務を返済するため、数年間仕事を三つ、四つ掛け持ちし、一日中ほとんど寝ないで働くこともあった。そして、ついに最後の債権者への返済を終え、すべての借金から解放されたのだった。

数年後、他の人の口を通じてこの話が明るみに出ると、彼の行動、とりわけ法的義務のない債務を返済したことに人々は驚いた。そして、友人や隣人、家族の間で彼の信頼性が急上昇したのだった。だが、彼にとって何よりも重要だったのは、自分自身に対する信頼を取り戻せたことだった。極めて難しいことだったが、彼は「自分自身の信頼」を回復できるように行動し、心の安らぎを勝ち取ったのである。

自分自身の信頼を回復することにより、「核」と「行動」は別の特質、それも強力な特質を持つことになる。「信頼されるリーダーの一三の行動」が自分自身との関係にいかに当てはまるか考えてみよう。

「率直に話す」とは、良かれ悪しかれ、ありのままを告げるということだ。遠回しな言い方はいけない。自分の行為を正当化したり、自分自身に何かを無理やり思い込ませたりするのはよくない。そうではなくて、何をすべきだったか、そして改善するために何をする必要があるか自分に告げるのだ。ただし、「自分は役立たずだ。失態をしでかしてしまった。もう取り返しはつかない。試みること自体、無意味だ」などと嘘を言ってはいけない。自分自身に本当のことを話すようにしよう。「たとえ神様の力にすがらなければならないとしても、その気さえあれば、そして実際に試みれば、状況を改善することは可能だ」と。

自分自身に敬意を払うようにしよう。自分で勝手に弱点や過ちだと思い込んで自分を責めるのはよくない。他者に対するのと同じように、自分にも愛情をもって接することだ。他者が自分と同じ状況に置かれたとしたら、その人に期待しないことを自分自身に期待してはならない。

自分の人生の「透明性を高める」ようにしよう。自分の動機や判断に関して、自分自身に率直かつ正直であることだ。正当化しようとしてはいけない。弱点や落ち度を隠そうとしないで、それに真っ向から向かい合い、取り組むべきである。今の自分をそのまま出そう。そして、明日は少しでも向上できるように努力しよう。

自分に対して犯した「間違いを正す」ようにしよう。そして、自分を許してやることだ（これは許すことの中で最も難しいことである）。「自分自身の信頼」を築き、自信を取り戻せるように、自分自身を自由にしてやることが必要である。

自分自身に「忠誠を示す」ようにしよう。自分と話すときも他者と話すときも、自分のことを悪く言ったり、いじけたりする必要はない。

自分が重要と感じることに「結果を出す」ようにしよう。他者が重要と思うかどうかは関係ない。目標を設定し、それを実現することだ。

「より上を目指す」ようにしよう。自分の力量を向上させる時間を確保すべきである。スキルを身につけて特異な才能や力量を発揮するとともに、新しい能力や知識の習得が必要になるような難題に立ち向かうことで、「自分自身の信頼」や自信を強化することだ。

「現実を直視する」ようにしよう。現実から目を反らした生き方はいけない。悲観的になったり、絶望したりしてはならない。必要なことに真っ向から向き合い、勇気と希望を持って前進することだ。

「期待を明確にする」ようにしよう。自分自身に何を期待するかはっきりさせることだ。他者から何と言われようと、自分自身の期待を満たすのをやめてはいけない。自分の決定や人生を他者の期待によって振り回されてはならないのだ。

「アカウンタビリティを果たす」ようにしよう。自分がすべきと感じることについて何か気づいたときは、それを書き留めて、実行してアカウンタビリティを果たすことだ。他者の期待よりも、自分自身のひらめきに従う責任を優先すべきである。

自分自身の良心に、そして内面の声に「まず耳を傾ける」ようにしよう。他者の意見に惑わされ、自分が心の奥底ですべきとか、すべきでないと感じることに背いてはならない。

自分自身との「コミットメントし続ける」ようにしよう。自分と約束する際は慎重さが必要だ。そして、他者との約束の場合と同様に、敬意を払って対応しなければならない。

自分自身に「他者を信頼する」ようにしよう。自分の本能と直感を信頼することだ。自分の判断力を信じよう。自分の生き方に関して指導を仰ぐ自分の能力を信頼しよう。自分自身の心が正しければ、自分の利益は必ずや実現されるはずと信じるべきである。

あなたが以上のことを実践するとき、あなたの「信頼性の四つの核」は強化されていくはずだ。「誠実さ」が強化され、「意図」が改善され、「力量」が増し、「結果」が向上するのだ。そして、自分でも信頼でき、また他者からも信頼される人間になるのである。

まとめ

過去二〇年間にわたって私が携わってきた仕事、社会奉仕活動、私生活や家庭生活を通じて、私は十分な確信を得た。それは、社会、市場、組織、人間関係、個人というあらゆるレベルにおいて、人は信頼を失ったとしても、本当に取り戻そうという気があれば、少なくともある程度は回復できるということだ。ただし、その気がなかったり、あるいは取り戻した後でまた何度も裏切り行為をしたりすれば、その可能性は恐らく奪われてしまうだろう。

そして、単に信頼が回復されるだけではないのだ。信頼を強化できる場合も多いことを私は知っている。自分の人生において重要な人物と一緒に立ち向かう困難が、持続的な信頼を育てるための豊かな土壌になるのだ。試練を通じて試され、証明されることによって、信頼がいっそう強固になっていくわけである。その際、どんな状況においても大いに威力を発揮するのが、「信頼性の四つの核」と「信頼されるリーダーの一三の行動」なのである。

◇あなたが相手への信頼を失ったとき

ここまでは、あなたが相手の信頼を失った場合の回復方法について見てきた。だが、相手があなたの信頼を失うようなことをしたときは、どうすればよいだろう。

あなたが相手の信頼を失ったとき、無理やり取り戻そうとしても無理なように、誰かがあなたの信頼を失った場合も、あなたに信頼を強制することはできない。あなたの信頼を裏切った人をもう一度信頼するかどうかは、あなたの判断にかかっている。だが、その決断をする際は、以下の点に注意するとよいだろう。

性急に決めつけない：誰かに信頼してもらえないときどんな気分になるか、あなたは知っているはずだ。また、誤解を受けたり、誤った解釈をされたり、自分には何の落ち度もないのに不信の目で見られたりする場合も同様だろう。相手の人もそういう立場に立ったら、あなたと同じ気持ちになるのだ。だから、他者に何か疑問を感じても好意的に解釈するようにしよう。能力が足りないからといって、人格の問題と決めてかからないことだ。過ちの多くは意図的なものではない。他者を素直に受け入れることが大切なのである。

許すのは急げ：ここで確認にしておきたいことがある。「許す」ことと「信頼する」ことは同じではない。そして、例えば虐待を受けている妻が相手の夫を何度も許すのは、私の言わんとしていることとは違う。それは「賢い信頼」でもない。

私の言う「許す」とは、誰かに故意または偶然に気分を害された場合、その人に対して抱く怒りや復讐の念、非難の感情などを自分自身から取り除くべきだということだ。裁判官や陪審員のようなつもりで他者を裁かないことであり、他者の態度や行動、過去に起きた事柄など、自分にはどうにもならないことには手を出さないことだ。他者の過ち、弱点、誤った選択に対する受身的な対応から自分自身を肉体的、精神的、情緒的に解放することである。

「許す」の好例はネルソン・マンデラだ。ロッベン島での二七年間にも及ぶ投獄生活の末、彼は釈放されて南アフリカの大統領になった。彼は就任演説に際し、自分の魂と自分の祖国を癒すためには許しが必要と考え、その印として自分を監禁した人たちに最前列の席を用意したのである。

許すことは必ずしも容易なことではない。神による調停を仰がなければならない場合も多いかもしれない。しかし、信頼するか否かに関わらず、私たちは常に許すことが求められる。それは自分自身のためだけでなく、相手のためでもある。許すまでは、「賢い信頼」を思う存分実行することができないのだ。感情的なしこりを残したままでは、分析力も信頼性向もともに機能しなくなってしまうのである。

弱い者は赦すことができない。赦しとは強い者の性質なのである。

——マハトマ・ガンジー

許すことは、より良い人生を実現するための原則だ。「間違いを正す」行動として私たちが果たすべき責任の一部でもある。許すということをしないと、私たちはこの決定的な行動に違反することになる。明確な判断、情緒的自由、予想される高信頼配当を自ら放棄するだけでなく、他者が自らを許し個人的に変革するのを邪魔する恐れもある。

あなたに害を及ぼした人を、その人の行動ではなく、あなた自身の行動によって許す強さを備えなければいけない。そして、非礼を恥じるために許すのではない。マンデラが模範を示したように、自分自身に明快さと心の安らぎをもたらすために許すのである。

他者を許すことのできない人は、自分も渡らなければならない橋を自ら壊すようなものだ。
——ハーバート卿（英国の哲学者・神学者）

グローバル市民として、人類の一員として、そして自分のみならず他者のためにも、私たちは許すことが必要である。そうすることによって、信頼するにせよ、しないにせよ、思いのままに進むことが可能になるのである。

◈信頼の回復に全力を注ごう

私の親しい友人が披露してくれた体験談を紹介しよう。

我々の息子は、一四歳頃までは理想的な子供でした。家族での活動にも進んで参加し、学校の成績も良く、友だちも素晴らしい子たちで、我々夫婦は喜んでいました。その後、彼が我々との間に少し距離を置くようになっても、成長過程における自然な変化と受け止め、それなりに対応するように努めました。ところが、そのうちに別の友人たちと遊び歩くようになったのです。それからというもの、自分の行動を隠すようになり、これは問題だと我々は思いました。

そこで、息子のことを最優先に考え、一緒に過ごす時間を増やしました。その一方で、息子の自由にさせていたことを制限し、家族の目標を設定したりもしました。また、専門家に相談したり、息子を連れて行ったりしたこともありました。説教したり謝ったりもしましたが、約束をしても守られませんでした。そして、さらに年齢が上がるにつれ、息子の行動はますます危険になっていきました。我々は何度となく失望を味わい、びくびくする思いでした。しかし、何があろうと決して息子を放り出したりはしない、いつまでも愛しているということを彼に分かってもらおうという思いでいました。

状況がさらに悪化したとき、我々は息子に言いました。私たちはあなたをとても愛しているから、今のような生活をしているようでは支えて上げられない。我々と一緒に住むのは良いが、こちらの条件に従ってもらわなければならない。別の生き方をしたければ、出て行ってもらうしかない、と。

それで息子は家を出て行きました。そして、彼の生活はいっそう荒れたものになりました。それはとても辛いことでしたが、我々はそれを気にしないようにし、自分たちの価値観を実践し、息子に対する愛を再確認しようとしました。日曜日に友人たちを連れて家に夕飯を食べに来るのはいつでも歓迎だということを、息子に伝えました。この家の中では行儀よく振舞ってもらわなければ困るが、いつでも喜んで迎え、ご馳走すると彼らに言いました。何回かやって来た子たちはかなり柄の悪い感じがしましたが、外見はともかく、彼らは常に食事と愛情に満たされて帰っていきました。

そうこうしているうちに、息子は徐々に自分を取り戻していきました。とても困難な時期を乗り越えて心をすっかり入れ替え、今では一四歳まで持っていたあの素晴らしい精神を取り戻していきます。息子は打ち明けてくれました。五年もの苦難の時期に心の中で唯一頼りにしていたのは、我々が自分を愛してくれ、自分のことをいつも考えてくれていると分かっていたことだった、と。息子は我々を信頼できると思っていたと言いました。そして今、有難いことに、我々も息子を信頼できると思っています。

親密な関係における信頼回復の道のりは困難で辛く、時として何年もかかることもある。しかし、信頼回復に全力で取り組み、実現させることによってもたらされる配当ほど大きなものはないのだ。

◇信頼の崩壊、それは一つの始まり

信頼の崩壊は袋小路を意味するのが普通のようだ。関係が途絶え、可能性がついえるからだろう。自信も失われ、再び信頼することができなくなってしまうことさえある。

だが、あきらめるのは早い。なぜなら、信頼の崩壊が重要な始まりになる場合があるからだ。

もしあなたが誰かの信頼を裏切ってしまったときは、あなた自身の行動を見直し、人格と能力を向上させ、信頼を抱かせるような方法で行動するチャンスと考えよう。これが相手に伝わり、あなたへの信頼を回復してもらえれば幸いである。だが、そこまでは行かなくても、あなたの努力が相手に好影響をもたらし、その結果、将来いっそう高信頼な関係を築くことが可能になることは間違いないだろう。

もし誰かがあなたの信頼を裏切るようなことをしたら、許す努力をし、「賢い信頼」を提供する方法を身につけ、その関係で可能な限りの配当を最大化するチャンスなのである。

いずれの状況であれ、信頼の崩壊は、「自分自身の信頼」と信頼性の構築を飛躍的に高める機会となる。あなたが失った他者の信頼を取り戻そうとしたり、あなたの信頼を裏切った人を許し、「賢い信頼」を提供したりする過程を経るにつれ、あなたの人格と能力は向上していくことだろう。あらゆるレベルにおいて信頼を築き、育て、回復し、与える判断力と能力に自信が持てるようになるはずである。

5-3 信頼性向

信頼に値しない人物であることが明らかになるまではその人を信頼し続けると、もっといろいろな可能性が生まれることに私は気づいた。

——ジム・バーク（元ジョンソン・エンド・ジョンソン会長兼ＣＥＯ）

他の人は誰一人信頼してくれないのに、ある人だけがあなたを信じ、信頼してくれたという経験があるだろうか。その時、どんな気持ちだっただろう。それはあなたの人生に何をもたらしただろうか。

私は、大学を卒業した直後にそういう経験をした。私が入社したトラメル・クロー社は当時、米国最大の不動産開発会社で、第一回の「米国で働きたい会社ベスト一〇〇」にも選ばれていた。あれは異例な形での採用だった。普通は支店ごとに採用を行なうのに、私は本社の経営幹部と昼食を食べながら話をし、リース仲介人として採用するとその場で言われたのだった。どの支店になるか分からないが、どこかに良いポストがあるはずだと彼は明言した。

私は早速いくつかの支店を回り、そこの共同経営者の面接を受けた。ところが、どこからも良い返事はもらえなかった。私の学校での成績はまんざらではなく、それなりの職歴もあったが、二年働いたらＭＢＡ取得のために学校に戻るつもりであると履歴書に書いてあった。実は、私に与えられたポジションは普通、一流校のＭＢＡ取得者に与えられるものであり、そういう人たちはパートナーシップの地位に向けて三～五年の出世コースに乗っていた。二年間勤務して辞めるつもりの私に投資して育てようなどと思う人はいなかったのだ。私はさらに、自分のキャリア目標を経営コンサルティングとリーダーシップ開発に進むことと履歴書に書いており、それが不動産開発に打ち込んでいるトラメル・クロー社の共同経営者たちに悪い印象を与えてしまった。要するに、私が履歴書に記したキャリアプランが彼らの求めるものとズレていたのだ。当時まだ世間知らずだった私はその問題にほとんど気づいていなかったが、自分の目的を偽ってまで相手の期待に合わせることはできなかった。

それで、私は会社に勤務しつつも実際は何も仕事をせず、宙ぶらりんな状態が六週間も続いた。十人以上の共同経営者と面接したのに、誰も私を使う意志がないことが明らかになり、私を採用したあの経営幹部はきっと後悔していたと思う。私は落ち込んでいった。実際、私の自信はかつてないほど萎えていた。

そんな折、ジョン・ウォルシュという別の共同経営者に会ったところ、彼は私にかけてみようと思ってくれたようだった。「この男が気に入った。彼の力を信じる。私のチームに欲しい」と彼は言ったそうだ。彼は私を自分の手元に置き、既に採用していたＭＢＡ取得者や法学部卒業生たちと最初からまったく同じ待遇で私を受け入れてくれた。私は大いに感謝し、意欲が湧いてくるのを感じた。彼を落胆させたくなかったのだ。

私は結果を出すのに半年かかった。その間に自信を失いかけたことも何度かあった。だが、ジョン・ウォルシュは私をずっと信じてくれた。それから急にうまく行き始めた。二年の期間が終わる前に、私はリース仲介人として支店で一番の成績を取り、全国でもトップクラスにのし上がっていた。

ジョン・ウォルシュの私に対する信頼は報われたのだ。彼は会社の利益を伸ばすことに成功し、私もリーダーシップ能力を身につけ、出世することができたのである。私は今でも彼のことを思い浮かべるたびに、感謝の念に包まれる。私の父を別にすれば、ジョン・ウォルシュは私のキャリアに最も影響を与えた人物であり、また私生活でも彼は私にとって大きな存在だった。なぜなら、誰も私を信じてくれなかった状況で、私を信じ、私にかけてくれたからだ。彼の信頼の提供が私の長所を引き出してくれたのである。

あなたに贈りたい言葉がある。それは、「私はあなたを信じる」という言葉である。

――ブレーズ・パスカル（フランスの物理学者・数学者）

◇信頼を植え付ける

人は生きて行く過程で、誰かが信じてくれたお陰で人生が大きく変わるという経験をするものだ。その際、何よりも興味深いのは、他者にも同じようにしてあげられるのでは、と気づくことである。他者を信じることができる。他者に信頼を与えることができる。他者が困難にうまく対処し、埋もれていた潜在能力を発見し、世の中の役に立つ大きな貢献をする力になれるのだ、と思うのだ。

ウォルマートおよびサムズ・クラブの創業者であるサム・ウォルトンといった人々がどんな違いをも

たらしたか考えてみてほしい。かつて業務執行副社長だったディーン・サンダースによれば、ウォルトンは店舗視察を終えて戻って来ると、よくディーンを呼んでこう言ったという。「あの子をどこかの店長にしてやってくれ。彼はできるよ」経験不足では、とディーンが懸念を示すと、「とにかくやらせてみてくれ。どこまでできるか見てみよう」と答えたという。

他者を過度に信頼すると、だまされたり失望させられたりする危険性がある。だが長い目で見れば、人を無能とか不誠実と決め込んで信頼しないよりは賢明である。

——ウォーレン・ベニス（『リーダーになる』の著者）

社員を信頼し、その良識に任せているノードストローム社、顧客の不満に対処するための支出権限を社員に与えているリッツ・カールトン、課された仕事を完了する限り勤務の場所や時間は社員の自由にさせているベスト・バイ社などのリーダーたちがどんな成果を出したか考えてほしい。

あなた自身の経験についても考えてみよう。誰かからこんなことを言われたら、どんな気分だろう。「君ならやれるよ。君は信頼できる。成功するのに必要な人格と能力を備えているからね。私は君を信じる。君を信頼している」そんな言葉を聞くだけで、成功に必要なひらめきがすべて得られたりするときもあるのだ。

部下に信頼を提供するリーダーは、助言者であり、手本であり、ヒーローである。そうしたリーダーについて、また彼らが私たちの人生にもたらしてくれるものについて考えるとき、私たちは感謝の気持ちでいっぱいになる。社員に信頼を提供する企業は、きっと魅力的な職場となることだろう。

我々の手法は、二〇年間にわたる調査で得た結論に立脚したものである。それは、経営者と社員の間の信頼は最高の職場たる第一条件だということである。

――グレート・プレイス・トゥ・ワーク・インスティチュート

このようなリーダーシップは、家庭でも信頼を生み出す。親が子供に向かって、「お前を愛しているよ。信じてもいる。お前を信頼している」と言い、信頼して重要な仕事を任せて子供の人格や能力を伸ばすようにしたら、その子の人生がどう変わるか考えてほしい。私の会社のリーダーシップ・セミナーで受講者たちに、人生で最も影響を受けた人物について思っていることを述べてもらうと、誰も信じてくれないときに親（または教師、コーチ、職場の先輩）だけは信頼してくれたと言う人が非常に多い。

繰り返しになるが、職場であれ家庭であれ、リーダーの第一の仕事は信頼を抱かせることだ。重要な責任を担わせることによって人々の長所を引き出すとともに、高い信頼関係が創造性と可能性を刺激するような環境を構築することが大切なのである。

ずっと信頼しないのが時に正しい場合もあるが、時に失望することがあっても信頼するほうがよい。

――ニール・A・マックスウェル（教育者・宗教指導者）

◇信頼すれば報われる

人を信頼すればその人の一番良い面が引き出され、まさに相互の関係の力学が変わる。信頼を裏切る人も中にはいるが、大多数の人は信頼に背くことはなく、驚くほど好ましい反応を返してくれる。そうした状況では、相手の人は外部からの管理や統制、あるいは動機づけのための「アメとムチ」の手法など必要としない。感激し、与えられた信頼で動き、それに応えようとする。恩に報いたいと思うのだ。

前でも紹介したが、エミール・デュルケームはこう言っている。「道徳観［文化的価値観］が十分あれば法律は必要ない。道徳観が十分なければ、法律は施行できない」私はそれをこう言い換えたい。「信頼が十分あれば法律は必要ない。信頼が十分なければ、法律は施行できない」私の父が言ったように、「抑えきれない信頼が人間の動機づけの最高の形」なのである。

どんな人であれ、他者に信頼を与え、信頼を抱かせる機会は無数にある。そして、それを実践する中で、相手の人だけでなく、その人の行動に感銘を受けたすべての人々の人生に驚くべき違いが生み出されるのである。

さらには相手だけでなく、自分の人生にも大きな変化が生じる。信頼は互いに与え合うものである。つまり、あなたが他者を信頼すればするほど、それだけあなた自身も信頼されるのだ。私の会社のセミナーでは、準備運動として職場の同僚の似顔絵を描いたカードを受講者に配り、その人を信頼しているかどうかで分類してもらう。そうすると、他者を信頼しない人は大概、自分も信頼されていないことが分かる。「信頼を与えなければ、信頼を受け取ることもない」とは老子の言葉である。

◇信頼の決定的瞬間

ビジネス、歴史、文学、人生における重要な出来事の多くは実際、信頼の決定的瞬間で決まり、驚くべき方法で積極的に他者を信頼する人々によって左右されてきた。

マケドニア王国のアレクサンドロス大王の人生における決定的瞬間が思い浮かぶ。ペルシャの国王、ダリウス三世は、アレクサンドロスを殺した者には誰であれ一、〇〇〇タラント与えると言った。アレクサンドロスは肺炎を患い、瀕死の状態にあった。医者たちは感染して死ぬのを恐れ、国王の治療に二の足を踏んだ。ただし、もし国王が死ねば、ダリウスの袖の下欲しさに毒を盛ったと誤解されて訴えられる心配もあった。しかし、アレクサンドロスの友人で、子供の頃から仕えてきた医者のフィリップは、治療を厭わなかった。自分の処方する薬のみならず、アレクサンドロスとの友情にも自信を抱いていたからだ。歴史家、H・A・ギュルバーは次のように述べている。

> 熱が一番高くなったとき、フィリップは自分がこれから強い薬を処方するから、それで国王の命を救いたいと言った。

フィリップがこの薬を煎じに外に出た直後、アレクサンドロスは一通の手紙を受け取った。そこには、この医者は国王に毒を盛るようペルシャのダリウス三世に買収されているから、気をつけるようにと記されていた。

その手紙を読んだアレクサンドロスは、それを枕の下に入れ、医者が戻って来るのを静かに待った。フィリップが器に約束した薬を入れて持ってくると、アレクサンドロスは片手でそれを受け取り、もう一方の手で手紙を彼に渡した。そして、彼がそれを読んでいる間に、薬を一滴残らず飲み干した。

フィリップはその告発文を見て真っ青な顔になり、主人の顔を見上げた。国王は笑みを浮かべながら空になった器を返した。アレクサンドロスがこの医者に寄せていた絶大な信頼は、まさに正しいことが証明されたのだ。彼はその薬で病を克服し、間もなく職務に復帰できたのである。

また、ヴィクトル・ユゴーの大作、『レ・ミゼラブル』に登場するカトリックの司教もそうだ。彼は盗みを働いたジャン・ヴァルジャンを許しただけでなく、彼の価値を認め、彼に信頼を与え、彼の人生を永久に変えたのである。さらに、聴力と視力を失い、話すこともできないヘレン・ケラーに信頼と自信を与え、素晴らしい結果を生み出した家庭教師、アン・サリバンもそうだろう。人は基本的に善人で、信頼に値するという大前提の下で会社を創立した起業家、ピエール・オミダイアもそうだ。その他、運動選手の潜在能力を信じるコーチ、困難に直面しても人に忠誠を保つ友人、親を信頼する幼い子供なども同じだ。そうそう、七歳の息子に信頼を与えた父親もいた。

◈信頼する道を選ぼう

人を広く信頼してだまされ、その信頼とその欺瞞に涙する方がましだ。信じてもらえていたら、真の信頼でもって他者の人生に恵みをもたらしていたと思われる人の心を疑うよりは

――フランセス・アン・ケンブル（英国の作家）

人は信頼性向を持って生まれて来る。子供の頃は誰も純真で、無邪気で、傷つきやすく、単純である。時にはもっともな理由による場合もあるが、人生経験を通じて、信頼しなくなる。

しかし、どんな状況にあるにせよ、私たちは実際のところ、信頼性向を維持したり回復したりする選択ができるのだ。鍵は、許すことができるかどうか、信頼性向と分析力のバランスをとって判断力を身につけ、配当を最大化しリスクを最小化するような「賢い信頼」を提供できるかどうかにある。

私の場合は、これまでその両方を経験してきた。隅々まで管理され、信頼されない状況にいたことがある。それは私自身の参加意欲、決意、興奮、創造性の感情に、また私の活力と才能の解放に強い悪影響を及ぼしたことを私は知っている。私はまた、信頼がたっぷり与えられた状況にもいた。こちらは、その信頼が私の優れた部分を劇的に刺激し、力強く解放してくれた。

私は時々痛い目に遭った。信頼していた人が期待に応えてくれなかったからだ。しかし、多くの人は約束を果たしてくれ、私は素晴らしい結果を実現してきた。期待に応えようと彼らが奮起する姿を見て

きた。活力をみなぎらせ、胸を膨らませ、熱中する姿を、肉体のみならず精神的にも仕事に打ち込む姿を、そして、他者を信頼する知恵を持つ人がいたために違いを乗り越え、困難を克服し、短期間で偉業を成し遂げる姿を私は目の当たりにしてきた。

人を信頼しないよりも、信頼して時にだまされるほうが人は幸福である。

――サミュエル・スマイルズ（英国の作家）

今日のフラットなグローバル経済で成功するためには信頼が欠かせないという事実は、どうにも逃げようのないものだ。個人的関係や家族関係においても、満足と喜びを味わうためには信頼が不可欠である。

そして実際、信頼を確立することは可能なのだ。信頼を育てること、信頼を与えること、信頼を回復することもできるのだ。個人としても組織としても信頼性を高め、信頼を生み出すように行動することができるのだ。そうすれば、私たちの生活のあらゆる側面においてスピードが上昇し、コストが低下するのである。

だとしたら、それを望まない手があるだろうか。信頼を抱かせるような生き方やリーダーシップを望まない人がいるだろうか。

アルベルト・シュバイツァーはこの点を見事に表現している。

誰もが人生の何らかの時点で、内なる炎が消えることがある。しかし、別の人間との出会いによって、その炎は再び燃え上がる。我々は、内なる精神を再燃させてくれる人に感謝しなければならない。

他者に信頼を与えると、その相手と自分の内なる精神に再び火をつける。人は皆他者を信頼し、他者から信頼されなければならないという生まれつきの性向を刺激し、啓発する。関係に幸福を、仕事に結果を、そして人生に自信をもたらしてくれる。そして何よりも、私たちの人生のあらゆる面で莫大な配当を生み出してくれる。それこそが「信頼がもたらすスピード」なのである。

絶え間ない励ましと信じ難い優しさ、そして豊かな信頼を与えてくれた我が妻、ジェリにこの本を捧ぐ

謝辞

この本の出版にあたっては実に多くの方々にお力をお貸しいただき、感謝の念に耐えない。その人々のご尽力に対する私の今の心境を表わすとしたら、アルバート・アインシュタインの次の言葉が適切かもしれない。「自分自身の生活は内面的にも外面的にも、生者も死者も含め他人の骨折りに支えられていること、私がこれまでに受けたもの、そして今なお受けつつあるものと同じ量をお返しするために努力しなければならないということを、私は日々自分に言い聞かせている」この本についても例外ではない。多くの人たちの手助けなしには本書がこの世に生まれることはなかったわけであり、私はその人たちに心より感謝する次第である。

才能溢れるレベッカ・メリルには、今回の作業のあらゆる部分において多大なお力添えをいただいた。とりわけ執筆作業に関して貴重なご意見を頂戴し、深く謝意を表したい。彼女の創意に富んだサポートがなかったら、本書はまだ日の目を見ていないだろう。また、次の方々にもお礼を申し上げたい。

● グレッグ・リンク氏。コヴィーリンクの中の「リンク」であり、先見の明のある素晴らしい友人であると同時にビジネス・パートナーでもある。驚異的なまでの洞察力、情熱、勇気そして影響力を発揮してくださった。

●バリー・レラフォード氏。彼の当初段階からのご協力、ご指導そして励ましは実に貴重だった。

●ゲーリー・ユッド氏。彼のアイデア、大胆さ、リスクに挑む積極性は卓越していた。

●ライアン・クック、ジョシュア・コヴィー、シェーン・クラガン、チャック・ファーンズワース、タミー・ハーモン、ロビン・ケーリン、デイビッド・カスパーソン、スザンヌ・レオナルド、ケンダル・ライマン、トッド・キング、クレイグ・ペース、キャンディー・パーキンス、ホーリー・ホワイティングの各氏。いずれもコヴィーリンク・チームのメンバーで、絶えずサポートと激励をいただいた。また、リサーチ担当のハン・スタイス氏の勤勉なご尽力、インターンのダビア・キング氏の初期段階におけるお力添え、転写を担当してくださったメアリー・ウエンツ氏にもお礼を申し上げたい。

●私の妹のシンシア・ハラー。いろいろと力を貸してもらった。とくに彼女の経験談とアイデアのお陰で、本書はより興味深いものになったのではないかと思う。

●私の妹のマリア・コールおよびキャサリン・セガーズ。原稿を手直しするためのアイデアや提言、アドバイスを提供してもらった。

●パム・ウォルシュおよびケビン・コープの両氏。このプロジェクトを引き受ける勇気を私に与えてくれた。

●編集者であるドミニック・Ａｎｆｕｓｏ氏。彼は最初からこの本の意義を信じてくださった。また、サイモン・アンド・シュースター・チームの面々からも貴重なご支援をいただいた。

●『スピード・オブ・トラスト』手法を適用し、その妥当性を検証するため、継続的に調査に協力していただき、情報や感想を提供してくださったわが社の多くのクライアント。とくに「賢い信頼」に関して、ベス・ディパオロ、サンディ・ステイトン、ジョーン・ポラーズの各氏をはじめとするサンダンスの方々の効果的なご尽力により、素晴らしいヒントを得ることができた。

●ボブ・アレン、ポール・ブロックバンク、キム・キャップス、ジーン・クロウザー、トム・クラム、デイブ・フェアバンクス、ドッティ・ガンディー、ジョーゼフ・グレニー、ボブ・ギュインドン、グレッグ・ジュークス、エリック・クルーガー、アニー・リンク、キャロル・マエロ-フェッツァー、アレックス・マンドシアン、ウィル・マーレ、メッテ・ノガード、フォン・オージル、タリー・ペイン、レベッカ・ソルトマン、ポール・サンダース、スティーブ・シャレンバーガー、マイケル・シンプソン、ジェームズ・スキナー、キャロリン・ストラウス、カイリー・ターリー、ティム・ウェルチ、テッサ・ホワイト、リサ・ウィリアムズの各氏には、いろいろな段階で原稿のチェックをしていただいた。いずれのご意見も有益で、なおかつ配慮に溢れるものであった。

私の人生に、そして私の考え方に多大な影響を与えてくれた私の両親、サンドラおよびスティーブン・R・コヴィーに対し、私は深い感謝の念を禁じ得ない。また、この本の随所で引用させていただいた方々を含め、数多くの思想的指導者の方々にも謝意を表したい。この一〇年間、自分の思想において、また本書の執筆に関しても、私は大いに感化を受けてきたと言わざるを得ない。

そして、何よりも重要なこととして、今回のプロジェクトの最初から最後まで私に数々の恵みと、洞察と、そして力を与えてくれた神に感謝の念を捧げたい。人生に喜びと成功をもたらすすべての原則の根底には神の存在がある — 私はそう信じて疑わない。

スティーブン・Ｍ・Ｒ・コヴィーおよびコヴィーリンク・ワールドワイドについて

スティーブン・Ｍ・Ｒ・コヴィーはコヴィーリンク・ワールドワイドの創立者の一人であり、現在ＣＥＯの地位にある。信頼、リーダーシップ、倫理およびハイ・パフォーマンスの分野で人気と説得力を併せ持つ講演者およびアドバイザーとして、世界的に活動している。その主張を要約すれば、「信頼がもたらすスピード」ほど速いものはなく、信頼を築き、育て、与え、回復する能力は、新たなグローバル経済におけるリーダーシップに欠かせない能力だということになる。彼はこのメッセージを熱い心で人々に送り続け、個人や組織による高信頼配当の獲得に貢献している。短期および長期のパフォーマンスに影響しかねないリアルタイムな問題に対する彼の見識に富んだ実践的アプローチは、個人と組織の心をつかんで離さない。

彼がかつてＣＥＯを務めていたコヴィー・リーダーシップ・センターは、彼の指揮の下で世界最大のリーダーシップ開発会社に成長した。ハーバードでＭＢＡを取得後、同社に加わり、顧客開発を担当。後にナショナル・セールス・マネージャーを経て社長兼ＣＥＯに就任した。

彼の体制下、同社の収益力は急成長を遂げ、Ｉｎｃ・５００誌の「米国で成長著しい企業五〇〇」に名を連ねる評価を得た。彼は社長兼ＣＥＯとして売り上げを一億一、〇〇〇万ドル超へとほぼ倍増させるとともに、利益を一二倍に拡大させた。その期間、顧客と社員両方からさらに高い信頼を獲得した同社は、世界四〇カ国以上に進出した。その結果、ブランドと会社の価値が大幅に増大し、彼がＣＥＯ就任時には二四〇万ドルという評価を受けた。さらに、フランクリン・クエスト社との合併を推進してフランクリン・コヴィー社を組織し、株主価値を三年足らずで一億六、〇〇〇万ドルにまで引き上げた。

彼はこれまで、フォーチュン五〇〇社はもとより、中小規模の民間および公的部門の組織の経営者やリーダーたちにコンサルティングの提供を通じて高い尊敬と影響力を築いてきた。組織の現実的な問題に対する、CEOとしての実務経験に裏打ちされた彼特有の視点は、クライアントから高い評価を得ている。

現在は、能力管理技術のリーダーであるヒューマン・パフォーマンス・インスティチュートの顧問委員会委員長をはじめ、数社の取締役および顧問を兼任する。ロッキー山脈のふもとに居を構え、妻子とともに暮らしている。

コヴィーリンク・ワールドワイドは専門的な信頼向上エクササイズを提供している。その目的は、信頼の構築を通じてスピードを上げ、コストを低下させるようなリーダーシップを育成し、全世界の人々や組織のパフォーマンスと影響力を大幅に改善することにある。

コヴィーリンクはスティーブン・M・R・コヴィーとグレッグ・リンクの両名により設立された。彼らが共同で進めた戦略は、スティーブン・R・コヴィー博士の『7つの習慣　成功には原則があった！』を二〇世紀で最も影響力を持つビジネス書の一つにしたとCEO誌で評価された。彼らは、企業のリーダーやアドバイザーとしての自らの経験と、一〇年以上にわたる大規模な調査を通じて、信頼こそがすべてのリーダーシップの影響力の根源であり、そこから生じるスピードはこの「フラットな世界」経済における究極的な競争優位になると確信するに至った。

コヴィーリンクは、実践的かつ実用的なスキルや行動を重視することによって、リーダーシップと信頼に対して非常に実践的なアプローチをしている。信頼されるハイ・パフォーマンスなインフルエンサー（影響者）を生み出し、彼らがさらに別の人たちに影響を与えることによって、高い信頼でハイ・パフォーマンスな組織を形成する。この波紋効果は、組織の成長と勢いを示す測定可能で持続性のあるモデルで実証されている。

すべての利害関係者に対して信頼を築き、育て、与え、回復する能力を強化することにより、リーダー、一般社員、共同経営者、顧客、夫／妻、親など、人生において担う役割の如何を問わず、あなたの可能性と影響力は飛躍的に増大するはずである。コヴィーリンクは、自由参加形式の「Leading at the Speed of Trust」セミナー、オンサイト・プログラム、講師養成講座、オンライン・セミナー、個人・組織評価および測定、アプリケーション・ツール、顧問サービス、特別コンサルティングなど、個人であれ組織であれ信頼を高める追加的リソースへのアクセス方法をさまざま提供している。

脚注（本文中で引用されている文献）

信頼ほど即効性に優れるものはない

エドワード・マーシャルによる引用：Edward M. Marshall, *Building Trust at the Speed of Change* (NewYork: AMACOM, 2000)，p.3.
ナイル・フィッツジェラルドによる引用：Naill Fitzgerald, *Address to the Advertising Association*, London, May 2001.
「ジャック・ウェルチの言葉」: Jack Welch, *Winning* (New York: HarperCollins, 2005)，p.71. ジャック・ウェルチ著『ウィニング 勝利の経営』（斎藤聖美訳 日本経済新聞社）
ジム・バークによる引用：Mukul Pandya and Robbie Shell, *Lasting Leadership: What You Can Learn from the Top 25 Business People of Our Times* (Upper Saddle River, NJ: Wharton School Publishing, 2005)，pp.45-46.
「二〇〇五年ハリス世論調査」: Harris Interactive, The Harris Poll #4, January 13, 2005.
「英国の社会学者、デイヴィッド・ハルパン」: David Halpern, "Trust in business and trust between citizens," Prime Minister's Strategy Unit, April 13, 2005、および John Elliott and Lauren Quaintance, "Britain is getting less trusting," *The Sunday Times*, May 18, 2003、および David Halpern, *Social Capital* (Malden, MA: Polity Press, 2005)．
「社員のわずか五一%である」: 経営コンサルティング会社、ワトソン・ワイアットによる調査："Work USA 2004/2005"
「社員の三六%」: Age Wave and The Concours Group, *New Employer/ Employee Equation Survey*, New York, 2005 (conducted by Harris Interactive)．
「社員は七六%」: KPMG, "Organizational Integrity Survey," 2000.
「第一の原因」: Gina Imperato, "How to Hire the Next Michael Jordan," Fast Company, December 1998, p.212、および Marcus Buckingham and Curtis Coffman, *First, Break All the Rules: What the World's Greatest Managers Do Different* (New York: Simon & Schuster, 1999)，p.3 3. マーカス・バッキンガム、カート・コフマン著『まず、ルールを破れ ― すぐれたマネジャーはここが違う』（宮本喜一訳 日本経済新聞社）
「夫婦の二組に一組」: Divorce 誌および米国勢調査局のデータ。
「どれくらいいるかご存知だろうか」: ドナルド・マカビー教授による調査、Rutgers University, 1992、および Marianne M. Jennings, "Ethics: Why It Matters and How You Do It, "*Journal of Government Financial Management*, Supplement Fall 2005.
「MBA 取得者の 76%」: Marianne M. Jennings, *A Business Tale: A Story of Etbics, Choices, Success and a Very Large Rabbit* (New York: AMACOM, 2003)，p.87; マリアン・M. ジェニングス著『ウサギはなぜ嘘を許せないのか？：後ろ指さされずに成功する新・ビジネス読本』（野津智子訳 アスコム）、および Dawn Blalock, "Study Shows Many Execs Are Quick to Write Off Ethics," *Wall Street Journal*, March 26, 1996, Cl, C22.
「倫理的ジレンマに関する試験」: Marc Ransford、「囚人と MBA 学生の倫理観は似通っている」、Ball State University, 1999.
ロバート・エッカートによる引用：Robert Eckert, UCLA Anderson School of Management 卒業式でのスピーチ、June 18, 2004.
「三五〇億ドル」: Candice S. Miller, "The Sarbanes-Oxley Act 4 Years later: What Have We Learned," House Subcommittee on Regulatory Affairs, April 5, 2006（2006 年 3 月 29 日提出の覚書より）
「バフェットは… こう記した」: ウォーレン・バフェットによるマネジメント・レター「バークシャー・ハサウェイ社 2004 年度年次報告書」
ルパート・マードックによる引用："Business innovation: changing companies for a changing world," *Principal Voices.* The Global CEO Study, "Expanding the Innovation Horizon,' IBM, 2006
『Executive EQ』著者：Robert K. Cooper and Ayman Sawaf, Executive EQ: *Emotional Intelligence in leadership and Organizations* (New York: Berkley Publishing Group, 1996)，p.88. ロバート・クーパー、アイマン・サワフ著『ビジネスマン EQ ― あらゆる目標達成のための』（堀田力訳 三笠書房）
パトリシア・アバディーンによる引用：Patricia Aburdene, *Megatrends 2010: The Rise of Conscious Capitalism* (Charlottesville, VA: Hampton Roads Publishing Company, 2005)，p.xiv. パトリシア・アバディーン著『メガトレンド 2010 ―新しい資本主義をつくる7つのトレンド』（経沢香保子訳 ゴマブックス）
ジョン・ホイットニーによる引用：John Whitney, *The Trust Factor: Liberating Profits and Restoring Corporate Vitality* (New York: McGraw-Hill, 1994)，front flap.
「ベストセラー作家のフランシス・フクヤマ」: Francis Fukuyama, *Trust: The Social Virtues and the Creation of Prosperity* (New York: The Free Press, 1995)，pp.27-28. フランシス フクヤマ著『「信」無くば立たず―「歴史の終わり」後、何が繁栄の鍵を握るのか』（加藤寛訳 三笠書房）
「ロバート・ショーはこう言っている」: Robert Bruce Shaw, Trust in the Balance: *Building Successful Organizations on Results, Integrity and Concern* (San Francisco: JosseyBass Publishers, 1997)，p.xi. ロバート・ブルース ショー著『信頼の経営』（上田惇生訳 ダイヤモンド社）
「契約額全体の約四〇%」: Leslie P Willcocks and Sara Cullen, "The Outsourcing Enterprise: The power of relationships," study by LogicaCMG and Warwick Business School, 2005.
「二〇〇二年の調査」: ワトソン・ワイアットによる 2002 年度 WorkUSA 調査
「スタンフォード大学のトニー・ブリック教授の教育調査」: トニー・ブリックのスピーチ、"Trust Improves Schools," Stanford Educational Leadership Conference, November 5, 2004、および Anthony S. Bryk and Barbara Schneider, *Trust in Schools: A Core Resource for Improvement* (New York: Russell Sage Foundation Publications, 2002)．
トーマス・フリードマンによる引用：Thomas L. Friedman, *The World Is Flat: A Brief History of the Twenty -First Century* (New York:

Farrat, Straus and Giroux, 2005）, p.394. トーマス・フリードマン著『フラット化する世界 ― 経済の大転換と人間の未来』（伏見威蕃訳 日本経済新聞社）

信頼は自分でなんとかできるものである！

「ジャック・ウェルチ」: Robert Slater, *Jack Welch and the GE Way* (New York: McGrawHill, 1999）, pp.37-38. ロバート・スレーター著『GE を最強企業に変えた伝説の CEO』（宮本喜一訳 日経ＢＰ社）
「ジェームズ・コリンズ」: Jim Collins, *Good to Great: Why Some Companies Make the Leap ... and Others Don't* (New York: HarperBusiness, 2001）, p.21. ジェームズ・コリンズ著『ビジョナリー・カンパニー２ ― 飛躍の法則』（山岡洋一訳 日経ＢＰ社）、および Jim Collins and Jerry Porras, *Built to Last: Successful Habits of Visionary Companies* (New York: HarperBusiness, 1994）, p.80. ジム・コリンズ、ジェリー・ポラス著『ビジョナリー・カンパニー ― 時代を超える生存の原則』（山岡洋一訳 日経ＢＰ社 日経ＢＰ出版センター）
「ウォーレン・バフェット」: Richard G. Hagstrom, *The Warren Buffett Way: Investment Strategies of the World's Greatest Investor* (New York: John Wiley, 2004）, p.102. ロバート・G・ハグストローム著『株で富を築くバフェットの法則―全米 No.1 資産家の投資戦略』（三原淳雄訳 ダイヤモンド社）
「ラム・チャラン」: Ram Charan, *What the CEO Wants You to Know* (New York: Crown Business, 2001）, p.94. ラム・チャラン著『ビジネスの極意は、インドの露天商に学べ!』（山岡洋一訳 角川書店）
「サジュ＝ニコル・ジョニ」: Saj Nicole Joni, "The Geography of Trust," Harvard Business Review, March 2004.
リッチ・ジャーンステッドによる引用 : Golin/Harris プレスリリース、"Trajectory of Trust in American Business Shows Signs of Improvement If Brands Act Decisively," AME Info, April 27, 2003.
「ジョン・アダムスとトーマス・ジェファーソン」: David McCullough, Fohn Adams (New York. Simon & Schuster, 2001）, pp.312, 603, 604, 632, 640.
「人生は私にとって」: Margot Morrell, *Shackleton's Way: Leadership Lessons from the Greatest Antarctic Explorer* (New York: Penguin, 2001）, p.209. マーゴ・モレル著『史上最強のリーダー　シャクルトン ― 絶望の淵に立ってもあきらめない』（高遠裕子訳 ＰＨＰ研究所）
ジム・バークによる引用 : Adrian Gostick and Dana Telford, *The Integrity Advantage: How Taking the High Road Creates a Competitive Advantage in Business* (Salt Lake City: Gibbs Smith, Publisher, 2003) cp.9,

信頼性の四つの核

アン・マルケイヒーによる引用 : PriceWaterhouseCoopers, *6th Annual Global CEO Survey: Leadership, Responsibility, and Growth in Uncertain Times, 2003.*
「USA トゥデイ紙にこんな見出し」: Greg Farrell, "Skilling set to testify today on own behalf Verdict could hinge solely on his credibility on stand," *USA Today,* April 6, 2006, p.1B.
「見出しはこう変わった」: Greg Farrell, "Jurors: Ex-Enron execs not credible: Prosecution's witnesses backed each other up," *USA Today,* May 26, 2006, p.1B.
「彼の実績を考えると」: Jesse Eisinger, "Buffett's Reputation May Be Tested," *Wall Street, Journal, March* 31, 2005, p.1C.
「されている人物がいる」: Del Jones, "Buffett maintains respect of fellow CEOs," USA Today, March 30, 2005, p.2B.
ジョン・ハンツマンによる引用 : Jon M. Huntsman, *Winners Never Cheat: Everyday Values We Learned as Children □But May Have Forgotten□* (Upper Saddle River, NJ: Wharton School Publishing）, p.37. ジョン・M・ハンツマン著『「賢いバカ正直」になりなさい』（住友進訳 栄治出版）
「それを実行するのは八%にすぎない」: Ellen Tomson, "Skip the resolutions and make a commitment," Knight Ridder Newspapers, January 14, 2006.
「ウォーリー・ティムの話」: Greg Link による Wally Thiim へのインタビュー（2006 年 4 月 17 日）
ピーター・ドラッカーによる引用 : Peter Drucker, *Managing the Non-Profit Organization: Principles and Practices* (New York: HarperCollins, 1990）, p.9. ピーター・ドラッカー著『非営利組織の経営―原理と実践』（上田惇生、田代 正美訳 ダイヤモンド社）
「大手コンサルティング会社の調査」: "Updating the Meaning of Leadership," AchieveGlobal study, 1998.
「ハーバード・ビジネススクール」: Harvard Business School, MBA 出願者推薦状。
ジェラルド・アーピーによる引用 : Eve Tahmincioglu, "Back from the Brink," *Workforce Management,* December 2004.
ジョン・ハンツマンによる引用 : Huntsman, *Winners Never Cheat,* p.44. ジョン・M・ハンツマン著『「賢いバカ正直」になりなさい』（住友進訳 栄治出版）
ビクター・フンによる引用 : PriceWaterhouseCoopers, *6th Annual Global CEO Survey: Leadership, Responsibility, and Growth in Uncertain Times, 2003.*

第一の核 ― 誠実さ：あなたは一貫性のある人間か？

「イタリア・マスターズ・トーナメント」：Frank Deford, "Game, Set, Ma-: In losing a match, Roddick became a true sportsman," 下記ウェブサイトより。Sports Illustrated.com（2005年5月11日閲覧）
ハンク・ポールソンによる引用：Gostick and Telford, ***The Integrity Advantage***, p.73.
パトリシア・アバディーンによる引用：Aburdene, ***Megatrends 2010***, p.xiv. パトリシア・アバディーン著『メガトレンド２０１０ ― 新しい資本主義をつくる7つのトレンド』（経沢香保子監訳 ゴマブックス）
「クリス・バウアーは」：Patrick J. Kiger, "Steal Big, Steal Little," Workforce Management Online, December 2005.
「デサイは答えた」：Eknath Easwaran, Gandhi the Man（Petaluma, CA: Nilgiri Press, 1978）, p.112.
「『良い企業』から『偉大な企業』への」：Collins, Good to Great, p.22. ジム・コリンズ著『ビジョナリー・カンパニー２ ― 飛躍の法則』（山岡洋一訳 日経ＢＰ社）
ジム・コリンズによる引用：同上、pp.12-13.
ジョージ・フィッシャーによる引用：Douglas Barry, ***Wisdom for a Young CEO: Incredible Letters and Inspiring Advice from Today's Business Leaders***（Philadelphia: Running Press, 2004）, p.145（これを含め本書の引用は、CEOたちの助言を集めたこの卓越した書で紹介されている）
「誠実を実践した好例」：Huntsman, ***Winners Never Cheat***, pp.81-83. ジョン・M・ハンツマン著『「賢いバカ正直」になりなさい』（住友進訳　栄治出版）
アン・マルケイヒーによる引用：Douglas Barry, ***Wisdom for a Young CEO***, p.137. ダグラス・バリー著『CEOから高校生への96通の手紙』（桜田直美訳 ディスカヴァー・トゥエンティワン）
「アンワル・サダトについて考えてみよう」：Anwar el-Sadat, I***n Search of Identity: An Autobiography***（New York: HarperCollins, 1978）.
パトリシア・アバディーンによる引用：Aburdene, ***Megatrends 2010***, p.xiv. パトリシア・アバディーン著『メガトレンド２０１０ ― 新しい資本主義をつくる7つのトレンド』（経沢香保子監訳　ゴマブックス）

第二の核 ― 意図：あなたの思惑は？

「グローバル経済フォーラム」：World Economic Forum 信頼度調査、"Trust in Governments, Corporations and Global Institutions Continues to Decline," December 15, 2005.
「信頼レベル調査」：MORI Social Research Institute, ***Exploring Trust in Public Institutions, Report for the Audit Commission***, 2002.
「CNNの翻訳者」：カナダ放送事業者協会、"CNN in trouble with Iran over mistranslation," CBC.CA Arts, January 17, 2006.
デニス・P・レストレンジによる引用：Bill Catlette and Richard Hadden, ***Contented Cows Give Better Milk: The Plain Truth About Employee Relations and Your Bottom Line***（Germantown, TN: Saltillo Press, 2001）, p.108.
ジミー・ジョンソンによる引用：同上、p.88.
ジム・ミーハンによる引用：Jim Meehan, ***Reasons Have Hearts Too: Thoughts and Feelings Are Inseparable***（Allen, TX: Thomas More Publishing, 2000）, p.70.
「シア・ホームズ社が経験したこと」：Buddy Satterfieldに対する著者のインタビュー、May 1, 2006.
ハーブ・ケレハーによる引用：Catlette and Hadden, ***Contented Cows***, p.87.
「一九九七年… 三人が」：Andy Serwer, "Hot Starbucks to Go," ***Fortune***, January 26, 2004、および Howard Schultz および Dori Jones Yang の寄稿文「***Pour Your Heart into It: How Starbucks Built a Company One Cup at a Time***（New York: Hyperion, 1997）」参照。
「… のわずか二九％」：Age Wave and The Concours Group, New Employer/Employee Equation Survey, New York, 2005（Harris Interactive 社が実施）.
「と感じているのは、従業員の四九％にすぎない」：Towers Perrin HR Services, ***The 2003 Towers Perrin Talent Report - Working Today: Understanding What Drives Employee Engagement***, 2003 .
サム・ウォルトンによる引用：Charles Garfield, ***Second to None: How Our Smartest Companies Put People First***（New York: Avon, 1992）, p.201.
「キャンベル・スープ社のダグ・コナントCEO」：Doug Conantに対する著者のインタビュー（2006年4月21日）
「経済学教授だったポール・ゼイン・ピルツァー」：Paul Zane Pilzer, ***Unlimited Wealth: The Theory and Practice of Economic Alchemy***（New York: Crown, 1991）.
「『フォーブス四〇〇』で」："The 400 Richest Americans," ***Forbes***, September 22, 2005.
「我々の目標は」：Huntsman, ***Winners Never Cheat***, p.160. ジョン・M・ハンツマン著『「賢いバカ正直」になりなさい』（住友進訳 栄治出版）
「企業家であるテッド・ターナー」："Ted Turner donates $1 billion to 'U.N. causes,'" CNN.com, September 19, 1997.
「私は自分のことを」：Marcia Nelson, ***The Gospel According to Oprah***（Louisville, KY: Westminter, John Knox Press, 2005）, p.x.
ローラ・シュレージンガーによる引用：Laura Schlessinger, ***Bad Childhood-Good Life: How to Blossom and Thrive in Spite of an Unhappy Childhood***（New York: HarperCollins, 2006）, p.15

第三の核 ― 力量：あなたは適応しているか？

「ピーターの法則」: Laurence J. Peter and Raymond Hull, *The Peter Principle* (New York: Bantam Books, 1970), p.7. ローレンス・J・ピーター、レイモンド・ハル著『ピーターの法則―〈創造的〉無能のすすめ』(田中融二訳 ダイヤモンド社)
「才能に関係する有名な例え話」: Matthew 25, the Bible.
「私は幸運だった」: Eugene O'Kelly, *Chasing Daylight: How My Forthcoming Death Transformed My Life* (New York: McGraw-Hill, 2006), pp.1-2.
「スティーブ・ジョブズは… と言っている」: Guy Kawasaki, *The Art of the* Start (New York: Portfolio, 2004), p.101.
「やって行けないわけではない」: Dan Goodgame, "The Game of Risk: How the Best Golfer in the World Got Even Better," Time, August 14, 2000.
「最高のプレーを… できるようになりたい」: Jaime Diaz, "The Truth About Tiger: Why the Most Dominant Player in History Decided He Had to Change His Swing," *Golf Diges*t, January 2005.
「とくに凄い点は」: Goodgame, "The Game of Risk."
「能力の罠」: Fast Company Real Times (Phoenix) に対するジェームズ・コリンズのインタビュー (2000年10月)
アン・マルケイヒーによる引用：Barry, *Wisdom for a Young CEO*, p.114. ダグラス・バリー著『CEOから高校生への96通の手紙』(桜田直美 ディスカヴァー・トゥエンティワン)
「情報量が… 倍増している」: James Gelatt, "Scanning for Megatrends in the Nonprofit World," Contributions Magazine, September/October 2000.
「マリオン・D・ハンクスの体験談」: Marion D. Hanks, "Good Teachers Matter," Ensign, July 1971.
「数カ月ごとに」: Pamela Kruger and Katharine Mieszkowski, "Stop the Fight," *Fast Company*, September 1998, p.93.
「[ジョン・マッケイ] は権限を委譲しているというよりも」: Charles Fishman, "The Anarchist's Cookbook," *Fast Company*, July 2004, p.70.
「『チェーンソー・アル』と呼ばれ」: David Plotz, "Al Dunlap: The chainsaw capitalist," Slate, August 31, 1997、および Albert j. Dunlap with Bob Andelman, *Mean Business: How I Save Bad Companies and Make Good Companies Great* (New York: Fireside, 1997),
「ギャラップ社」: Marcus Buckingham and Donald O. Clifton, Now Discover Your Strengths. (New York: The Free Press, 2001), p.6. マーカス・バッキンガム、ドナルド・O・クリフトン著『さあ、才能（じぶん）に目覚めよう―あなたの5つの強みを見出し、活かす』(田口俊樹訳 日本経済新聞出版社)
「ジェームズ・コリンズは… と説いている」: Collins, *Good to Great*, p.13. ジェームズ・コリンズ著『ビジョナリー・カンパニー2 ― 飛躍の法則』(山岡洋一訳 日経BP社)
エリック・シンセキ大将による引用：Tom Peters, *Re-imagine!: Business Excellence in a Disruptive Age* (London: Dorling Kindersley Ltd., 2003), p.3.
「二〇〇三年の記事によれば」: Andrew Park, "What You Don't Know About Dell," *BusinessWeek*, November 3, 2003.
「フォーチュン誌により」: "America's Most Admired Companies," *Fortune*, March 7, 2005.
ハーヴェイ・ゴルブによる引用：Barry, *Wisdom for a Young* CEO, p.121. ダグラス・バリー著『CEOから高校生への96通の手紙』(桜田直美訳　ディスカヴァー・トゥエンティワン)
「人は結局」: Jack Trout に対する著者のインタビュー (2005年12月2日)
クリストファー・ガルビンによる引用：Barry, Wisdom for a Young CEO, p.67. ダグラス・バリー著『CEOから高校生への96通の手紙』(桜田直美訳　ディスカヴァー・トゥエンティワン)

第四の核 ― 結果：あなたは実績を上げているか？

クレイグ・ウェザーアップによる引用：Shaw, *Trust in the Balance*, p.73. ロバート・ブルース ショー著『信頼の経営』(上田惇生訳 ダイヤモンド社)
ジャック・ウェルチによる引用：Welch, *Winning*, pp.20-21. ジャック・ウェルチ著『ウィニング 勝利の経営』(斎藤聖美訳 日本経済新聞社)
「我々は… と思っていた」: Jill Rosenfeld, "Here's an Idea!" *Fast Company*, April 2000, p.97.
「企業評価調査」: Ronald Alsop, "Ranking Corporate Reputations," *Wall Street Journal*, December 6, 2005.
「パフォーマンスの大幅な改善に成功したコンチネンタル」: Continental Airlines 社年次報告書 (2002-5).
「デービッド・ソコル CEO」: Susan Pulliam and Karen Richardson, "Warren Buffett, Unplugged," *Wall Street Journal*, November 12, 2005.
「誕生したのが、あのウォークマンだ」: "From a Small Piece of Wood," Sony History, sony.net.
「手順書に則って」: Tom Peters, *Thriving on Chaos: Handbook for a Management Revolution* (New York: Knopf, 1987), p.307. トム・ピーターズ著『経済革命』(平野勇夫訳 TBSブリタニカ)
「ジョンソンは… 会社の責任を明確に打ち出した」: Tamara Kaplan, "The Tylenol Crisis: How Effective Public Relations Saved Johnson & Johnson," Pennsylvania State University, 1998.
「ロバート・ローゼンタール博士が… 行なった実験」: 下記ウェブサイトより。Wikipedia.org.
「ロザベス・モス・カンターによれば」: Rosabeth Moss Kanter, *Confidence* (New York: Crown Business, 2004), pp.7, 29.

信頼されるリーダーの一三の行動

「フレディに対して、やや軽蔑の気持ちを込めて歌った」: Alan Jay Lerner, *My Fair Lady*, Sony, 1964. アラン・ジェイ・ラーナー作詞・脚本『マイ・フェア・レディ』
ハンク・ポールソンによる引用 : Gostick and Telford, *The Integrity Advantage*, p.94.
「私は… 気に入っている」: ジョージ・クレイン牧師談　作者不詳

行動その一 : 率直に話す

「デル社の行動規範」: 下記ウェブサイトより。Dell.com.
「例えば、以下のようなことだ」: Warren Buffett, Berkshire Hathaway 社年次報告書、2004, 2005.
「四〇%にすぎない」: Mercer Human Resource Consulting, 2005 *What's Working Survey*, New York, 2005.
「『裸の王様』」: Mette Norgaard, *The Ugly Duckling Goes to Work: Wisdom for the Workplace from the Classic Tales of Hans Christian Andersen* (New York: AMACOM, 2004), p.21. メッテ・ノルガード著『不思議なほどうまくいく人』(柴田昌治訳　株式会社三笠書房)

行動その二 : 他者を尊重する

「ウェイター・ルール」: Del Jones, "CEOs vouch for Waiter Rule: Watch How People Treat Staff," *USA Today*, April 14, 2006, p.113.
「最後の問題でつまづいた」: 出典 *The Motivational Manager*
「信頼の三本柱」: Great Place to Work Institute, Inc. 下記ウェブサイトより。greatplacetoworkcom.
「シロタ・サーベイ・インテリジェンス社」: News in Brief, "The Longer Employees Work at a Company, the Less HappyTheyAre, Study Finds," Workforce Management.com, February 10, 2005、および David Sirota, Louis A. Mischkind, and Michael Irwin Meltzer, *The Enthusiastic Employee: How Companies Profit by Giving Workers What They Want* (Upper Saddle River, NJ: Wharton School Publishing, 2005). デビッド・シロタ、ルイス・A・ミスキンド、マイケル・アーウィン・メルツァー著『熱狂する社員—企業競争力を決定するモチベーションの3要素』(スカイライト・コンサルティング訳　英治出版)
「二九%にすぎない」: Age Wave and The Concours Group, *New Employer/ Employee Equation Survey*, 2005.
「わずか四二%」: Towers Perrin, *The 2003 Towers Perrin Talent Report*.
「トム・ピークがいた」: Greg Link による Tom Peek へのインタビュー (2006年3月11日)。

行動その三 : 透明性を高める

「一八億ドルを削減する協定を労働組合と結ぶこととなった」: Eve Tahmincioglu, "Back from the Brink," *Workforce Management*, December 2004.
「ビジネスウィーク誌は」: Wendy Zellner, "What Was Don Carty Thinking?," *BusinessWeek online*, April 24, 2003.
「仕事でも私生活でも」: Richard Wachman, "The man who keeps American in the air," *The Observer*, January 29, 2006.
ジャン・シリル・スピネッタによる引用 : Sally Bibb and Jeremy Kourdi, *Trust Matters: For Organisational and Personal Success* (New York Palgrave Macmillan, 2004), p.29.
「労働組合は」: Tahmincioglu, *Workforce Management*.
「プライスウォーターハウスクーパース」: Samuel A. DiPiazza Jr. and Robert G. Eccles, *Building Public Trust: The Future of Corporate Reporting* (New York: John Wiley & Sons, 2002), p.3.
「プロセスに関する知識は… 共有することになっている」: Phillip Evans and Bob Wolf, "How Toyota and Linux Keep Collaboration Simple," *Harvard Business School Working Knowledge*, August 1, 2005.
ローリン・キングによる引用 : Catlette and Hadden, *Contented Cows Give Better Milk*, p.99.

行動その四 : 間違いを正す

「ジェームズ・フレイの著書」: Carol Memmott, "Winfrey grills 'Pieces' author, apologizes for backing book," USA Today, January 27, 2006, p.1E.
「クライスラーは経営幹部たちに」: Gostick and Telford, *The Integrity Advantage*, p.37
「ウィードは謝罪文の中で… と述べた」: Greg Link による Doug Wead へのインタビュー (2006年6月27日) (letter used with Mead's approval)、および Doug Wead, "I'm Sorry, Mr. President," *USA Today*, March 14, 2005, p.18A 参照。
ジョン・ハンツマンによる引用 : Huntsman, *Winners Never Cheat*, p.55. ジョン・M・ハンツマン著『「賢いバカ正直」になりなさい』(住友進訳　栄治出版)
「ワイド・レシーバのポジションを務めたテレル・オーウェンス」: Bob Brookover, "Owens apologizes, but Eagles won't let him come back," *Daily Herald*, November 9, 2005, p.1C.
「告訴される率が低い」: Berkeley Rice, "Why Some Doctors Get Sued More Than Others," *Medical Economics*, July 11, 2003、および Lindsey Tanner, "Doctors Advised: An Apology a Day Keeps the Lawyer Away," Associated Press, November 12, 2004.

行動その五：忠誠心を示す

「それは私にはまったく当然なことなのだ」: John Marchica, *The Accountable Organization: Reclaiming Integrity, Restoring Trust* (Palo Alto: Davies-Black Publishing 2004), p.167.
「窓と鏡」: Collins *Good to Great*, pp.33 - 35. ジェームズ・コリンズ著『ビジョナリー・カンパニー2 ― 飛躍の法則』(山岡洋一訳　日経BP社)
ジャック・ウェルチによる引用：Welch, *Winning*, p.71. ジャック・ウェルチ著『ウィニング 勝利の経営』(斎藤聖美訳　日本経済新聞社)
「ビジネス作家のドッティ・ガンディー」: Dottie e Gandy, *30 Days to a Happy Employee: How simple Program of Acknowledgment Can Build Trust and Loyalty at Work* (New York: Fireside, 2001), p.27.
「USA トゥデイ紙の報道」: Richard Willing, "Friends say Alito 'down to earth' despite success," *USA Today*, November 2, 2005, p.5A.

行動その六：結果を出す

デイブ・ウーリッヒによる引用：Frances Hesselbein Marshall Goldsmith, and Richard Beckhard, eds., *The Leader of the Future: New Visions, Strategies and Practices for the Next Era* (San Francisco: Jossey - Bass, 1996), pp.212-13.
ジャック・ウェルチによる引用：Welch, *Winning*, p.323. ジャック・ウェルチ著『ウィニング 勝利の経営』(斎藤聖美訳　日本経済新聞社)
ピーター・ロウによる引用：James Watson, "*Building the trust in today's industry,*" *Computing*, October 7, 2004.
「信頼構築の努力について私の考え」: 同上
J・P・ランガスワミによる引用：同上

行動その七：より上を目指す

「早くかつ持続的に学習する」: Mukul Pandya and Robbie Shell, *Lasting Leadership: What You Can Learn from the Top 25 Business People of Our Times* (Upper Saddle River, NJ: Wharton School Publishing, 2005), p.xx.
「ファースト・カンパニー誌」: Ian Wylie, "Calling for a Renewable Future," *Fast Company*, May 2003, p.46.
ジェフリー・イメルトによる引用：Erick Schonfeld "GE sees the light by learning to manage innovation: Jeffrey Immelt is remaking America's flagship industrial corporation into a technology and marketing powerhouse" *Business* 2.0, July 1, 2004
「IBM でリスクの高い」: Warren Bennis and Burt Nanus, *Leaders: Strategies for Taking Charge* (New York: HarperCollins, 1985), p.70.

行動その八：現実を直視する

マックス・デプリーによる引用：Max DePree, *Leadership Is an Art* (New York: Bantam Doubleday, 1989), p.11. マックス・デプリー著『リーダーシップの真髄 リーダーにとって最も大切なこと』(福原義春監修訳　経済界)
「ビジネス作家のキャスリーン・ライアン」: Kathleen D. Ryan and Daniel K Oestreich, *Driving Fear out of the Workplace: How to Overcome the Invisible Barriers to Quality, Productivity and Innovation* (San Francisco: Jossey-Bass Publishers, 1991), pp.77-90.
「どれほどの困難に」: Collins, *Good to Great*, p.85. ジェームズ・コリンズ著『ビジョナリー・カンパニー2 ― 飛躍の法則』(山岡洋一訳　日経BP社)
「ストックデールの逆説」: Collins, *Good to Great*, p.86.
「フォーチュン誌で」: Betsy Morris, "The Accidental CEO," *Fortune*, June 23, 2003.
「倒産のメリットを」: 同上
「株価は一日で二六%も下落した」: 同上
「ジョン・ケースは… と述べている」: John Case, *Open-Book Management: The Coming Business Revolution* (New York: HarperBusiness, 1995), pp.175-180. ジョン・ケイス著『オープンブック・マネジメント：経営数字の共有がプロフェッショナルを育てる』(佐藤修訳　ダイヤモンド社)
「社員が諸君の真のビジネス・パートナーでないとするなら」: Melanie Trottman, "Airline CEO's Novel Strategy: No Bankruptcy," *Wall Street Journal*, April 17, 2006, B1.
ジョン・ハンツマンによる引用：Huntsman, *Winners Never Cheat*, p.62. ジョン・M・ハンツマン著『「賢いバカ正直」になりなさい』(住友進訳　栄治出版)
「三九%にすぎない」: Mercer Human Resource Consulting, 2005 What's Working Survey, New York, 2005.
「厳しい現実に直面したとき」: Collins, *Good to Great*, p.81. ジェームズ・コリンズ著『ビジョナリー・カンパニー2 ― 飛躍の法則』(山岡洋一訳　日経BP社)

行動その九：期待を明確にする

「二〇～四〇%上回る」：LogicaCMG および Warwick Business School が外部に委託した調査。
ダン・ジョーントによる引用：Collins, *Good to Great*, p.32. ジェームズ・コリンズ著『ビジョナリー・カンパニー2 ― 飛躍の法則』（山岡洋一訳　日経BP社）
「米国経営管理学会が最近行なった調査」：American Management Association/Human Resource Institute, *AMA/HRI Business Ethics Survey 2005*, New York, 2006.

行動その一〇：アカウンタビリティを果たす

「ゴリンハリス社の二〇〇二年世論調査」：Golin/Harris survey, "Trust in American Business," 2002.
「アカウンタビリティの文化」：DiPiazza and Eccles, *Building Public Trust*, p.4.
「窓と鏡」：Collins, *Good to Great*, pp.33-35. ジェームズ・コリンズ著『ビジョナリー・カンパニー2 ― 飛躍の法則』（山岡洋一訳　日経BP社）
「自分のキャリアを通して」：Scott Waddle with Ken Abraham, *The Right Thing* (Brentwood, TN: Integrity Publishers, 2002), pp.200-201.
「USA トゥデイ紙は一面に」：Andrea Stone, "Ex-FEMA chief blames locals," *USA Today*, September 28, 2005, p.A1.
「CNN のサイトの見出し」：Ted Barrett, "Brown puts blame on Louisiana officials," CNN.com, September 28, 2005.
J・ウィラード・マリオット・ジュニアによる引用：J. Willard Marriott, "Money, Talent and the Devil by the Tail," *Management Review*, January 1985.
「マルケイヒーはフォーチュン誌でこう明かしている」：Betsy Morris, "The Accidental CEO," *Fortune*, June 23, 2003.

行動その一一：まずは耳を傾ける

「ピーター・ドラッカーは… 八項目を挙げ…」：Peter Drucker, "What Makes an Effective Executive," *Harvard Business Review*, June 2004.
チャールズ・M・コーリーによる引用：Barry, *Wisdom for a Young CEO*, p.52. ダグラス・バリー著『CEOから高校生への96通の手紙』（桜田直美訳　ディスカヴァー・トゥエンティワン）
「マイク・ギャレットが… 社長に就任した」: Mike Garrett に対する著者のインタビュー(2003年12月12日および2006年5月1日)
ジャック・M・グリーンバーグによる引用：Barry, Wisdom for a Young, p.56.
ゲーリー・チャップマンによる引用：Gary Chapman, *The Five Love Languages: How to Express Heartfelt Commitment to Your Mate* (Chicago: Northfield Publishing, 1992), p.15. ゲーリー・チャップマン著『愛を伝える5の方法』（ディフォーレスト千恵訳　いのちのことば社）
「ハインリッヒ・ピーラー」：Barry, Wisdom for a Young CEO, p.76 (miniature edition). ダグラス・バリー著『CEOから高校生への96通の手紙』（桜田直美訳　ディスカヴァー・トゥエンティワン）
「五五%はボディーランゲージ」：Albert Mehrabian, *Silent Messages: Implicit Communication of Emotions and Attitudes* (Belmont, CA: Wadsworth, 1981) アルバート・マレービアン著『非言語コミュニケーション』（西田司訳　聖文社)、および下記ウェブサイトより。Wikipedia.org.

行動その一二：コミットメントし続ける

リューベン・マークによる引用：Barry, *Wisdom for a Young CEO*, p.158. ダグラス・バリー著『CEOから高校生への96通の手紙』（桜田直美訳　ディスカヴァー・トゥエンティワン）
ハンク・ポールソンによる引用：Gostick and Telford, *The Integrity Advantage*, p.95.
デニス・ロスによる引用：Michael Benoliel with Linda Cashdan, *Done Deal: Insights from Interviews with the World's Best Negotiators* (Avon, MA: Platinum Press, 2005), p.112.
「二〇〇五年に実施した企業倫理に関する調査」：AMA/HRI Business Ethics Survey 2005.
「最も信頼を壊しやすい行動」：World Economic Forum, "Voice of the People" Survey、Gallup International および Environics International が2002年実施。
「海辺のエンロン」：John Ritter, "San Diego now 'Enron by the Sea,'" *USA Today*, October 25, 2004, p.A3.
「ギリシャ語の『Chronos』と『Kairos』という二つの単語」：Stephen R. Covey, Roger Merrill, and Rebecca Merrill, *First Things First: To Live, to Love, to Learn, to Leave a Legacy* (New York: Simon & Schuster, 1994), p.27.

行動その一三：他者を信頼する

「この交渉は協力的に」：Patricia Sellers, "Procter & Gamble," *Fortune*, February 21, 2005, p.98.
「二、〇〇〇ドルまで独自の判断でできる」：Horst Schulze に対する著者のインタビュー、(2006年4月26日)
「小売業のノードストロム」：Nordstrom 社従業員ハンドブック
「ヴィンセント・スタービル人事担当副社長」：Eve Tahmincioglu, "Keeping Spirits Aloft at JetBlue," Workforce Management

Online, December 2004.
「60 ミニッツ」: Leslie Stahle, "Working 24/7," *60 Minutes*, April 2, 2006.
ゴードン・フォワードによる引用 : Gordon Forward による Fred Luthans へのインタビュー。"Conversation with Gordon Forward," *Organizational Dynamics*, Vol. 20, No. 1, p.63-72.
ロバート・ガルビン・ジュニアによる引用 : Joseph F McKenna, "Bob Galvin Predicts Life After Perfection," *Industry Week*, January 21, 1991, pp.12-15.

第三の波 — 組織の信頼　一致の原則

ピーター・ドラッカーによる引用 : Peter Drucker, "Managing Oneself," *Harvard Business Review*, March-April 1999.
ジョン・O・ホイットニーによる引用 : Whitney, *The Trust Factor*, p.14.
ジム・クーゼスおよびバリー・ポスナーによる引用 : James M. Kouzes and Barry Z. Posner, *The Leadership Challenge* (San Francisco: Jossey-Bass, 2003), p.247.
「デビッド・ニールマン CEO」: James Wynbrandt, *Flying High: How FetBlue Founder and CEO David Neeleman Beats the Competition ... Even in the World's Most Turbulent Industry* (Hoboken, NJ: John Wiley & Sons, 2004), pp.207-208、 および Greg Link による Jenny Dirvin へのインタビュー、JetBlue corporate comminications, June 27, 2006.
ヘンク・ブローダーによる引用 : Robert Galford and Anne Seibold Drapeau, *The Trusted Leader: Bringing Out the Best in Your People and Your Company* (New York: The Free Press, 2002), p.242.
「大きな信頼を寄せている」: David Packard, *The HP Way: How Bill Hewlett and I Built Our Company* (New York: HarperBusiness, 1995), p.135 デービット パッカード著『HP ウェイ — シリコンバレーの夜明け』(伊豆原弓訳 日本経済新聞社)、および Peter Burrows, "Hewlett & Packard: Architects of the Info Age," BusinessWeek Online, March 29, 2004.
「そのカードの表側には、こう記されている」: Nordstrom 社従業員ハンドブック
「デビッド・シロタ… こう記している」: David Sirota, et al., *The Enthusiastic Employee*, p.121. デビッド・シロタ、ルイス・A・ミスキンド、マイケル・アーウィン・メルツァー 著『熱狂する社員—企業競争力を決定するモチベーションの3要素』(スカイライト コンサルティング訳 英治出版)
ジョン・コッターによる引用 : *Fast Company*, May 2005.
デビッド・パッカードによる引用 : Packard, *The HP Way*, p.135.
「三〇～五〇%」: Gary A. Gack, "Core Set of Effectiveness Metrics for Software and IT," 下記ウェブサイトより。iSixSigma.com.
「一兆一千億ドル」: W Mark Crain, "The Impact of Regulatory Costs on Small Firms," Office of Advocacy of the U.S. Small Business Administration, September 2005.
「売り上げの四～六%」: European Movement in Serbia, "German EU Presidency to Fight Red Tape, says Merkel," EMinS.org, January 26, 2006.
「三、九九〇億ドル」: Medical News Today, "USA wastes more on health care bureaucracy than it would cost to provide health care to all of the uninsured," medicalnewstodaycom, May 28, 2004.
「内なる敵」: Lawrence B. Macregor Serven, *The End of Office Politics as Usual: A Complete Strategy for Creating a More Productive and Profitable Organization* (New York: AMACOM, 2002), pp.1-10, 36-44.
「二、五〇〇～三、〇〇〇億ドル」: Gallup Management Journal, "Be Nice: It's Good for Business," 下記ウェブサイトより。gmj.gallup.com (2004 年 8 月 12 日閲覧)。
「米国で働く… 二八%」: Gallup Management Journal, "Gallup Study Finds That Many Employees Doubt the Ethics of Corporate Leaders," 下記ウェブサイトより。gmj.gallup.com (2002 年 10 月 10 日閲覧)。
「職務に熱心な社員の間では九六%」: 同上
「ギャラップ調査によれば」: Buckingham and Coffman, *First, Break All the Rules*, p.33. マーカス・バッキンガム、カート・コフマン著,『まず、ルールを破れ — すぐれたマネジャーはここが違う』(宮本喜一訳 日本経済新聞社)
「のコストがかかる」: Cathy Healy, "A Business Perspective on Workplace Flexibility: When Work Works, an Employer Strategy for the 21st Century," Families and Work Institute.
ケント・マードックによる引用 : Gostick and Telford, *The Integrity Advantage*, p.36.
「コリーン・バレット社長兼 COO は言う」: Marchica, *The Accountable Organization*, pp.166-67.
「五倍という推定もあるほとだ」: GartnerG2 による調査、"GartnerG2 says Retail Financial Services Companies Must Make Customer Retention No. 1 CRM Priority," August 8, 2002.
「米国公認不正検査士協会が二〇〇四年に実施した調査」: Association of Certified Fraud Examiners, "2004 Report to the Nation on Occupational Fraud and Abuse."
「ワトソン・ワイアットによる二〇〇二年の調査」: Watson Wyatt, *WorkUSA* の調査 (2002 年実施)。
「ラッセル・インベストメント・グループの二〇〇五年の調査」: Great Place to Work Institute および Russell Investment Group による *Fortune's* "100 Best Companies to Work For," に対する調査 (2005 年 3 月 15 日実施)
「社員は… 自由を重視し」: Geoff Colvin, "The 100 Best Companies to Work For 2006," *Fortune*, January 11, 2006.
「ジョン・ブレナン CEO」: Fred Reichheld, *Loyalty Rules: How Today's Leaders Build Lasting Relationships* (Boston: Harvard Business School Press, 2001), p.29. フレッド・ライクヘルド 著『ロイヤリティ戦略論』(伊藤良二訳 ダイヤモンド社)
「最も革新的な会社」: Jena McGregor, "The World's Most Innovative Companies," *BusinessWeek*, April 24, 2006, pp.63-76.

ジョン・マーチカによる引用：Marchica, *The Accountable Organization*, p.155.
「マイケル・ハマー」: Robert Malone, "Collaboration as Opportunity," 下記ウェブサイトより。Forbes.com(2006 年 1 月 31 日閲覧)。
「契約は… 判明した」: LogicaCMG/Warwick Business School による調査。
「*Strategy+Business*」: Art Kleiner, "Our 10 Most Enduring Ideas," *strategy+business*, December 12, 2005.
「二〇〇六年に実施した調査」: FranklinCovey/Coca-Cola Retail Research Council による調査（2006 年実施）。
「高信頼企業は」: Reichheld, *Loyalty Rules*; フレッド・ライクヘルド 著『ロイヤリティ戦略論』（伊藤良二訳　ダイヤモンド社）および *Frederick E Reichheld, The Loyalty Effect: The Hidden Force Behind Growth, Profits, and Lasting Value*（Boston: Harvard Business School Press, 1996）.
「ラリー・ポネモン会長」: Privacy Trust Survey for Online Banking, Watchfire Inc. and the Ponemon Institute, 2005.
ジム・バークによる引用：James Burke, *Harvard Business School Working Knowledge*, October 27, 2003.

第四の波 ― 市場の信頼　評判の原則

「信頼を世界的に築くこと」: Al Golin, *Trust or Consequences: Build Trust Today orLose YourMarket Tomorrow*（NewYork: AMACOM, 2004）, p.vii.
ロバート・エッカートによる引用：Eckert による UCLA 卒業式でのスピーチ（2004 年）。
チャールズ・ジョルダーノによる引用：Larry Ponemon, "Opinion: When done right, targeted marketing can help build trust," *Computerworld*, February 3, 2005.
「私は彼を尊敬しており」: Del Jones, "Buffett maintains respect of fellow CEOs," *USA Today*, March 30, 2005, p.B2.
「世界で最も賞賛される企業」: Anne Fisher, "Most Admired Companies," *Fortune*, March 6, 2006, pp.65-124。企業名は下記ウェブサイト参照。Fortune.com
「ゴリンハリス社の… 調査」: Golin/Harris による調査、"Trust in American Business," 2003.
「エデルマン・信頼バロメータ」: Edelman, Annual Edelman Trust Barometer, 2006, 下記ウェブサイトより。www.edelman.com.
ハンク・ポールソンによる引用：Gostick and Telford, *The Integrity Advantage*, p.54.
「米国ブランドは… 値引き」: Edelman, Annual Edelman Trust Barometer, 2006.
「評判指数（RQ）二〇〇五年」: Alsop, "Ranking Corporate Reputations" *Wall Street Journal*, December 6, 2005.
「一億三、五〇〇万の人々」: Kevin Maney, "10 years ago, eBay changed the world, sort of by accident," *USA Today*, March 22, 2005.
エレン・ライアン・マーディクスによる引用：Golin/Harris press release, AME Info, April 27, 2003.
「あなたは… 勧めるか？」: 出典 Frederick Reichheld, *The Ultimate Question: Driving Good Profits and True Growth*（Boston: Harvard Business School Press, 2006）, p.28.
「我々が DTC 広告と呼ぶ」: William Weldon, address to PhRMA, *Pharma Marketing News*, April 2005.
「そのシステムはどこまでも透明である」: Robert D. Hof, "The eBay Economy," BusinessWeek Online, August 25, 2003.
「スーパークインのファーガル・クイン CEO」: Polly LaBarre, "Leader-Feargal Quinn," *Fast Company*, November 2001, p.88.
ロベルト・ゴイズエタによる引用：Robert Goizueta, Network News, a Publication of the Coca-Cola Company, April 1997.

第五の波 ― 社会の信頼　貢献の原則

「一九九二年四月下旬」: Golin, *Trust or Consequences*, pp.15-16、および Richard Martin, "Thugs maul LA restaurants," *Nation's Restaurant News*, May 11, 1992.
トーマス・フリードマンによる引用：Friedman, *The World Is Flat*, p.394. トーマス・フリードマン著『フラット化する世界』（伏見威蕃訳　日本経済新聞社）
「今年の人」: Nancy Gibbs, "The Good Samaritans," *Time*, December 26, 2005.
「ビル・ゲイツは… 宣言した」: Larry Dignan and Mary Jo Foley, "Gates to Step Aside, Focus on Philanthropy," eWeek-com, June 15, 2006.
「ウォーレン・バフェットが… 発表した」: Elliot Blair Smith, "Buffett pledges $37.1B to charity," *USA Today*, June 26, 2006, p.IA.
「オプラ・ウィンフリーは… を立ち上げ」: 下記ウェブサイトより。Oprahsangelnetwork.org.
「二億ドルを超える収益全額」: 下記ウェブサイトより。Newmansown.com.
「企業市民ベスト一〇〇」: David Raths, "100 Best Corporate Citizens for 2006," *Business Ethics Magazine*, Spring 2006.
「ソーシャル・キャピタリスト賞」: Cheryl Dahle, "Filling the Void," *Fast Company*, January 2006.
デボラ・ダンによる引用：Christine Canabou, "Fast Talk: Hail, global citizens!," *Fast Company*, January 2004.
「バングラデシュのグラミン銀行」: "UN Declares 2005 the International Year of Microcredit," Globalization101.org, August 22, 2005.
「赤の他人でも信頼できる」: "eBay's Founder Starts Giving," *Fortune*, November 28, 2005, p.49.
アラン・グリーンスパンによる引用：米上院銀行、住宅、都市問題委員会での Alan Greenspan の証言（2002 年 7 月 16 日）
「ポール・ドーラン CEO」: Paul Dolan, *True to Our Roots: Fomenting a Business Revolution*（Princetown, NJ: Bloomberg Press, 2003）, p.62 ポール・ドーラン著『一粒のブドウが生んだ、奇跡のオーガニック経営』（天野淑子訳 ランダムハウス講談社）、および John Elkington, *Cannibals with Forks: The Triple Bottom Line of the 21st Century Business*（Stony Creek, CT New Society Publishers, 1988）.
「資本主義の発展」: James Surowiecki, "A Virtuous Cycle," Forbes, December 23, 2002.

「パトリシア・アバディーン」: Patricia Aburdene, *Megatrends 2010: The Rise of Conscious Capitalism* (Charlottesville, VA: Hampton Roads Publishing Company, 2005) , p.36. パトリシア・アバディーン著『メガトレンド2010 ―新しい資本主義をつくる7つのトレンド』(経沢香保子訳 ゴマブックス)
「七つの大きなトレンドの内の六つ」: 同上
木内孝による引用 : *Canabou, Fast Company*, January 2004.
「社会的に無責任というレッテルを張られ」: Mercer Investment Consulting Survey, "Survey. Majority of Investment Managers Link Corporate Responsibility to Asset Performance," GreenBiz.com, March 17, 2006.
「社会的責任を果たしている企業」: Carol Hymowitz, "Asked to Be Charitable, More CEOs Seek to Aid Their Business as Well," *Wall Street Journal*, February 22, 2005, p.B1.
シェリー・ラザラスによる引用 : 同上
ヨルマ・オリラによる引用 : Nokia, "Corporate Responsibility Report," 2004, p.4.

「賢い信頼」を提供する

「スティーブン・カーターはこう述べている」: Stephen L. Carter, *Civility: Manners, Morals, and the Etiquette of Democracy* (New York: HarperCollins Publishers, 1998) , p.62.
ダグ・コナントによる引用 : Doug Conant、著者とのインタビュー (2006年4月21日)

失われた信頼を回復する

「失った信頼はどうやっても取り戻すことはできない」: Stever Robbins, "Truth and Trust: They Go Together," *Harvard Business School Working Knowledge*, April 25, 2005.
「ワトソン・ワイアット調査」: Watson Wyatt, WorkUSA 2002 and Work USA 200412005.
「二五%近くを引き付けている」: David Heenan, *Flight Capital: The Alarming Exodus of America's Best and Brightest* (Palo Alto, CA: Davies-Black Publishing, 2005) , pp.25-56.
「友人が銀婚式を祝うことになった」: Kristen Anderson and Ron Zemke, *Tales of Knock Your Socks Off Service: Inspiring Stories of Outstanding Customer Service* (New York: AMACOM, 1998) , pp.27-28. クリスティン・アンダソン、ロン・ゼンケ著『こんなサービスが欲しかった! ―"惚れられる" サービスはここが違う』(和田正春訳 ダイヤモンド社)
「フィル・ナイト会長」: Nike Report Review Committee, *Corporate Responsibility Report*, nikebiz.com, 2004, p.2.
「一三位にランクされている」: Raths, *Business Ethics*, Spring 2006.
「我々は信頼を築くとともに」: Nike Report Review Committee, *Corporate Responsibility Report*, nikebiz.com, 2004, p.9.
「ロッベン島での二七年間」: Nelson Mandela, *Long Walk to Freedom: The Autobiography of Nelson Mandela* (Boston: Back Bay Books, 1995) . ネルソン・マンデラ著『自由への長い道 ― ネルソン・マンデラ自伝』(東江一紀訳 日本放送出版協会)

信頼性向

ジム・バークによる引用 : "Management Review," *American Management Association*, October 1, 1996, Vol. 85, No. 10.
「米国で働きたい会社ベスト一〇〇」: Robert Levering and Milton Moskowitz, *The 100 Best Companies to Work for in America* (Reading, MA: Addison-Wesley, 1983) .
「あの子をどこかの店長にしてやってくれ」: Sam Walton with John Huey, *Made in America: My Story* (New York: Doubleday, 1992)
グレート・プレイス・トゥ・ワーク・インスティテュートによる引用 : Great Place to Work Institute, 下記ウェブサイトより。greatplacetowork.com.
「H・A・ギュルバーは次のように述べている」: H. A. Guerber, *The Story of the Greeks* (New York: American Book Company, 1896) , pp.240-41.

著者紹介　スティーブン・M・R・コヴィー

スティーブン・M・R・コヴィーは、コヴィーリンクおよびフランクリン・コヴィー・グローバル・スピード・オブ・トラスト・プラクティスの創立者の一人である。信頼、リーダーシップ、倫理およびハイパフォーマンスの分野で人気と説得力を併せ持つ講演者およびアドバイザーとして、世界的に活動している。

『ニューヨーク・タイムズ』紙および『ウォールストリート・ジャーナル』紙でベストセラー一位となった著書『スピード・オブ・トラスト』は、従来の発想を根本的に覆す画期的な書だ。コヴィーはコヴィー・リーダーシップ・センターの元CEOであり、ハーバード大学でMBAを取得後、同社に加わって顧客開発を担当し、さらにナショナル・セールス・マネージャーを経て社長兼CEOに就任した。さらに、フランクリン・クエスト社との合併を推進してフランクリン・コヴィー社を組織すると、3年足らずで株主価値が1億6,000万ドルにまで高騰した。

コヴィーはこれまで、『フォーチュン』誌の500社だけでなく、中小規模の民間および公的部門の組織の経営者やリーダーたちにもコンサルティングを提供し、高い尊敬と影響力を築いてきた。組織の現実的な問題に対する、CEOとしての実務経験に裏打ちされた彼特有の視点は、クライアントから高い評価を得ている。

訳者紹介　フランクリン・コヴィー・ジャパン

フランクリン・コヴィー・ジャパンは、『完訳7つの習慣　人格主義の回復』の翻訳のほか、戦略実行、顧客ロイヤリティ、リーダーシップ、個人の効果性の分野において、コンサルティングおよびトレーニング・サービスを個人や法人に提供している。

フランクリン・コヴィー社は、世界46都市に展開するオフィスを通して、147ヵ国でプロフェッショナル・サービスを提供している。米国では顧客に『フォーチュン』誌が指定する最優良企業上位100社のうち90社、同じく500社の4分の3以上が名を連ねるほか、多数の中小企業や政府機関、教育機関も含まれている。

https://www.franklincovey.co.jp

キングベアー出版について

キングベアー出版は『The 7Habits of Highly Effective People』を日本に紹介するために1992年に立ち上げた出版ブランドである。2013年に『完訳7つの習慣 人格主義の回復』として出版した。

現在、キングベアー出版は、『7つの習慣』の著者であるスティーブン・R・コヴィー博士が創設した米国フランクリン・コヴィー社との独占契約により、コヴィー博士の著作である『第8の習慣』『原則中心リーダーシップ』『7つの習慣 最優先事項』や、フランクリン・コヴィー社のコンテンツである『実行の4つの規律』『5つの選択』などを出版している。

キングベアー出版は『7つの習慣』を核にして、その関連コンテンツ、さらに、リーダーシップ、組織、ビジネス、自己啓発、生き方、教育といったジャンルの、海外の優れた著作物に限定して翻訳し、「変革を目指す組織」や「より良い人生を送りたいと考える個人」を対象に出版している。

http://fce-publishing.co.jp

FCEグループについて

"働く"と"学ぶ"が抱える問題をビジネスで解決し続ける企業家集団。「ビジネスパーソンが自分自身の強みを発揮して、イキイキと働く世界の実現」「未来を担う子どもたちが、人生を自ら切り拓く力を身につける」というテーマに向かって、子どもたちから社会人まで、幅広く人財育成・教育領域でのビジネスを展開している。

事業内容は、国内1,300社が受講する管理職向け「7つの習慣® Business Ownership」研修と若手向け「7つの習慣® Next Leader」研修、実践を通して目標達成力を身に付けるトレーニング研修「xDrive」、全国500教室、2万人の子どもたちが受講するセルフリーダーシップ育成プログラム「7つの習慣J®」などを展開。その他、人材育成・研修事業、教育事業、RPA事業、外食事業など、幅広く展開している。

http://www.fce-group.jp

「7つの習慣」研修について

スティーブン・R・コヴィー博士が著した『7つの習慣』は書籍だけでなく、ワールドワイドでビジネスや教育の分野で研修プログラムとしても展開されている。

『7つの習慣』は組織においても有効である。厳密に言えば組織に「習慣」というものはなく、ノルマや行動規範のような組織文化、システム、プロセス、手順、これらが、組織の習慣となる。原則は組織の中で確実に作用しており、それが効果性を左右している。

そこで、企業とビジネス・パーソンを対象にした「7つの習慣」研修を開発・展開している。

また、コヴィー博士は、絆が強く幸福で効果的に営まれる家庭を築くことに『7つの習慣』の考え方を応用した『7つの習慣ファミリー』を著した。また、息子のショーンは、一〇代のニーズや関心事、問題に『7つの習慣』のフレームワークを当てはめた『7つの習慣 ティーンズ』を出版した。

「7つの習慣」は家庭や学校においても効果を発揮することは自明であり、学校・塾／子ども向けの「7つの習慣」研修を開発・展開している。

いずれも「7つの習慣」を熟知した講師による研修を受講することで、確実に「7つの習慣」を身につけることができ、ビジネスや教育分野においても大きな効果を発揮することができる。

企業／ビジネス・パーソン向け研修

研修名	効果	問い合わせ先
7つの習慣® SIGNATURE EDITION4.0	米国フォーチュン100社の90%、グローバル・フォーチュン500社の75%に導入され、147ヵ国で展開している。個々人がリーダーシップを発揮し、人間関係や組織でのシナジーを創り出す。	フランクリン・コヴィー・ジャパン株式会社 https://www.franklincovey.co.jp
7つの習慣® Business Ownership	「7つの習慣」の原理原則を企業で実践すると、組織はどう変わるのか？事業の成長スピード鈍化させない組織をつくるための、中小企業の経営者・リーダー向けの「7つの習慣」研修。	株式会社FCEトレーニング・カンパニー http://www.training-c.co.jp

学校・塾／子ども向け研修

研修名	効果	問い合わせ先
リーダー・イン・ミー	リーダー・イン・ミーは、子どもたち向けのプログラムではなく、教員・保護者の意識改革や学校の問題解決を目的とした学校改革プログラムである。リーダー・イン・ミーを導入することで、授業をより効果的に実施できるようになる。	フランクリン・コヴィー・ジャパン株式会社 http://www.edu-franklincovey.jp
7つの習慣J®	小・中・高・大学生向けの「7つの習慣」プログラムである。全国の学校や学習塾でアクティブラーナーを育成する。	株式会社FCEエデュケーション http://www.fc-education.co.jp

スピード・オブ・トラスト［新装版］

＊本書籍は、2008年版の内容のまま、新装版として刊行いたしました。

2008年11月10日　初版第一刷
2024年6月12日　新装版第二刷

著者　スティーブン・M・R・コヴィー

発行者　石川淳悦
発行所　株式会社 FCE
キングベアー出版
〒163-0810
東京都新宿区西新宿2-4-1 新宿NSビル10階
Tel : 03-3264-7403
URL : http://fce-publishing.co.jp

印刷・製本　大日本印刷株式会社
ISBN 978-4-86394-107-6